EUROPÉANISER LES INTÉRÊTS ?

Les groupes d'intérêt économiques

et l'élargissement de l'Union Européenne

ISBN : 2-7475-5788-X
EAN : 9782747557887

Sabine SAURUGGER

EUROPÉANISER LES INTÉRÊTS ?

Les groupes d'intérêt économiques et l'élargissement de l'Union Européenne

L'Harmattan
5-7, rue de l'École-Polytechnique
75005 Paris
FRANCE

L'Harmattan Hongrie
Hargita u. 3
1026 Budapest
HONGRIE

L'Harmattan Italia
Via Bava, 37
10214 Torino
ITALIE

Logiques politiques

Collection dirigée par Yves Surel

Créée en 1991 par Pierre Muller, la collection « Logiques politiques » a pour vocation principale de publier des ouvrages de science politique, ainsi que des livres traitant de thématiques politiques avec un autre angle disciplinaire (anthropologie, économie, philosophie, sociologie). Elle rassemble des recherches originales, tirées notamment de travaux de doctorat, ainsi que des ouvrages collectifs sur des problématiques contemporaines. Des séries thématiques sont également en cours de développement, l'une d'entre elles visant à publier des ouvrages de synthèse sur les systèmes politiques des États-membres de l'Union européenne.

Dernières parutions

Bruno DUMONS et Gilles POLLET (sous la dir.), *Administrer la ville en Europe* (xix°-xx°), 2003

FAVAREL-GARRIGUES Gilles (sous la dir.), *Criminalité, police et gouvernement : trajectoires post-communistes*, 2003.

GIRAUD Olivier, *Fédéralisme et relations industrielles dans l'action politique en Allemagne,* 2003.

HOFFMANN-MARTINOT Vincent et CLARK Terry-Nichols (dir.), *La nouvelle culture politique,* 2003.

BRECHON Pierre, *La gouvernance de l'opinion publique,* 2003.

VIGNAUX Emmanuelle, *Luthérianisme et politique en Norvège*, 2003.

BEL Maïten, MEHAUT Philippe et MERIAUX Olivier (*coord. par), La décentralisation de la formation professionnelle*, 2003.

BACOT Paul, BARATAY Eric, BARBET Denis (dir.), *L'animal en politique,* 2003.

HASTINGS Michel, *Le parachutage politique*, 2003.

BARRIL C., CARREL M., GUERRERO J-C., MARQUEZ A., *Le public en action,* 2003.

SCHIFFINO Nathalie, *Crises politiques et démocratie en Belgique*, 2003.

FOUILLAND Brigitte, *Les politiques d'aménagement des villes portuaires. Le cas du Havre et de Southampton*, 2003.

SOMMAIRE

PARTIE II.
LES POLITIQUES ET STRUCTURES COMMUNAUTAIRES DANS LE PROCESSUS DE L'ELARGISSEMENT - FREINS ET INCITATIONS A L'EMERGENCE D'UN MODE COMMUNAUTAIRE DE REPRESENTATION DES INTERETS

Remerciements

Cet ouvrage se fonde sur une thèse soutenue à l'IEP de Paris. Si j'ai pu la conduire à terme, c'est grâce à une bourse Europe de la Fondation nationale des sciences politiques et une bourse de doctorat de l'Académie autrichienne des sciences. Je tiens à remercier Jean-Louis Quermonne pour son soutien sans faille en tant que directeur du Pôle européen, ainsi que son successeur, Renaud Dehousse. Je remercie Gerald Stourzh de l'Académie autrichienne des sciences pour son soutien au-delà des frontières. Ma reconnaissance va en particulier vers Christian Lequesne, directeur de thèse. Le Centre européen de Sciences Po et le Centre d'études et de recherches internationales (CERI) m'ont permis de trouver un environnement de travail et de recherche extrêmement fructueux.

Je remercie tous les responsables politiques, administratifs et économiques qui m'ont accordé leur temps pour m'informer des méandres de la fabrication des politiques agricoles et nucléaires au niveau national, communautaire et extra-communautaire. Je tiens ici à remercier tout particulièrement Pierre Mirel et Ricardo Pascual-Bremon qui m'ont permis de vivre la Commission au jour le jour.

Une reconnaissance particulière s'adresse à tous ceux et celles qui ont accepté de lire certaines parties de ma thèse et d'y apporter leurs commentaires critiques : Richard Balme, John Greenaway, Virginie Guiraudon, Bastien Irondelle, Philippe Rivaud, Vivien Schmidt, Andy Smith, Ezra Suleiman et Yves Surel. Beate Kohler-Koch a lu une première tentative de rédaction : je lui suis extrêmement reconnaissante pour ses critiques. Pierre Muller et Riva Kastoryano m'ont permis de présenter des bouts de ma recherche dans des séminaires à Sciences Po, Eve Fouilleux et Patrick Hassenteufel m'ont invité à tester certaines de mes hypothèses lors d'un séminaire de laboratoire du CRAPE à Rennes. Qu'ils en soient chaleureusement remerciés.

Deux amis et collègues savent en particulier ce que ce travail leur doit : Emiliano Grossman et Bastien Irondelle. Leurs critiques, encouragements et stratégies m'ont accompagnée tout au long de ce travail.

Enfin, cette thèse doit son début, son élaboration et sa fin à Nicolas.

INTRODUCTION

Notre intérêt pour les groupes d'intérêt dans Union européenne (UE)[1] est fondé sur un paradoxe. Depuis le début de la construction européenne, ils constituent des acteurs centraux dans la recherche sur le processus de l'intégration.[2] Ils sont considérés à la fois comme des facteurs accélérant l'intégration et comme des acteurs transférant leurs activités et leurs allégeances au niveau communautaire[3]. Après avoir connu un désintérêt grandissant dans les années soixante et soixante-dix, la recherche sur les groupes d'intérêt au niveau communautaire en particulier, tout comme dans la recherche sur l'intégration européenne[4] en général, a connu une relance dans les années 1980, à la suite des négociations de l'Acte unique européen. Ainsi, un grand nombre d'études - majoritairement anglo-saxonnes[5] - a produit des analyses

---

[1] Nous utilisons le terme *Union européenne* comme un terme générique qui inclut à la fois ses activités liées aux processus ayant eu lieu avant le traité de Maastricht (1993) et celles ayant eu lieu après cette date et les analyses plus générales.

[2] En ce qui concerne l'émergence de la Communauté européenne voir l'ouvrage classique d'Ernst B. Haas, *The Uniting of Europe: Political, Social and Economic Forces 1950-1957*, London, Steven and Sons, 1958. Pour une étude du rôle des groupes d'intérêt lors des négociations de l'Acte unique voir Wayne Sandholtz et John Zysman, « 1992: Recasting the European Bargain », *World Politics* 42, 1989, p.95-128 ; Pour Maastricht : Wayne Sandholtz et Alec Stone Sweet (dirs), *European Integration and Supranational Governance*, Oxford, Oxford University Press, 1998.

[3] Ernst B. Haas, *The Uniting of Europe: Political, Social and Economic Forces 1950-1957*, London, Steven and Sons 1958; aussi : Leon N. Lindberg et Stuart A. Scheingold, *Europe's Would-Be Polity: Patterns of Change in the European Community*, Harvard, Harvard University Press 1970; Leon N. Lindberg et Stuart Scheingold (dirs), *Regional Integration: Theory and Research*, Harvard, Harvard University Press 1971

[4] L'intégration européenne comprend deux processus liés : d'une part la délégation de compétences politiques vers le niveau supranational afin d'obtenir des résultats politiques souhaités, et d'autre part la création de nouvelles institutions, possédant des pouvoirs exécutifs, législatifs et judiciaires. Voir Simon Hix et Klaus H. Goetz, « Introduction : European Integration and National Political Systems », *West European Politics*, 2000, 23(4), p.3

[5] Le fait qu'il s'agisse majoritairement d'études anglo-saxonnes est-il lié à la conception des groupes d'intérêt qui prévaut en France, comme le

sectorielles, centrées autour des eurogroupes, c'est-à-dire les fédérations européennes des groupes d'intérêt nationaux. Dans ces analyses, il semble qu'un accord se soit développé sur l'émergence d'un mode spécifiquement communautaire de représentation des intérêts.[6] La plupart des chercheurs avance l'hypothèse selon laquelle l'intégration européenne, renforcée depuis l'Acte unique de 1986, entraînerait une adaptation qui diminuerait les différences nationales dans la représentation des intérêts au niveau national et communautaire. L'augmentation du nombre des groupes d'intérêt au niveau communautaire soumet les décideurs européens à une pression visant à introduire une forme d'institutionnalisation en vue de mieux gérer les processus communautaires[7]. Wayne Sandholtz et Alec Stone Sweet, dans un effort de « reconceptualiser l'engrenage »[8] soulignent ainsi que les importantes activités transfrontalières et les communications entre les acteurs sociaux sont responsables de l'intégration de plus en plus accrue au niveau communautaire.[9] La réglementation serait alors un facteur préalable à l'émergence d'un modèle communautaire de représentation des intérêts.

---

constate Michel Offerlé? (Michel Offerlé, *Sociologie des groupes d'intérêt*, Paris, Montchrestien 1998, p. 12-16) Jack Hayward semble confirmer cette explication : « Dans les démocraties libérales de l'Europe occidentale, comme la France, on reconnaissait à la représentation fonctionnelle une place sub-ordonnée d'auxiliaire du processus parlementaire et gouvernemental, mais non un substitut de la représentation territoriale exprimée par le suffrage universel », Jack Hayward, « Groupes d'intérêt, pluralisme et démocratie », *Pouvoirs*, 1996, n°79, p. 6

[6] Par exemple et parmi les plus connus : Sonia Mazey et Jeremy J.Richardson (dirs), *Public Lobbying in the European Community,* Oxford, Oxford University Press 1993 ; Sonia Mazey et Jeremy Richardson, « The Commission and the lobby », dans Geoffrey Edwards et David Spence (dirs.), *The European Commission,* London, Cartermill 1997

[7] Nous pouvons observer cette tendance dans l'adoption d'un *Code de conduite du lobbying* par le Parlement européen en 1999 et d'un *Code de conduite du lobbying* par la Commission européenne en 2000.

[8] "*Reconceptualise spillover*"

[9] Wayne Sandholtz et Alec Stone Sweet, « European Integration and supranational governance", dans Wayne Sandholtz et Alec Stone Sweet (dirs), *European Integration and Supranational Governance,* Oxford, Oxford University Press, 1998, p.17

Il semble ainsi que la construction des Communautés européennes dans les années 1950, les négociations du Marché unique au milieu des années 1980 et du traité de Maastricht au début des années 1990 avaient contribué à l'émergence d'un mode communautaire de représentation des intérêts. Un tel phénomène devait donc pouvoir être observé dans n'importe quel processus politique communautaire, et d'autant plus dans l'Ostpolitik[10] de l'Union, décrite comme l'action de politique étrangère la plus signifiante et la plus étendue.[11]

Cependant, certaines analyses comme celles de Wyn Grant et Beate Kohler-Koch mettent en garde contre les généralisations de cette sorte. Les deux auteurs mettent en avant l'importance des structures nationales dans la représentation des intérêts des acteurs non-étatiques au niveau communautaire.[12] Cette mise en garde n'est toutefois pas suivie d'une analyse systématique et empirique du terrain. Précisément, quelles sont les variables qui empêchent la création d'un système de représentation d'intérêts cohérent au niveau communautaire[13] ? Quelles sont celles qui, au contraire,

---

[10] Nous appelons *Ostpolitik* les politiques élaborées par l'Union européenne à l'égard des pays de l'Europe centrale et orientale menant au processus de l'élargissement de l'Union européenne.

[11] Robert H. Ginsberg, « Conceptualizing the European Union as an International Actor: Narrowing the Theoretical Capability-Expectations Gap », *Journal of Common Market Studies*, 1999, 37(3), p. 429-454

[12] Wyn Grant, "Pressure Groups in the European Community. An Overview", dans Sonia Mazey et Jeremy J. Richardson (dirs), *Public Lobbying in the European Community*, Oxford, Oxford University Press 1993; Beate Kohler-Koch, "Catching up with change: the transformation of governance in the European Union", *Journal of European Public Policy* 1996, 3(3), 359-380; Beate Kohler-Koch, « Changing Patterns of Interest Intermediation in the European Union », *Government and Opposition* 29(2), 1994, p. 177

[13] Sous la notion de système nous comprenons, selon la définition de Michel Crozier et Erhard Friedberg un ensemble « dont toutes les parties sont interdépendantes, qui possèdent donc un minimum de structuration, ce qui les distingue d'un simple agrégat et qui disposent, en même temps, de mécanismes qui maintiennent cette structuration (les mécanismes de régulation) », Michel Crozier et Erhard Friedberg, *L'acteur et le système*, Paris, Seuil, 1977, p. 283. Cette définition nous permet également d'y subsumer la notion de système communautaire, qui se caractérise par une forte interdépendance entre les acteurs et par une structure de régulation, à la fois formelle et informelle.

favorisent un tel phénomène ? Comment sont-elles liées, se neutralisent-elles, se renforcent-elles ? Peut-on par exemple constater une différence selon le mode organisationnel du groupe d'intérêt en question, selon la structure étatique, selon qu'il s'agisse d'une politique publique communautarisée ou non[14] ou encore selon les formes relationnelles plus ou moins étroites qui lient les groupes d'intérêt aux acteurs politico-administratifs ?

1. Construction de l'objet de recherche

Ainsi, la question centrale de cet ouvrage est de savoir si nous pouvons observer l'émergence d'un mode communautaire de représentation des intérêts. Dans la logique du questionnement présentée plus haut, l'objet de cette étude est l'analyse de l'influence des structures et traditions construites au niveau national entre les groupes d'intérêt et les acteurs politico-administratifs sur leurs modes de représentation des intérêts déployés aux niveaux national, communautaire et international. Cependant, représenter un intérêt nécessite, au-delà d'un travail de traduction de sens[15], d'avoir recours à des stratégies et des répertoires d'action. Nous définissions la notion de groupe d'intérêt de façon large. Le groupe d'intérêt sera abordé ici à travers son rôle dans les processus politiques[16], à savoir « l'agencement d'attitudes et de comportements attendus d'un acteur individuel ou collectif à raison de son statut ou de son positionnement dans le champ social »[17]. Ainsi nous prenons en compte à la fois les formes associatives, comme les fédérations ou confédérations, mais également les

[14] Une politique communautarisée peut être définie comme une politique dans laquelle les institutions communautaires, essentiellement la Commission européenne et le Parlement européen, possèdent des compétences décisionnelles au moins aussi importantes que celles des Etats membres.

[15] Michel Offerlé, *Sociologie des groupes d'intérêt*, Paris, Montchrestien 1998, p. 76-81. Voir également Luc Boltanski, *Les cadres. La formation d'un groupe social*, Paris, Minuit 1982 et Pierre Bourdieu, « La représentation politique. Eléments pour une théorie du champ politique », *Actes de la recherche en sciences sociales*, n°36/37, 1981, p.3-17

[16] Jacques Lagroye, « On ne subit pas son rôle », *Politix*, n°38, 1997

[17] Philippe Braud, *Sociologie politique*, Paris, LGDJ, 2000, p. 615

formes individuelles de la représentation des intérêts comme les entreprises.[18]

Définition du concept

Un mode de représentation des intérêts est composé de trois éléments : les répertoires d'action des groupes d'intérêt, leur niveau d'action et leur niveau organisationnel. Généralement, la notion de répertoire d'action est définie comme un ensemble des moyens mis en œuvre pour exercer un pouvoir. Il s'exerce généralement sous la forme d'une influence auprès des décideurs publics lors de la phase de mise sur agenda des problèmes spécifiques comme lors de la mise en œuvre des politiques publiques.[19] Selon Michel Offerlé, les répertoires d'action des groupes d'intérêt pour construire et légitimer leurs actions peuvent être rapportés à trois dimensions principales, ne représentant pas des idéaux-types mais des formes interdépendantes.[20] Il s'agit premièrement du recours au nombre (se revendiquer d'un collectif, le créer symboliquement à travers différents modes de représentation), le recours à la science (produire une expertise considérée comme objective) et le recours à la morale (établir une stratégie de scandalisation en invoquant la

---

[18] Pour une discussion sur la définition voir : James Yoho, « The evolution of a better definition of interest group and its synonyms », *The Social Science Journal*, 35(2), 1998 ; Michel Offerlé, *Sociologie des groupes d'intérêt*, Paris, Montchrestien 1998 ; Andrew. G. Jordan et Jeremy J. Richardson, *Government and Pressure Groups in Britain*, Clarendon Press, Oxford 1987

[19] Voir Pierre Muller et Yves Surel, *L'analyse des politiques publiques*, Paris, Montchrestien, 1998, p. 83. Les auteurs soulignent cependant, avec Charles Tilly, qu'il s'agit plus d'une métaphore que d'un concept, mais la notion permet de construire (avec prudence) « un modèle où l'expérience accumulée d'acteurs s'entrecroise avec les stratégies d'autorités, en rendant un ensemble de moyens d'action limités plus pratique, plus attractifs, et plus fréquent que beaucoup d'autres moyens qui pourraient, en principe, servir les mêmes intérêts ». Charles Tilly, « Les origines du répertoire d'action collective contemporaine en France et en Grande Bretagne », *XXe siècle*, 1994, n°4, p.99

[20] Michel Offerlé, *Sociologie des groupes d'intérêt*, Paris, Montchrestien, 1998, p. 109-127

violation de normes éthiques pour susciter des mobilisations).[21] Nous y ajoutons une quatrième dimension, celle du recours à la notion d'efficience économique (représenter des intérêts économiques de puissance ou de survie).

Le deuxième élément constituant est le niveau d'action des groupes d'intérêt. Les groupes d'intérêt peuvent agir au niveau national, communautaire ou international. Dans le cadre conceptuel synthétique que présentent Didier Chabanet, Richard Balme et Vincent Wright[22], on peut analyser les activités des groupes d'intérêt confrontés à une problématique communautaire, au niveau national sous forme d'« internalisation », au niveau communautaire sous forme d'« externalisation » et au niveau international sous celle d'« internationalisation ». Enfin, le troisième élément est caractérisé par la forme organisationnelle du groupe et revêt trois dimensions. Il s'agit de l'organisation en groupe d'intérêt national, en eurogroupe ou en forme de groupe d'intérêt international, comprenant aussi des groupes d'intérêt ou des acteurs extra-communautaires.

---

21 De manière similaire, Richard Balme et Didier Chabanet suggèrent trois modes de représentation des intérêts : (a) protestataire ; (b) « lobbying des couloirs » c'est à dire représentation des intérêts dans des comités, face à face avec les responsables politiques, à la fois au niveau national et au niveau communautaire et (c) l'expertise. Richard Balme et Didier Chabanet, *L'action collective et représentation des intérêts dans l'Union européenne*, texte présenté dans le cadre du Forum européen, Centre Robert Schuman, IUE, Florence, 19 mai 2000

22 Didier Chabanet, Richard Balme et Vincent Wright (dirs), *L'action collective en Europe*, Paris, Presses de Sciences Po, 2002. Pour une présentation détaillée voir chapitre 1

Tableau 1.

Eléments composant le mode de représentation des intérêts

Répertoire d'action	Niveau d'action	Forme organisationnelle[23]
Recours au nombre	National (*internalisation*)	Groupe d'intérêt national
Recours à la science	Communautaire (*externalisation*)	Eurogroupe
Recours à la morale	International (*internationalisation*)	Groupe d'intérêt international
Recours à l'efficience économique		

Il est important de noter que notre analyse se concentre sur les modes de représentation des intérêts et non pas sur les intérêts des groupes. Nous définissons l'émergence d'un « mode communautaire de représentation des intérêts » comme le processus d'apprentissage et de socialisation des groupes d'intérêt qui redéfinissent et modifient leurs stratégies et leurs répertoires d'action vers un modèle plus homogène à la fois au niveau européen et au niveau international. L'existence d'un modèle communautaire de représentation des intérêts suppose ainsi que les groupes, confrontés au même phénomène au niveau communautaire ou international, aient recours au même répertoire d'action.

L'institutionnalisme sociologique offre une explication pour l'émergence d'un mode communautaire de représentation des intérêts. Il se focalise sur l'isomorphisme organisationnel en suggérant que les organisations[24] qui interagissent fréquemment, qui sont exposées à d'autres organisations et qui sont localisées dans un environnement similaire, développent peu à peu des similarités dans les structures organisationnelles, dans des principes d'allocation des ressources et des pratiques, à savoir des structures et des modes

---

[23] Chacune des dimensions peut se présenter sous sa forme sectorielle. Dans le domaine agricole, il peut s'agir d'un syndicat principal ou d'un syndicat qui ne représente qu'un secteur spécifique.

[24] Pour une distinction précise entre institution et organisation, voir chapitre 1.

réformateurs.[25] L'isomorphisme organisationnel explique les processus d'homogénéisation des structures organisationnelles et des répertoires d'action. Ainsi, il avance l'hypothèse d'un déterminisme structurel qui implique que les acteurs, ou groupes d'intérêt, vont chercher à se ressembler. Plutôt que de s'adapter à des impératifs fonctionnels, les organisations répondent aux changements de leur environnement normatif et cognitif par une similarité accrue de leurs attitudes et structures. L'isomorphisme organisationnel apparaît le plus souvent dans des situations stables et formalisées qui offrent des structures organisationnelles claires. Ainsi, pourrait être avancée l'hypothèse selon laquelle plus les groupes d'intérêt interagissent au niveau communautaire, plus ils adoptent des stratégies et des répertoires d'action similaires.

Comme le suggèrent d'ailleurs les travaux de Charles Tilly[26], les mobilisations se développent, dans leur forme et dans l'espace, en réponse à l'émergence de systèmes politiques correspondants. Cette thèse est à rapprocher de celle de Gary Marks et de Doug McAdam[27], pour qui les mouvements sociaux seraient orientés et modelés par l'accès relatif aux institutions européennes, reproduisant et accentuant la fragmentation du système d'action.[28] Partant du constat selon lequel c'est l'Etat qui a forgé historiquement le cadre de la structuration de la représentation des intérêts, nous nous posons la question de savoir si l'intégration européenne a modifié les formes particulières d'intermédiation des intérêts, ces formes de participation aux processus de décision, forgées au niveau national et si oui dans quelle mesure. Formulé différemment, la relation Etat-groupe d'intérêt reste-t-elle structurante pour les activités des groupes d'intérêt aux niveaux

---

[25] Walter W. Powell et Paul J. Dimaggio (dirs), *The New Institutionalism in Organizational Analysis,* Chicago, University of Chicago Press, 1991; W. R. Scott et John W. Mayer, *Institutional Environments and Organizations,* Thousand Oaks, Sage, 1994

[26] Charles Tilly, *The Time of States,* Center for the Study of Social Change, Working Paper, 172, New School for Social Research, 1993

[27] Gary Marks, « Social Movements and the Changing Structure of Political Opportunity in Europe", dans Gary Marks, Fritz Scharpf, Philippe Schmitter et Wolfgang Streeck (dirs), *Governance in the European Union,* London, Sage, 1996

[28] Voir aussi Didier Chabanet, « Mobilisations et clivages socio-politiques en Europe », *Politique européenne,* n°5, printemps 2001

national, communautaire et international ou les groupes d'intérêt s'émancipent-ils de la contrainte structurelle du niveau national ?

Cette recherche s'inscrit dès lors dans la question fondamentale sous-jacente à de nombreuses études sur l'intégration européenne : peut-on observer l'émergence d'un espace public européen par la mise en place d'une « nouvelle architecture politico-administrative », par la production de nouvelles logiques de participation et de représentation et/ou par l'émergence d'un ensemble de normes d'actions communes, orientant les perceptions et les conduites des acteurs des politiques publiques ?[29]

Européanisation

Savoir dans quelle mesure les groupes d'intérêt s'émancipent du cadre structurant que représente l'Etat et la problématique de l'européanisation[30], semblent au cœur de la plupart des interrogations sur l'Union européenne. Le concept reste difficile à cerner, malgré de nombreuses tentatives de définition.

En nous fondant sur une différenciation présentée par Simon Bulmer et Christian Lequesne[31], nous présentons ainsi trois définitions de l'européanisation. La première, développée par Robert Ladrech, définit l'européanisation « comme un processus incrémental réorientant la direction et la forme des politiques dans la mesure où les dynamiques politiques et économiques communautaires deviennent une partie de la logique organisationnelle des politiques et du *policy-making* national »,

---

[29] Cette question générale a fait également l'objet d'une analyse dans le contexte du Projet majeur du CEVIPOF (1999-2001) : *L'impact de la construction européenne sur les transformations du gouvernement représentatif : comparaison des mécanismes d'européanisation des politiques publiques,* sous la direction de Bruno Palier et Yves Surel

[30] La notion « européanisation » a été développée par des chercheurs anglo-saxons. Les chercheurs s'exprimant en français traduisent le terme par « européanisation » ou « européisation », proche de l'allemand « Europäisierung ».

[31] Simon Bulmer et Christian Lequesne, « New Perspectives on EU-Member State Relationships », *Paper presented to the Seventh ECSA Biennial Conference,* May 31-June 2, 2001, Madison

définition que l'on nomme « *top-down europeanisation* ».[32] Dans un ouvrage collectif, Thomas Risse, Maria Green Cowles et James Caporaso définissent la notion comme « *l'émergence et le développement de structures distinctes de gouvernance au niveau communautaire*, c'est-à-dire des institutions politiques, juridiques et sociales associées à la gestion de problèmes qui formalisent les interactions entre les acteurs, et des réseaux des politiques publiques spécialisés dans la création des règles communautaires spécialisées ».[33] Cette définition possède l'inconvénient de définir l'européanisation comme le processus d'intégration, de développement des structures de gouvernance au niveau communautaire, processus que l'on appelle généralement « *bottom-up europeanisation* ». Enfin, Claudio Radaelli, à partir de la définition de Robert Ladrech, amendée par ses propres travaux, définit l'européanisation comme des « processus de (a) construction, (b) diffusion et (c) institutionnalisation de règles formelles et informelles, de procédures, de paradigmes politiques, de styles, de « manières de faire des choses » et de croyances et normes partagées qui sont définis et consolidés lors de la fabrication des politiques communautaires et ensuite incorporés dans les logiques de discours, identités, structures politiques et politiques publiques nationaux ».[34]

Dans l'introduction d'un numéro récent de *West European Politics*, Simon Hix et Klaus Goetz offrent une définition et une opérationnalisation du concept qui nous semble particulièrement claire. Les auteurs distinguent entre l'intégration européenne et l'européanisation. L'intégration européenne devient le facteur explicatif du changement observé dans le fonctionnement de politiques publiques nationales. En d'autres termes, l'intégration européenne est ainsi considérée comme la variable indépendante,

---

[32] Robert Ladrech, « Europeanization of Domestic Politics and Institutions: the Case of France", *Journal of Common Market Studies*, 1994, 32(1), p. 17

[33] Thomas Risse, Maria Green Cowles et James Caporaso (dirs), *Transforming Europe. Europeanization and Domestic Change*, Ithaca, Cornell University Press, 2001, p.3. Italiques par les auteurs. Cette définition est presque synonyme de celle que Simon Hix et Klaus Goetz utilisent pour définir l'intégration européenne.

[34] Claudio M. Radaelli, « The domestic impact of European public policy: notes on concepts, methods and the challenge of empirical research", *Politique européenne*, n°5, automne 2001, p.107-142

influençant l'européanisation des politiques, définie comme le résultat de l'intégration européenne ou la variable dépendante.[35] Or, jusqu'à très récemment, ce furent les politiques nationales qui jouèrent le rôle des variables indépendantes dans la majorité des études européennes pour expliquer le processus d'intégration européenne. Simon Hix et Klaus Goetz soulignent « qu'afin de comprendre l'impact qu'exerce l'intégration européenne sur les systèmes nationaux, la question décisive n'est pas de savoir si la délégation est déterminée par les préférences gouvernementales dépendantes des intérêts des acteurs transnationaux, ni si celle-ci est 'cultivée' par des agents supranationaux. Ce qui est important pour les acteurs et les institutions nationaux est de savoir comment la délégation de compétences vers le niveau communautaire influence les résultats politiques dans l'arène nationale »[36].

Afin d'opérationnaliser ce concept, ils distinguent entre l'influence directe, par exemple dans le cas de l'Union économique et monétaire, et l'influence indirecte du *policy-making* sur les politiques nationales. De manière indirecte, l'européanisation revêt trois modes d'action distinctes. Elle peut premièrement renforcer des processus existants, comme la délégation de compétences à des autorités de niveau régional ou local, deuxièmement agir comme catalyseur en faisant émerger de nouvelles formes institutionnelles ou, enfin, créer de nouvelles structures d'opportunités au niveau national et communautaire. Simon Hix et Klaus Goetz appellent ces structures d'opportunités, par référence à Albert Hirschman[37] « exit, voice et information ». Plus précisément, l'européanisation peut causer trois degrés de changement des politiques nationales. Il s'agit premièrement du phénomène d'absorption, où les Etats membres incorporent les politiques et idées communautaires et réajustent leurs institutions. Un deuxième processus est celui d'accommodation, dans lequel les Etats membres adaptent leurs politiques, processus, discours[38] et institutions sans toutefois

---

[35] Simon Hix et Klaus H. Goetz, « Introduction : European Integration and National Political Systems », *West European Politics*, 23(4), 2000, p. 1-26

[36] ibid. p.3-4

[37] *Défection, prise de parole et loyauté*, Paris, Fayard, 1995

[38] Dans ses travaux Claudio Radaelli met l'accent sur ce facteur particulier. Voir Claudio M. Radaelli, « The domestic impact of European public policy: notes on concepts, methods and the challenge of empirical research", *Politique européenne*, n°5, automne 2001, p.107-142

changer leurs caractéristiques essentielles. Et, enfin, l'européanisation peut transformer les politiques nationales, processus dans lequel les acteurs nationaux remplacent les politiques, processus, institutions et discours par des formes nouvelles et substantiellement différentes.[39]

Le point commun d'un grand nombre d'études empiriques sur l'européanisation de différents objets de recherche – les politiques publiques[40], les administrations nationales[41], les discours[42] ou les acteurs nationaux pour n'en citer que quelques-unes - semble néanmoins être la conviction que les acteurs et les institutions nationaux jouent le rôle de filtre dans l'influence exercée par l'intégration européenne sur les changements politiques au niveau national[43]. Mais contrairement aux approches d'européanisation qui considèrent les structures et les institutions nationales comme des

---

[39] Tanja A. Börzel et Thomas Risse, *When Europe Hits Home: Europeanization and Domestic Change*, EUI Working Papers, Robert Schuman Centre n° 2000/56

[40] Pour n'en citer que quelques-uns : Christian Lequesne, *L'Europe bleue, A quoi sert une politique communautaire de la pêche ?*, Paris, Presses de Sciences Po, 2001 ; Pierre Muller, Jean-Louis Quermonne, Yves Mény (dirs), *Politiques publiques en Europe*, Paris, L'Harmattan, 1995

[41] Wolfgang Wessels et Dietmar Rometsch (dirs), *The European Union and Member States*, Manchester, Manchester University Press, 1996; Christian Lequesne, *Paris-Bruxelles, Comment se fait la politique européenne de la France*, Paris, Presses de la FNSP, 1993

[42] Vivien A. Schmidt, "The politics of economic adjustment in France and Britain: when does discourse matter?", *Journal of European Public Policy*, 8(2), 2001, p.247-264

[43] Simon Hix et Klaus H. Goetz, « Introduction: European Integration and National Political Systems », *West European Politics*, 23(4), 2000, p. 20 et également Vivien A. Schmidt, « Europeanization and the Dynamics and Mechanisms of Economic Policy Adjustment" Paper presented at the Forum of the Robert Schuman Center, European University Institute, Florence, April 26, 2001. Le concept présenté dans l'ouvrage de Risse, Green Cowles et Caporaso souligne encore ce rôle prédominant. Dans leur approche de 'trois étapes' vers un changement structurel au niveau national, les auteurs expliquent que le processus d'européisation influe sur le « goodness of fit » entre l'européisation et les structures nationales qui, ensuite, sont médiatées par les institutions nationales. Thomas Risse, Maria Green Cowles et James Caporaso (dirs), *Transforming Europe. Europeanization and Domestic Change*, Ithaca, Cornell University Press, 2001, p. 6-12

filtres[44], nous suggérons que les relations entre l'intégration européenne et l'européanisation de politiques, institutions, acteurs, idées et discours nationaux sont plus dialectiques que simplement unidirectionnelles. Nous proposons ainsi d'adopter une approche différente : plutôt que d'étudier l'influence de l'intégration européenne sur les répertoires d'action et les stratégies des groupes d'intérêt aux niveaux national, communautaire et international, l'objet de notre recherche sera l'analyse du degré d'influence de la forme nationale des répertoires d'actions des groupes d'intérêt aux niveaux communautaire et international. Nous nous efforcerons ainsi d'identifier les variables qui influent sur cette continuité ou cette discontinuité.

Nous ne présentons donc pas notre recherche selon le modèle de l'européanisation des structures organisationnelles des groupes d'intérêt, illustrée par la figure 1 mais proposons de traiter les processus et structures nationaux et communautaires comme deux variables indépendantes (figure 2).

Figure 2[45]

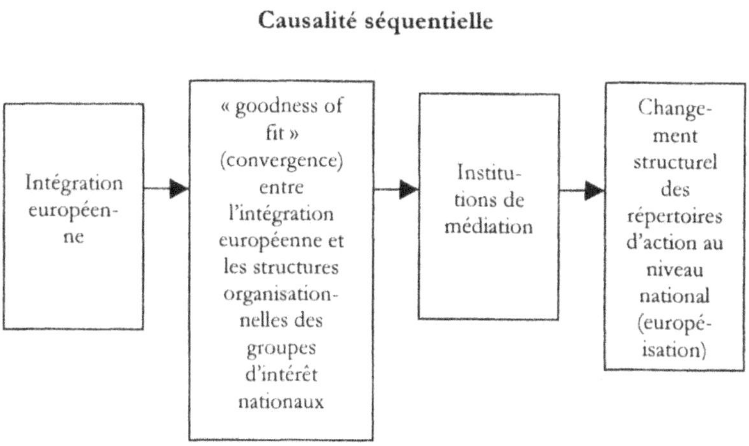

[44] Pour une analyse empirique et très nuancée de l'impact des politiques européennes sur les politiques nationaux de transport voir Adrienne Héritier et al, *Differential Europe. The European Union Impact on National Policymaking*, Lanham, Rowman & Littlefield, 2001

[45] Adaptée de Thomas Risse, Maria Green Cowles et James Caporaso (dirs), *Transforming Europe. Europeanization and Domestic Change*, Ithaca, Cornell University Press, 2001, p. 6

Figure 3

Causalité intriquée

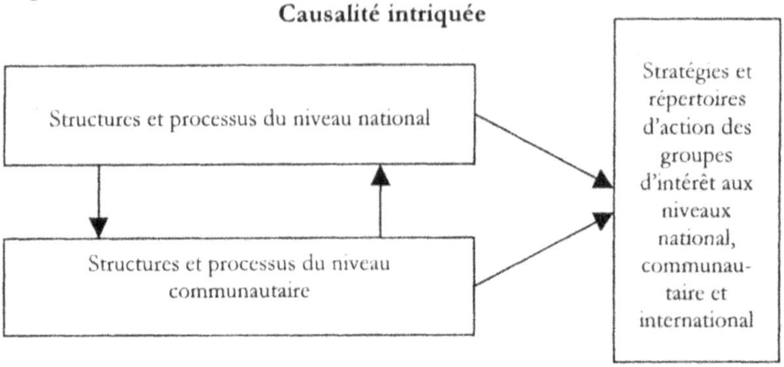

L'analyse des groupes d'intérêt dans le processus d'élargissement nous offre un terrain particulièrement fructueux pour une telle analyse. Pourquoi avoir sélectionné un tel terrain de recherche et comment définissons-nous les acteurs centraux de notre étude, à savoir les groupes d'intérêt ?

Problématique de recherche

Pour analyser l'émergence d'un mode communautaire de représentation des intérêts, nous avons isolé quatre variables indépendantes. Nous les avons regroupé dans un modèle pour montrer leur dépendance mutuelle qui influe sur la variable dépendante, à savoir les modes de représentation des intérêts.[46] Deux variables sont centrales, à savoir le contexte étatique (i) et le contexte institutionnel communautaire (ii).

Le contexte étatique

Le contexte étatique est constitué premièrement par la structuration des rapports entre les groupes d'intérêt et les autorités politiques[47]. Ces rapports divergent selon le domaine politique et la

[46] Justin Greenwood et Mark Aspinwall ont élaboré des variables similaires dans l'ouvrage *Collective Action in the European Union. Interests and the New Politics of Associability*. Routledge, London, 1998

[47] Roger W. Cobb et Charles D. Elder, *Participation in American Politics : The Dynamics of Agenda Building*, Johns Hopkins University, Baltimore, 1972

forme organisationnelle des groupes d'intérêt. Le deuxième élément à prendre en considération dans le contexte étatique est la place que cette politique occupe dans la vie publique : la perception d'un problème ou d'un domaine politique par la société peut varier. Enfin, un troisième facteur réside dans les ressources sociales des groupes d'intérêt en question. Ces ressources peuvent être définies comme les moyens qui offrent aux acteurs une capacité d'agir et qui leur assurent un pouvoir, « pour autant que cette dernière notion soit entendue comme un type particulier de relation »[48]. Les facteurs caractérisant les ressources sont le degré et le mode d'organisation du groupe, la nature de ses élites, le degré d'institutionnalisation du groupe au sein de l'appareil politico-administratif, les contacts plus ou moins étroits entre les groupes et les acteurs politico-administratifs et la capacité de définir de manière plus ou moins autonome son propre intérêt. Ces facteurs sont influencés par la variable du changement d'environnement de la politique concernée.

Le contexte étatique constitue la variable indépendante centrale pour notre recherche. Nous avançons l'hypothèse selon laquelle ce sont prioritairement les caractéristiques des relations entre les groupes d'intérêt et les acteurs politico-administratifs forgées au niveau national qui déterminent les modes de représentation des groupes d'intérêt au niveau communautaire. Peut-on ainsi observer que les groupes d'intérêt reproduisent les caractéristiques nationales de leur représentation d'intérêts ? Plus spécifiquement, peut-on constater que si les rapports entre les groupes d'intérêt et les autorités politiques nationales correspondent à un schéma spécifique, ce même schéma se reproduit au niveau communautaire dans les rapports que les groupes d'intérêt entretiennent avec les institutions européennes et en particulier avec les services de la Commission européenne ? Nous supposons alors que, bien que participant au processus politique communautaire, les pratiques et les stratégies au niveau national et communautaire des groupes d'intérêt se superposent davantage qu'elles ne contribuent encore à la recomposition des systèmes nationaux. Les représentations des intérêts se redéfinissent progressivement à travers une confrontation entre les interprétations du passé et celles des nouvelles situations auxquelles doivent faire face les groupes d'intérêt. Les groupes d'intérêt sont formés au niveau national et y

---

[48] Pierre Muller et Yves Surel, *L'analyse des politiques publiques,* Paris, Montchrestien, 1998, p.80

ont leurs origines organisationnelles. Il semble donc que le chercheur soit confronté non pas à un système de représentation communautaire constitué en soi, mais plutôt à une mosaïque de modes de représentation influencés par des modes d'échange politique spécifiques à chaque pays qui interagissent avec des structures d'opportunité ou de « fermeture » au niveau communautaire[49].

Le contexte institutionnel communautaire

La deuxième variable centrale est le contexte institutionnel au niveau communautaire. Trois éléments composent ce contexte. Il s'agit premièrement du degré de légitimité que possèdent les institutions communautaires dans un secteur politique donné. Nous avançons l'hypothèse que les incitations à former des groupes d'intérêt européens regroupant les groupes nationaux et à les lier étroitement à des activités des institutions communautaires sont influencées par la recherche de légitimation[50] de ces institutions. Plus les institutions sont à la recherche de légitimation, plus il semble probable qu'elles se montrent ouvertes aux groupes qui y trouvent ainsi une incitation à se réunir au niveau communautaire afin d'établir des relations privilégiées avec les institutions européennes.

Le deuxième élément constituant est celui de l'expertise dont le rôle augmente considérablement dans la gestion des politiques publiques et dans le *policy-making* en général.[51] Le constat s'applique

---

[49] Il est donc justifié, dans une certaine mesure, de ne pas oublier les approches conceptuelles qui se sont développées au niveau national pour l'étude des politiques au niveau communautaire comme le demandent Patrick Hassenteufel et Yves Surel dans « Des politiques comme les autres? Construction de l'objet et outils d'analyse des politiques européennes ». *Politique européenne*, n°1, avril 2000, p. 8-24

[50] Sur la notion de « légitimation » voir Jacques Lagroye, « La légitimation », dans Jean Leca et Madeleine Grawitz, *Traité de Science politique*, Paris, PUF, 1984, tome 1. Jacques Lagroye définit la notion de légitimition comme un processus d'acquisition, de création et d'établissement de légitimité.

[51] Daniel Bell, *The comings of Postindustrial Society*, New York, Basic Books, 1973; Robert A. Goldwin (dir), *Bureaucrats, Policy Analysts, Statesmen: Who leads?*, Washington, American Enterprise Institute, 1980; James Everett Katz, *Presidential Politics and Science Policy*, New York, Praeger, 1978; Frank

tout aussi bien au niveau national qu'au niveau communautaire. Svein Andersen et Kjell Eliassen[52], et plus récemment Claudio Radaelli[53] mentionnent l'émergence d'une représentation d'experts au niveau européen. Les institutions européennes, en particulier la Commission, sont ainsi à la recherche d'expertise. Les groupes d'intérêt possédant de telles compétences sont dans une position favorable pour tisser des liens étroits avec les institutions en question et peuvent, par ce moyen, représenter leurs intérêts. Toutefois, malgré ce besoin exprimé au niveau communautaire, la forme de recours à l'expertise est très fortement influencée par le rôle qu'elle joue dans le secteur en question au niveau national.

Le troisième élément est la fragmentation du système institutionnel communautaire. Les relations inter- et intra-institutionnelles - entre les institutions et au sein de l'institution même - sont particulièrement fragmentées et sectorisées. Alors que la fragmentation concerne les compétitions bureaucratiques entre les services d'une institution en particulier, nous définissons la notion de sectorisation comme l'importance et l'interdépendance grandissante des secteurs des politiques publiques spécifiques.[54] Nous avançons ainsi l'hypothèse selon laquelle ce système fragmenté empêche l'émergence d'un mode communautaire de représentation des intérêts. La façon de s'adapter à ce système est fortement influencée par la capacité des groupes d'intérêt à se confronter à un tel environnement fragmenté, capacité acquise au niveau national.

Enfin, deux variables indépendantes peuvent être caractérisées comme des variables secondaires[55], influençant les variables

---

Fischer, *Technocracy and the Politics of Expertise*, London, Sage, 1990; Jürgen Habermas, *Toward a Rational Society*, Boston, Beacon, 1970

[52] Svein S. Andersen et Kjell .A. Eliassen (dirs), *The EU: How Democratic is it?*, London, Sage, 1996

[53] Claudio M. Radaelli, *Technocracy in the European Union*, London et New York, Longman, 1999; Claudio M. Radaelli, "The Public Policy of the European Union: Whither Politics of Expertise?", *Journal of Public Policy*, 6(5), 1999, p.757-774

[54] Sabine Saurugger, « A Fragmented Environment : Interest groups and the Commission's bureaucratic sectorisation », *Politique européenne*, n°5, automne 2001, p.45-69

[55] Dans la recherche politiste anglo-saxonne, cette forme de variable constitue une « *intervening variable* ».

indépendantes.[56] Il s'agit premièrement de la forme organisationnelle du groupe d'intérêt. Le fait qu'il s'agisse d'une entreprise individuelle ou d'une fédération nationale, composée d'entreprises ou d'organisations régionales influe sur les répertoires d'actions déployés. Une deuxième variable est celle du changement de l'environnement de la politique concernée, qui peut survenir aussi bien au niveau national (changement de majorité parlementaire), au niveau communautaire (réformes des politiques communautaires, décisions de la Cour de justice des Communautés européennes [CJCE]) qu'au niveau international (changements technologiques, paradigmes scientifiques, crises économiques ou écologiques).

En intégrant ces variables dans un système d'interaction, nous proposons le modèle suivant en vue d'analyser l'existence ou l'émergence d'un modèle communautaire de représentation d'intérêts. Il nous permet d'analyser les répertoires d'action des groupes d'intérêt non seulement au niveau national ou communautaire, mais aussi, et en particulier, au niveau extra-communautaire, à savoir en Europe centrale et orientale.[57] Ce

---

[56] Nous inscrivons cette recherche alors dans une méthode de « causalité multiple » (*multiple causality*). Le résultat de notre recherche, à savoir les modes de représentation des intérêts, est donc dépendant d'une combinaison de multiples variables, ressemblant en effet à un modèle de causalité intriquée. Voir aussi la discussion de la causalité multiple dans Gary King, Robert Keohane et Sidney Verba, *Designing Social Inquiry. Scientific Interference in Qualitative Research,* Princeton, Princeton University Press, 1994, p. 87-89

[57] Dans le contexte de cette recherche, nous considérons l'Europe centrale et orientale comme une région extra-communautaire ou internationale. Cette décision est fondée sur la circonscription de notre période de recherche : notre période de recherche débute en 1989 à un moment où l'idée d'une adhésion des PECO à la Communauté n'a pas été ouvertement discutée et d'achève en 1999, date à laquelle les négociations d'adhésion ont encore été en cours , mais où d'un point de vue juridique, mais aussi politique, les PECO n'ont pas encore fait partie de l'UE.

Un deuxième argument est étroitement lié à ce constat. Les activités des groupes d'intérêt analysés débutent avec la chute du communisme en 1989, en percevant les PECO comme pays extra-communautaires. Puisque juridiquement, ces pays ne faisaient pas encore partie de l'Union, les groupes d'intérêt ne pouvaient donc agir comme au sein de l'Union.

facteur est primordial puisqu'il permet d'analyser la prémisse centrale, présentée dans l'introduction de notre recherche : s'il y a émergence d'un mode communautaire de représentation des intérêts, les groupes d'intérêt devraient agir selon ce mode non seulement au niveau national et communautaire, mais aussi au niveau extra-communautaire, voir international.

Figure 4

Modes de représentation des groupes d'intérêt

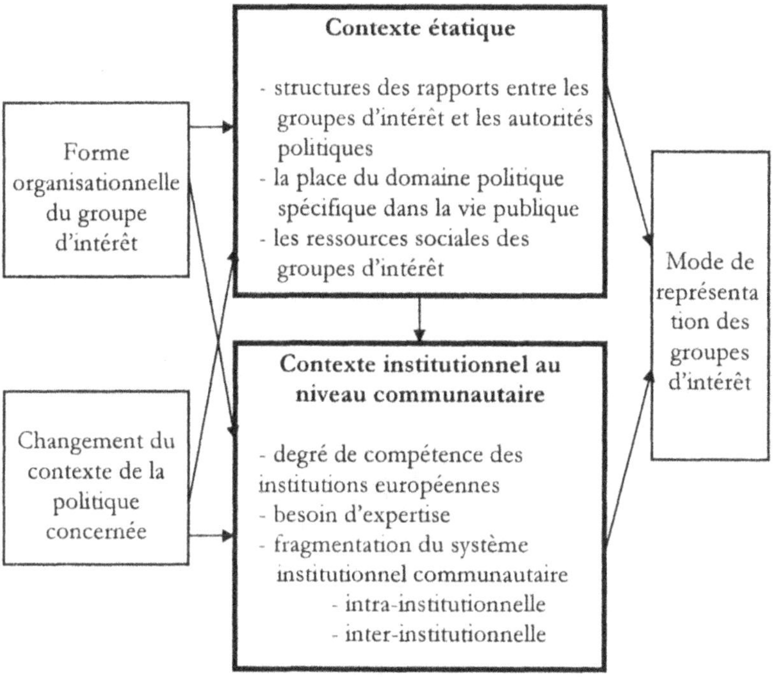

2. La sélection des cas d'études

L'élargissement de l'Union nous offre un terrain qui regroupe trois atouts essentiels pour l'analyse de la problématique de l'émergence d'un mode communautaire de représentation des intérêts. Premièrement, il nous permet d'observer, dans un cas concret, l'émergence et la construction des intérêts, des stratégies et des répertoires d'action des groupes d'intérêt de différents secteurs vis-à-vis d'un même problème donné. Il permet en même temps d'inscrire ces activités dans une période longue de représentation des intérêts aux niveaux national et communautaire. Enfin, l'élargissement nous offre en particulier la possibilité d'observer les stratégies et les répertoires d'action des groupes d'intérêt ouest-européens en Europe centrale et orientale. Cet élément est central puisque nous suggérons que, dans la mesure où l'on constate l'émergence d'une représentation communautaire des intérêts au sein de l'Union européenne, il devrait être possible de l'observer également lors de l'analyse des activités des groupes en dehors de l'Union européenne. C'est ce facteur qui est encore absent des études sur la représentation des intérêts ou de celles sur l'européanisation.

Le processus de l'élargissement

Depuis 1989, année de la chute du mur de Berlin et de celle des régimes communistes, le processus a connu trois grandes phases : tout d'abord une période de recherche d'une stratégie de long terme (1989-1993), période que nous avons nommé « Ostpolitik communautaire », ensuite la décision d'élargir l'Union européenne et la mise en œuvre d'une véritable politique de pré-adhésion (1993-1997), et enfin, le lancement des négociations d'adhésion. Actuellement, les négociations d'adhésion sont ouvertes avec douze pays candidats, dont dix pays d'Europe centrale et orientale[58] et deux pays méditerranéens, Chypre et Malte.

A la recherche d'une stratégie de long terme

A la suite des événements en Europe centrale et orientale qui ont mené à la chute du mur de Berlin et à la fin du communisme, la Communauté européenne a cherché à établir des relations nouvelles avec les pays d'Europe centrale et orientale. Les premières actions dans ce domaine étaient la création des accords de commerce et de coopération ainsi que la mise en œuvre d'une nouvelle politique d'assistance technique et financière à travers le programme

---

[58] Bulgarie, Estonie, Hongrie, Lettonie, Lituanie, Pologne, République tchèque, République slovaque, Roumanie, Slovénie.

PHARE[59], dont la coordination fut attribuée à la Commission européenne. [60] Toutefois, la politique d'aide à la restructuration de la CE ne semblait guère suffisante. Des accords d'association ont été signés entre 1991 et 1998 avec les pays d'Europe centrale et orientale, prévoyant un renforcement des relations politiques et commerciales entre la Communauté et les PECO.

La décision d'élargir l'Union européenne

En effet, la décision d'élargir l'UE n'a été prise que lors du Conseil de Copenhague de juin 1993. Les déclarations du Conseil de Copenhague marquent un changement qualitatif important, entraîné par l'évocation d'une adhésion éventuelle des PECO à l'Union européenne et par l'amélioration de leur accès au marché communautaire[61].

Lors du Conseil européen d'Essen de décembre 1994, une stratégie de pré-adhésion a été élaborée. Elle a donné de larges compétences à la Commission européenne, en particulier par rapport au suivi des progrès réalisés par les pays candidats d'Europe centrale et orientale. La Commission présente depuis 1997 des rapports de progrès sur les pays candidats qui servent au Conseil de documents stratégiques lui permettant de sélectionner les pays

---

[59] Pologne Hongrie, Aide à la restructuration économique, plus tard étendu aux autres pays d'Europe centrale et orientale (PECO). Pour une analyse plus détaillée, voir chapitre 3.

[60] Ulrich Sedelmeier et Helen Wallace, « Eastern Enlargement : Strategy or Second Thoughts ? », dans Helen Wallace et William Wallace (dirs), *Policy-Making in the European Union*, Oxford, Oxford University Press, 2000 ; Cécile Robert, « La Commission européenne face à l'élargissement de l'Union à l'est : la construction d'un leadership », *Politique européenne*, n°3, janvier 2001, p. 38-60. Pour une analyse plus générale du rôle de la Commission européenne dans la politique étrangère de l'Union voir Sabine Saurugger, « Union européenne : Vers une politique étrangère autonome? », dans « Les politiques étrangères. Ruptures et continuités », *notes et études documentaires*, n°5128-5129, La Documentation française, 2001, p. 285-311.

[61] Ulrich Sedelmeier et Helen Wallace, « Eastern Enlargement : Strategy or Second Thoughts ? », dans Helen Wallace et William Wallace (dirs), *Policy-Making in the European Union*, Oxford, Oxford University Press, 2000, p. 374

candidats avec lesquels les négociations d'adhésion peuvent être ouvertes.

Les négociations d'adhésion

Le Conseil de Luxembourg de décembre 1997 a pris la décision, sur la base des rapports de la Commission, d'ouvrir les négociations d'adhésion avec cinq pays candidats d'Europe centrale et orientale - la Pologne, la République tchèque, la Hongrie, la Slovénie et l'Estonie - ainsi qu'avec Chypre. Les négociations d'adhésion en tant que telles ont débuté le 30 mars 1998. Dix-huit mois plus tard, les Etats membres, réunis lors du Conseil européen d'Helsinki de décembre 1999 ont décidé d'ouvrir les négociations avec tous les pays candidats et d'attribuer le statut de candidat à la Turquie. Le lancement officiel des négociations avec les six autres pays candidats, la Bulgarie, la Lettonie, la Lituanie, Malte, la Roumanie et la Slovaquie, a eu lieu le 15 février 2000. Désormais, l'Union européenne négociera simultanément avec douze pays candidats. Les négociations avec la Turquie ne pourront s'engager que lorsqu'elle remplira les critères nécessaires, à savoir les « critères de Copenhague ».

Au-delà du choix de la périodicité et du processus de l'élargissement, il a été également nécessaire de sélectionner les domaines politiques dans lesquels les groupes d'intérêt jouent un rôle significatif pour l'élargissement, ainsi que leurs pays d'origine.

Une méthode comparative

Pour analyser l'émergence d'un mode communautaire de représentation des intérêts, l'approche comparative[62] s'impose. La plupart des études sur les groupes d'intérêt dans l'Union européenne sont actuellement monographiques[63]. Des exceptions

---

[62] Pour une analyse très complète du développement de l'approche voir Hans Daalder, « The Development of the Study of Comparative Politics », dans Hans Keman (dir), *Comparative Politics. New Directions in Theory and Method,* Amsterdam, VU University Press, 1993; Bertrand Badie et Guy Hermet, *Politique comparée,* Paris, PUF, 1990 Premier Chapitre, « La méthode comparative », p. 17-76

[63] Pour une présentation plus détaillée, voir chapitre 1

peuvent être trouvées dans les études sur les activités des eurogroupes ou encore sur les entreprises au niveau communautaire.[64] Les études comparatives, proposant un cadre de recherche bien spécifié restent minoritaires.[65] Or, il semble que si l'on souhaite analyser une possible émergence d'un mode communautaire de représentation, il est indispensable de sélectionner au moins deux domaines politiques. Cette sélection s'est avérée nécessaire pour élaborer un certain nombre de variables indépendantes qui influencent l'émergence ou la non-émergence d'un modèle communautaire. La question des implications d'une multitude de choix possibles a été explicitement posée par Adam Przeworski et Henry Teune[66] et nous avons opté pour une approche de comparaison « *most different* » (contrastes dramatiques[67]) dans l'analyse des stratégies et les répertoires d'action des groupes d'intérêt dans le processus de l'élargissement.

Une des études les plus connues appliquant cette méthode est celle de Theda Skocpol[68], étude consacrée à l'émergence des révolutions sociales modernes en comparant les révolutions française, russe et chinoise. Cette méthode est particulièrement adaptée pour expliquer des phénomènes politiques au niveau sous-systèmiques, c'est à dire au niveau de l'individu ou des groupes

---

[64] Jelle Visser et Bernhard Ebbinghaus, « Making the most of diversity? European Intergration and Transnational Organization of Labour", dans Justin Greenwood, Jürgen Grote et Karsten Ronit (dirs.), *Organised Interests in the European Community*, London, Sage 1992, p. 206-237

[65] Wyn Grant, "Models of interest intermediation and policy formation applied to an internationally comparative study of the diary industry", *European Journal of Political Research*, 1992, 21 (1-2), p. 53-68; Volker Schneider, "The structure of policy networks: A comparison of the 'chemicals control' and 'telecommunications' policy domains in Germany", *European Journal of Political Research*, 1992, 21 (1-2), p. 109-130

[66] Adam Przeworski et Henry·Teune, *The Logic of Comparative Social Inquiry*, New York, Wiley-Interscience, 1970; B. Guy Peters, *Comparative Politics, Theory and Methods*, London, Macmillan, 1998

[67] Nous utilisons la traduction « contrastes dramatiques » pour « most different », utilisée dans l'ouvrage de William Genieys, Jean Joana et Andy Smith, *Professionnalisation et condition militaire : une comparaison France/Grande-Bretagne*, Centre d'études en sciences sociales de la défense, septembre 2000

[68] Theda Skocpol, *States and Social Revolutions. A comparative Analysis of France, Russia and China*, Cambridge, Cambridge University Press, 1979

d'individus. Ainsi, elle a pour objectif de conduire le chercheur à « opposer tout ou partie de deux systèmes politiques, relevant de deux histoires et de deux cultures différentes, de manière à mettre en évidence les aspects qui fondent leur singularité et à favoriser leur interprétation »[69]. Si l'on observe l'émergence ou la non-émergence d'un mode communautaire de représentation des intérêts dans des secteurs politiques qui sont organisés d'une manière radicalement différente (p.e. communautarisé ou non-communautarisé), l'observation gagne en signification. Cette méthode nous permet ainsi de choisir un certain nombre de variables indépendantes, explicatives pour élaborer nos hypothèses.

Cette approche a toutefois ses limites, puisque la méthode inductive prétend introduire des propositions causales à partir de l'observation empirique d'un petit nombre de cas. Rien ne permet d'étayer solidement et de rendre indiscutable le choix des variables qui en dérive.[70] Nous sommes conscients de ces limites et tenterons de les dépasser en élaborant un certain nombre d'hypothèses que nous exposerons en détail dans notre premier chapitre et au début des chapitres suivants, une approche qui permet au lecteur de les analyser avec nous. Nous avons choisi de privilégier une analyse des stratégies et des répertoires d'actions des groupes d'intérêt en question selon leur implication dans le processus de l'élargissement, plutôt que de présenter une analyse historique et chronologique du phénomène. Ainsi, nous avons sélectionné un certain nombre de cas qui nous permettent d'analyser nos hypothèses de manière détaillée. Une telle micro-analyse renvoie ainsi à une approche comparative d'autant plus complexe mais pourtant indispensable pour mettre en évidence les différences entre les systèmes politiques en général[71] ou les modes de représentation des groupes d'intérêt plus spécifiquement.

Dans le contexte de l'élargissement, nous avons ainsi sélectionné deux politiques publiques (*policies*) : l'agriculture et l'énergie nucléaire. L'agriculture est une des politiques communes, politique où les acteurs communautaires détiennent de larges pouvoirs décisionnels. Elle constitue d'ailleurs un secteur au sein duquel les

---

[69] Bertrand Badie et Guy Hermet, *Politique comparée,* Paris, PUF, 1990, p.73

[70] ibid. p. 71

[71] ibid, p. 59-70

relations entre les groupes d'intérêt et les services de la Commission sont souvent considérées comme corporatistes.[72] En revanche, le domaine de l'énergie nucléaire relève de compétences essentiellement nationales et très peu de contacts ont été tissés entre les groupes d'intérêt spécifiques et la Commission.[73] Ce choix s'imposait pour deux raisons : d'une part, il était nécessaire de trouver des domaines politiques qui étaient considérés comme centraux par les acteurs associés. L'étude empirique a montré que les secteurs agricoles et l'énergie correspondent à cette expérience. D'autre part, il importait de s'intéresser à la communautarisation des secteurs. La question qui s'est posée était de savoir si nous pouvions observer l'émergence d'un mode communautaire de représentation des intérêts aussi bien dans un secteur communautarisé, comme celui de l'agriculture, que dans un secteur dont le mode décisionnel est resté largement intergouvernemental, comme celui de l'énergie nucléaire. La différence entre une politique agricole communautarisée et le domaine de l'énergie nucléaire dans lequel les compétences communautaires sont pour le moins limitées, démontre la difficulté d'établir des généralités à partir d'un seul secteur.[74]

Le choix des pays d'origine des groupes d'intérêt, la France et l'Allemagne, dans les deux secteurs s'est imposé pour des raisons similaires. Dans les deux pays, les deux secteurs sont structurés différemment, ce qui doit permettre d'étudier l'influence de l'élément structurel sur les modes de représentation des intérêts. Alors qu'en Allemagne, le secteur de l'énergie nucléaire est entre les mains des entreprises privées, en France, le seul opérateur de l'électricité nucléaire, Electricité de France (EDF), jouit d'un statut monopolistique et public, tout comme l'industrie nucléaire, les

---

[72] Alan Butt Philip, *Pressure Groups in the European Community*, London, University Association for Contemporary European Studies, 1985

[73] Jean Meynaud et Dusan Sidjanski, *Les groupes de pression dans la Communauté européenne*, Université de Montréal, 1969

[74] Voir Mireille Pongy, « Entre modèles nationaux et eurogroupes d'intérêt professionnels : l'action de l'Union dans la culture ». *Cultures et Conflits*, n°28, hiver 1997; Beate Kohler-Koch Beate et Rainer Eising, « Inflation und Zerfaserung: Trends der Interessenvermittlung in der Europäischen Gemeinschaft ». *Politiscche Vierteljahresschrift* 1994, 35(25), p.175-206

entreprises Framatome et Cogema. Cette situation a toutefois été quelque peu modifiée dans les dernières années. La perception du secteur par la population dans les deux pays est également très différente. L'énergie nucléaire est considérée par la majorité des Allemands comme une énergie polluante, qui devrait être remplacée par des sources énergétiques plus saines, comme l'hydraulique, l'énergie produite par les éoliennes ou encore par les cellules photovoltaïques. Cette approche nous a semblé influencer également les relations entre les groupes d'intérêt et les autorités politiques et administratives, contrairement à la France où le mouvement anti-nucléaire est relativement moins visible.[75]

En ce qui concerne l'agriculture, deux différences sont à constater. D'une part, bien qu'organisée dans les deux pays dans une fédération nationale majoritaire qui jouit de relations étroites avec les pouvoirs publics, l'agriculture ne présente pas la même importance économique. Si en Allemagne, l'ensemble de l'agriculture contribue à hauteur de 0,8% au produit intérieur brut, en France, elle contribue à hauteur de 2% au PIB français et de 6% si l'on ajoute les industries agroalimentaires. D'autre part, leurs structures organisationnelles varient largement. Alors qu'en France, l'organisation de la Fédération nationale des syndicats d'exploitants agricoles (FNSEA) oscille entre une différenciation sectorielle et régionale, le syndicat allemand, le Deutscher Bauernverband (DBV), est organisé selon une logique purement régionale. Les intérêts sectoriels ont donc plus de difficultés à faire valoir leur point de vue qu'en France, notamment si ces intérêts ne sont pas pris en charge par le Präsidium du DBV.[76]

Cependant, malgré la présentation du modèle de comparaison sélectionné pour notre recherche, il importe de savoir dans quelle mesure nous pouvons comparer deux groupes d'acteurs dont les modes organisationnels diffèrent, comme dans le cas de syndicats agricoles et des entreprises et industries électronucléaires. Peut-on en outre les définir comme des 'groupes d'intérêt' ?

***

---

[75] Voir chapitre 2

[76] ibid.

'Nourrie' de données de terrain[77], l'analyse est divisée en trois parties. Une première partie de cet ouvrage a pour objectif d'étudier les approches et les trajectoires historiques des relations entre les groupes d'intérêt et les acteurs politico-administratifs. Après un premier chapitre dans lequel nous présentons le développement de la recherche théorique sur les groupes d'intérêt au niveau national et communautaire, un second chapitre analyse les approches et les trajectoires historiques des relations entre les groupes d'intérêt et les acteurs politico-administratifs dans les deux secteurs en France et en Allemagne. Dans un troisième chapitre, nous nous intéressons plus particulièrement à l'organisation des représentations des intérêts des groupes d'intérêt agricoles et électronucléaires au niveau communautaire. Par cette analyse, nous illustrons la nécessité de dépasser les études en termes d'ideaux-types pluralistes ou corporatistes, souvent utilisés pour désigner des formes relationnelles entre groupes d'intérêt et acteurs politico-administratifs dans un pays donné. Il importe, au contraire, de démontrer le changement dans la nature des relations entre les groupes et les gouvernements, ainsi qu'entre les groupes et l'administration communautaire, modes relationnels qui constituent le fondement de notre recherche.

La deuxième partie de l'ouvrage analyse l'interaction entre les politiques et structures communautaires et nationales et leur influence sur les stratégies et répertoires d'action des groupes d'intérêt dans le processus de l'élargissement. Le chapitre 4 fait état de l'émergence des stratégies et des intérêts des groupes étudiés face à l'*Ostpolitik* construite et mise en œuvre par les institutions européennes, et en particulier par les services de la Commission européenne. La différence entre les deux secteurs dans le contexte de la recherche d'expertise par les institutions européennes et

---

[77] La collecte des données repose à la fois sur des entretiens avec les représentants d'intérêts, les fonctionnaires nationaux et communautaires, ainsi que sur une observation participante réalisée pendant huit mois au sein du service de la Commission européenne chargée de la coordination du processus de l'élargissement. Ces deux méthodes, auxquelles s'ajoute la méthode classique de recherche documentaire, freinée par le manque d'archives complètes et la confidentialité de certains dossiers, nous ont permis de ne pas accorder trop de crédit à la parole des acteurs sans l'avoir d'abord opposé à des observations concrètes au sein des enceintes représentatives.

l'influence de cette différence sur les répertoires d'action est l'objet du chapitre 5. Dans le chapitre 6 nous analysons les variables de sectorisation et de fragmentation du système communautaire et leur impact sur l'éventuelle émergence d'un mode communautaire de représentation des intérêts. Le dernier chapitre de cette deuxième partie porte sur les réactions des groupes face à un changement politique, ou une réforme initiée au niveau communautaire (chapitre 7).

Dans la troisième et dernière partie, l'analyse permet de mettre en évidence les stratégies et les répertoires d'action des groupes d'intérêt agricoles et électronucléaires dans les pays d'Europe centrale et orientale. Le huitième chapitre est consacré à l'analyse de raisons en faveur de l'existence ou l'absence des programmes financiers nationaux et de leur utilisation par les groupes d'intérêt. Le dernier chapitre (chapitre 9) porte sur la question de savoir si les programmes d'aide financière développés par les institutions communautaires, et en particulier par la Commission, ont agi en tant qu'incitation à la formation de groupes *ad hoc* au sein desquels nous pouvons observer des modes de représentation communautaires des intérêts.

PARTIE I.
LES GROUPES D'INTERET AUX NIVEAUX NATIONAL ET COMMUNAUTAIRE – APPROCHES THEORIQUES ET TRAJECTOIRES HISTORIQUES

Dans cette première partie, nous nous interrogeons sur les approches et trajectoires historiques à la fois théoriques et empiriques des relations entre les groupes d'intérêt et les acteurs politico-administratifs au niveau national et communautaire. Le premier chapitre s'efforce de présenter une synthèse sur la recherche des groupes d'intérêt et de développer les outils conceptuels nécessaires pour entreprendre l'analyse de la question de recherche sur l'émergence éventuelle d'un mode communautaire de représentation des intérêts.

Dans un deuxième chapitre, nous analysons l'émergence des groupes d'intérêts dans les deux secteurs en France et en Allemagne et nous interrogerons sur les modes relationnels qui ont été construits entre les groupes d'intérêt et les pouvoirs politiques au niveau national. La question centrale est de savoir dans quelle mesure nous pouvons observer l'émergence d'idéaux-types relationnels. Enfin, le troisième chapitre fait état de la structure organisationnelle des deux secteurs au niveau communautaire. La création des eurogroupes et leur structure décisionnelle se trouvent ainsi au centre de l'analyse.

CHAPITRE 1.
AU-DELA D'UNE OPPOSITION PLURALISME - CORPORATISME DANS L'ETUDE DES GROUPES D'INTERET

1.1. Un vaste éventail d'études - quelle approche?

L'analyse des groupes d'intérêt dans l'espace communautaire possède une longue histoire[1]. Deux approches sont généralement liées dans les recherches sur les groupes d'intérêt au niveau communautaire, ancrées dans deux sous-disciplines de la science politique.[2] La recherche sur l'intégration européenne a été longtemps considérée comme un cas spécifique des relations internationales; la recherche sur les groupes d'intérêt est plutôt ancrée dans l'approche de politique comparée[3]. L'analyse des activités des groupes d'intérêt européens dans l'espace international[4] en général et celle des stratégies et pratiques des groupes d'intérêt dans le processus de l'intégration européenne en particulier nécessite toutefois de dépasser cette dichotomie : dans le cas de l'élargissement, il s'agit aussi bien d'un processus qui a lieu au niveau des appareils d'Etats que d'un processus dans lequel un grand nombre d'acteurs - gouvernementaux, non-gouvernementaux et communautaires - interagissent dans l'élaboration de programmes et dans les prises de décisions quotidiennes. D'autre part, les stratégies et pratiques des groupes d'intérêt ne se limitent pas aux niveaux communautaire et national, mais se situent aussi à l'extérieur de l'Union, à savoir en Europe centrale et orientale.

Pour mieux structurer la présentation du développement de ces études, une analyse successive des deux approches s'impose.

---

[1] Voir également Emiliano Grossman et Sabine Saurugger (dirs), « Les groupes d'intérêt et l'Union européenne », *Politique européenne*, n°7, printemps 2002, p.5-17

[2] Pour une analyse synthétique des différentes approches classiques voir Ben Rosamond, *Theories of European Integration*, Basingstoke, Macmillan 2000

[3] Beate Kohler-Koch, « Interessen und Integration. Die Rolle organisierter Interessen im Westeuropäischen Integrationsprozess », *PVS Sonderheft* 23, 1992, p. 81-119

[4] Justin Greenwood et Henry Jacek (dirs), *Organized Business and The New Global Order*, Basingstoke, Macmillan 2000

Relations internationales et groupes d'intérêt

La discussion scientifique initiale qui a structuré les recherches sur l'intégration européenne pendant une longue période s'inscrit dans l'optique du néo-fonctionnalisme qui accordait aux groupes d'intérêt un rôle primordial dans le processus de l'intégration. Le néo-fonctionnalisme, développé à la fin des années 1950 par Ernst Haas[5], élargi ainsi que théorisé par Leon Lindberg et Stuart Scheingold, avance l'hypothèse centrale selon laquelle l'intégration européenne est un processus déterminant dans lequel « une action précise, liée à un objectif donné, crée une situation dans laquelle l'objectif initial ne peut être assuré qu'en mettant en oeuvre des actions supplémentaires, qui sont successivement des conditions futures et une nécessité pour d'autres actions »[6]. L'intérêt central de cette approche consiste à étudier les conditions et probabilités selon lesquelles un système inter-étatique pourrait se développer en une organisation supranationale.

Appartenant à l'école libérale des relations internationales[7], les néo-fonctionnalistes avancent l'hypothèse selon laquelle les acteurs déclenchant l'effet d'engrenage (*spill-over*) sont plutôt les acteurs non-étatiques que les Etats souverains. Les intérêts sociaux nationaux exigent une plus grande intégration politique pour réussir à promouvoir leurs intérêts économiques ou idéaux. Parallèlement, la Commission européenne souhaite une augmentation de ses pouvoirs en vue d'accroître l'influence des institutions européennes sur les résultats politiques (ou les politiques publiques). La forte capacité des institutions supranationales à trouver des solutions pour des problèmes spécifiques est considérée comme la raison pour laquelle les acteurs sociaux ont transféré leurs attentes, pratiques politiques et leurs allégeances au niveau communautaire.

---

[5] Ernst B. Haas, *The Uniting of Europe: Political, Social and Economic Forces 1950-1957*, London, Steven and Sons 1958; aussi : Leon N. Lindberg et Stuart A. Scheingold, *Europe's Would-Be Polity: Patterns of Change in the European Community*, Harvard, Harvard University Press 1970; Leon N. Lindberg et Stuart Scheingold (dirs), *Regional Integration: Theory and Research*, Harvard, Harvard University Press 1971

[6] Leon N. Lindberg, *The Political Dynamics of European Integration*, Oxford, Oxford University Press 1963, p. 9

[7] Simon Hix, *The Political System of the European Union*, London, Macmillan 1999, p. 14

Ainsi, pour les néo-fonctionnalistes, l'intégration européenne doit conduire à une re-formulation et à une reconstruction des intérêts sociaux et sectoriels des acteurs les plus touchés par les politiques européennes. Cette mutation des intérêts conduirait à son tour à la formation d'une représentation transnationale des intérêts, qui en retour affecterait les allégeances et les identités de ces acteurs, et probablement leur représentation politique. A terme, le processus d'intégration européenne conduirait donc à une identité européenne et des modes de représentation politique proprement européens.

Selon cette hypothèse, nos résultats de recherche devraient montrer que les groupes d'intérêt allemands et français, dans les deux secteurs - agriculture et énergie nucléaire, ont développé les mêmes stratégies à travers un processus d'apprentissage qui aurait diminué les différences nationales. Ceci devrait être d'autant plus le cas que les groupes d'intérêt sont confrontés à la même situation, à savoir l'émergence d'une *Ostpolitik*, le processus de l'élargissement.

Toutefois, le lien de causalité entre les activités des groupes d'intérêt et l'approfondissement de l'intégration européenne en général n'est pas facile à établir. Alors que certaines études pouvaient encore « prouver » le changement politique suite aux pressions des groupes d'intérêt dans les années 1950 et 1960, cela devient beaucoup plus difficile ou impossible[8] dans les années 1970 et 1980 où la primauté de la politique semblait être à l'ordre du jour. La supposition générale selon laquelle l'augmentation du nombre des fédérations européennes de groupes d'intérêt allait de pair avec l'augmentation des pouvoirs décisionnels de la Communauté[9] ne peut pas non plus être confirmée empiriquement.

---

[8] Robert Lieber, *British Politics and European Unity. Parties, Elites and Pressure Groups*, Berkeley, University of California Press 1970 ; Beate Kohler-Koch (en coopération avec R. Brümmer, B.Myrzik et H.W. Platzer). *Wirtschaftsverbände als transnationale Akteure. Der Beitrag deutscher Verbände zum Management von internationalen Dependenzen*, DFG-Abschlussbericht, Darmstadt 1988

[9] Dont la première étude générale sur les groupes d'intérêt de Dusan Sidjanski et Jean Meynaud, *Les groupes de pression dans la Communauté européenne 1958-1968. Structure et actions des organisations professionnelles*, Montréal, Université de Montréal, 1969 ; Dusan Sidjanski et Ural Ayrbeck, 'Bilan des groupes et du processus de décision dans la communauté des

Selon Beate Kohler-Koch, c'est plutôt l'anticipation de l'importance croissante de la Communauté qui a stimulé la création des organisations transnationales.[10]

Les négociations de l'Acte unique européen au milieu des années 1980 ont relancé les deux débats : d'une part, sur l'influence des acteurs non-étatiques sur l'intégration européenne et, d'autre part, sur le développement d'un modèle de représentation d'intérêt communautaire. Cette relance est due à une observation empirique: largement développée au cours des années 1970 et 1980, la pratique du lobbying s'est accrue, généralement en faveur de la mise en oeuvre du grand marché intérieur. En 1992, la Commission estimait à 3000 « les groupes spéciaux de différents types à Bruxelles, avec près de dix mille employés travaillant dans le secteur du lobbying »[11]. Le chiffre semble aujourd'hui quelque peu sur-estimé : un groupe de chercheurs britanniques de la *Robert Gordon University* à Aberdeen a établi une liste de 693 groupes d'intérêt européens à Bruxelles en 1998[12] et sur le site de la Commission européenne, on retrouve aujourd'hui listé quelques 900 groupes d'intérêt.[13]

Dans le contexte du premier débat, deux approches s'opposent dans leurs réflexions sur l'influence des groupes d'intérêt dans le processus de l'intégration européenne : Wayne Sandholtz et John Zysman ont avancé l'hypothèse selon laquelle les grandes

---

six », *Res publica* vol 16(1) 1974 p.33-61; Karl Schwaiger et Emil Kirchner, *The Role of Interest groups in the European Community*, Aldershot, Gower 1981

[10] Beate Kohler-Koch Beate, « Interessen und Integration. Die Rolle organisierter Interessen im Westeuropäischen Integrationsprozess », *PVS Sonderheft* 23, 1992, p. 81-119; Beate Kohler-Koch, « Changing Patterns of Interest Intermediation in the European Union", *Government and Opposition* 29(2), 1994. p. 171

[11] SEC (92) 2272 final. *An open Structured Dialogue between the Commission and Interest Groups*. European Commission

[12] Justin Greenwood et Mark Aspinwall (dirs.), *Collective Action in the European Union. Interests and the New Politics of Associability*, Routledge, London 1998, p.2

[13]http://www.europa.eu.int/comm/secretariat_general/sgc/lobbies/tabledom.htm

fédérations des entrepreneurs avaient joué un rôle déterminant dans l'élaboration du projet du marché unique[14].

Contrairement à cette approche néo-fonctionnaliste, Andrew Moravcsik rejette l'idée de l'influence des groupes d'intérêt sur les décisions communautaires et, en développant une nouvelle approche de l'intergouvernementalisme néo-libéral, essaie de démontrer empiriquement que ce sont les gouvernements nationaux qui font avancer ou freinent l'intégration européenne[15]. Alors que le premier débat néo-fonctionnaliste, concentré sur l'influence des acteurs non-étatiques sur l'intégration européenne, ne réveille que peu d'intérêt dans la littérature académique actuelle sur les groupes d'intérêt, et s'inscrit plus généralement dans les études sur le système de gouvernance, le second débat sur l'émergence d'un modèle de représentation des intérêts peut être retrouvé, implicitement au moins, dans la plupart des discussions sur les groupes d'intérêt.[16]

---

[14] Wayne Sandholtz et John Zysman, « 1992: Recasting the European Bargain », *World Politics* 42, 1989, p.95-128; Wayne Sandholtz et Alec Stone Sweet (dirs), *European Integration and Supranational Governance,* Oxford, Oxford University Press, 1998; Alec Stone Sweet, "European Integration and Supranational Governance", *Journal of European Public Policy,* 1997, 4(3), p.297-317; Neil Fligstein et Alec Stone Sweet, "The Institutionalisation of the Treaty of Rome", *Paper presented to the Colloque CERI-CEVIPOF, L'intégration européenne entre émergence institutionnelle et recomposition de l'Etat, Sciences Po, Paris, 26 et 27 mai 2000*

[15] Andrew Moravcsik, « Negotiating the Single European Act: National Interests and Conventional Statecraft in the European Community », *International Organization* 1993 45(3), p.660-696; Andrew Moravcsik, *The Choice for Europe. Social Purpose and State Power from Messina to Maastricht,* Ithaca, Cornell University Press, 1998

[16] Pour ne citer que quelques uns : Justin Greenwood, Jürgen Grote et Karsten Ronit (dirs.), *Organised Interests in the European Community,* London, Sage 1992; Marcus P.C.M. van Schendelen, (dir), *National Public and Private EC Lobbying,* Aldershot, Dartmouth 1992; Sonia Mazey et Jeremy J. Richardson (dirs), *Public Lobbying in the European Community,* Oxford, Oxford University Press 1993; Justin Greenwood, *Representing Interests in the European Union,* London, Macmillan 1997; Justin Greenwood et Mark Aspinwall (dirs.), *Collective Action in the European Union. Interests and the New Politics of Associability,* Routledge, London 1998

Au niveau national, les études sur les groupes d'intérêt se sont développées très tôt en science politique. Ils ont été mis en avant comme un facteur central pour la compréhension des processus de politiques nationales.[17] L'analyse de la place des groupes d'intérêt a longtemps été dominée par les problématiques et les travaux américains, se situant dans le paradigme pluraliste. L'analyse des groupes d'intérêt s'est pendant une longue période concentrée sur l'influence des groupes sur le policy-making mais a, cependant, négligé la dimension du rapport entre les groupes d'intérêt et les acteurs politico-administratifs. Ce paradigme pluraliste, élaboré par David Truman[18], élargi par Robert Dahl[19], est défini « comme un système de représentation des intérêts dans lequel les groupes constituants sont organisés en un nombre variable de catégories multiples, volontairement constituées, concurrentielles, dépourvues d'organisation hiérarchique et auto-déterminées (par les types ou les domaines d'intérêts), catégories qui ne sont pas spécialement autorisées, reconnues, subventionnées, créées ou contrôlées par l'Etat de quelque manière que ce soit dans le choix des dirigeants ou dans l'articulation des intérêts et qui n'exercent pas de monopole de représentation dans leurs catégories respectives »[20]. Ainsi, les intérêts sociaux en compétition créent des pouvoirs et contre-pouvoirs sociétaux (« checks and balances ») contre des acteurs gouvernementaux puissants ou d'autres groupes d'intérêt. Il en découle alors un développement des oppositions multiples et aucun intérêt particulier n'a la possibilité de monopoliser le pouvoir.[21]

---

[17] Arthur F. Bentley, *The Process of Government. A Study of Social Pressures*, Chicago, Chicago University Press, 1908

[18] David Truman, *The Governmental Process : Political Interests and Public Opinion*, New York, Knopf 1951

[19] Robert A. Dahl, *Who Governs ?*, New Haven, Yale University Press, 1961

[20] Philippe C. Schmitter, « Still the Century of Corporatism? » *Review of Politics*, 1974, n°36, p.85-86

[21] Seymour M. Lipset, *Political Man*, London, Heinemann 1959; Arthur Bentley, *The Process of Government*, Chicago, University of Chicago Press 1967; Luigi Graziano, « Le pluralisme. Une analyse conceptuelle et comparative », *Revue française de science politique* 1996, 46(2) : 195-224

Le modèle de représentation des intérêts au niveau communautaire est souvent caractérisé comme pluraliste. Le degré d'ouverture des institutions européennes - en particulier celui du Parlement européen et de la Commission – permet alors aux intérêts organisés un accès sans contraintes aux processus politiques. Toutefois, cette supposition néglige complètement le facteur des ressources - financières, juridiques, sociales ou autre - qui influence les opportunités pour les groupes d'intérêt d'exercer une pression sur les décideurs.

Un autre facteur qui exerce des contraintes dans le contexte d'accès des groupes d'intérêt au niveau communautaire est celui de la « logique de l'action collective »[22], selon laquelle l'intérêt économique des acteurs empêcherait de créer des grands groupes d'intérêt puisque la menace de la défection d'un certain nombre de membres existe.[23] Ainsi, l'idée selon laquelle les groupes d'intérêt nationaux se regroupent dans les grandes fédérations européennes afin d'accroître leur pouvoir d'influence ne s'est pas réalisée telle quelle.[24] Le résultat est donc un accès différencié aux représentants gouvernementaux ou communautaires, mené par les groupes avec le plus de ressources. Une troisième ligne de critique concerne l'absence de prise en considération des structures. Les critiques du pluralisme ont reproché aux chercheurs travaillant dans cette optique théorique de négliger des formes plus floues du pouvoir politique en se concentrant essentiellement sur les conséquences des actions ou comportements des groupes plutôt que sur les structures qui forment les relations de pouvoir.[25]

Contrairement à l'approche pluraliste, les tenants du néo-corporatisme[26], et avant tous Philippe Schmitter, mettent à

---

[22] Mancur Olson, *The Logic of Collective Action,* Cambridge, Harvard University Press 1965

[23] Voir le concept du « *Free-rider* » des approches rationalistes.

[24] Voir aussi pour une analyse empirique de ce constat dans le contexte de la politique communautaire de la pêche : Christian Lequesne, *L'Europe bleue. A quoi sert une politique communautaire de la pêche ?,* Paris, Presses de Sciences Po, 2001

[25] Graham K. Wilson, *Interest Groups,* Oxford, Basil Blackwell 1990

[26] Concernant une analyse de changement de paradigmes des corporatismes voir Roland Czada, « Konjunkturen des Korporatismus:

disposition une série de variables qui influencent les relations entre les groupes d'intérêt et les acteurs gouvernementaux : le degré de concentration de la représentation, la nature de l'adhésion (volontaire ou obligatoire), le degré de concurrence, de centralisation, d'institutionnalisation et la nature des intérêts défendus.[27] Cette approche a remis en cause la vision des politiques publiques comme le résultat de la compétition ouverte et libre entre les multiples groupes exerçant une pression sur l'Etat. Mais, plutôt que de supposer que la société est divisée en des segments sociaux divers, la version initiale du corporatisme ou néo-corporatisme[28] part de l'hypothèse selon laquelle la société est divisée en deux groupes d'intérêt : les employeurs et les travailleurs. L'approche suppose que si le modèle dominant de société est pluraliste, les intérêts de la classe capitaliste l'emportent sur les autres. Pour cette raison sont créés des monopoles de représentation des deux côtés de la division sociale : les « partenaires sociaux ».

Cette 'théorie d'évolution de la régulation économique et sociale des pays occidentaux' peut aussi être utilisée comme outil descriptif. En ce sens, l'approche néo-corporatiste décrit les groupes d'intérêt comme des organisations horizontales, confrontées à une compétition limitée et légitimée par l'Etat. Les groupes peuvent offrir à l'Etat de la légitimité, de l'information et de l'assistance dans la mise en œuvre. L'Etat leur offre, en contrepartie, un rôle dans la prise de décision. Les avantages de cette approche sont mis en lumière par certains chercheurs dans l'élargissement de la séquence du processus politique : la relation entre groupe d'intérêt et Etat n'est plus seulement examinée à travers le processus de prise de décision mais elle permet également de s'intéresser à la mise en œuvre dans laquelle les groupes d'intérêt

---

Zur Geschichte eines Paradigmenwechsels in der Verbändeforschung ». PVS, 1994, 35(25) : 37-64;

[27] Philippe Schmitter, « Still the Century of Corporatism? » *Review of Politics*, 1974, n°36, p.85-131

[28] Le terme « néo-corporatisme » a pour origine la distinction opérée par Philippe Schmitter entre le corporatisme étatique et le corporatisme sociétal. Le premier terme renvoie à une représentation des intérêts créée et contrôlée par l'Etat dans le cadre des régimes autoritaires : l'Italie fasciste ou l'Espagne franquiste. Le second terme renvoie à une représentation des intérêts trouvant son origine dans la société civile, dans le cadre d'un régime démocratique.

ont un rôle important à jouer. Ces groupes, le plus souvent monopolistiques et hiérarchiquement organisés, ont des ressources nécessaires pour négocier avec le gouvernement car ils ont la possibilité d'imposer les décisions prises au cours de ces négociations à leurs membres. Selon l'approche néo-corporatiste de la structuration des rapports entre l'Etat et les groupes d'intérêt, le rôle des groupes est par conséquent aussi bien régulateur que représentatif. Patrick Hassenteufel met en avant que l'on repère ici clairement « un déplacement de problématique par rapport au pluralisme, puisque l'on passe d'un questionnement en termes d'influence à un questionnement en termes de représentation »[29].

Le concept du néo-corporatisme a longtemps été présenté comme un concept macro-social, s'appliquant à un certain nombre d'Etats. Le néo-corporatisme macro, s'appliquant à un pays en entier, est toutefois très rare et ne concerne, selon Martin Smith, que l'Autriche et la Suède.[30] Il est néanmoins possible de considérer le concept du néo-corporatisme comme un concept applicable à des secteurs spécifiques d'une société. Pierre Muller[31] propose la notion du corporatisme sectoriel dans ses études sur les syndicats agricoles en France. Colin Crouch et Robert Dore[32] parlent « d'arrangements corporatistes » par opposition au concept de corporatisme étatique. Le chercheur britannique Alan Cawson a développé une approche qui permet de ne pas concentrer l'étude des formes et des instruments au seul niveau 'macro'. Il suggère de s'attacher aux interactions entre parties de l'administration et organisation d'intérêts spécifiques qui ont pour objet de garantir la négociations des politiques sur des problèmes sectoriels et qu'il qualifie de meso-corporatisme.[33] Il ajoute enfin un troisième niveau

---

[29] Patrick Hassenteufel, « Les groupes d'intérêt dans l'action publique : l'Etat en interaction », *Pouvoirs,* 1995, n°74, p.162

[30] Martin J. Smith, *Pressure, Power and Politics,* Pittsburgh, University of Pittsburgh Press 1993, p.35

[31] Bruno Jobert et Pierre Muller, *L'Etat en action : politiques publiques et corporatismes,* Paris, PUF 1987

[32] Colin Crouch et Ronald P. Dore, « Whatever Happened to Corporatism? », dans Colin Crouch et Robert Dore (dirs.), *Corporatism and Accountability: Organised Interests in British Life,* Oxford, Clarendon Press 1990; Alan Cawson (dir), *Organised Interest and the State,* London, Sage 1985

[33] Alan Cawson, "Corporatism and local politics in Britain", dans Wyn Grant (dir), *The Political Economy of Corporatism,* London, MacMillan, 1986.

à cette typologie : le « micro-corporatisme » caractérise les arrangements individuels entre l'administration et les entreprises, qui concluent des accords contractuels semi-contraignants avec les certaines entreprises en vue d'orienter leurs actions conformément aux objectifs publics. La caractéristique de cette relation serait d'être non compétitive, exclusive et interdépendante.

Contrairement à Philippe Schmitter, Alan Cawson démontre par cette nouvelle typologie que les relations corporatistes (macro, meso et micro) peuvent être bi-partites et non pas seulement tri-partites. Toutefois, cette différenciation perd en précision ce qu'elle gagne en complexité et semble très difficilement applicable au niveau communautaire comme nous allons le montrer ci-dessous.

Un nouveau cadre conceptuel pour étudier les groupes d'intérêt au niveau communautaire?

L'approche néo-corporatiste au niveau macro a été considérée comme non-applicable au niveau communautaire. Les travaux de Philippe Schmitter et Franz Traxler et ceux de Philippe Schmitter et Wolfgang Streeck avancent l'hypothèse de l'émergence d'un « *Euro-pluralism* » au niveau communautaire.[34] Ils n'excluent cependant pas l'émergence « d'îlôts » d'Euro-corporatisme dans des secteurs spécifiques comme l'agriculture ou la sidérurgie. Au niveau communautaire, les structures politico-administratives sont tout sauf stables.

Bruno Jobert avait analyse un phénomène similaire de corporatisme sectoriel en France en réponse aux travaux d'Andrew Cox et Jack Hayward, ayant conclu que le concept du corporatisme global était impossible à appliquer à la France en raison des conflits intersyndicaux. Andrew Cox et Jack Hayward, "The Inapplicability of the Corporatist Model in Britain and France – The Case of Labour", *International Political Science Review*, 1983, 4(2), p. 217-240; Bruno Jobert, "Actualité des corporatismes", *Pouvoirs*, 1996, n°79, p. 21-34; Bruno Jobert et Pierre Muller, *L'Etat en action : politiques publiques et corporatismes*, Paris, PUF, 1987

[34] Franz Traxler et Philippe Schmitter, « The Emerging Euro-Polity and Organized Interest », *European Journal of International Relations* 1(2) 1995 p.200-201; Wolfgang Streeck et Philippe Schmitter, « From National Corporatism to Transnational Pluralism: Organized Interests and the Single European Market » *Politics and Sociey* 19(2), 1991, p.133-164

Ce constat s'appuie sur la multiplicité de niveaux de représentation des intérêts, sur le foisonnement organisationnel, sur la limite de l'agrégation par les groupes d'intérêt européens, sur la grande complexité, l'ouverture et la fluidité du processus décisionnel européen. Selon les auteurs, la fluidité du processus, les divergences à l'intérieur de la Commission et les majorités changeantes au sein du Conseil ne permettent pas la création de relations stables entre les groupes d'intérêt et les acteurs. On doit également constater que les secteurs politiques ne sont pas tous concernés avec la même intensité par la transnationalisation.

Bien qu'une grande partie des études sur les groupes d'intérêt soit monographique, un certain nombre avance paradoxalement l'hypothèse que nous assisterions à l'émergence d'une représentation spécifiquement communautaire des intérêts particuliers[35]. L'hypothèse suivante est souvent avancée : à travers l'augmentation de l'importance de l'intégration européenne, la logique d'influence se communautarise et un système communautaire de représentation des intérêts apparaît. En d'autres termes : si les compétences régulatrices sont transférées au niveau communautaire, les arènes nationales hétérogènes perdront leur importance et seront remplacées par une arène homogène communautaire qui développe sa propre « logique d'influence »[36]. Ou, comme le soulignent Sonia Mazey et Jeremy Richardson : « Donc, si des institutions de policy-making supranationales émergent, on peut observer une 'logique' inhérente dans le comportement des groupes d'intérêt qui mèneront ces groupes à re-diriger leurs stratégies de lobbying afin de prendre en considération la nouvelle distribution de pouvoir. »[37]

---

[35] Sonia Mazey et Jeremy J. Richardson, *Lobbying in the European Community*, Oxford, Oxford University Press, 1993; Dusan Sidjanski, « Nouvelles tendances des groupes de pression dans l'Union européenne », Dans Yves Mény, Pierre Muller et Jean-Louis Quermonne, *Politiques publiques en Europe*, Paris, L'Harmattan 1995, p. 92

[36] Beate Kohler-Koch, « Changing Patterns of Interest Intermediation in the European Union », *Government and Opposition* 29(2), 1994, p. 177

[37] Sonia Mazey et Jeremy Richardson, "The logic of organization", dans Jeremy Richardson (dir), *European Union, Power and Policy Making*, London, Routledge, 1996, p. 200

Malgré ces hypothèses, la recherche sur les groupes d'intérêt au niveau communautaire ne suit pas un projet de recherche commun: un grand nombre d'études sectorielles et monographiques existent sans être liées par une interrogation commune. Les contributions théoriques sont étonnamment rares dans les études sur les groupes d'intérêt au niveau communautaire, en comparaison à la place importante que les groupes d'intérêt avaient occupé dans l'approche néo-fonctionnaliste des années 1960. Une des premières approches théoriques sur la problématique est l'analyse des groupes d'intérêt dans le système communautaire multi-niveau de Edgar Grande.[38] La question centrale est de savoir comment le système européen du « *joint multi-level decision making* » influe sur le pouvoir et quelle est l'influence des groupes d'intérêt dans le *policy-making* communautaire. Edgar Grande affirme que les logiques existantes entre acteurs 'publics' et 'privés' au niveau communautaire se distinguent de manière significative de celles existantes au niveau national. Le grand problème pour les groupes, selon Edgar Grande, est la multitude des points d'accès pour représenter leurs intérêts : dans le système multi-niveau communautaire, les groupes d'intérêt perdent leur pouvoir d'influence en faveur des représentants gouvernementaux, possédant des ressources plus adaptées pour influencer les négociations.

Dans leur ouvrage *Collective Action in the European Union* de 1998, Justin Greenwood et Mark Aspinwall tentent pour la première fois de conceptualiser l'action collective au niveau communautaire en général. Ils proposent quatre variables qui influencent les motivations des acteurs dans le contexte de l'action collective et donc aussi le résultat des décisions collectives au niveau communautaire. Il s'agit premièrement du type de groupe d'intérêt (entreprise, chambre de commerce ou fédération industrielle, etc.) qui entraîne un comportement typique du groupe d'intérêt dans les négociations communautaires. La deuxième variable est celle du contexte étatique (facteurs culturels, idéologiques ou géographiques; Etats unitaires ou fédéraux). Les auteurs appellent la troisième variable « le contexte institutionnel de l'Union européenne ». Enfin, la quatrième et dernière variable intervenante

---

[38] Edgar Grande, "The State and Interest Groups in a Framework of Multi-level Decision-making: the case of the European Union, *Journal of European Public Policy*, 1996 3(3), p.318-338

de Justin Greenwood et Mark Aspinwall est celle de l'importance du contexte. Cette variable porte sur la situation politique dans un domaine spécifique, à un moment donné.

L'étude des deux auteurs peut être comprise comme une première tentative de systématisation dans le cadre des études sur les groupes d'intérêt au niveau communautaire. Bien que les auteurs ne s'interrogent pas sur l'élaboration d'un mode communautaire de représentation d'intérêts, les variables présentées peuvent servir à une telle entreprise, comme nous l'avons montré en élaborant notre problématique[39].

Une troisième recherche sur laquelle nous bâtissons notre étude est celle de Gerda Falkner. Dans son étude publiée en 1999, elle travaille sur l'influence des formes de représentation des intérêts communautaires sur les modes d'intermédiation des intérêts au niveau national.[40] En distinguant quatre formes idéal-typiques de représentation des intérêts au niveau national et communautaire, à savoir « statique », « réseau thématique », « communauté de politiques publiques », et « communauté politique corporatiste », et en les croisant dans l'analyse, elle avance l'hypothèse selon laquelle on constate une diminution de la diversité nationale des représentations des intérêts. Selon Gerda Falkner, nous observons actuellement une tendance vers une convergence intra-systémique des formes de représentation des intérêts, phénomène qu'elle nomme « *towards more uniform pluralism* ». L'analyse s'inscrit ainsi clairement dans la logique – théorisée – de l'émergence d'un mode spécifique de représentation des intérêts au niveau communautaire.

Plus récemment, une étude française, dirigée par Didier Chabanet, Richard Balme et Vincent Wright, s'est interrogée sur l'européisation des formes d'action collective au niveau communautaire.[41] Le croisement de quatre dimensions de l'action collective, à savoir les acteurs, les cibles institutionnelles, les répertoires d'action et les enjeux de la mobilisation, permet aux

---

[39] Voir Introduction.

[40] Gerda Falkner, *Interest Groups in a Multi-level Polity: The Impact of European Integration on National Systems,*, RSC 1999/34, EUI Working Papers, 1999

[41] Didier Chabanet, Richard Balme et Vincent Wright (dirs), *L'action collective en Europe*, Paris, Presses de Sciences Po, 2002

auteurs de distinguer analytiquement quatre modes d'européanisation.

Le premier mode décrit est celui de l'*internalisation*. Ce mode se cristallise avant tout dans le « développement de mobilisations locales ou nationales » autour d'enjeux européens. Ils le situent surtout dans la logique protestataire que nous retrouvons d'une manière accrue dans le contexte des mobilisations agricoles. Pourtant, ce mode possède également une importance capitale dans le domaine des groupes d'intérêt économiques. Il prend alors la forme de « fronts unis face à Bruxelles », de concertations préalables entre groupes d'intérêt nationaux pour faire pression sur des instances publiques nationales. Le second mode d'européanisation, l'*externalisation*, est celui qui est le plus communément associé avec les groupes d'intérêt économiques. Plutôt que de reconstituer l'enjeu européen au niveau national, les groupes d'intérêt se déplacent vers Bruxelles, dans le but d'entrer directement en contact avec les institutions européennes pour promouvoir leurs intérêts 'spéciaux'. Cela ne renvoie pas nécessairement à l'activité de représentation d'intérêts, mais peut se limiter à une activité de veille, c'est-à-dire à la simple collecte et au formatage d'informations recueillies sur place soit par un représentant direct soit par un cabinet de lobbying bruxellois. La *supranationalisation*, ensuite, correspond à l'institutionnalisation de liens entre groupes d'intérêt nationaux, le plus souvent des fédérations nationales, mais parfois également de grandes entreprises, au niveau communautaire. Cette institutionnalisation est à l'origine des eurogroupes qui existent souvent depuis les années 1960 et qui bénéficient de l'appui de la Commission. Finalement, la *transnationalisation*[42] correspond à la transformation des acteurs eux-mêmes, qui ne s'inscrivent plus exclusivement dans le contexte d'un seul Etat, mais dont les activités dépassent le seul cadre national, de sorte que le niveau d'action pertinent se situe dans un cadre plus large. Les auteurs parlent de deux pays ou plus, mais l'on peut également imaginer le niveau communautaire ou mondial comme cadre pertinent de l'organisation des intérêts.

---

[42] Nous préférons utiliser la notion d'*internationalisation*, car les deux modes précités (externalisation et supranationalisation) représentent également une forme de transnationalisation, c'est à dire des stratégies et des répertoires d'action qui dépassent les frontières nationales.

Les auteurs opposent les deux premiers modes, respectueux du cadre national, aux deux derniers, qui impliquent la transformation des acteurs et la remise en cause du cadre national. Ils y voient un élément stipulant la possibilité de coexistence même durable des niveaux national et communautaire.

***

Notre propre travail de recherche se fonde, comme nous l'avons présenté dans l'introduction, sur une approche institutionnelle. Notre question centrale est la suivante : la relation Etat-groupes d'intérêt reste-t-elle structurante pour les stratégies et pratiques des groupes d'intérêt au niveau national, communautaire et extra-communautaire ou les groupes d'intérêt s'émancipaient-ils ? En analysant les pratiques des groupes d'intérêt dans le processus de l'élargissement, nous avons été confrontés à différents types de relations entre le groupe d'intérêt et les acteurs politico-administratifs au niveau national et communautaire. Ces différents types de rapports varient entre les deux pôles du pluralisme et du néo-corporatisme que nous avons jusqu'alors présentés. Les relations que les groupes d'intérêt établissent avec les acteurs gouvernementaux au niveau national et communautaire ne sont souvent pas permanentes, mais se modifient. Ainsi, le lien corporatiste sectoriel qu'a pu observer Pierre Muller dans son étude sur les syndicats agricoles français a été modifié par le gouvernement au début des années 1990 pour permettre à d'autres syndicats français l'accès privilégié au gouvernement[43]. Le cas allemand est similaire : le DBV (*Deutsche Bauernverband*) a perdu les relations privilégiées qu'il entretenait avec le ministère de l'agriculture allemand suite au changement de majorité au parlement allemand en 1998. Dans le domaine de l'électricité, EDF entretient du côté français un lien encore étroit avec le gouvernement français, alors que les relations entre les électriciens et l'industrie nucléaire allemande face au gouvernement se sont

---

[43] Eve Fouilleux, *Idées, institutions et dynamiques du changement de politique publique. Les transformations de la Politique Agricole Commune*, Thèse pour le doctorat en science politique sous la direction de Bruno Jobert, Université Pierre Mendès-France, IEP Grenoble, 1999

détériorées suite à l'alternance politique qui a eu lieu en Allemagne en 1998.

L'analyse des groupes d'intérêt offre, depuis le début des années 1990, un concept plus large qui permet de prendre en compte le continuum entre les formes relationnelles qui existent entre les groupes d'intérêt et les acteurs politico-administratifs, ce qui est particulièrement utile dans le contexte de notre problématique sur l'éventuelle émergence d'un mode communautaire de représentation des intérêts. Les modes relationnels entre groupes d'intérêt et autorités publiques au niveau communautaire comme au niveau national n'excluent pas les formes fragmentées ni les formes plus institutionnalisées de concertation et de négociation. L'analyse du terrain empirique nous permet, par la suite, de déterminer les éléments qui influent sur l'apparition de formes relationnelles spécifiques.

1.2. La quête d'une problématique institutionnelle

Des communautés de politique publique aux « issue networks »

Une approche qui semble avoir permis de dépasser l'opposition entre le néo-corporatisme et le pluralisme comme mode de représentation des intérêts est celle des réseaux. Le concept des réseaux est d'une part un terme qui fait partie intégrante du vocabulaire des professionnels de la représentation des intérêts pour définir leurs regroupements compte tenu de leur fluidité et leur adaptabilité. Mireille Pongy qualifie dans ce contexte le réseau de « forme post-nationale du groupe d'intérêts fortement influencée par les modes anglo-saxons de représentation ».[44] D'autre part, le concept de réseaux est aussi un outil descriptif et c'est dans cette optique que nous souhaitons l'utiliser. L'approche des réseaux est conçue comme le moyen d'expliciter et d'évaluer la portée de phénomènes considérés comme croissants dans l'action politique contemporaine : l'interdépendance entre les acteurs plus

---

[44] Mireille Pongy, « Entre modèles nationaux et eurogroupes d'intérêt professionnels : l'action de l'Union dans la culture », *Cultures et Conflits*, n°28, hiver 1997, p. 137

nombreux et différenciés, la sectorisation et la fragmentation de l'Etat qui s'accompagnent de la croissance des régulations informelles dans les arènes officielles de débat ou de gestion, la densité des relations entre public et privé, l'internationalisation des contextes d'action mettant en cause la spécificité de chaque modèle.[45] Au niveau communautaire, et contrairement à l'opinion d'Hussein Kassim[46] qui voit une limite à l'opérationalisation de l'approche des réseaux, la grande fluidité de la participation des acteurs aux politiques communautaires, la complexité des institutions européennes et la multiplicité des niveaux rendent le concept fécond.

La simple variété des modes de médiation des intérêts au niveau communautaire et au niveau national incite à douter d'un possible modèle européen de représentation des intérêts qui soit purement pluraliste ou purement néo-corporatiste. Ne retrouvons-nous pas plutôt un continuum de relations plus ou moins étroites que nous pourrions mieux structurer en utilisant l'approche des réseaux?[47] En se fondant sur les travaux de Patrick Le Galès et Mark Thatcher[48], on pourrait définir les réseaux de politique publique de la façon suivante : dans un environnement complexe, les réseaux sont le résultat de la coopération plus ou moins stable entre des organisations qui se connaissent et se reconnaissent, négocient, échangent des ressources et peuvent partager des normes et des intérêts. Un réseau comprend un groupe d'acteurs qui dépendent les uns des autres pour les ressources telles que l'information, l'expertise, l'accès à la prise de décision et la légitimation.[49]

---

[45] Emmanuel Négrier, « Intégration européenne et échanges politiques territorialisés », *Pôle sud* n°3, automne 1995, p.39

[46] Hussein Kassim, « Policy Networks, Networks and European Policy Making: A sceptical view », *West European Politics*, 17(4), oct, 1994: 15-27

[47] Comme le montre Frans van Waarden dans article publié en 1992 : « Dimensions and types of policy networks », *European Journal of Political Research*, 1992, 21 (1-2), p. 29-52

[48] Patrick Le Galès et Mark Thatcher (dirs), *Les réseaux de politique publique. Débat autour des policy networks*, Paris, L'Harmattan, p.14

[49] David Marsh (dir), *Comparing Policy Networks*, Buckingham, Open University Press 1998

L'approche des réseaux a été développée dans les années 1950 et 1960 aux Etats-Unis. Sa branche américaine est fondée sur l'existence de contacts réguliers entre les individus dans les groupes d'intérêt, les bureaucraties et le gouvernement, ce qui permet l'existence d'un « *sub-government* », ou « gouvernement de niveau intermédiaire ».[50] L'approche s'est développée à partir d'une critique du modèle pluraliste alors dominant au sein de la science politique américaine. L'un des premiers travaux qui s'est intéressé à cette question a été publié en 1955 par Lawrence Freeman[51]. L'auteur y analyse les relations étroites entre le bureau exécutif, le comité du Congrès et les groupes d'intérêt. Les gouvernements du niveau intermédiaire sont considérés comme des groupes de personnes prenant les décisions de routine dans des domaines politiques spécifiques. Les intérêts, dits privés, peuvent ainsi 'capter' une agence gouvernementale pour y représenter leurs intérêts ou pour prendre des décisions. Les intérêts 'privés' liés au gouvernement au niveau intermédiaire peuvent ainsi contrôler les membres de ces derniers, plutôt que de répondre à leurs demandes. La nature triangulaire des relations entre les acteurs étatiques et non-étatiques est mise en évidence. Theodore Lowi parle d'une interaction symbiotique entre l'agence centrale gouvernementale, les comités du Congrès et le groupe d'intérêt dans un secteur particulier en vue de l'élaboration d'une politique publique.[52] Les chercheurs américains utilisant le concept des réseaux pour leurs recherches se sont davantage concentrés sur l'analyse des relations interpersonnelles, alors que les chercheurs britanniques, en particulier David Marsh et Rod Rhodes s'intéressent aux relations structurelles entre les groupes d'acteurs en se fondant sur la littérature de relations interorganisationnelles.[53] Selon eux,

---

[50] Grant Jordan, « Sub-government, policy communities and networks: refilling the old bottles » *Journal of Theoretical Politics*, 1990, 2(2), p.319-338

[51] Lawrence Freeman, *The Political Process: Executive Bureau-Legislative Committee Relations*, New York, Random House, 1965

[52] Theodore Lowi, *The End of Liberalism*, New York, Norton 1969

[53] Pour une discussion approfondie des différentes approches américaines, britanniques et continento-européennes : David Marsh (dir), *Comparing Policy Networks*, Buckingham, Open University Press 1998. Aussi : Mark Thatcher, « The development of Policy Network Analysis. From Modest Origins to overarching frameworks », *Journal of Theoretical Politics*, 10(4), 1994

l'organisation du « policy-making » a une énorme influence sur les pratiques de groupes d'intérêt défendant leurs intérêts. Comme le constate Erik Klijn : « L'approche des réseaux de politique publique attire l'attention sur l'importance du contexte institutionnel de la gouvernance. Si les processus politiques ont lieu dans un contexte institutionnel spécifique (p.e. un schéma de relations stables entre les organisations), il devient impératif de comprendre ce contexte. »[54]

Une troisième approche met l'accent surtout sur la transformation du processus politique qui prend désormais place dans un système de gouvernance, au sein duquel les hiérarchies disparaissent.[55] Contrairement à la modélisation détaillée de l'approche « britannique », le concept englobe tout le système politique dans lequel les acteurs non-étatiques prennent part au processus de prise de décision. Il s'agit d'une évolution d'un système politique hiérarchisé, caractérisée par la compétition entre les acteurs, vers un système fondé sur les réseaux de coopération qui existent entre les acteurs intéressés et sur des processus d'apprentissage communs.[56] Le concept de la gouvernance souligne que l'analyse de l'Etat[57] ou du système politique communautaire[58]

---

[54] Erik Klijn « Policy Networks: an overview », dans Walter J.M. Kickert et al. *Managing Complex Networks: strategies for the public sector*, London, Sage 1997, p.33

[55] Bernd Marin et Renate Mayntz (dirs), *Policy Networks: empirical evidence and theoretical considerations*, Boulder, Westview Press 1991

[56] Voir aussi Beate Kohler-Koch, "Catching up with change: the transformation of governance in the European Union", *Journal of European Public Policy* 1996, 3(3), 359-380; Beate Kohler-Koch, "The evolution and transformation of European Governance", dans Beate Kohler-Koch and Rainer Eising (eds), *The Transformation of Governance*, London, Routledge, 1999

[57] Jan Kooiman (dir), *Modern Governance. New Government-Society Interactions*, London, Sage, 1993; Renate Mayntz, *New Challenges to Governance Theory*, EUI, Robert Schuman Center, Florence 1998, n°50

[58] Parmi un grand nombre : Liesbet Hooghe (dir), *Cohesion Policy and European Integration. Building Multi-level Governance*, Oxford, Oxford University Press, 1996; Gary Marks, Fritz Scharpf, Wolfgang Streeck et Philippe Schmitter (dirs), *Governance in the European Union*, London, Sage, Simon Bulmer, "Four Faces of European Union Governance: A New Institutionalist Research Agenda", *EPRU Working Paper*, University of

implique dès lors davantage des modes de coordination horizontale entre les sous-systèmes sociaux que des mécanismes d'autorité impérative ou d'administration verticale. Dans ce concept de *policy-making*, les groupes d'intérêts occupent une place au même niveau que les autres acteurs. Il s'agit donc d'un processus de coordination d'acteurs, de groupes sociaux et d'institutions pour atteindre des objectifs dans des environnements fragmentés et incertains.[59] Pierre Muller et Yves Surel soulignent : « Dans ces conditions, la gouvernance apparaît bien comme un mode de gouvernement (ce dernier terme étant entendu au sens large), dans lequel la mise en cohérence de l'action publique (construction des problèmes publics, des solutions envisageables et des formes de leur mise en œuvre) ne passe plus par l'action d'une élite politico-administrative relativement homogène et centralisée (qui tend à perdre, de ce fait, son relatif monopole dans la construction des matrices cognitives et normatives des politiques publiques), mais par la mise en place de formes de coordination multi-niveaux et multi-acteurs dont le résultat, toujours incertain, dépend de la capacité des acteurs publics à définir un sens commun, à mobiliser des expertises d'origines diverses et à mettre en place des formes de responsabilisation et de légitimation des décisions. »[60]

Toutefois, bien que le concept englobe les caractéristiques centrales du système politique communautaire en mettant l'accent

---

Manchester, février 1995; Beate Kohler-Koch, "The evolution and transformation of European Governance", dans Beate Kohler-Koch and Rainer Eising (eds), *The Transformation of Governance,* London, Routledge, 1999; Helen Wallace et Alisdair Young (dirs), *Participation and Policymaking in the European Union,* Oxford, Clarendon Press, 1998 et en particulier le concept de "*supranational governance*" de Wayne Sandholtz et Alec Stone Sweet (dirs), *European Integration and Supranational Governance,* Oxford, Oxford University Press, 1998

[59] Voir pour une analyse détaillée de la notion de gouvernance et de son application Patrick Le Galès, « Régulation, gouvernance et territoire » dans Jacques Commaille et Bruno Jobert (dir), *La régulation politique,* Paris, L.G.D.J, 1998. Pour une discussion de l'émergence voir Christian Lequesne, « Comment penser l'Union européenne ? » dans Marie-Claude Smouts (dir), *Les nouvelles relations internationales, pratiques et théories,* Paris, Presses de Sciences Po, 1998, p. 103-134

[60] Pierre Muller et Yves Surel, *L'analyse des politiques publiques,* Paris, Montchrestien, 1998, p. 96-97

sur l'univers institutionnel fragmenté et la dimension multi-acteurs et multi-niveaux, il ne permet point de structurer une recherche sur les répertoires d'actions des groupes d'intérêt et l'influence des structures relationnelles entre les groupes d'intérêt et les acteurs politico-administratifs. L'approche des réseaux, développée par Rod Rhodes, nous apporte, au contraire, grâce à une typologie de relations entre groupes d'intérêt et acteurs politico-administratifs des hypothèses qui nous permettent d'operationnaliser notre recherche.

Toutes les études développant l'approche des réseaux ont mis en évidence à la fois la fragmentation de l'Etat et la diversité de ses intérêts qui peuvent être en jeu dans la préparation de l'action publique. L'approche insiste sur la fragmentation et la diversité à la fois au sein des groupes d'intérêt et au sein de l'Etat tout en proposant plusieurs types de relations entre l'Etat et les groupes d'intérêt.[61] Parmi les différentes approches de réseaux de politique publique[62], nous nous référons ici à l'approche de David Marsh et Rod Rhodes pour qui les réseaux de politique publique constituent un modèle d'intermédiation des groupes d'intérêt qui structure les rapports entre les acteurs de la société civile et les instances politiques.[63]

Bâtie sur des questions de recherche similaires à celles que nous avons présentées dans notre introduction, comme par exemple « qui a un intérêt en jeu dans ce problème politique, comment ces intérêts sont-ils mobilisés et organisés et quels sont le rythme et la

---

[61] Voir aussi le numéro spécial de l'*European Journal of Political Research*, 1992, 21(1-2) sous la direction de Grant Jordan et Klaus Schubert

[62] Ce qui ajoute une confusion à la recherche. Mark Thatcher présente trois définitions différentes. Il constate que certains auteurs définissent les réseaux de politique publique comme un « modèle » du rôle d'intermédiation des groupes d'intérêt (Marsh et Rhodes). J.J. Richardson parlait d'un « concept » et Dowding envisageait l'approche des réseaux comme une « métaphore ». Mark Thatcher, « Les réseaux de politique publique : bilan d'un sceptique » dans Patrick Le Galès et Mark Thatcher, *op.cit.* 1995, p.230.

[63] David Marsh (dir). *Comparing Policy Networks*, Buckingham, Open University Press 1998, p.11

nature de leur entrée dans le processus politique »[64], au moins trois dimensions de l'approche des réseaux de politique publique sont extrêmement utiles pour notre recherche sur les modes de représentation des intérêts aux niveaux communautaires et extra-communautaires : la désagrégation des acteurs, la rupture avec l'analyse purement séquentielle des politiques publiques, et une typologie des formes de réseaux.

L'approche des réseaux nous offre la possibilité de ne plus observer ni l'Etat, ni les acteurs communautaires et ni, surtout, la Commission en tant qu'entités homogènes et monolithiques mais en tant qu'acteurs concrets (ministères, administrations, Directions générales, unités, etc). De la même façon que pour les groupes d'intérêt vont donc être analysées les ressources des acteurs étatiques et communautaires, leurs stratégies, leurs pratiques, leurs intérêts, leurs représentations et les contraintes qui s'exercent sur eux. Comme le constate Mark Thatcher, malgré son scepticisme vis-à-vis de l'approche des réseaux, l'approche encourage « une analyse des facteurs qui influencent les relations entre les organisations et les individus (publics et privés), les ressources des acteurs privés et les formes d'interdépendance entre acteurs ».[65] Cette différenciation nous a ainsi permis d'élaborer nos hypothèses institutionnelles selon lesquelles les répertoires d'actions des groupes d'intérêts au niveau communautaire et extra-communautaire sont influencés par les structures relationnelles qui se sont établies au niveau national entre les groupes d'intérêt et les acteurs politico-administratifs.

Pour une étude des modes de représentation des intérêts des groupes d'intérêt dans le processus de l'Ostpolitik, il importe aussi de rompre avec la vision trop linéaire et clairement séquentielle des politiques publiques. Bien que l'approche séquentielle constitue un outil heuristiquement pertinent pour l'analyse des groupes d'intérêt, puisqu'il nous permet d'observer leurs modes de répertoires

---

[64] Jeremy J. Richardson, « Approches de la décision politique nationale et européenne fondées sur l'acteur : communautés de politique publique, réseaux par questions et communautés épistemiques ». dans Patrick Le Galès et Mark Thatcher (dirs), *Les réseaux en politique publique*, Paris, L'Harmattan 1995, p. 177

[65] Mark Thatcher, « Les réseaux de politique publique : bilan d'un sceptique », dans Patrick Le Galès et Mark Thatcher, *op.cit.* 1995, p. 234

d'action dans différentes étapes, il importe de souligner ses limites dans l'analyse de l'Ostpolitik. Le processus de l'élargissement, et les pratiques dans le domaine du nucléaire en particulier, ne suivent pas toujours une logique séquentielle des actions publiques. Bien que le processus de l'élaboration d'un problème puisse souvent être clairement observé dans les domaines agricoles et électronucléaires, la négociation et la prise de décision ne résultent pas toujours de cette mise sur l'agenda. Les processus se déroulent parallèlement, sont inversés ou influencés par des prises de décision au niveau intergouvernemental ou « macro » qui interrompent ou parfois rendent possible une prise de décision au niveau « micro ».[66]

Enfin, l'approche offre une typologie de réseaux qui, loin d'être exhaustive, nous permet néanmoins de catégoriser les relations entre les groupes d'intérêt agricoles et électronucléaires et les acteurs gouvernementaux allemands, français ainsi que communautaires. Comme le constatent Michael Atkinson et William Coleman : « les réseaux politiques peuvent prendre des formes variables et pour cette raison leur étude nécessite une catégorisation plus nuancée que la différenciation entre un Etat faible ou un Etat fort ou celle qui oppose des formules pluralistes aux corporatistes. ».[67] Rod Rhodes différencie cinq types de réseaux sur un continuum allant des communautés de politique publique fortement intégrées aux réseaux thématiques intégrés de manière très lâche. La différenciation des réseaux se fait en fonction de leurs membres et de la distribution des ressources entre ces membres.

Les communautés de politique publique sont des réseaux caractérisés par la stabilité des relations, la très forte sélection et la permanence des membres et l'interdépendance verticale fondée sur le partage des responsabilités dans la gestion des services publics. Ils sont fortement intégrés, et reposent généralement sur des intérêts sectoriels majeurs. Un exemple de communauté de politique publique est le rapport entre les autorités

---

[66] Pierre Muller et Yves Surel, *L'analyse des politiques publiques,* Paris, Montchrestien, 1998, p.28-32

[67] Michael Atkinson et William Coleman, « Strong States and Weak States: Sectoral Policy Networks in Advanced Capitalist Economies », *British Journal of Political Science* 19, 1986, p. 66; Pour une critique voir Andrew G. Jordan et Jeremy J.Richardson, *Government and Pressure Groups in Britain,* Oxford, Clarendon Press 1987 : [C]orporate pluralism is then a description of a problem rather than a **theory of causation**. », p. 108

gouvernementales et les syndicats agricoles, à la fois en France et en Allemagne. Au niveau communautaire, cette relation a pu longtemps être qualifiée de communauté de politique publique compte tenu du lien privilégié qui existait entre la Direction générale Agriculture (DG VI) et le COPA/COGECA, situation qui a changé depuis la fin des années 1980 comme le démontrera notre analyse par la suite. Toutefois, ce mode relationnel n'est pas le seul et change lorsque l'intérêt se portera aux rapports que le COPA/COGECA entretient avec les Directions générales Relations extérieures (DG I et DG IA). Ces rapports sont beaucoup moins étroits et dépendent des sous-secteurs de la politique publique concernée. On pourrait qualifier cette relation de réseau thématique qui se caractérise par un grand nombre de participants qui ont un degré limité d'interdépendance.

Bien que nombre de chercheurs soulignent qu'une typologie est toujours un appauvrissement de la réalité, elle nous permet dans un premier temps de structurer nos recherches autour des relations complexes entre les différents acteurs. Patrick Hassenteufel le constate avec justesse : « La notion de réseau de politique publique permet d'englober plus que de dépasser les catégories des politiques publiques pluralistes et corporatistes. Elle a le mérite d'échapper à une alternative trop rigide entre ces deux modalités de représentation des intérêts ».[68] Car bien qu'elle permette la « désintégration » des domaines des politiques publiques en offrant des catégories plus fines et en évitant des positions prises a priori dans les approches néo-corporatistes ou dans certaines visions du pluralisme, l'application empirique de ce concept se révèle difficile[69], comme toute caractérisation de processus sociaux en idéaux-types. L'approche des réseaux se comprend plutôt comme une aide à créer une gamme d'instruments d'analyse plutôt qu'un développement d'une 'grande théorie'. Deux pistes supplémentaires sont nécessaires pour opérationnaliser notre recherche.

---

[68] Patrick Hassenteufel, « Les groupes d'intérêt dans l'action publique : l'Etat en interaction », *Pouvoirs* 1995, n°74, p. 165

[69] Mark Thatcher, « Les réseaux de politique publique : bilan d'un sceptique », dans Patrick Le Galès et Mark Thatcher, *op.cit.* 1995, p. 236

Des rapports hiérarchiques omis entre acteurs

En étudiant les pratiques et les acteurs des groupes d'intérêt dans le processus de l'élargissement, nous nous intéressons à l'identification des facteurs qui influencent leurs répertoires d'action aussi bien au niveau national qu'au niveau communautaire. En avançant l'hypothèse selon laquelle toute organisation est dépendante d'autres organisations en ce qui concerne les ressources et, que pour atteindre leurs objectifs, les groupes d'acteurs doivent échanger leurs ressources, l'approche des réseaux suppose l'existence d'une interdépendance qui ne permet pas de mettre en exergue les rapports de force entre les acteurs.

Notre analyse empirique des pratiques des groupes d'intérêt dans les domaines agricole et nucléaire montre toutefois l'existence des rapports de force entre les différents acteurs qui se manifestent, le plus souvent, à travers des conflits et qui ne peuvent être négligés dans l'analyse. La littérature sur les réseaux sous-estime ces rapports de force qui s'expriment à l'intérieur des réseaux ainsi qu'entre les différents réseaux. Il nous semble que cette approche souffre, comme le souligne à juste titre Andy Smith, d'un fonctionnalisme qui minimise le rôle joué par les représentants politiques dans la constitution des positionnements des institutions impliquées.[70] Malgré le caractère très étroit des relations entre la FNSEA et le gouvernement français, le gouvernement peut, ou non, mettre fin à cette relation étroite sans subir les mêmes inconvénients comme par exemple la perte du soutien financier ou encore de l'influence sur les politiques publiques dans le secteur.

Cependant, le décideur politique qui peut mettre fin à ces relations préférentielles doit légitimer son statut d'acteur dominant dans le système politique en question. Jacques Lagroye définit ce besoin de légitimité de manière suivante : « si le pouvoir est considéré comme un rapport social conférant à un individu ou à un groupe la possibilité de contraindre d'autres individus ou d'autres groupes, et de les amener ainsi à faire ce qu'ils n'auraient pas fait

---

[70] Andy Smith, « Au- delà d'une « Europe du lobbying » - l'exemple des rapports entre régions et Commission », dans Paul-Henri Claeys et al (dirs), *Lobbyisme, Pluralisme et Intégration européenne.* Bruxelles 1998; Justin Greenwood, *Representing Interests in the European Union,* London, Macmillan 1997, p.58-82

sans l'intervention de cette contrainte, le problème général de l'acceptation de ce rapport est posé ; en ce sens, tout pouvoir, s'il exerce dans l'ordre économique, moral ou religieux, est conduit à affirmer sa légitimité pour bénéficier d'une acceptation durable. Dans le cas précis du pouvoir politique, on peut concevoir la légitimation comme un ensemble de processus qui rendent l'existence d'un pouvoir coercitif spécialisé tolérable sinon souhaitable c'est-à-dire qui le fassent concevoir comme une nécessité sociale, voire comme un bienfait ».[71]

Au niveau communautaire, la Commission est certes dépendante de l'expertise fournie par les groupes d'intérêt dans certains secteurs, et en particulier dans celui du nucléaire. En revanche, c'est la Commission qui peut dicter les règles selon lesquelles les relations avec les groupes d'intérêt se construisent. S'il est exact que les services de la Commission cherchent le contact avec les groupes d'intérêt pour accroître entre autres leur pouvoir et leur légitimité, et que les groupes d'intérêt reçoivent en contrepartie la possibilité d'influencer les processus politiques, il n'en est pas moins vrai que le pouvoir de proposer des politiques et de décider leur mise en oeuvre reste l'apanage de la Commission.

Ces exemples montrent que l'approche des réseaux de politique publique doit prendre en compte les hiérarchisations des acteurs liées par un réseau particulier et leur pouvoir respectif afin de pouvoir offrir un modèle expliquant comment et pourquoi les intérêts se sont construits. Comme le souligne Renate Mayntz : « Lorsque les acteurs étatiques participent aux réseaux politiques, ils représentent un type particulier et extrêmement privilégié de participant ; ils retiennent des moyens cruciaux d'intervention et ceci reste valable même si le processus de prise de décision a été dévolu vers une forme institutionnelle d'auto-gouvernement sociétal. En particulier, l'Etat conserve le droit décisionnel dans une situation dans laquelle les acteurs sociétaux ne réussissent pas à prendre une conclusion (p.e. dans des négociations sur les standards techniques) et le droit d'intervenir aux travers d'actions législatives et exécutives. »[72] L'auteur parle dans ce contexte de

---

[71] Jacques Lagroye, « De la légitimation », dans Jean Leca et Madeleine Grawitz (dirs.), *Traité de Science Politique*, Paris, PUF, 1985, p. 402

[72] Renate Mayntz, *New Challenges to Governance Theory*, EUI, Robert Schuman Center, Florence 1998, n°50, p. 13

décisions prises 'dans l'ombre de l'hiérarchie'. Le pouvoir est aussi un effet de système, un avantage structurel.[73]

Cependant, les pratiques des groupes d'intérêt sont influencées par les relations qu'ils ont développées sur une longue période avec leurs gouvernements nationaux respectifs, et ils dépendent de ces relations. Comme le constate Andy Smith, « [i]l s'agit de porter l'analyse au-delà du seul cadre des interactions stratégiques pour s'interroger, d'une part, sur l'épaisseur des processus de négociations entre les acteurs et, d'autre part, sur leur rapport avec les aspects historiques et sociologiques ».[74]

La conception institutionnelle dans ses dimensions historiques et sociologiques

Ainsi, l'absence de la dimension historique des relations entre groupes d'intérêt et acteurs politico-administratifs constitue le premier problème central de l'approche des réseaux.[75] Comment peut-on expliquer l'influence des structures politiques sans les placer dans un contexte historique, et donc plus général? Comme David March et Rod Rhodes le soulignent eux-mêmes[76], renforcé par les critiques d'Alistair Cole et Peter John[77], il faut importer des

---

[73] Erhard Friedberg, *Le pouvoir et la règle*, Paris, Seuil, 1997

[74] Andy Smith, « Au- delà d'une « Europe du lobbying » - l'exemple des rapports entre régions et Commission », dans Paul-Henri Claeys et al (dirs), *Lobbyisme, Pluralisme et Intégration européenne*. Bruxelles 1998, p. 63

[75] Pour une analyse plus générale de l'absence des analyses historiques, fondant des bases d'événements politiques contemporains, voir B. Guy Peters, *Comparative Politics, Theory and Methods,* London, Macmillan, 1998, p. 175-176

[76] David Marsh et Rod A.W Rhodes (dirs.), *Policy Networks in British Government*, Oxford, Oxford University Press 1992; Carsten Daugbjerg et David Marsh, « Explaining policy outcomes: integrating the policy network approach with macro-level and micro-level analysis », dans David Marsh (dir), *Comparing Policy Networks*, Buckingham, Open University Press 1998, p.54; [76] Colin Hay et David Richards, « The tangled webs of Westminster and Whitehall : The discourse, strategy and practice of networking within the British core executive », *Public Administration,* 78(1), 2000, p.1-28

[77] Alistair Cole et Peter John, « Les réseaux locaux de politique publique en France et en Grande Bretagne », dans Patrick Le Galès et Mark Thatcher, *op.cit.* 1995, p. 226

éléments plus dynamiques pour expliquer les fondements historiques des réseaux, en analysant la structure des réseaux eux-mêmes et les conditions dans lesquelles ils sont contraints d'évoluer ou de disparaître : « Les structures de pouvoir au niveau macro sont importantes. La structure générale d'un système politique quelconque - particulièrement la question de savoir comment les pouvoirs sont distribués entre les différentes institutions - déterminent les paramètres dans lesquels les réseaux de politique publique peuvent opérer »[78]. Ainsi, Erhard Friedberg met en avant l'émergence des rapports de confiance entre les acteurs, ce qui permet de rappeler que les rapports inter-organisationnels s'inscrivent dans la durée.[79] Il est donc indispensable de nous interroger d'une part sur les fondements, les trajectoires historiques et les changements des relations entre les groupes d'intérêt et les acteurs gouvernementaux français et allemands dans le domaine de l'énergie nucléaire et de l'agriculture ainsi que les institutions communautaires. D'autre part, il importe d'analyser les relations entre les groupes d'intérêt eux-mêmes durant une période longue qui dépasse la période de l'élaboration et de la mise en œuvre de l'Ostpolitik.

Le deuxième aspect institutionnel central pour la structuration de notre étude est le rôle d'acteur (*actorness*) des institutions administratives au niveau national et communautaire. Or, les administrations diverses, étatiques[80] comme communautaires, les pouvoirs particuliers, les ressources et la structure des institutions communautaires et leurs relations ne font pas partie des variables explicatives du concept des réseaux. Le rôle central du Conseil des ministres dans le processus de décision, celui de la Commission en tant qu' 'entrepreneur politique', particulièrement dans le processus de l'Ostpolitik de l'Union, et ses relations complexes avec le Conseil ainsi que le Parlement européen qui a un pouvoir de consultation sur les questions sectorielles de l'élargissement,

---

[78] Elisabeth Bomberg, « Issue networks and the environment: explaining European Union environmental policy », dans David Marsh (dir). *Comparing Policy Networks*, Buckingham, Open University Press 1998, p.168

[79] Erhard Friedberg, *Le pouvoir et la règle*. Paris, Seuil, 1997

[80] Bruno Jobert, « De la nécessaire incohérence de l'action étatique » dans Bruno Théret (dir), *L'Etat, la Finance et le Social*, Paris, La Découverte 1995

doivent être prise en compte en analysant les stratégies et pratiques des groupes d'intérêt dans le processus de l'élargissement, ce qui nous devrait permettre de répondre à la question de savoir si, oui ou non, une forme spécifiquement communautaire de représentation d'intérêts existe.

Ces deux problèmes conceptuels que pose l'approche des réseaux nous amène à nous intéresser à une autre approche théorique qui nous permet de structurer la recherche sur les groupes d'intérêt : le néo- institutionnalisme[81]. Cette approche, sous sa forme historique[82], sociologique[83], ou relevant du choix rationnel[84], suppose que les formes organisationnelles des relations, ainsi que les institutions, influencent les stratégies d'acteurs.[85] En général, les

---

[81] On considère comme le pères de la redécouverte des institutions James G. March et Johan P. Olsen, « The New Institutionalism: organizational factors in political life », *American Political Science Review* 78, 1984, p. 734-749; James G. March et Johan P. Olsen, *Rediscovering Institutions,* New York, Free Press, 1989. Pour une discussion approfondie de la différence entre l'institutionnalisme et sa version 'néo' voir Kathleen Thelen et Sven Steimo, "Historical institutionalism in comparative politics", dans Kathleen Thelen, Sven Steinmo et Frank Longstreth (dirs), *Structuring Politics : Historical Institutionnalism in Comparative Analysis,* Cambridge, Cambridge University Press, 1992, p. 3-4

[82] Sven Steinmo, Kathleen Thelen et Frank Longstreth (dirs), *Structuring Politics: Historical Institutionnalism in Comparative Analysis,* Cambridge, Cambridge University Press 1992; Paul Pierson, « The Path to European Integration: A Historical Institutionalist Analysis », *Comparative Political Studies,* 1996 29(2),p. 123-163; Peter Hall, *Governing the Economy. The Politics of State Intervention in Britain and France,* New York, Oxford University Press, 1986

[83] Paul J. DiMaggio et Walter W. Powell, *The New Institutionalism in Organizational Analysis,* Chicago/London, University of Chicago Press 1991

[84] George Tsebelis, *Nested Games: Rational Choice in Comparative Politics,* Berkeley, University of California Press, 1990; Fritz W. Scharpf, *Games Real Actors Play, Actor-Centered Institutionalism in Policy Research,* Boulder, Westview Press, 1997

[85] Pour une discussion approfondie de ces trois formes distinctes voir Peter A. Hall et Rosemary C.R. Taylor, « La science politique et les trois néo-institutionnalismes », *Revue française de science politique,* 1997, 47(3-4), p. 469-496 et son lecture critique par Erhard Friedberg, « En lisant Hall et Taylor : néo-institutionnalisme et ordres locaux », *Revue française de science*

chercheurs appliquant ce concept à leurs travaux s'intéressent à l'ensemble des institutions étatiques et sociales qui forment la définition des intérêts des acteurs et structurent les rapports de force avec d'autres groupes.

La notion d'institution semble, malgré les efforts de définition entrepris par les chercheurs, quelque peu floue.[86] Elle est utilisée, d'une part, pour caractériser les organisations stables, institutionnalisées comme le gouvernement ou la Commission, mais aussi pour décrire les relations entre les acteurs. La notion englobe donc des formes diverses telles que les organisations, les institutions formelles et informelles, les conventions, leurs normes et symboles, les instruments politiques et les procédures[87]. Douglass North, économiste américain, souligne, dans un effort de définition appréciable, la distinction indispensable entre institutions et organisations. Alors que les organisations regroupent des personnes individuelles ou juridiques en leur sein, les institutions représentent davantage des règles pour créer l'ordre et réduire l'incertitude des échanges.[88] En ce qui concerne les institutions, il distingue ainsi entre les institutions formelles comme les règles du jeu, à savoir les constitutions, lois et règlements et les institutions informelles qui correspondent aux normes, conventions, croyances et idéologies.[89] Dans notre propre recherche, nous nous fonderons sur cette distinction : les structures relationnelles entre groupes d'intérêt et acteurs politico-administratifs en forme de réseaux

---

politique, 1998, 48(3-4), p. 507-514 ; B. Guy Peters, *Institutional Theory in Political Science : the new institutionalism,* London, Pinter, 1999. Pour un ensemble de recherches empiriques, fondées sur les trois institutionnalismes, groupées dans un ouvrage collectif très complet voir Gerald Schneider et Mark Aspinwall (dirs), *The rules of Integration. Institutionnalist Approaches to the Study of Europe,* Manchester, Manchester University Press, 2001

86 Ainsi, chaque néo-institutionnalisme a élaboré la sienne. Alec Stone, « Le néo-institutionnalisme. Défis conceptuels et méthodologiques », *Politix,* n°20, 1992, p.156-168

87 Simon Bulmer et Kenneth Armstrong, *The governance of the Single European Market,* Manchester, Manchester University Press 1998

88 Douglass North, « Institutions », *Journal of Economic Perspectives,* 1991, 5(1), p.97

89 Douglass North, *Institutions, Institutional Change and Economic Performance,* Cambridge, Cambridge University Press, 1990

peuvent ainsi être définis comme des institutions, englobant à la fois les notions d'institutions formelles et informelles (i), distinctes des organisations comme les gouvernements, la Commission européenne, le Conseil ou encore le Parlement (ii).

(i) En ce qui concerne les structures relationnelles, elles peuvent ainsi être considérées comme des configurations institutionnelles spécifiques à un secteur donné, les modalités d'organisation des échanges sociaux dans un espace déterminé, ou encore le cadre juridique fixant les règles du jeu et les hiérarchies entre les acteurs et les instruments politiques. Ces modes de structuration des échanges sociaux, parfois institutionnalisés au sein même des secteurs politico-administratifs, constituent ainsi un ensemble de facteurs susceptibles d'expliquer les variations dans la représentation des intérêts des acteurs.[90] Cette caractéristique de la perspective institutionnelle met en avant le caractère relationnel des institutions.[91] Plus important que les caractéristiques formelles des institutions *per se* est de savoir comment une configuration institutionnelle structure les interactions politiques. Deux approches institutionnalistes, relevant de l'institutionnalisme historique, complémentaires de notre point de vue, nous permettent d'analyser cette médiation entre les groupes d'intérêt et les acteurs politico-administratifs d'une part dans leur dimension historique et stable par l'approche de la *path-depency*, et d'autre part dans leur dimension dynamique.

Selon l'approche de la *path dependence*[92], appliquée aux études sur l'intégration européenne en particulier par Paul Pierson[93], les

---

[90] Les acteurs et groupes d'acteurs agissent selon leurs préférences au sein d'institutions sociales qui sont ancrées dans l'histoire sociale. Selon Mary Douglas, « les institutions dirigent systématiquement notre mémoire individuelle et forment nos perceptions en formes compatibles avec les relations qu'ils autorisent » : Mary Douglas, *How Institutions Think*, London, Syracuse Press 1986, p. 92.

[91] Peter Hall, *Governing the Economy. The Politics of State Intervention in Britain and France*, New York, Oxford University Press, 1986, p.19

[92] Dans sa traduction française, *path dependence* devient « chemin de dépendence ».

[93] Paul Pierson, « The Path to European Integration: A Historical Institutionalist Analysis », *Comparative Political Studies*. 1996 29(2), 123-163.

institutions sont formées et établies historiquement. L'appliquant à l'étude des réformes d'Etat providence en Grande Bretagne et aux Etats Unis[94] ou à l'intégration européenne[95], Paul Pierson met en avant la définition relativement stricte qu'ont les acteurs des institutions dans lesquels ils agissent. Un tel schéma d'analyse permet non seulement d'opérationnaliser l'étude des évolutions des politiques publiques en général, mais aussi d'analyser les liens existants entre les ancrages institutionnels et « l'enracinement d'échanges particuliers »[96], observables entre les groupes d'intérêt et les acteurs politico-administratifs. Plusieurs auteurs du courant du néo-institutionnalisme historique font appel à cette notion de la *path dependency* pour illustrer le rôle de la variable institutionnelle dans la continuité et les permanences dans les politiques publiques.[97] L'approche suppose ainsi que les acteurs sont enfermés par les institutions existantes qui structurent et canalisent les politiques publiques dans les chemins établis. Les institutions seraient les agents d'une « routinisation du sens », empêchant ou du moins rendant très difficile la rupture des sentiers de dépendance empruntés par les politiques publiques. Cette « empreinte » ou ce « poids » du passé[98] marquerait donc tout développement politique.

Afin de pouvoir utiliser les structures formelles et informelles nationales comme la variable indépendante qui explique les

---

D'après notre connaissance, l'un des premiers politistes ayant eu recours à la notion de *path dependency* fut Stephen Krasner, « Approaches to the State : Alternative Conceptions and Historical Dynamics », *Comparative Politics*, 1984, n°16, 223-246

[94] Paul Pierson, *Dismantling the Welfare States ? Reagan, Thatcher and the Politics of Retrenchment,* Cambridge, Cambridge University Press, 1994

[95] Paul Pierson, « The Path to European Integration: A Historical Institutionalist Analysis », *Comparative Political Studies*, 1996 29(2), 123-163

[96] Pierre Muller et Yves Surel, *L'analyse des politiques publiques,* Paris, Montchrestien, 1998, p.136

[97] Sven Steinmo, Kathleen Thelen et Frank Longstreth, *Structuring Politics*, Cambridge, Cambridge University Press 1992

[98] dont Eve Fouilleux constate qu'il s'agit probablement plus du domaine du bon sens que d'une démarche scientifique. Eve Fouilleux, *Idées, institutions et dynamiques du changement de politique publique. Les transformations de la Politique Agricole Commune.* Thèse pour le doctorat en science politique sous la direction de Bruno Jobert, Université Pierre Mendès-France, IEP Grenoble, 1999, p. 207

stratégies et pratiques des acteurs, nous devons nous interroger sur la création des relations entre les groupes d'intérêt français et allemands dans les secteurs agricole et électronucléaire et leurs gouvernements respectifs.

Toutefois, il importe de dissiper l'impression que nous avons pu donner de considérer les acteurs comme complètement influencés par une sorte de structure stable.[99] « Ils [les réseaux] sont à la fois contraints et modifiés par la structure, en offrant en même temps la structure dans laquelle les acteurs agissent. Les négociations changent les réseaux, les relations sont constituées et constitutives »[100]. Refusant le changement qui serait introduit par un réformateur autoritaire, Michel Crozier et Erhard Friedberg soulignent de manière similaire que le changement des structures institutionnelles doit se comprendre « comme un processus de création collective à travers lequel les membres d'une collectivité donnée apprennent ensemble, c'est-à-dire inventent et fixent de nouvelles façons de jouer le jeu social de la coopération et du conflit, bref, une nouvelle praxis sociale, et acquièrent les capacités cognitives, relationnelles et organisationnelles correspondantes. »[101]

Ainsi, en ce qui concerne la dimension dynamique, Ellen Immergut met en avant qu'il n'est pas satisfaisant de concevoir le pouvoir politique comme un attribut statique d'un certain groupe d'acteurs.[102] En effet, une grande partie des études sur les groupes d'intérêt perçoivent les caractéristiques des groupes d'intérêt, à savoir leurs ressources financières ou le nombre de leurs membres, comme la source de leur pouvoir. Toutefois, le pouvoir d'influence

---

[99] Paul Pierson lui même souligne qu'une approche dynamique est nécessaire pour rendre compte des changements institutionnels : Paul Pierson, « The Path to European Integration: A Historical Institutionalist Analysis », *Comparative Political Studies*, 1996 29(2), 123-163

[100] Rod W.A. Rhodes, *Understanding governance: policy networks, governance, reflexivity and accountability*, Buckingham, Open University Press 1997; voir aussi Toini Loevseth, « Informal Network - What matters? On policy networks and the new insitutionalism in organization theory ». ECPR Joint Sessions, 9-14 April 2000, Copenhagen

[101] Michel Crozier et Erhard Friedberg, *L'acteur et le système*, Paris, Seuil, 1977, p. 35

[102] Ellen Immergut, *The Political Construction of Interests*, Cambridge, Cambridge University Press, 1992

ou de participation des groupes d'intérêts dépend moins de leurs ressources que de la configuration du système politique spécifique.[103] Dans ces systèmes existent différents points de veto (*veto-points*), définis comme des domaines de vulnérabilité institutionnelle où la mobilisation des groupes d'intérêt peut bloquer ou, au contraire, déclencher des innovations.[104] Alors que les points de veto sont généralement stables, ils ne sont pas permanents, mais peuvent être modifiés lorsqu'un changement dans l'équilibre du pouvoir a lieu. Ces changements peuvent faire émerger, disparaître ou déplacer les points de veto.

Cette approche nous aide à expliquer comment les structures relationnelles, ou les réseaux, entre les groupes d'intérêt et les acteurs politico-administratifs se modifient. Ces différences de pouvoir d'influence et de participation dans le *policy-making* influent très fortement sur les modes de représentation des intérêts comme nous allons l'analyser en particulier dans les chapitres 2, 3, 6 et 7 de cet ouvrage. L'exemple de plusieurs changements de relations entre les acteurs gouvernementaux et communautaires et les groupes d'intérêt pendant la période couverte par notre recherche, le processus de l'élargissement, montre que ces structures peuvent être modifiées. Mark Pollack propose ainsi trois facteurs influençant une modification des relations structurelles.[105] Il s'agit premièrement d'un changement de l'environnement politique, posant un défi aux formes institutionnelles existantes. Le

---

[103] Voir aussi Laura Cram, "EU Institutions and Collective Action. Constructing a European Interest", dans Justin Greenwood et Mark Aspinwall (dirs.), *Collective Action in the European Union. Interests and the New Politics of Associability*, Routledge, London 1998, p. 63-80. Pour une approche plus global voir Martin Burch et Ian Holliday, *The British Cabinet System*, Hemel Hempstead, Harvester Wheatsheaf, 1995

[104] Ellen Immergut, « The rules of the game : the logic of health policy-making in France, Switzerland and Sweden », dans Kathleen Thelen, Sven Steinmo et Frank Longstreth (dirs), *Structuring Politics : Historical Institutionnalism in Comparative Analysis*, Cambridge, Cambridge University Press, 1992, p.57-89; Ellen Immergut, "Institutions, Veto points, and Policy Results: A Comparative Analysis of Health Care", *Journal of Public Policy*, 1990, 10(4), p. 391-416

[105] Mark A. Pollack, "The New Institutionalism and EC Governance: The Promise and Limits of Institutional Analysis", *Governance*, 9(4), 1996, p.438

changement de majorité au *Bundestag* allemand en septembre 1998 et les modifications consécutives des relations entre le gouvernement et le syndicat agricole ou les entreprises d'électricité et les industries nucléaires en sont un exemple. Alors que les relations entre le gouvernement CDU/CSU et le syndicat agricole allemand (DBV) étaient très étroites, le changement de majorité vers un gouvernement SPD/Grüne a mené à une relation moins étroite entre les acteurs. Un changement semblable s'est produit au début des années 1980 en France[106] et s'est poursuivi dans les années 1990.

Un deuxième facteur est un changement des acteurs, ou du pouvoir des acteurs, après une première institutionnalisation des structures relationnelles entre les groupes d'intérêt et les acteurs politico-administratifs. L'émergence de nouveaux groupes d'intérêt, comme la Confédération paysanne en France, *l'Arbeitsgemeinschaft bäuerliche Landwirtschaft* (AbL) ou des groupes d'intérêt anti-nucléaires en sont un exemple.

Le troisième élément significatif est la qualité de l'information que possèdent les groupes d'intérêt ou les organisations institutionnalisées sur le fonctionnement d'une politique – élément que nous analyserons en particulier dans le chapitre 5, en nous intéressant au rôle de l'expertise dans le policy-making. Il faut également souligner l'importance d'inscrire l'étude des rapports entre les groupes d'intérêt et les acteurs politico-administratifs dans une analyse institutionnelle large tout en poursuivant les structures qui se forment au niveau sectoriel.

(ii) Les organisation formelles - les gouvernements et les institutions communautaires, comme la Commission, la Cour de comptes ou encore le Conseil - représentent la deuxième forme institutionnelle centrale de notre recherche. Au niveau communautaire, l'approche néo-institutionnelle a été théorisée en particulier par Simon Bulmer ou encore par Mark Pollack.[107] Les

---

[106] Pierre Muller, *Le technocrate et le paysan. Essai sur la politique française de la modernisation : de 1945 à nos jours*, Paris, Editions ouvrières 1984

[107] Simon Bulmer, « The Governance of the European Union : A new institutionalist approach », *Journal of Public Policy*, 1994, 13(4), p.351-380; Simon Bulmer, "New Institutionalism and the Governance of the Single European Market", *Journal of European Public Policy*, 1998, 5(3), p.365-386;

auteurs considèrent les institutions dans ce contexte comme des acteurs individuels. Ainsi, la Commission ou les appareils bureaucratiques nationaux, jouant un rôle central dans notre recherche, sont-ils non seulement des arènes, diminuant les coûts de transaction qui résultent des interactions entre les acteurs gouvernementaux selon l'approche intergouvernementaliste ou celle des choix rationnels, mais également des acteurs, formulant et défendant leurs propres intérêts et possédant en son leur sein des services spécifiques et sectoriels défendant des « cultures » administratives différentes, dimension que nous analyserons en particulier dans le chapitre 6. Cet aspect en particulier a été souligné par les études pionnières du néo-institutionnalisme de John March et Johan Olsen.[108]

Ainsi, en élargissant l'approche des réseaux de deux éléments explicatifs, d'une part la nécessité de conserver une hiérarchisation des acteurs en fonction de leurs pouvoirs respectifs et d'autre part d'inscrire les réseaux dans des structures institutionnelles plus larges, nous avons présenté l'ébauche d'un cadre conceptuel qui permettra d'analyser les modes de représentation des groupes d'intérêt. Le chapitre suivant s'efforcera de présenter l'émergence et le développement des structures relationnelles entre les groupes d'intérêt et les acteurs politico-administratifs ainsi que de leurs répertoires de représentation dans les deux secteurs – agriculture et l'énergie nucléaire – en France et en Allemagne.

Simon Bulmer et Kenneth Armstrong, *The governance of the Single European Market*, Manchester, Manchester University Press 1998. Pour des analyses de l'intégration européenne s'appuyant sur cette approche, voir en guise d'exemple : Wayne Sandholtz, "Membership Matters: Limits of the Functional Approach to European Institutions", *Journal of Common Market Studies,* 34(3), 1996, p.403-429; Mark A. Pollack, "The New Institutionnalism and EC Governance: The Promise and Limits of Institutional Analysis", *Governance,* 9(4), 1996, p.429-458; Bart Kerremans, "Do Institutions Make a Difference? Non-Institutionalism, and the Logic of Common Decision-Making in the European Union", *Governance,* 9(2), 1996, p.217-240

108 James G. March et Johan P. Olsen, *Rediscovering Institutions*, New York, Free Press, 1989

CHAPITRE 2.
UNE REPRESENTATION DES INTERETS AU NIVEAU NATIONAL. CONCORDANCES ET DIFFERENCES DES CAS ALLEMAND ET FRANÇAIS

Afin de répondre à notre question initiale, à savoir si nous pouvons observer l'émergence d'un mode communautaire de représentation des intérêts en nous concentrant sur l'étude de cas de l'Ostpolitik de l'Union européenne, il importe de s'interroger sur les fondements historiques des rapports entre les groupes d'intérêt étudiés et les pouvoirs politiques en France et en Allemagne. Comme le constate Michel Offerlé dans l'un des rares ouvrages français sur les groupes d'intérêt « [L]'acteur n'est pas concevable sans son système d'action et l'agent sans son champ. Le problème étant de définir a priori les dimensions de l'un et de l'autre à des fins d'analyse »[1]. Ce chapitre se concentrera donc sur l'archéologie[2] des relations entre les groupes d'intérêt et les pouvoirs publics en France et en Allemagne.

Nous nous intéressons dans ce chapitre plus particulièrement à la question des modèles nationaux de représentation. Dans les deux domaines analysés, les relations entre les groupes d'intérêt et les acteurs politico-administratifs sont changeantes et ne correspondent guère à un idéal-type du modèle pluraliste ou néo-corporatiste, tel que nous les avons présentés dans le premier chapitre. Au contraire, leurs formes sont modulables par des variables politiques, économiques et sociales à travers le temps.

Existe-t-il des modèles nationaux de représentation des intérêts ?

Un grand nombre d'études générales existe sur les relations entre les groupes d'intérêt et les pouvoirs publics dans les deux pays[3],

---

[1] Michel Offerlé, *La sociologie des groupes d'intérêt*, Paris, Montchrestien, 2e éd., 1998, p. 17

[2] ibid, p. 42

[3] A titre d'exemple : Peter Katzenstein (dir), *Between Power and Plenty: Foreign Economic Policies in Advanced Industrial States,* Madison, University of Winconsin Press 1978; Simon Bulmer and William Paterson, *The RFG and the European Communities*, London, HarperCollins 1987; Beate Kohler-Koch, "Germany: Fragmented but Strong Lobbying", dans M.C.M. van

études qui avancent souvent l'hypothèse qu'il existe un « modèle » de représentation d'intérêts spécifique en Allemagne et en France. Le modèle de représentation des intérêts serait intimement lié à la notion de « style politique »[4], défini par Jeremy Richardson comme l'interaction entre la forme d'approche envisagée par le gouvernement pour trouver des solutions aux problèmes que posent les politiques publiques d'une part et les relations qu'entretiennent le gouvernement et d'autres acteurs dans les processus politiques, d'autre part. Selon cette définition, il y aurait quatre styles politiques de base : d'une part des relations consensuelles opposées aux relations d'imposition existantes entre les groupes d'intérêt et les pouvoirs publics, et d'autre part l'approche anticipatoire opposée à l'approche réactive des pouvoirs publics face aux solutions des problèmes.[5] Les styles politiques sont ainsi des systèmes différents de prise de décision et de mise en œuvre. Cette idée part de la prémisse que les décideurs, aussi bien que les fonctionnaires, élaborent souvent des procédures standardisées (*standard operating procedures, SOP*)[6] à l'aide desquelles ils traitent le sujet sur l'agenda politique. Par conséquent, les

---

Schendelen (dir), *National Public and Private EC Lobbying*, Dartmouth, Aldershot, 1993, p.23-48; Vivien A Schmidt, "Discourse and (dis)integration in Europe : the cases of France, Germany and Great Britain", *Daedalus* 1997, 126(3), p. 167-195 ; Vivien A Schmidt, *From State to market? The transformation of French business and government*, Cambridge, Cambridge University Press 1996; Vivien A Schmidt, "Loosening the Ties that Bind : the Impact of European Integration on French Government and its Relationship to Business", *Journal of Common Market Studies*, 1996 34(2), p.223-254;

[4] Le lien entre "design politique" et la representation des intérêts étant développé par Charles W. Anderson, "Political Design and the Representation of Interests", dans Philippe Schmitter et Gerhard Lehmbruch (dir), *Trends Towards Corporatist Intermediation*, Sage, London, 1979, p.271-298: "The intervention of organized interests is not simply "given" in the policy-making process. It is to some extent intentionally created, structured and institutionnalized through state action. ... It is [therefore] necessary to give a more satisfactory account of the role of the state as architect of political order", p. 274

[5] Jeremy J. Richardson (dir), *Policy Styles in Western Europe*, London, Allan & Unwin, 1982, p. 13

[6] Voir aussi Guy B. Peters, *Comparing Public Bureaucracies : problems of theory and methods*, Tuscaloosa, University of Alabama Press, 1988

relations entre les groupes d'intérêt et les pouvoirs publics seraient alors également régies par ces procédures standardisées. Les modes relationnels standardisés comme des réunions régulières, institutionnalisées, des liens étroits émanant du fait que les acteurs en question appartiennent à la même communauté scientifique - grandes écoles, universités de droit, ou d'agronomie - en sont des exemples.

Ainsi, Kenneth Dyson constate-il que les processus politiques allemands sont extrêmement diversifiés et complexes.[7] Le *policy-making* en Allemagne n'est pas seulement différent selon les secteurs étudiés mais diffère également au sein d'un même secteur. Néanmoins, l'auteur caractérise le style politique général en Allemagne de consensuel. Des discussions régulières et institutionnalisées sont un moyen d'assurer que des consultations ont lieu. La recherché d'un consensus constitue l'approche dominante dans les relations entre les acteurs économiques et administratifs et/ou politiques, et reflètent ainsi les caractéristiques structurelles du système politique allemand, où la fragmentation bureaucratique, l'autonomie ministérielle et des gouvernements de coalition rendent plus difficile la coordination interministérielle.[8] La

---

[7] Kenneth Dyson, "West Germany: The Search for a Rationalist Consensus", dans Jeremy J. Richardson (dir), *Policy Styles in Western Europe,* London, Allan & Unwin, 1982, p. 19-21; Beate Kohler-Koch voit une des raisons de cette situation dans la décentralisation du pouvoir en Allemagne avec différents niveaux de prise de décision. Etant donnée l'importance de l'administration dans les relations entre groupes d'intérêt et pouvoirs publics, il importe également de noter la "compartimentalisation" de l'administration fédérale. L'autonomie ministérielle est liée au "Ressortprinzip" qui rend difficile toute coordination entre les ministères. Beate Kohler-Koch, " Germany: Fragmented but Strong Lobbying", dans M.C.M. van Schendelen (dir), *National Public and Private EC Lobbying,* Dartmouth, Aldershot, 1993, p.23-48; et également Renate Mayntz et Fritz Scharpf, *Policy-Making in the German Federal Bureaucracy*, Amsterdam, 1975

[8] Voir Beate Kohler-Koch, « Germany: Fragmented but Strong Lobbying », dans M.P.C.M. Van Schendelen (dir.), *National Public and Private EC Lobbying,* Dartmouth, Aldershot, 1993, pp.23-48. Voir aussi Claus Offe, « The attribution of public status to interest groupes : observations on the West German case », dans Suzanne Berger (dir), *Organizing Interests in Western Europe,* Cambridge, Cambridge University Press, 1981

négociation et la recherche d'un consensus seraient ainsi des éléments clés des relations entre les groupes d'intérêt et les pouvoirs publics en Allemagne comme l'on peut l'observer dans le domaine agricole. Mais il existe des domaines, parmi lesquels nous trouvons l'énergie nucléaire, en particulier dans les années 1950, 1970 et 1990, qui sont plutôt caractérisés par des styles autoritaires d'imposition de la part des pouvoirs publics. En général toutefois, les associations ou fédérations des groupes d'intérêt allemands font partie des communautés politiques et leur coopération est particulièrement recherchée.

En ce qui concerne la France, les principes de la démocratie pluraliste confient à l'Etat français la mission de garantir, par delà les intérêts et les égoïsmes des individus et des groupes, la supériorité de l'intérêt général. Dans ce contexte, de nombreuses dispositions constitutionnelles, législatives et coutumières visent au respect de cet idéal. Yves Mény énumère quatre éléments : « [L]es élus du suffrage universel sont les représentants de la nation toute entière et non ceux d'un territoire limité ou d'un groupe spécifique, il est fait interdiction aux parlementaires de constituer des groupes de défense des intérêts ou de s'en faire les avocats dans les assemblées ; .. ; l'accès à la fonction publique est organisé comme une rigide méritocratie pour empêcher l'interférence des intérêts privés dans le « service public » ; le Conseil d'Etat enfin a élaboré une jurisprudence sévère et rigide qui qualifie 'd'utilité publique' ou 'd'intérêt général' pratiquement toute décision de l'Etat, en écartant, parfois avec désinvolture, les contestations considérées comme autant d'expressions d'intérêts privés ».[9] Toutefois, en dépit de cette construction juridique et idéologique, le gouvernement et l'administration français n'ont pas cessé d'établir un grand nombre de contacts particuliers avec les groupes d'intérêt. Cette attitude semble être un héritage des lois Le Chapelier, qui, tout au long du 19e siècle interdirent tout regroupement d'intérêts 'prétendus tels' et que Yves Mény appelle la « colonisation des groupes d'intérêt par l'Etat ».[10] Frank L. Wilson souligne dans son ouvrage central sur les groupes d'intérêt en France qu'aucun des modèles étudiés en détail

---

[9] Yves Mény, La légitimation des groupes d'intérêt par l'administration française », *Revue française de l'administration publique,* 1986, n°39, p. 102

[10] ibid. p. 105-106. Mény utilise cette notion en particulier dans le contexte de son analyse des relations entre syndicats agricoles et l'administration politique.

dans son ouvrage pour analyser les relations entre groupes d'intérêt et l'Etat, à savoir le néo-corporatisme, l'élitisme le néo-marxisme ou le pluralisme ne s'applique dans sa totalité à la France, mais que l'on constate plutôt un mélange des trois. [11]

Concernant les entreprises, le rôle des élites qui lient les directoires d'entreprises et les cabinets ministériels ainsi que les administrations - lien fondé sur leur passage commun dans des Grandes écoles françaises et sur la pratique du transfert de ces élites du secteur privé aux entreprises (*pantouflage*) - caractérise le « modèle français » de représentation d'intérêts économiques. Dans les années 1960 et 1970 un nombre d'auteurs souligne l'aspect primordial de l'autorité bureaucratique en France.[12] Quant à leurs relations avec les groupes d'intérêt, elles sont perçues sous deux angles. D'une part lors des situations au jour le jour (*day-to-day politics*), pour lesquelles la concertation entre les pouvoirs publics et les groupes d'intérêt est perçue comme 'normale' et d'autre part lors d'une situation de crise pendant laquelle cette relation coutumière s'effondre, les deux parties tentent chacune d'imposer son point de vue mais les pouvoirs publics sont en position de force.[13] Dans un article qui oppose les Etats gouvernés par la société de type anglo-américain, libéral et pluraliste, aux sociétés gouvernées par l'Etat d'Europe continentale, Jack Hayward caractérise la France comme un Etat qui a cherché à intégrer institutionnellement les groupes d'intérêt par le biais d'une représentation fonctionnelle formelle, afin de subordonner les activités indésirables de ces groupes à une définition démocratique de l'intérêt public.[14] Dans un article rédigé avec Andrew Cox,

---

[11] Frank L. Wilson, *Interest Group Politics in France*, Cambridge, Cambridge University Press, 1987, p.17

[12] Jack Hayward, "Mobilising Private Interests in the Service of Public Ambitions: The Salient Element in the Dual French Policy Style?", dans Jeremy J. Richardson (dir), *Policy Styles in Western Europe,* London, Allan & Unwin, 1982, p. 11-140; Michel Crozier, *Le phénomène bureaucratique : essai sur les tendances bureaucratiques des systèmes d'organisation modernes et sur leurs relations en France avec le système social et culturel.* Paris, Seuil, 1963 ; W.R. Schonfeld, *Obedience and Revolt: French Behaviour toward Authority,* Beverly Hills, Sage, 1976

[13] Vincent Wright, *The Government and Politics of France*, London, Hutchinson, 1978, p. 174-186.

[14] Jack Hayward, « Groupes d'intérêt, pluralisme et démocratie », *Pouvoirs,* 1996, n°79, p. 5-19 et plus spécifiquement Yves Mény, « La

l'auteur souligne également l'inapplicabilité du modèle néo-corporatiste en France. Cette hypothèse est contredite par les analyses des relations entre les syndicats agricoles et les pouvoirs publics menées par John Keeler, qui souligne, tout comme Pierre Muller, l'existence d'un néo-corporatisme sectoriel.[15] Mais ce sont surtout les travaux de Vivien Schmidt qui défendent l'hypothèse que suite à l'intégration européenne de plus en plus rapide des années 1980, les relations entre les pouvoirs publics et les groupes d'intérêt se modifient. L'intégration européenne aura ainsi « desserré les liens qui ont traditionnellement existé entre les groupes d'intérêt économiques et le gouvernement, en ébranlant le modèle statique du *policy-making* dans le domaine industriel, selon lequel les gouvernements formulaient unilatéralement les politiques mais permettaient aux intérêts sociétaux d'intervenir au moment de la mise en œuvre. »[16] L'étude empirique des deux domaines choisis dans cette recherche devra montrer dans quelle mesure ces analyses théoriques s'appliquent dans les deux pays.

---

légitimation des groupes d'intérêt par l'administration française », *Revue française de l'administration publique*, 1986, n°39, p.99-110

[15] Andrew Cox et Jack Hayward, « The Inapplicability of the Corporatist Model in Britain and France », *International Political Science Review*, 1983, 4(2), p.217-240 ; John T.S. Keeler, "Corporatism and Official Union Hegemony: the case of French agricultural unionism", dans Suzanne Berger (dir), *Organizing Interests in Western Europe,* Cambridge, Cambridge University Press, 1981; Pierre Muller, *Le technocrate et le paysan. Essai sur la politique française de la modernisation : de 1945 à nos jours.* Paris, Editions ouvrières 1984. Voir sur le débat corporatiste/pluraliste en France : Frank L. Wilson, « Alternative Models of Interest Intermediation : the case of France », *British Journal of Political Science,* avril 1982, p. 173-200 ; Frank L. Wilson, "Les groupes d'intérêt sous la cinquième République: test de trois modèles théoriques de l'interaction entre groupes et gouvernement", *Revue française de science politique,* n°33, 1983, p. 220-254 ; Frank L. Wilson, *Interest-group politics in France,* Cambridge, Cambridge University Press, 1987

[16] Vivien A. Schmidt, "Loosening the Ties that Bind: The Impact of European Integration on French Government and its Relationship to Business", *Journal of Common Market Studies*, 34(2), 1996, p.224; *From State to Market? The Transformation of French Business and Government,* New York, Cambridge University Press, 1996. En particulier Vivien A. Schmidt, "La France entre l'Europe et le monde. Le cas des politiques économiques nationales", *Revue française de science politique,* 1999, 49(1), p.51-78

Même si l'inconvénient de ces modèles réside dans leur généralité, l'avantage qu'ils procurent provient de l'hypothèse selon laquelle les formes de relations entre groupes d'intérêt et pouvoirs publics constituent un facteur de médiation dans le processus politique. Si nous utilisons cette approche d'une manière métaphorique, nous sommes aussi convaincus de la nécessité d'étudier les deux domaines - le nucléaire ainsi que l'agriculture – séparément, ce qui nous permet de ne pas tomber dans le piège d'une généralisation trop rapide. Car, comme nous l'avons souligné à plusieurs reprises, il nous semble qu'une telle généralisation rend l'analyse trop statique et ne permet pas de tenir compte de l'influence de variables intervenantes que nous avons identifiées dans le premier chapitre en vue de répondre à la question de l'émergence d'une représentation d'intérêts purement communautaire.

2.1. Les syndicalismes agricoles : au-delà d'une description en termes de corporatismes

Dans la tradition de l'Europe continentale, les droits des groupes d'intérêt sont perçus comme le produit de la reconnaissance par l'Etat.[17] C'est l'Etat qui légitime et officialise à un moment donné telle ou telle organisation et prend acte du rapport de force entre les syndicats.

Toutefois, il ne suffit pas d'avoir des bonnes raisons pour changer les modes relationnels qui lient les pouvoirs publics aux syndicats, il faut que la conjoncture politique s'y prête. Dans le cas français comme dans le cas allemand, deux périodes peuvent être retenues, au cours desquelles les relations entre les organisations professionnelles agricoles et les pouvoirs publics se sont modifiées. D'une part les années quatre-vingt en France qui coïncidaient avec l'arrivée au pouvoir de la Gauche, puis l'entrée de la Confédération paysanne sur la scène publique qui a entraîné au début des années 1990 l'abandon d'une relation corporatiste « à la française » et la création de plusieurs réseaux entre les pouvoirs publics et les

[17] Kenneth Dyson, "The Cultural, Idelogical and Structural Context", dans Kenneth Dyson et Stephen Wilks (dirs), *Industrial Crisis: A Comparative Study of State and Industry*, Oxford, Martin Robertson, 1983, p. 31

différents syndicats.[18] En Allemagne, la création du *Arbeitsgemeinschaft bäuerliche Landwirtschaft* (AbL), organisation professionnelle agricole de Gauche concurrente au début des années 1980, n'a pas entraîné un changement aussi radical que la création de la Confédération paysanne en France. Une mobilisation importante ne devient seulement possible qu'après le changement de la majorité politique au *Bundestag* (Assemblée nationale allemande), lorsqu'une majorité de sociaux-democrates et de Verts offrent au AbL la possibilité d'avoir accès au processus de prise de décision. Un second changement du paysage syndical agricole apparaît après la réunification, suite à laquelle des nouvelles structures syndicales doivent être créées dans l'ancienne RFA. Les changements n'ont donc pas lieu parallèlement en France et en Allemagne, mais ils dépendent largement de la conjoncture politique nationale.

Un changement de politique en France ?

La reconnaissance officielle du pluralisme syndical par Edith Cresson, nommée ministre de l'Agriculture en 1981 à la suite de la victoire de la Gauche en France, a mis le feu aux poudres aux relations entre la FNSEA et les pouvoirs politiques.[19] Jusqu'en 1981, les pouvoirs publics avaient reconnu à la FNSEA, de fait, un quasi-monopole de la représentation syndicale dans les négociations nationales et dans les commissions ou les organismes nationaux ou départementaux. Avec les offices de produits que crée, en 1982-1983, Edith Cresson[20], la cogestion se sectorise mais change aussi

---

[18] Entretien, Ministère des Affaires étrangères français, février 2000

[19] Pour un développement historique voir Sabine Saurugger, *Vers un mode communautaire de représentation des intérêts ? Les groupes d'intérêt français et allemand dans l'Ostpolitik de l'Union européenne,* Thèse de doctorat, IEP de Paris, 2001 ; Ronald Hubscher et Rose-Marie Lagrave, « Unité et pluralisme dans le syndicalisme agricole français », *Annales ESC*, 1993, 1. Voir également Bernard Poujade, « Les organisations syndicales d'exploitants agricoles : de la querelle de la représentativité à celle de la représentation », *Les petites affiches*, 25 octobre 1996, n°129, p.4-8; Jean-Maurice Verdier, « Sur la relation entre représentation et représentativité syndicale », *Droit social*, janvier 1991

[20] Loi n°82-847 du 6 octobre 1982 relative à la création d'Offices d'intervention dans le secteur agricole et à l'organisation des marchés (J.O. du 7 octobre 1982)

de caractère. Se substituant aux organismes interprofessionnels pour gérer les filières de branches et de marchés, ces offices réunissent sous l'autorité de l'Etat, non seulement les représentants des producteurs mais aussi les industriels et les négociants coopératifs et privés.[21] Cette situation a deux conséquences : premièrement elle semble diminuer le pouvoir de la FNSEA au profit de la représentation des intérêts verticaux (syndicats de produit) et deuxièmement elle renforce l'autorité de l'Etat dans l'arbitrage de conflits d'intérêts. Cette sectorisation est souvent, selon l'analyse de André Gueslin et Bertrand Hervieu, la conséquence dans un pays où le monde agricole est devenu minoritaire (moins de 5% de la population active). Cette phase correspondrait, selon eux, à une internationalisation totale de l'économie agricole et à une spécialisation accrue des productions qui conduisent ces producteurs à se tourner davantage vers des associations spécialisées et à se mettre en retrait du syndicalisme général.[22]

Toutefois, d'un point de vue général, aucun des privilèges qu'elle possédait n'a dû être abandonné par la FNSEA. La représentation syndicale à gauche, regroupée au sein de la Fédération nationale des syndicats paysans (FNSP), créée en 1982, n'a pas attiré autant d'agriculteurs que ne l'avait espéré le gouvernement. La FNSEA se sentit néanmoins menacée et a mobilisé ses membres lors d'une manifestation gigantesque en mars 1982. Cette manifestation et des négociations permanentes entre la FNSEA et le gouvernement français ont mené à l'abandon d'un certain nombre de réformes. Malgré le changement du mode de scrutin, devenu proportionnel, la FNSEA et le CNJA sortent vainqueurs des élections aux chambres d'agriculture en 1983. Leur représentativité majoritaire fut largement confirmée lors du même scrutin en 1989. Dans le contexte des relations entre les pouvoirs politiques et les syndicats agricoles, la FNSEA a rétabli sa primauté notamment à partir de 1986, lorsque l'ancien président de la FNSEA, François Guillaume, est devenu Ministre de l'Agriculture sous le gouvernement de

---

[21] Pierre Coulomb, « La cogestion - une nouvelle tentative corporatiste » dans Pierre Coulomb et al. (dirs). *Les agriculteurs et la politique*, Paris, Presses de la FNSP, 1990, p.158

[22] André Gueslin et Bertrand Hervieu, « Un syndicalisme agricole européen est-il possible? dans Bertrand Hervieu et Rose-Marie Lagrave, *Les syndicats agricoles en Europe*, Paris, l'Harmattan, 1992, p. 313

Jacques Chirac. La politique de François Guillaume vis-à-vis des syndicats minoritaires, jugée « brutale » par certains analystes, a mené à la création de la Confédération paysanne en 1987, représentant une fusion entre le CNSTP et la FNSP. Jacques Chirac, en tant que ministre de l'agriculture (1972 à 1976) sous Georges Pompidou et en tant que Premier ministre (1986-1988), est celui qui aura poussé le plus loin cette stratégie de coopération associant les professionnels au fonctionnement de l'appareil décisionnel étatique et forçant, au moins partiellement, les résistances de la haute-administration, des autres ministres et de nombreux parlementaires.[23] En tant que ministre de l'agriculture, Jacques Chirac est décrit comme un lobbyiste.[24] La FNSEA l'avait accepté entièrement en tant qu'interlocuteur, et c'est sans grande surprise que nous retrouvions le rôle important du Président de la République Jacques Chirac en 1999 lorsqu'une nouvelle réforme de la politique agricole commune doit être menée. Jacques Chirac est alors, comme nous allons le montrer plus tard l'interlocuteur préféré du syndicat principal, la FNSEA. Le travail réalisé pendant ses années de ministre de l'agriculture et de Premier ministre constitue le fondement pour ce rôle. Quand Jacques Chirac est nommé Ministre d'Agriculture et du développement rural par Georges Pompidou, il est un ministre déjà « très marqué par la sociologie de sa circonscription ».[25] Député de la Corrèze, il est particulièrement attentif à une agriculture majoritairement traditionnelle. Sa désignation directe par le chef d'Etat le confirme dans sa conception du lien direct entre l'exécutif et le peuple et semble être un facteur pour un dialogue étroit entre le syndicat agricole majoritaire et le ministre. Pendant son mandat de ministre de l'agriculture, il soutient le modèle d'agriculture des exploitations familiales, pilier du « modèle européen de l'agriculture » actuel, tel qu'il a été présenté par la Commission dans l'Agenda 2000. C'est sous Jacques Chirac que la conférence annuelle, la manifestation la

---

[23] Jean-Louis Marie, *Agriculteurs et politique*, Paris, Clefs, Montchrestien, 1994, p 85

[24] Pierre Coulomb, « La cogestion - une nouvelle tentative corporatiste » dans Pierre Coulomb et al. (dirs). *Les agriculteurs et la politique*, Paris, Presses de la FNSP, 1990, p. 169

[25] *Le Figaro*, 30 avril 1975, cité d'après Hélène Delorme, « Les années Chirac », dans Pierre Coulomb et al. (dirs). *Les agriculteurs et la politique*, Paris: Presses de la FNSP 1990, p.426

plus visible de la « cogestion » dans le secteur agricole, connaît son « âge d'or ». C'est dans le policy-making au niveau européen que l'influence de cette cogestion devient clairement visible : « Pour les négociations européennes en particulier, Jacques Chirac ne se limite pas aux consultations techniques habituelles mais fait de la direction de la FNSEA une sorte de conseiller diplomatique à qui il ouvre la délégation française avec qui il prépare les réunions à Bruxelles ».[26] La politique agricole française de Jacques Chirac, nommé « super-syndicaliste » va jusqu'à se séparer ouvertement de celle de la Commission européenne, au grand plaisir de la FNSEA. Il n'est donc pas étonnant qu'aujourd'hui les relations soient étroites entre le président de la FNSEA et les plus hautes instances de la FNSEA.[27] Cependant, plusieurs analyses[28] constatent que les rapports qui se sont noués entre les socialistes et les agriculteurs ont été de plus en plus dépendants des contraintes liées à l'intégration croissante dans « l'espace européen ». Nous pensons qu'une différenciation doit être faite entre l'influence de l'intégration croissante dans le processus communautaire sur les politiques agricoles nationales et sur les relations entre les pouvoirs publics et les syndicats agricoles. Les changements de ces rapports que nous avons analysés sont dus à des choix politiques des acteurs politiques particuliers. Les différences de point de vue entre la droite et la gauche sont beaucoup plus visibles que les contraintes économiques générales qui pèsent sur la conduite de la politique agricole.

En France on assiste à la naissance d'une pluralité des représentations d'intérêts agricoles en août 1992. Si le décret du 28 février 1990, signé par le Ministre de l'agriculture de l'époque, Henri Nallet, entend réaffirmer ce que Rose Marie Lagrave appelle la reconnaissance du pluralisme[29], ce n'est qu'en 1992 que le Premier

---

[26] ibid., p.430

[27] Jean-Louis Marie, *Agriculteurs et politique*, Paris, Clefs, Montchrestien, 1994, p 64

[28] Claude Servolin, « Les politiques agricoles », dans Madleine Grawitz et Jean Leca (dirs.), *Traité de science politique*, Paris, PUF, 1985, vol 4; Jean-Louis Marie, *Agriculteurs et politique*, Paris, Clefs, Montchrestien, 1994

[29] Nous sommes plus hésitant en ce qui concerne l'utilisation de la notion du pluralisme, car les relations entre les différents syndicats agricoles diffèrent selon les responsables politiques comme nous allons le

ministre Pierre Bérégovoy tient la promesse de signer un décret permettant à la Confédération paysanne de siéger dans les divers offices agricoles. La réforme de la PAC en 1992 a également entraîné un changement factuel conduisant à une modification de relations entre la FNSEA et les pouvoirs publics : le remplacement des prix garantis par les aides directes, nouvel instrument de la Politique agricole commune. Les prix garantis étaient une forme de ciment de l'unité syndicale et constituaient un point d'ancrage essentiel de la rhétorique unitaire de la FNSEA.[30] Bien que les aides directes introduites en 1992 aient eu le même effet sur le revenu des différentes catégories de producteurs concernés que les prix garantis, la soudaine visibilité des disparités induites a fait resurgir un débat sur la légitimité des aides proportionnelles à la taille de l'exploitation. La FNSEA a dû abandonner son discours unitaire sur le sujet du « plafonnement des aides » pour reconnaître publiquement les fortes divergences d'intérêt caractérisant le monde agricole.

La contradiction des intérêts catégoriels est gérée à l'intérieur des organisations syndicales françaises par un travail permanent d'ajustement, de régulation ou de dénégation verbale.[31] Un mode de régulation de conflits est particulièrement intéressant dans notre cas. Les associations spécialisées par produit peuvent se spécialiser librement. Elles peuvent manifester et manœuvrer comme elles entendent, éventuellement dans une direction opposée à celle de la FNSEA. Ceci est important dans notre cas d'étude sur l'élargissement, ou un certain nombre d'associations professionnelles manifestent et négocient individuellement avec la Commission européenne. Les représentants de la grande agriculture défendent notamment leurs intérêts spécifiques à travers les

---

montrer plus tard. Deux formes de réseaux temporaires se construisent au fil de temps, selon l'appartenance politique des acteurs : Le réseau qu'entretien la Confédération paysanne avec le cabinet du Premier Ministre depuis 1997 et la relation extrêmement étroite de la FNSEA/CNJA et le Président de la République.

[30] Eve Fouilleux, *Idées, institutions et dynamiques du changement de politique publique. La transformation de la Politique agricole commune,* Thèse de doctorat, Université Pierre Mendès France, 1998

[31] Jean-Louis Marie, *Agriculteurs et politique*, Paris, Cléfs, Montchrestien, 1994, p. 28

organisations qui agissent directement au niveau européen pertinent.

Un changement à trois niveaux en Allemagne

En Allemagne, il importe de prendre en considération trois changements endogènes au système qui entraînent, comme en France, un changement dans les relations étroites entre l'administration et le *Deutscher Bauernverband* (DBV). Il s'agit premièrement du changement du paradigme agricole qui entraîne des difficultés dans la structuration et la stratégie du DBV. Deuxièmement, la réunification allemande a renforcé les divergences endogènes entre grands agriculteurs et petites exploitations, déjà existantes au sein du DBV. Et, enfin, l'arrivée au pouvoir d'un gouvernement de coalition entre SPD et Grüne après les élections législatives de septembre 1998.

Alors qu'Eve Fouilleux constate qu'un changement de paradigme dans le domaine agricole a eu lieu en France à la suite des négociations de la réforme de la politique agricole commune en 1992[32], les chercheurs allemands Rolf Heinze et Helmut Voelzkow expliquent qu'un débat commence en Allemagne au début des années 1980.[33] Le DBV, ignorant les reproches de plus en plus pressants dans les media, a longtemps nié les conséquences néfastes de l'agriculture sur l'environnement. Mais au milieu des années 1980, la stratégie du DBV a pris un tournant et s'est intéressée aux aspects plus écologiques de l'agriculture. Ce changement partiel au sein du DBV a été amené non seulement par la pression médiatique et la conscience du public mais aussi par l'évidence les problèmes environnementaux associés à l'agriculture, présentée sans ambiguïté par le comité des experts pour les questions environnementales, qui a gagné une excellente réputation auprès des pouvoirs publics allemands. On constate alors l'émergence d'un autre acteur dans le domaine agricole : le ministère de l'environnement. Cette

---

[32] Eve Fouilleux, « Entre production et institutionnalisation des idées la réforme de la politique agricole commune », *Revue française de science politique* 50(2), avril 2000, p.277-305

[33] Rolf G. Heinze et Helmut Voelzkow, " Organizational Problems for the German Farmer ' Association and Alternative Policy Options ", *Sociologica Ruralis*, 1993 33(1), p. 25-41

émergence change l'équilibre du pouvoir et rend possible l'entrée d'autres acteurs dans l'arène de discussion et de négociation du secteur agricole.

Malgré une certaine lenteur, le DBV s'adapte. Le DBV accepte officiellement que des nouvelles fonctions pour l'agriculture apparaissent et élargit son orientation traditionnelle vers les politiques de production et de prix ainsi que vers les aspects de service. Cette stratégie a permis au DBV de consolider en quelque sorte ses membres et d'homogénéiser des intérêts hétérogènes. Les syndicats agricoles que nous analysons dans notre recherche sont également forcés de s'adapter à un environnement qui change rapidement. Le nombre et la multitude des interlocuteurs sont particulièrement grands dans le processus d'élargissement de l'Union. Comme au niveau national, l'adaptation des syndicats agricoles vis-à-vis de la situation nouvelle au niveau communautaire est beaucoup plus lente que celle des entreprises ou des Eurogroupes dans le secteur du nucléaire.

Un deuxième élément est celui de la réunification allemande. L'arrivée des nouveaux Länder semble avoir fait sauter certains verrous idéologiques concernant la surface acceptable d'une exploitation : les micro-exploitations bavaroises coexistent désormais avec des exploitations qui peuvent compter jusqu'à plusieurs milliers d'hectares en Allemagne orientale. On pourrait y voir un retour à l'Allemagne d'avant la seconde guerre mondiale. Ces immenses exploitations sont les anciennes coopératives d'Etat qui se sont transformées en coopératives de production privées et ont ainsi échappé au démantèlement. Aux 12 millions d'hectares de terres arables de la RFA et aux 665 000 exploitations s'ajoutèrent 6 millions hectares de l'ancienne RDA.

Le modèle de l'exploitation familiale de taille moyenne est toujours défendu par le DBV, mais les considérations de rentabilité économique et de compétitivité sont aujourd'hui beaucoup plus présentes. Depuis le début de 1991, un certain nombre de coopératives agricoles de production de l'Est sont devenues des partenaires privilégiés de grandes chaînes commerciales et de l'industrie agro-alimentaire. L'objectif de ces nouvelles alliances n'est pas la création de grandes exploitations sous la forme de coopératives mais le développement de sociétés d'exploitations agricoles sous la forme de Société à Responsabilité Limitée (SARL) ou de Société Anonyme (SA) qui pourront s'approprier les matières premières, le sol et les moyens de production.[34] La plupart de leurs chefs d'exploitation sont des agriculteurs ouest-allemands dont l'arrivée a été accueillie de façon sceptique par les paysans est-allemands. La politique de dé-collectivisation n'a pas seulement favorisé l'émergence des grandes exploitations industrielles mais aussi celle d'exploitations familiales très bien intégrées au nouveau système économique et social.[35] La réunification s'est donc traduite par la transposition quasi immédiate des principes d'économie de marché dans l'ex RDA, mais le modèle Ouest-allemand de la petite exploitation familiale ne s'est pas imposé à l'Est.

La structure de l'organisation professionnelle agricole est-allemande était très différente de celle du DBV, une situation qui est similaire à celle de l'Europe centrale et orientale. Jusqu'aux premières élections libres en RDA en mars 1990, il n'existait qu'une seule organisation agricole, la « *Vereinigung der gegenseitigen Bauernhilfe* » VDGB. Après les élections libres de mars 1990, la VDGB se transforma en « *Bauernverband der DDR* ».

Le 20 juillet 1990, le Bundestag allemand adopta une loi portant sur l'individualisation de la propriété collective des coopératives de production agricole. Les membres de ces coopératives ont eu la possibilité de disposer de terre, transmise aux coopératives de production agricole sous forme de propriété d'exploitation. Des conflits entre les membres des coopératives de production agricole et les entreprises leur ont succédé. Bien que ces conflits ne se soient manifestés que dans environ un dixième de l'ensemble des entreprises, un climat de méfiance s'est installé entre les différents groupements. En juillet 1990, sous la présidence du Freiherr von Heeremann, un accord a été conclu entre toutes les organisations agricoles, les exploitants agricoles indépendants, la fédération des coopératives et le « *Bauernverband der DDR* ». Cet accord prévoyait que les trois groupements agricoles existants se lient et adhèrent au

---

[34] Voir Beate Brüggemann et Rainer Riechle, *op.cit.*, p. 20

[35] Guillaume Lacquement, « Les agriculteurs des nouveaux Länder face au changement du modèle agricole : nouveaux acteurs, nouveaux exclus, nouvelles élites », *Allemagne d'aujourd'hui*, 1998, n°144, p. 32-47 ; Günther Weinschenck, « Interdependenz der landwirtschaftlichen Entwicklung in Ost-und Westdeutschland », *Agrarwirtschaft* , 1992, 41 (8-9), p.230- 237 ; François Bafoil, « Le changement rural est-allemand et l'équilibre politique local », *Annales des Mines*, n°32, 1993, p. 31-40

DBV en tant qu'organisations nationales. Cette situation aurait également entraîné une modification des structures du DBV. Cet accord n'a pourtant pas été respecté par les signataires, et finalement, après de longues négociations et discussions, les organisations professionnelles agricoles de l'ancienne RDA se sont transformées en *Landesbauernverbände*, membres du DBV.[36] Le Präsidium a en effet convaincu les agriculteurs entrepreneurs qu'il n'était pas opportun de créer une structure à part, mais qu'il était préférable de s'insérer dans la structure du DBV, à travers le *Syndicat autonome des grandes exploitations*. Toutefois, cette hétérogénéité grandissante du DBV[37] rend plus difficile la recherche d'un compromis en son sein et entraîne une réorientation des positions défendues au sein de l'Union européenne et, plus concrètement au sein du COPA. « La politique structurelle a aujourd'hui un rôle complètement différent au sein du DBV. Nous ne demandons plus de plafonnement d'aides, qui s'arrêtaient avant pour le DBV à 40 vaches ».[38] Mais contrairement à la France, cette sectorisation renforcée par une spécialisation croissante des exploitations, n'a pas mené à la naissance de groupes sectoriels aussi puissants qu'en France. Toutefois, des clivages idéologiques ont entraîné la création d'un syndicat d'opposition.

Enfin, comme en France, la création d'un nouveau syndicat agricole, à gauche dans le spectre politique, semble introduire un changement de relations entre l'administration allemande et le DBV dans les années 1980. C'est dès 1973 que s'est créé le *Arbeitskreis bäuerliche Landwirtschaft* (AbL) au sein du DBV Baden-Würtemberg. Il s'organise seulement dix ans plus tard d'une manière indépendante au niveau national et se consacre essentiellement à la défense des intérêts des petits et moyens agriculteurs. Une raison pour la création du AbL était l'insatisfaction de nombreux

---

[36] Nous observons ainsi une forme de transfert institutionnel, un processus d'adaptation souligné par Stephen Padgett dans une étude sur l'émergence d'une société civile en Allemagne de l'Est. Stephen Padgett, *Organizing Democracy in Eastern Europe. Interest Groups in Post-Communist Society*, Cambridge, Cambridge University Press, 2000, p. 37-51

[37] Voir aussi l'analyse de François Bafoil, « Le changement rural est-allemand et l'équilibre politique local », *Annales des Mines*, n°32, 1993, p. 37-38

[38] Entretien, DBV, Bruxelles, 14 mars 2001; DBV, Bonn, 4 avril 2001

agriculteurs vis-à-vis de l'amalgame opéré par le DBV entre les intérêts agricoles et les intérêts industriels. Cet amalgame se traduisait, selon le AbL, par le cumul de fonctions de nombreux représentants du DBV. L'AbL se définit comme une organisation qui fait revivre le principe des anciennes coopératives agricoles sans toutefois en conserver les structures.

Il s'oppose, comme le SPD et les Grünen, dont il se sent proche, à une politique de subventions qui ne bénéficie pas aux agriculteurs et qui favorise les grandes exploitations et l'industrie. L'AbL est à la recherche, tout comme la Confédération paysanne française, d'une politique de prix qui prend en compte les conditions structurelles régionales de la production et soutient les petites exploitations.[39]

Mais contrairement à la situation française, ni le Ministère de l'environnement, ni celui de l'agriculture ou le gouvernement ne tisse jusqu'alors de relations aussi étroites avec le syndicat oppositionnel qu'avec le DBV. L'AbL doit attendre l'arrivée au pouvoir du gouvernement de coalition SPD/Grüne en septembre 1998 pour avoir accès au ministère de l'agriculture. Toutefois, le vrai changement n'a lieu qu'à l'arrivée au pouvoir d'un nouveau ministre de l'agriculture en janvier 2001, Renate Künast, la première femme en Allemagne ministre de l'agriculture, non-agriculteur et non-soutenue par le DBV. Les agriculteurs allemands, membres du DBV, sont extrêmement sceptiques vis-à-vis de ce nouveau ministre.[40] Cette révolution dans les relations entre le DBV et le gouvernement et l'administration allemande a été entraînée par la crise de l'ESB, dont les premiers cas ont été découverts en novembre 2000 en Allemagne. « Le syndicat des agriculteurs [le DBV] doit tabler sur une baisse de son influence sur la politique agricole » avait déclaré le chancelier Gerhard Schröder au début de l'année 2001.

En conclusion, il importe de souligner l'importance du lien entre les pouvoirs publics nationaux et les syndicats agricoles. Ni en Allemagne, ni en France, les relations ne se présentent sous une forme spécifique dans le cadre de laquelle la profession se serait autonomisée par rapport à l'Etat ou lui dicterait ses volontés. Les résultats obtenus par les responsables des syndicats agricoles sont des décisions qui doivent être compatibles avec les orientations

---

[39] Beate Brüggemann et Rainer Riechle, *op.cit.*, p. 16-18; Rolf G. Heinze, *Verbandspolitik zwischen Partikularinteressen und Gemeinwohl ...op.cit.*

[40] voir *Süddeutsche Zeitung*, 12 janvier 2001

politiques et économiques de fond du gouvernement et avec ses engagements au niveau national. Il ne faut pas en déduire que les syndicats agricoles acceptent sans discuter ces orientations, mais plutôt que les compromis sont élaborés à la suite de négociations au cours desquelles les liens entre groupes d'intérêt et pouvoirs publics jouent un rôle non négligeable. Dans ces relations, des fluctuations conjoncturelles sont observables, ce qui rend difficile de s'appuyer sur un modèle national proprement dit dans le secteur de l'agriculture.

L'analyse des changements des relations entre les syndicats agricoles et les pouvoirs publics mais aussi le processus de fragmentation du paysage syndicale agricole importe dans le contexte de l'élargissement de l'Union européenne à l'Est. D'après notre hypothèse de départ selon laquelle les relations entre les groupes d'intérêt et les pouvoirs politiques, et en particulier la Commission européenne, se rapprochent des modes de représentation nationaux, il devrait être possible d'observer des phénomènes similaires au niveau national et communautaire. Comme nous le montrerons plus tard, les années 1980 ont également entraîné la création d'une organisation alternative au COPA/COGECA : la Coordination paysanne européenne (CPE). Une question qui se pose dans ce contexte est de savoir si les changements et la fragmentation des acteurs ont influencé la construction des intérêts de ces acteurs vis-à-vis de l'élargissement de l'Union européenne à l'Est. Ces modifications du monde agricole ont-elles renforcé la coopération au niveau communautaire ou au contraire freiné la recherche de compromis au sein des Eurogroupes COPA/COGECA ?

2.2. Une communauté des valeurs entre pouvoir politique et entreprises ?

Les relations entre les acteurs économiques et les pouvoirs politiques en France et en Allemagne se présentent différemment. [41]

---

[41] Pour un développement historique des relations entre les acteurs nu nucléaire civile et les acteurs politico-administratifs des deux pays voir Sabine Saurugger, *Vers un mode communautaire de représentation des intérêts ? Les groupes d'intérêt français et allemand dans l'Ostpolitik de l'Union européenne,* Thèse de doctorat, IEP de Paris, 2001

La décision du gouvernement allemand, prise en 1998, d'abandonner la production de l'énergie nucléaire a renforcé cette différence. Cette décision peut être caractérisée comme un changement de paradigme qui a entraîné la dissolution des communautés de politique publique existant entre les autorités politiques et les acteurs économiques dans le domaine nucléaire. En France, aucun changement de paradigme ne nous semble observable. Jusque lors, l'ouverture du marché de l'électricité à la concurrence n'a que marginalement modifié la situation en France[42], tout comme la réorganisation du nucléaire, qui a eu lieu en 2000.

Changement de relations en France ?

Le 16 décembre 1996, la directive européenne sur le marché intérieur de l'électricité a été adoptée par le Parlement européen et le Conseil de l'Union. Les Etats membres devaient transposer la directive dans la législation nationale dans un délai de deux ans. Alors que l'Allemagne avait accepté d'ouvrir son marché de l'électricité à la concurrence, cette ouverture a pris, et prend encore beaucoup plus de temps en France. Sans entrer dans une analyse détaillée des problèmes de transposition de la directive[43], nous nous interrogeons sur l'influence de cette libéralisation sur l'énergie nucléaire française. Le nucléaire qui avait émergé à partir d'un cadre industriel et institutionnel spécifique, pourrait être mis en question par des investisseurs et des producteurs d'électricité de plus en plus soucieux d'un retour sur l'investissement rapide. Les incertitudes, notamment celles concernant d'éventuels surcoûts provoqués par le

---

[42] Voir aussi *L'expansion,* 1 février 2001, « Bilan, un an après l'ouverture du marché français »

[43] Pour une telle discussion voir : Jacques Batail, « Le marché intérieur de l'électricité : la négociation de la directive et l'organisation du futur système français », *Economies et sociétés* 1997, 31(5-6), p. 117-135 ; Marcel Boiteux, « Concurrence, régulation, service public : variations autour du cas de l'électricité », *Futuribles* 1996, n°205, p. 39-58 ; Gallon Stéphane, « La fin du monopole d'EDF en France et la concurrence sur le marché européen de l'électricité » *Regards sur l'actualité,* 2000, n°263, p.3-25 ; François Robbe, « L'ouverture du marché de l'électricité et son impact sur le service public : la transposition de la directive 96/92 CE du 19 décembre 1996 » *Cahiers juridiques de l'électricité et du gaz,* 51(566), 2000, p.211-234

démantèlement des centrales ou par la gestion des déchets, traditionnellement liées à la technologie nucléaire sont par ailleurs accentuées par un contexte concurrentiel. Jusqu'alors le monopole de vente offrait une certaine souplesse aux exploitants de centrales nucléaires puisqu'ils avaient la possibilité de reporter d'éventuels surcoûts vers les consommateurs en élevant leurs tarifs sous réserve d'accord des autorités de régulation.[44]

Cependant, en France, encore aujourd'hui, le gouvernement et en particulier le secrétaire d'Etat à l'Industrie rappelle régulièrement son attachement à l'énergie nucléaire considérée comme le pilier de la sécurité d'approvisionnement énergétique de la France. Dans son projet de loi sur la modernisation et le développement du service public de l'électricité, adopté le 9 décembre 1998 par le Conseil de ministres, le gouvernement s'est gardé le droit de pouvoir imposer la technologie nucléaire. Cependant, alors que les députés Christian Bataille (PS) et Robert Galley (RPR) plaident dans un rapport de l'Office parlementaire d'évaluation des choix scientifiques et technologiques en faveur de la construction d'une centrale supplémentaire équipée du nouveau réacteur franco-allemand EPR (*European Pressurized Water Reactor*), quitte à ce que les coûts d'une mise en service anticipée par rapport aux besoins d'EDF soient supportés par l'Etat, la décision à ce sujet a été reportée de plusieurs années par le gouvernement en 1999.

Comment ces discussions influencent-elles les relations entre EDF et le gouvernement ? Plusieurs analystes[45] soulignent que

---

[44] Gunther Chapelle-Blancard et Stéphanie Monjon, « Le nucléaire face aux défis économiques et environnementaux du XXIe siècle », dans Hélène Labbé, *Le nucléaire à la croisée des chemins*, Paris, La documentation française, 1999, p. 55-86. D'un point de vue plus général sur les *grands projets* français dans les domaines de la technologie voir : Elie Cohen et Michel Bauer, *Les grandes manœuvres industrielles*, Paris, Belfond, 1985 ; Elie Cohen, *Le colbertisme High-tech*, Paris, 1992 ; Elie Cohen, « France : National Champions in Search of a Mission », dans : Jack Hayward (dir), *Industrial Enterprise and European Integration. From National to International Champions in Western Europe*, Oxford, OUP, 1995, p. 23-47

[45] dont en particulier ; Dominique Finon, « Vers un nucléaire new-look », *Societal*, 1999, n°24, p. 87-92, Dominique Finon, « L'énergie nucléaire : perspectives », *ENA Mensuel*, 1999, n°297, p.3-19 ; ainsi que Gunther Chapelle-Blancard et Stéphanie Monjon, « Le nucléaire face aux défis économiques et environnementaux du XXIe siècle », dans Hélène

nous pouvons observer une modification dans ces relations. En tant que producteur dominant et gérant du réseau de transport et de distribution, EDF continuera à jouer un rôle central sur le marché électrique, d'autant plus qu'il restera un opérateur intégré. Toutefois, les relations financières entre l'Etat et EDF doivent être rendues transparentes, ce qui permet une autonomie plus prononcée pour l'entreprise publique : EDF n'est plus sujette à des prélèvements exceptionnels sur ses bénéfices et n'a plus besoin de passer par un appel d'offre pour installer des équipements, mais elle n'a besoin que d'une autorisation de l'Etat comme ses concurrents. En ce qui concerne le nucléaire, nous pouvons également observer une différence de vue. Certains dirigeants de l'entreprise remettent en cause la politique du tout nucléaire, et souhaitent diversifier les moyens de production d'électricité d'EDF.

En réponse à ces pressions, le gouvernement français a donné le coup d'envoi, en novembre 2000, de la recomposition de l'industrie nucléaire. Le gouvernement a ainsi approuvé la proposition des deux principaux actionnaires publics de Framatome, CEA Industrie et Cogema, consistant à réunir l'ensemble de leurs participations et à se renforcer dans les nouvelles technologies. Le nouvel ensemble TOPCO repose sur deux pôles : l'un nucléaire et l'autre regroupant l'électronique et les technologies d'information. Ce pilier nucléaire sera composé de plusieurs activités : réacteurs et cycles avec Framatome ANP, la filiale commune avec Siemens KWU, combustibles et mines, enrichissement, assainissement, démantèlement et enfin retraitement des activités venant de COGEMA. Cette organisation par métiers, dont 75% du chiffre d'affaires proviennent du nucléaire, doit permettre à chaque activité de nouer des partenariats et de trouver des moyens de financement. En juillet 2000, Framatome et Siemens ont signé un accord définitif pour le regroupement de leurs activités nucléaires civiles, puis la mise en place d'une société commune. Détenue à 66% par Framatome et à 34% par Siemens, cette nouvelle société a été baptisée Framatome ANP (Advanced Nuclear Power) et permet à la fois à Siemens et à Framatome de faire face à un avenir particulièrement difficile pour le nucléaire.

Labbé, *Le nucléaire à la croisée des chemins,* Paris, La documentation française, 1999, p. 55-86

Ces évolutions n'ont pas encore mené à une modification en profondeur des relations entre les acteurs économiques du nucléaire gouvernementaux. Nous observons toujours la pratique du pantouflage et la prépondérance des ingénieurs issus de Polytechnique ou de l'Ecole des mines parmi les hauts responsables d'EDF et les autres entreprises dans ce domaine. Toutefois, l'internationalisation des entreprises, avec en premier lieu la fusion entre Siemens KWU et Framatome, pourrait, à long terme, changer ces relations de « pantouflage ». La situation en Allemagne est tout autre.

Allemagne : changement de paradigme

Dans le domaine de l'énergie nucléaire en Allemagne, des relations étroites entre les producteurs d'énergie nucléaire, l'industrie de construction des centrales nucléaires, les agences scientifiques et le système politique administratif se sont développés depuis le milieu des années 1950. Contrairement à la France, où la poursuite de la politique nucléaire civile était principalement localisée au sein des agences gouvernementales, et avant tout au CEA, du fait de son utilisation également militaire, l'industrie privée a joué un rôle primordial dans le développement de la politique nucléaire civile en Allemagne. Ceci menait à une situation où les acteurs politiques et administratifs dépendaient largement de l'expertise émanant de l'industrie nucléaire pour faire émerger une politique nucléaire civile allemande.[46] La Commission d'énergie nucléaire allemande (*Deutsche Atomenergiekommission*)[47], créée en

[46] Pour une analyse extensive et détaillée voir: Herbert Kitschelt, *Kernergiepolitik: Arena eines gesellschaftlichen Konfliktes*, Frankfurt, Campus 1980; Joachim Radkau, *Aufstieg und Krise der deutschen Atomwirtschaft, 1945-75*, Reinbek, Rowohlt, 1983; Wolfgang D. Müller, *Geschichte der Kernenergie in der Bundesrepublik Deutschland. Anfänge und Weichenstellung*, Stuttgart 1990; Nigel Lucas, *West European Energy Policy. A Comparative Study*, Oxford, Clarendon Press, 1985

[47] Elle comptait 24 membres, dont 7 scientifiques, 14 appartenant à l'industrie (10 de l'industrie nucléaire, 2 des producteurs d'électricité et 2 des Banques et assurances), et, enfin, trois, de « la vie publique », voir Wolfgang D. Müller, *Geschichte der Kernenergie in der Bundesrepublik Deutschland : Anfänge und Weichenstellung*, Stuttgart, Schäffer, 1990, p. 164 Wolfgang Rüdig, « Outcomes of Nuclear Technology Policy: Do Varying

1955, occupait, contrairement au CEA, une place essentiellement consultative auprès du ministère fédéral pour les questions nucléaires (*Bundesministerium für Atomfragen*), également créé en 1955.

Une modification du paradigme dominant dans la politique allemande face à l'énergie nucléaire a été pourtant visible dans les années 1980, en particulier après l'accident de la centrale nucléaire à Tchernobyl en avril 1986. Une des conséquences de cet événement était la forte demande de la part du SPD, alors dans l'opposition, d'abandonner la production de l'énergie nucléaire en Allemagne. Le SPD pouvait ainsi développer les projets présentés dès le *Essener Bundesparteitag* de 1984, et décida en août 1986, qu'en cas de victoire électorale nationale, le gouvernement allemand mené par le SPD imposerait la sortie de l'Allemagne de l'énergie nucléaire sous dix ans.[48] Le CDU, afin de montrer son soutien à l'énergie nucléaire mais également sa volonté en termes de sûreté créa un nouveau Ministère pour environnement et la sûreté nucléaire. Mais même au sein du CDU, des voix anti-nucléaires se sont faites entendre.[49] Nous pouvons ainsi parler d'un changement progressif de paradigme (*incremental paradigm change*) de la politique d'énergie nucléaire en Allemagne entre 1986 et 1998. Un changement progressif de paradigme est un changement lent des idées et perceptions des acteurs dans un domaine politique spécifique.[50] Peter Hall différencie les changements de premier, second et troisième ordre. Les changements de premier et second ordre s'appliquent essentiellement aux modifications des instruments et des méthodes d'actions publiques. Ces changements sont perçus comme des améliorations permettant d'atteindre certains objectifs.

Political Styles Make a Difference? », *Journal of Public Policy*, 1987, 7(4), p.389-430

[48] Sichere Energieversorgung ohne Atomkraft - Beschluss zur Energiepolitik der SPD, Parteitag in Nürnberg, 25.8-29.8.1986, I, 1 dans *Politik - Informationsdienst der SPD* n°13, septembre 1986

[49] Michael T. Hatch, « Corporatism, Pluralism and Post-industrial Politics: Nuclear Energy in West Germany », *West European Politics*, 1991, 14(1), p. 73-97; Michael T. Hatch, *Politics and Nuclear Power: Energy Policy in Western Europe*, Lexington, University Press of Kentucky, 1986

[50] T.S. Kuhn, *Structure des révolutions scientifiques*, Paris, Flammarion, 1983; Peter Hall, « Policy Paradigm, Social Learning and the State » *Comparative Politics*, 25(3) 1993, p. 275-296; voir aussi : Pierre Muller et Yves Surel, *L'analyse des politiques publiques*, Paris, Montchrestien 1998, p.138 - 146

Un changement de paradigme de troisième ordre a lieu quand les acteurs sont confrontés à des défis qui ne sont pas complètement compréhensibles dans le contexte de l'ancien paradigme. Dans cette situation, les décideurs politiques cherchent des explications alternatives et de nouveaux experts. Toutefois, un changement de paradigme n'est pas nécessairement définitif dans un premier temps. Lentement, les 'avocats' du nouveau paradigme s'insèrent ou sont insérés dans des structures bureaucratiques et transforment certaines procédures opérationnelles standardisées afin qu'elles reflètent leurs idées et convictions. Ces changements de paradigme mènent, comme nous allons voir, à une modification des relations entre les acteurs économiques et politico-administratifs. Dans le cas de l'Allemagne, ceci a été observé dans la dissolution d'une communauté de politiques publiques et sa re-formulation selon des logiques différentes.[51]

Le changement définitif de paradigme à l'égard de l'énergie nucléaire a eu lieu en 1998. Lors des élections législatives du 27 septembre 1998, le SPD remportera avec 40,9% des voix la majorité et installa un gouvernement de coalition avec l'Alliance 90/les Verts. Leur accord de coalition a souligné : « La régulation concernant la sortie de l'utilisation de l'énergie nucléaire sera décidée de manière générale et irréversible dans cette période législative. »[52] Après presque deux ans de négociations conflictuelles, l'industrie nucléaire allemande et le gouvernement ont trouvé un accord en juin 2000. Celui-ci prévoit que les réacteurs nucléaires seront arrêtés après une période de fonctionnement de

---

[51] Pour une application dans le domaine de l'environnement voir Andrew Jordan et John Greenaway, « Shifting Agendas, Changing Regulatory Structures and the' New' Politics of Environmental Pollution: British Coastal Water Policy, 1955-1995 », *Public Administration*, 1998, 76(4), p. 672-673. Dans le cas de l'énergie nucléaire : Sabine Saurugger, "German Nuclear Industry and Eastern Europe : The Consequences of a Paradigm Change", dans : Anne-Marie Le Gloannec (ed), *German Transnational Actors*, (à paraître)

[52] Selon un sondage réalisé par l'Institut de sondages allemand d'Allensbach (IDF-Umfrage n°5151/01, 15.1-21.1.1999), 63% des Allemands sont en faveur d'une sortie de la production de l'énergie nucléaire, 26% y sont opposés et 11% n'ont pas d'opinion. Néanmoins, la sortie immédiate semble irréaliste pour 70%, alors que 24% souhaitent un arrêt immédiat de la production.

32 ans. La conséquence de cette décision a été une dissolution des communautés de politique publique, créées par des producteurs d'électricité nucléaire, l'industrie nucléaire et les acteurs politico-administratifs. Des changements dans le contexte de régulation, dans la participation des gouvernements fédéraux et des Länder, les marchés financiers et la société civile ont interagit pour ébranler ce réseau étroitement contrôlé.[53]

Les changements centraux ont eu lieu au sein des deux ministères qui sont chargés des politiques d'énergie nucléaire actuellement : le Ministère de l'économie et le Ministère d'environnement et de la sûreté nucléaire. Les entreprises de production d'électricité et l'industrie nucléaire en général pouvaient espérer continuer à entretenir des relations étroites avec le nouveau ministre de l'Economie, Werner Müller, et ancien haut responsable de VEBA, l'entreprise dont Preussenelektra fait partie, ceci n'a pas été possible avec le nouveau Ministre de l'environnement, Jürgen Trittin. Bien que liés à la nouvelle politique gouvernementale par le contenu de l'accord de coalition visant à abandonner la production de l'énergie nucléaire, les réseaux entre les acteurs privés et l'administration n'ont pas été fortement perturbés au début de la coalition. L'industrie nucléaire ainsi que les producteurs d'électricité continuaient à avoir accès à l'administration, occupée par les mêmes individus qu'avant le changement du gouvernement.[54] Les positions du ministre de l'Economie, Werner Müller, semblaient moins opposées à l'énergie nucléaire que celles de son collègue au ministère de l'environnement : « Personne ne sait aujourd'hui comment nous allons couvrir les besoins énergétiques pour les prochaines cinquante ou cent années, lorsque les autres ressources énergétiques comme le fuel ou le gaz seront épuisées. Peut-être les verts seront alors les leaders parmi ceux qui exigent la construction de nouvelles centrales nucléaires. »[55]

Le ministre de l'environnement a choisi une autre approche. Au début de la coalition entre le SPD et les verts, les contacts entre les hauts fonctionnaires et l'industrie nucléaire, dans leur rôle d'experts

[53] Frank R. Baumgartner et Bryan D. Jones, « Agenda Dynamics and Policy Subsystems », *The Journal of Politics*, 53(4), 1991, p. 1044-1074

[54] Entretien avec RWE, 5 novembre 1999, Siemens, 6 juillet 1999, 12 juillet 1999, Ministère de l'Economie allemand, 08 novembre 1999

[55] *Der Spiegel*, n°45, 1998, voir aussi *Süddeutsche Zeitung*, 2 février 1999

au sein des communautés de politique publique, continuaient à exister. Jürgen Trittin, toutefois, commença à préparer des amendements à la loi d'Energie nucléaire (*Atomgesetz*) en vue d'abolir le droit de produire de l'énergie nucléaire en Allemagne. Ces préparations ont eu lieu avec ses deux conseillers les plus proches, le Secrétaire d'Etat Baake et le chef de cabinet Renneberg, tous les deux issus du Ministère de l'environnement de Hesse.[56] Cette approche a mené à une atmosphère extrêmement tendue au sein du Ministère fédéral. En conséquence, Jürgen Trittin a remplacé certains hauts-fonctionnaires, en particulier dans le domaine de la sûreté nucléaire, un comportement qui a détruit les réseaux encore existants d'une manière efficace.[57] Le Ministre de l'environnement utilisa la même approche vis-à-vis de la Commission pour la sûreté des réacteurs nucléaires (*Reaktorsicherheitskommission* RSK) et la Commission pour la protection contre les radiations (*Strahlenschutzsicherheitskommission* SSK), qui n'incluaient pas d'opposants à l'énergie nucléaire. En décembre 1999, Trittin a dissous les deux Commissions et a nommé de nouveaux membres. En réaction à cette décision ministérielle, les gouvernements des Länder en Bavière, Hesse et Baden-Würtemberg ont désigné leurs propres RSK. Confrontée à cette situation, qui incluait également la suppression de certains accords qu'avait conclus le Ministère avec les entreprises de production d'électricité nucléaire[58], l'industrie nucléaire allemande se tourna vers la chancellerie afin de plaider sa cause.[59] Les partisans du nouveau paradigme se sont de plus en plus enracinés dans les structures bureaucratiques et ont été capables de modifier les procédures opérationnelles standardisées dans le sens de leurs idées. Les réseaux établis, dans notre cas, des communautés des politiques publiques, ont été mis en cause et finalement défaits. De nouveaux réseaux ont pris la place des anciens acteurs, ce qui a amené

---

[56] *Frankfurter Allgemeine Zeitung*, 12 mars 1998

[57] Entretien avec le Ministère de l'environnement allemand, 02 novembre 1999, *Frankfurter Allgemeine Zeitung*, 30 juin 1999

[58] Comme par exemple un contrat que le Ministère avait conclu avec l'Institut de sûreté nucléaire GRS (*Gesellschaft für Anlagen und Reaktorsicherheit)* pour une étude sur la sûreté des réacteurs à eau pressurisé de 14 millions DM.

[59] *Frankfurter Rundschau*, 6 janvier 1999, Entretien avec le Ministère de l'environnement allemand, 2 novembre 1999; 4 novembre 1999

l'industrie nucléaire allemande à chercher du soutien dans d'autres secteurs administratifs, en particulier auprès de la chancellerie et du ministère de l'économie.

Les relations entre le groupe et le gouvernement sont fortement influencées par les intérêts et les capacités des institutions gouvernementales et administratives. Si les acteurs politiques ou administratifs modifient leurs idées et leurs intérêts et les adaptent à un nouveau paradigme, les acteurs non-étatiques en général, et économiques en particulier, sont contraints à chercher d'autres répertoires d'action pour pouvoir influencer la politique. Est-il possible que les caractéristiques du système communautaire à multi-niveaux offrent cette perspective?[60]

Le constructeur principal des centrales nucléaires en Allemagne, Siemens KWU, a choisi de contourner cette situation économiquement difficile suite aux développements politiques au niveau allemand. Siemens KWU et Framatome, le producteur français des centrales nucléaires, ont décidé de fusionner. Le projet conjoint pour la construction d'un nouveau réacteur nucléaire (European Pressurised Water Reactor - EPR) sous responsabilité commune de Siemens et Framatome a préparé le chemin pour cette fusion, décidée en 1999. Siemens a maintenant la possibilité de participer au réseau que Framatome a établi avec les acteurs politiques et administratifs français et peut ainsi tenter d'augmenter sa capacité et sa visibilité au niveau européen et international.

Alors que le gouvernement allemand exprime quelques hésitations en ce qui concerne l'énergie nucléaire en Europe centrale et orientale au niveau européen[61], l'industrie allemande a renforcé ses activités au niveau européen et international en vue de rétablir des réseaux similaires à ceux existant au niveau national. Ceci n'a pas encore été réalisé. Toutefois, le facteur temps est particulièrement important lorsque l'on s'intéresse à la construction des

---

[60] Pour une discussion, fondée sur l'approche du jeu à deux niveaux de Robert Putnam, voir Edgar Grande, "The State and Interest Groups in a Framework of Multi-level Decision-making: the case of the European Union, *Journal of European Public Policy*, 1996 3(3), p.318-338

[61] sans toutefois atteindre la même opposition que le gouvernement autrichien. Entretien, Ministère de l'environnement allemand, 2.11.1999

communautés de politique publique.[62] Il s'agit en effet de faire émerger des relations de confiance, nécessaire pour toute relation de longue durée.[63]

Conclusion

Ce chapitre a fait état de la forme changeante que prennent les structures relationnelles entre groupes d'intérêt et acteurs politico-administratifs au niveau national. Les relations qu'entretiennent les deux principaux syndicats agricoles avec le pouvoir politique en France et en Allemagne sont très similaires. La FNSEA et le DBV peuvent faire valoir un accès privilégié aux gouvernements et aux administrations. Toutefois, deux différences significatives importent d'être soulignées. Le paysage syndical agricole français est fragmenté et bien que la compétition pour l'accès aux acteurs politico-administratifs entre la FNSEA et les syndicats minoritaires ne puisse être caractérisée comme pluraliste, étant donnée la position de force de la FNSEA, la situation diverge de celle de l'Allemagne. Le DBV, en tant que syndicat unitaire n'a longtemps pas eu de concurrence syndicale. Cependant, plusieurs facteurs politiques et sociologiques ont commencé à changer la donne, comme nous avons démontré à travers nos analyses de la réunification allemande, de l'émergence du AbL et du changement gouvernemental en 1998, et en particulier la désignation d'une nouvelle ministre d'Agriculture en janvier 2001. La deuxième différence significative, constituant un facteur central dans les stratégies des syndicats agricoles lors de l'Ostpolitik est la sectorisation de la FNSEA. Alors que le DBV est un syndicat très unifié, les fédérations spécialisées de la FNSEA jouissent d'un statut relativement indépendant.

Dans le secteur électronucléaire, les différences dans les structures relationnelles entre les acteurs économiques et les acteurs politico-administratifs en France et en Allemagne sont considérables. Les trajectoires historiques, l'organisation de l'expertise nucléaire et la représentation de l'électronucléaire dans les sociétés divergent fondamentalement. Ces facteurs ont mené à l'émergence d'un

---

62 David Marsh et Rod A.W. Rhodes (dirs.) *Policy Networks in British Government.* Oxford, Oxford University Press 1992 ; Martin J. Smith, *Pressure, Power and Policy*, Pittsburgh, University of Pittsburgh Press, 1993

63 Erhard Friedberg, *Le pouvoir et la règle*, Paris, Seuil, 1997

secteur organisé de manière monolithique et très proche du pouvoir politique en France, qui échange le personnel compétent dans un système de « pantouflage ». En Allemagne, le secteur est plus fragmenté et constitué d'un certain nombre d'opérateurs électriques qui entretiennent des contacts moins étroits avec les pouvoirs publics qu'en France. Toutefois, ni la caractérisation du système comme « néo-corporatiste », ni « pluraliste » n'est appropriée. Les deux formes relationnelles sont plutôt spécifiques et sectorielles et, notamment dans le cas allemand, peu stables, comme l'ont montré les conséquences du changement de gouvernement en 1998.

Cependant, avant de nous intéresser aux répertoires d'action déployés par les groupes d'intérêt dans l'Ostpolitik communautaire, il importe de s'interroger également sur l'organisation des groupes d'intérêt dans les deux secteurs au niveau communautaire.

CHAPITRE 3.
L' AUTONOMIE DES GROUPES D'INTERET AU NIVEAU COMMUNAUTAIRE?

Comme nous l'avons vu, le choix de comparer les activités des groupes d'intérêt dans les deux secteurs politiques – l'agriculture et l'énergie nucléaire – exige une analyse préalable des structures, sans cesse modifiées, jamais stables, qui lient les groupes d'intérêt nationaux à leurs homologues européens dans les associations européennes, mais aussi aux institutions européennes au niveau desquelles ils déploient leurs répertoires d'action. Nous nous interrogeons ainsi sur l'émergence de formes spécifiques de relations entre les groupes d'intérêt au niveau communautaire et les institutions européennes.

L'objectif de notre étude – la comparaison des groupes d'intérêt dans les domaines de l'agriculture et de l'énergie nucléaire dans le contexte de l'Ostpolitik de la Communauté – se concentre en effet davantage sur les groupes d'intérêt nationaux que sur les associations européennes. Toutefois, les répertoires d'action des groupes comprennent également les actions des associations européennes et il importe pour cette raison d'analyser leurs structures et leurs relations avec les institutions européennes, et en particulier la Commission, acteur primordial de la gestion de l'Ostpolitik de la Communauté.[1] Comme nous l'avons souligné dans le chapitre 1, les premières études sur l'intégration européenne ont émis l'hypothèse selon laquelle les fédérations transnationales ou « eurogroupes » deviennent les acteurs centraux dans le processus politique de l'intégration, au même niveau que la Commission européenne.[2] Comment les groupes d'intérêt peuvent-ils comprendre ou encore mieux influencer ce système sans

---

[1] Pour un argument similaire dans le contexte de l'industrie automobile, voir Andrew McLaughlin, Grant Jordan et William Maloney, « Corporate Lobbying in the European Community », *Journal of Common Market Studies*, 1993, 31(2), p. 191-212

[2] Ernst B. Haas, *The Uniting of Europe: Political, Social and Economic Forces 1950-1957*, London, Steven and Sons 1958

coopération internationale[3] face à un système politique communautaire complexe, où l'autorité politique est dispersée entre différents niveaux – local, régional, national, communautaire ou encore international. D'autant plus que la coopération au niveau communautaire renforce *a priori* la légitimité que recherchent les groupes d'intérêt nationaux pour représenter leurs intérêts. Les associations analysées dans ce chapitre regroupent la quasi totalité de l'industrie nucléaire et des agriculteurs en leur sein et peuvent ainsi prétendre offrir un point de vue agrégé des intérêts de leurs membres, ce qui va dans le sens des préférences 'historiques' des institutions européennes pour le dialogue collectif. Il semble alors que les groupes d'intérêt nationaux devraient choisir de représenter leurs intérêts par cette voie pour pouvoir être entendus par les acteurs politico-administratifs au niveau communautaire.

Cependant, en pratique, les « eurogroupes » ne sont pas toujours des acteurs dynamiques de l'intégration, mais ont eu tendance à se transformer en des entités plutôt peu efficaces, incapables d'engager un dialogue constructif avec la Commission.[4] Deux hypothèses peuvent être utilisées pour comprendre pourquoi les associations européennes n'ont qu'une importance restreinte pour les groupes d'intérêt nationaux. Une première hypothèse concerne la difficulté des associations à trouver un compromis en leur sein, difficulté qui est liée à la gouvernabilité des associations

---

[3] Mark Aspinwall, « Collective Attraction – The New Political Game in Brussels", dans Justin Greenwood et Mark Aspinwall (dirs), *Collective Action in the European Union. Interests and the New Politics of Associability*, Londres, Routledge, 1998

[4] Un certain nombre d'exceptions semble confirmer la règle, comme dans les domaines des pharmaceutiques ou des automobiles à partir de 1990. Voir Justin Greenwood et Karsten Ronit, « Established and Emergent Sectors : Organized Interests at the European Level in the Pharmaceutical Industry and the New Biotechnologies", dans Justin Greenwood, Karsten Ronit et Jürgen Grote, "*Organized Interests and the European Community*, London, Sage, 1992, p. 69-98; Karsten Ronit, "Wirtschaftsverbände in den Bioindustrien. Stabilität und Dynamik deutscher und europäischer Interessenvermittlung", dans Renate Martinsen (dir), *Politik und Biotechnologie*, Baden-Baden, Nomos, 1997, p. 81-98; Andrew McLaughlin, Grant Jordan et William Maloney, « Corporate Lobbying in the European Community », *Journal of Common Market Studies*, 1993, 31(2), p. 191-212

européennes.[5] La différence entre les intérêts sectoriels et les trajectoires historiques nationales influençant, entre autres, leur perception des problèmes, rend la tentative d'unir les intérêts de ces membres particulièrement difficile.

Une deuxième hypothèse se fonde sur la recherche d'expertise de la part des services des institutions européennes. Cette demande d'expertise renforce encore la fragmentation, la spécialisation et la diversité du système communautaire. Cependant, il semble que les grandes associations, comme COPA/COGECA ou FORATOM ne sont souvent pas en mesure de l'offrir aux acteurs politico-administratifs demandeurs.[6]

Ce chapitre s'efforce de présenter le développement des structures organisationnelles des associations européennes dans le domaine de l'agriculture et de l'électronucléaire. A travers cette présentation, nous analysons d'une part les relations qu'entretiennent les membres nationaux français et allemands avec ces associations. D'autre part, nous étudions les contacts établis entre les associations et les institutions communautaires, et en particulier la Commission européenne.

---

[5] Justin Greenwood et Ruth Webster, "Are EU Business Associations Governable ?", *EIOP*, 2000 4(3) ; voir aussi pour des études antérieures Grant Jordan et Andrew McLaughlin, « The rationality of Lobbying in Europe. Why are Euro-Groups so Numerous and so Weak ? Some Evidence from the Car Industry », dans Sonia Mazey et Jeremy J. Richardson (dirs), *Lobbying in the European Community*, Oxford, Oxford University Press, 1993. La notion de *gouvernability* est définie comme la capacité d'une association à unir les intérêts de ses membres et à les inciter de se conformer aux objectifs de l'association. Voir Franz Traxler, "The Logic of Employers' Collective Action" dans Dieter Sadowski et Otto Jacobi (dirs), *Employers' Association in Europe: Policy and Orgnisation,* 1991, p.28-50

[6] Sabine Saurugger, « L'expertise : une forme de participation des groupes d'intérêt au processus décisionnel communautaire », *Revue française de science politique,* 2002, 52(4), p.375-401

3.1. La Politique agricole commune (PAC) : une politique communautarisée

La Politique agricole commune, prévue dès 1957 par le traité de Rome, est vouée à l'unification et à l'organisation du marché européen des produits agricoles. Fondée sur l'article 33 TCE, elle a visé la mise en place de « prix garantis » pour les principaux produits agricoles et y associe des instruments de protection aux frontières sous la forme de prélèvements variables. Ces instruments étaient cohérents avec le contexte social et politique de l'époque qui correspondait à des pénuries alimentaires consécutives à la seconde guerre mondiale et à des tensions internationales croissantes liées à la guerre froide.[7] La PAC se fonde sur trois principes fondamentaux. Il s'agit premièrement du principe de l'unicité du marché, dans lequel l'article 38, paragraphe 1 prévoit que « Le marché commun s'étend à l'agriculture et au commerce des produits agricoles ». Ce principe d'unicité de marché entraîne la libre circulation des marchandises et l'unicité des prix agricoles. Pour mettre en œuvre le principe d'unité des prix agricoles, le Conseil de l'Union européenne fixe pour chaque campagne de commercialisation des prix communs pour l'ensemble de la Communauté. Les premiers règlements d'organisation commune de marche (OCM) de 1962 visaient à supprimer les barrières à l'intérieur de la CE tout en protégeant l'agriculture européenne de la concurrence des pays tiers. Pour les principaux produits (céréales, lait, viande bovine), des prix communs étaient fixés à l'intérieur de la Communauté. Le deuxième principe, déjà mentionné, est celui de la préférence communautaire. Corollaire du marché commun, le principe de préférence communautaire va de pair avec l'existence d'un régime uniforme pour les importations et les exportations, ce qui explique le système de prélèvements à l'importation et des restitutions à l'exportation. Enfin, le principe de solidarité financière s'exprime dans le Fonds européen d'orientation et de garantie agricoles (FEOGA). L'ensemble des dépenses du secteur est porté par l'Union et non plus par les

---

[7] M. Tracy, *L'Etat et l'agriculture en Europe occidentale. Crises et réponses au cours d'un siècle.* Paris, Economica, 1986; Jacques Loyat et Yves Petit, *La Politique agricole commune*, Paris, La documentation française, 1999; et l'étude très complète de Wyn Grant, *The Common Agricultural Policy*, London, Macmillan, 1997

budgets nationaux. Ceux-ci peuvent toutefois toujours accorder des aides nationales (art. 87 et 88 TCE) et peuvent décider des mesures d'accompagnement pour atténuer des conséquences des réformes de la PAC (1992 et 1999). Mais le fait que le budget de la PAC soit inclus dans le budget de l'Union européenne est la pierre d'angle de la solidarité financière, car tous les Etats contribuent au financement de l'agriculture, sans pouvoir établir une correspondance entre les sommes qu'ils versent et celles qu'ils reçoivent.

La politique agricole commune représente donc aujourd'hui l'une des politiques les plus communautarisées, du fait des fondements politiques que nous venons d'expliciter, mais aussi de l'appareil institutionnel de cette politique. La communautarisation de cette politique impliquerait, selon Sonia Mazey et Jeremy Richardson[8], une plus forte activité des groupes d'intérêt au niveau communautaire dans ce domaine. Nous allons analyser dans cette partie l'émergence des relations entre les groupes d'intérêt et l'administration communautaire qui, comme au niveau national, varient fortement au cours des différentes périodes.

L'établissement d'une représentation agricole autonome : la Communauté à l'écoute d'un secteur

La construction européenne et le monde agricole

Le monde agricole s'est rapidement associé à la construction européenne et la politique agricole commune a été étroitement imbriquée dans la politique de la construction de la Communauté. Cependant, « l'Europe agricole » a été difficile à réaliser au début des années 1950 pour deux raisons. Tout d'abord, les politiques agricoles des différents pays européens étaient assez diverses à la fois dans leur contenu et dans leurs modalités d'application, et par conséquent difficiles à harmoniser. Ensuite, les situations agricoles étaient extrêmement hétérogènes entre les pays du sud de l'Europe et les pays du nord. Malgré cela, les fondateurs de la Communauté européenne avaient inclus l'agriculture dans le marché commun. La Conférence de Stresa en juillet 1958 avait défini les grands principes

[8] Sonia Mazey et Jeremy J. Richardson (dirs), *Lobbying in the European Community*, Oxford, Oxford University Press, 1993

du marché agricole, mais ce n'est qu'en 1962 que sont intervenus les premiers règlements agricoles.[9] Alors que les plans divergeaient fondamentalement en ce qui concerne la création d'institutions supranationales ou la coordination de politiques nationales, une Europe restreinte ou élargie, un marché intégré ou une politique sectorielle, les clivages existaient aussi au sein des différents pays. Les gouvernements allemand et français souhaitaient la création d'une politique agricole commune. Toutefois le *Deutsche Bauernverband*, hostile à cette solution et à la création d'une Communauté européenne à six, était opposé à la position du gouvernement allemand. Si les pays appelés européanistes, à savoir les Pays-Bas, la Belgique, l'Italie, la France et dans une moindre mesure la RFA, désiraient construire un marché commun de l'agriculture, les moyens d'y parvenir restaient différents. A la suite de l'échec de deux conférences au début des années 1950, le marché agricole commun est finalement élaboré par les rapports Spaak en 1956.

Face à la création du marché commun de l'agriculture, les syndicats agricoles européens négocient la création d'une organisation de vocation strictement communautaire, qui représente les organisations agricoles européennes vis-à-vis des institutions européennes. Le Comité des organisations professionnelles agricoles de la Communauté européenne (COPA) est la première structure professionnelle communautaire, créé le 6 septembre 1958. En raison de la diversité des conditions agricoles dans les six pays, on aurait pu s'attendre à ce que la formation d'un appareil professionnel de l'agriculture au niveau communautaire rencontre des difficultés graves, peut-être insurmontables. Cependant un tel appareil a pu être constitué dans un délai très court. Mais des faiblesses persistent notamment dans l'harmonisation des attitudes nationales. Parmi les six agricultures au moment de la création du COPA, les conditions varient d'ailleurs d'un pays à l'autre, tout comme les organisations dans le secteur agricole. Ainsi par exemple en Allemagne le syndicalisme agricole est caractérisé par sa forme unitaire et hiérarchisée. Les

---

[9] Gérard Duthil, *Le métamorphoses de l'agriculture française*, Paris, L'Harmattan 1998, p. 71 ; G. Noël, *Du pool vert à la politique agricole commune. Les tentatives de la Communauté agricole européenne entre 1945 et 1955*, Paris, Economica, 1988; Pierre Gerbet, *La construction de l'Europe*, Paris, L'Imprimerie nationale, 1999

organisations par produit sont très étroitement insérées au sein des sections spécialisées du *Deutscher Bauernverband.* En France, le paysage agricole est plus fragmenté, à la fois en ce qui concerne la concurrence entre la FSNEA et les organisations professionnelles agricoles minoritaires, et en ce qui concerne les positions de force de certaines fédérations spécialisées au sein de la FNSEA.[10]

Le mode organisationnel des syndicats agricoles européens

Le COPA possède une structure assez complexe qui résulte de sa volonté de représenter l'ensemble de l'univers agricole communautaire, y compris le secteur des coopératives par l'intermédiaire du COGECA. L'assemblée générale est l'organe suprême de décision. Composée des représentants des organisations membres, elle donne les directives générales pour les travaux au sein du COPA. Les réunions ont lieu trois à quatre fois par an. Le Présidium se réunit en général une fois par mois. Il est composé de membres titulaires désignés par les organisations nationales parmi leurs présidents ou dirigeants mandatés. Le Présidium est un organe de représentation, de gestion et d'exécution. C'est parmi ses membres qu'un compromis doit être trouvé avant d'être présenté au public comme la position du COPA. Il représente le COPA dans ses relations avec la CEE ou avec d'autres organisations professionnelles, il prépare les décisions de l'Assemblée et veille à l'exécution de celle-ci. Il organise le travail des groupes de travail du COPA, des sections et d'autres organes. Le secrétariat du COPA/COGECA est commun et est le principal exécutant des toutes les actions du COPA. Ensuite vient le groupe des experts généraux qui ont pour tâche d'examiner les problèmes généraux de la politique agricole commune. Par ailleurs, ils coordonnent les travaux des sections et groupes par produits, les examinent sous l'angle de la politique générale du COPA. Les groupes de travail enfin, sont créés selon la nécessité par le Présidium. Il existe des groupes de type vertical couvrant les différents produits et les groupes de type horizontal couvrant différents domaines, à savoir les questions sociales ou encore le rôle de la femme dans l'agriculture. COPA emploie actuellement 48 personnes dans son bureau bruxellois.

---

[10] Voir Jean Meynaud et Dusan Sidjanski, *Les groupes de pression dans la Communauté européenne*, Montréal, Université de Montréal, 1969

Le Comité général de la coopération agricole de la CEE (COGECA), organisation partenaire du COPA pour la coopération agricole, a été fondé le 24 septembre 1956 par six coopératives centrales des Pays membres. Sa structure est similaire à celle du COPA et ses compétences vis-à-vis des instances communautaires sont les mêmes. C'est cette forte cohérence entre les deux institutions qui mène à la mise en place d'un comité de coordination en 1978 ainsi qu'un secrétariat commun.

La lecture des documents que produit le COPA conduit à une conclusion nette, déjà soulignée par l'analyse de Meynaud et Sidjanski dans les années 1960[11] : le COPA reste dans les généralités, en se donnant une philosophie sans définir de positions précises, ni proposer des solutions concrètes. Le caractère assez vague de l'attitude des organisations agricoles s'explique notamment par d'importantes divergences entre les membres du COPA. Tous sont d'accord sur des principes généraux tels que ceux concernant le revenu des agriculteurs, voire même ceux relatifs aux critères permettant de fixer des prix uniformes. Mais des principes à l'accord sur un prix déterminé, le chemin à parcourir est long.

Les syndicats composant le COPA représentent la droite et le centre droit des agriculteurs européens. Dans les années 1980, une évolution semblable à celle que nous avons présentée lors de nos analyses des systèmes relationnels entre les syndicats agricoles et les pouvoirs publics françaises et allemands peut être constatée. La question d'une ouverture vers un pluralisme idéologique et politique se pose. Le COPA est-il conçu pour rassembler et représenter une seule conception agricole, ou bien peut-il s'élargir à des syndicats agricoles de gauche? Lors de la représentation du Præsidium du COPA de novembre 1982, les représentants français s'opposent catégoriquement à une plus grande diversité au sein du COPA et « préfèrent que se crée un autre COPA plutôt que d'accepter que les organisations marxistes entrent au COPA »[12].

---

[11] Jean Meynaud et Dusan Sidjanski, *Les groupes de pression dans la Communauté européenne*, Montréal, Université de Montréal, 1969, p.119

[12] Rapport succinct de la réunion du Praesidium élargi extraordinaire du 12 novembre 1982 relatif à l'identité et à la composition du COPA,

Cette discussion révèle très bien l'attitude française sur ce sujet, fortement influencée par les événements qui se sont déroulés entre le gouvernement français de gauche et les syndicats majoritaires. L'ouverture de la relation étroite entre la FNSEA et le gouvernement français ainsi que son administration à d'autres syndicats agricoles a renforcé le refus de la FNSEA de permettre le même développement au niveau européen.

La création de la Coordination paysanne européenne (CPE), une sorte de « contre-COPA » tant redoutée par le Présidium du COPA, est finalement le résultat de plusieurs initiatives d'agriculteurs de montagne qui se rencontrent périodiquement depuis 1981. Elle souhaite promouvoir une nouvelle politique agricole européenne et internationale, et a régulièrement tenté de s'opposer à la logique productiviste de la PAC, voire à l'inverser en proposant des alternatives. Le poids institutionnel de la CPE est toutefois faible. Bien qu'elle soit reçue par la Commission européenne en même titre que le COPA et qu'elle fasse partie depuis 1992 des comités consultatifs présentés plus haut[13], les liens personnels entre ses membres et les fonctionnaires de la Commission, en particulier ceux de la DGVI, ne sont pas aussi nombreux, que ceux entre les représentants du COPA/COGECA et les fonctionnaires communautaires de la DGVI. En reconnaissant que son influence auprès de l'administration communautaire est faible, elle cherche donc à relancer l'influence par le bas, à savoir par les relais nationaux. On observe cette attitude non seulement dans le cas de la CPE, mais aussi, comme nous allons le montrer plus tard, dans le contexte de la représentation des intérêts dans le domaine nucléaire. En revanche, les contacts avec la DGXI sur les questions de l'environnement sont nombreux. La question sur le rapport entre les syndicats agricoles européens et les institutions communautaires ne se pose donc pas en termes absolus, mais nécessite une prise en compte des sous-domaines politiques au sein desquels ces rapports se construisent et se déroulent. Les secteurs de notre étude de cas sur l'élargissement relèvent jusqu'à l'année 2000 beaucoup moins du

Bruxelles, 19 octobre 1982, S (82) 79, p.1, cité d'après Rose-Marie Lagrave, « Bruxelles, la représentation de la représentation », dans Bertrand Hervieu et Rose-Marie Lagrave, *Les syndicats agricoles en Europe*, Paris, l'Harmattan 1992, p. 279

[13] Entretien, Confédération paysanne, 28 janvier, 2000

domaine de l'environnement que des questions liées aux profits et aux pertes financières pour l'agriculture. Bien que la CPE, comme ses syndicats membres allemands et français, soit concernée par cette question, son activité est beaucoup moins importante que celle des syndicats majoritaires.

Cependant, les divergences concernant la représentation concurrentielle des agriculteurs au niveau européen ne sont pas les seules difficultés auxquelles le COPA a dû faire face. Les oppositions à l'intérieur du COPA entre différentes approches nationales concernant la gestion de la PAC voient le jour, ce qui est d'autant plus visible que les membres du COPA défendent habituellement une même conception d'agriculture. Deux camps se trouvent au centre de ce jeu d'alliances : d'un côté l'Italie et la France qui sont attachées à une agriculture 'solidaire' et communautarisée et de l'autre côté, le Danemark et les Pays-Bas qui défendent les principes de réglementation communautaire et qui sont en même temps prêts à « renationaliser » la politique agricole si ces principes ne sont pas acceptés. Les syndicats allemands ont conservé une position modérée qui leur a permis de s'aligner sur des positions différentes suivant l'objet précis des discussions.

Malgré ces divergences internes, le COPA s'est réservé le droit jusque dans les années 1980, d'être le seul partenaire légitime des instances communautaires.[14] Cependant, ce monopole de représentation n'entraîne pas de soutien particulier ou financier de la part de la Commission : le COPA ainsi que le COPGECA sont financé par les cotisations de leurs organisations membres. Parallèlement toutefois, les syndicats agricoles nationaux possèdent également des bureaux de représentation à Bruxelles. Installés depuis le milieu des années 1980 à Bruxelles, ils emploient entre 4 et 5 personnes, qui sont soit des représentants ayant travaillé dans le siège national principal ou soit recrutés directement sur le « marché du travail des consultants » à Bruxelles.[15]

---

[14] John T.S. Keeler, "Agricultural Power in the European Community: Explaining the Fate of CAP and GATT Negotiations", *Comparative Politics*, 1996, 28, p.127-149

[15] Comme par exemple au sein du DBV, qui a recruté en 2000 une Autrichienne comme chargé d'études.

En ce qui concerne les relations entre les syndicats agricoles et les institutions communautaires, nous pouvons distinguer trois modes relationnels[16]. La coopération la plus régulière et la plus visible s'établit lors des réunions régulières et officielles des comités consultatifs par produit, pour lesquelles la Commission se charge des frais de déplacement des participants.[17] Mais depuis leur création, ces comités déçoivent le monde agricole.[18] La déception des milieux agricoles vis-à-vis des comités consultatifs agricoles et aussi vis-à-vis de ce genre de contact paraît bien s'appliquer à l'ensemble des comités consultatifs formés au titre de l'agriculture, incluant le comité consultatif des structures et celui des problèmes sociaux des exploitants agricoles. Les membres des ces comités sont nommés par la Commission sur proposition des organisations professionnelles les plus représentatives. En règle générale, c'est la Commission qui consulte les comités sur les différents problèmes qui, au début, ne relevait que de questions d'exécution au sein des diverses organisations communes de marché. Lors de la demande d'un avis par la Commission, les comités cherchent donc à élaborer des positions communes à tous leurs membres. Le second rôle des comités est celui d'un lieu de rencontre entre les acteurs. La notion de forum nous semble dans ce contexte la plus appropriée. Selon Bruno Jobert, les forums sont des scènes plus ou moins institutionnalisées, régies par des règles et des dynamiques spécifiques, au sein desquels des acteurs ont des débats touchant de près ou de loin à la politique publique que l'on étudie. Chaque forum est producteur de représentations, d'idées sur la politique[19].

---

[16] Rose-Marie Lagrave, « Bruxelles, la représentation de la représentation », dans Bertrand Hervieu et Rose-Marie Lagrave, *Les syndicats agricoles en Europe*, Paris, l'Harmattan 1992

[17] Ces réunions sont pour certaines organisations agricoles, notamment de Grèce ou du sud de l'Italie, la seule possibilité de participer à des réunions bruxelloises, faute de moyens financiers. La Commission joue ainsi un rôle d'équilibreur social.

[18] Le 11 mars 1998, la Commission européenne a décidé une réforme des Comités consultatifs agricoles en vue de rationaliser leur fonctionnement, ainsi que de renforcer leur rôle pour en faire des forums politiques.

[19] Voir Bruno Jobert (dir), *Le tournant néo-libéral en Europe*, Paris, L'Harmattan, 1994 ; Eve Fouilleux, « Entre production et

Mais l'influence dépend également de la représentativité et de la cohérence de la démarche. A cet égard, le COPA a certainement souffert des clivages entre ses membres sur certains points pratiques essentiels de la politique agricole commune.

Le second mode relationnel correspond au travail de négociation qui se déroule lors des rencontres informelles entre les représentants syndicaux et les fonctionnaires de la Commission avant le déroulement des comités consultatifs. Il existe entre la DGVI et les syndicats agricoles un lien étroit qui se prolonge par des rencontres sectorielles et un échange de lettres, de fax ou de e-mails de plus en plus poussé. Comme nous l'analyserons plus tard, l'essentiel des négociations dans le domaine de l'élargissement, au-delà des discussions de l'Agenda 2000, s'est déroulé au sein de ces arènes informelles. Tout expert se doit de tisser un réseau de relations informelles et personnelles afin d'obtenir au plus vite les informations cherchées et de définir ses positions. Toutefois, il importe pour chaque représentant des syndicats agricoles de conserver un discours d'intérêt général et de ne pas trop représenter un intérêt particulier, notamment national. Il est d'ailleurs important de noter l'existence d'un chassé-croisé entre le personnel des syndicats agricoles et celui de la DG VI. Ce phénomène est également observé dans le domaine du nucléaire, comme nous le montrerons plus tard.

Le troisième mode de représentation d'intérêts passe « par la rue ». Les manifestations des syndicats agricoles, et en particulier de leurs adhérents dans les rues de Bruxelles, ont été nombreuses et importantes. Ce mode de représentation, fondé sur la représentativité démocratique, n'est toutefois que peu utilisé dans les questions sectorielles. Les manifestations des agriculteurs ont lieu dans le contexte des négociations d'une réforme générale de la politique agricole commune, et non pas à l'occasion du traitement de questions spécifiques. La sectorialisation de la politique rend également plus difficile la création d'un mouvement de protestation général. Le processus de l'élargissement avec ses multiples arènes de négociation et ses questions sectorielles entraîne un mode de représentation particulier avec un rapport institutionnel spécifique.

---

institutionnalisation des idées. La réforme de la Politique agricole commune », *Revue française de science politique* 50(2), 2000, p. 277-305 ; Entretiens, Fédération du Négoce Agricole, Paris, 5 décembre 2000 ; FNSEA, Bruxelles, 18 février 2000

L'élargissement de l'Union correspondant à une politique régulatrice[20], les processus politiques dans l'élargissement de l'Union européenne sont extrêmement sectorisés et exigent une analyse au cas par cas.

Le quasi-monopole de représentation du COPA/COGECA vis-à-vis des institutions européennes se retrouve toutefois fortement contesté à partir le milieu des années 1980. A partir de ce moment, certaines associations jusqu'alors évincées se mettent progressivement en place, privilégiant des modes de représentation différents.

Le système de représentation agricole mis en question?

Selon André Gueslin et Bertrand Hervieu, la dynamique européenne tente de reproduire, au niveau supranational, certaines procédures néo-corporatistes, voire de cogestion, en poussant les différents syndicats d'un Etat national à trouver des terrains d'entente et à parler d'une seule voix. Cette exigence de la Commission et en particulier de la DGVI est toutefois mise en question par la création des associations syndicales concurrentes, et en particulier celle de la CPE, dans les années 1980. L'évolution historique montre que, malgré la dynamique européenne mise en évidence par ces acteurs, nous n'assistons pas à l'émergence d'un modèle presque obligatoire, transcendant les variétés nationales de représentation des intérêts au niveau communautaire. Nous avons observé qu'au contraire, la création du CPE a entraîné une nouvelle

---

[20] Franck L. Wilson, en référence à Theodore J. Lowi, *Private Life and Public Order: the contest of modern public policy*, New York, Norton, 1968, fonde son étude des groupes d'intérêt en France sur ces quatre types de politiques et y élabore les différences structurelles dans les relations entre les groupes d'intérêt et les pouvoirs publics. En ce qui concerne la forme de la politique redistributive, nous observons, selon Wilson, des structures intégrées de demande alors que les groupes et le gouvernement coopèrent afin de minimiser les effets négatifs. Les politiques distributives entraînent une structure de demande fragmentée entre les groupes d'intérêt et les pouvoirs publics alors que dans le cas des politiques auto-regulatrices l'action émane notamment des groupes qui cherchent activement à créer des structures d'autorégulation. Dans les cas des politiques régulatrices, Wilson observe des structures de demande desagrégés de la part des groupes d'intérêt. Franck L. Wilson, *Interest-group politics in France*, Cambridge, Cambridge University Press, 1987, p. 267

forme de représentation d'intérêts agricoles, qui va au-delà la cogestion. La sectorisation de la politique agricole commune dans le contexte de l'élargissement entraîne l'émergence de différentes formes relationnelles entre les différents syndicats agricoles nationaux, les associations européennes et chacune des Directions générales de la Commission.

Un autre facteur introduisant une modification de relations entre les fédérations des syndicats agricoles et l'administration communautaire se trouve dans le changement du discours sur la PAC introduit par la nouvelle Commission Delors au milieu des années 1980.[21] Alors que la Commission européenne, sous l'emprise de la DGVI, avait longtemps fait preuve d'une certaine inertie vis-à-vis des questions agricoles, l'arrivée de Jacques Delors a modifié le discours sur la PAC. La Commission avait constaté que les dysfonctionnements étaient un obstacle budgétaire majeur au développement d'autres politiques européennes et qu'ils risquaient de délégitimer l'entreprise européenne dans son ensemble. La réforme et l'établissement des activités prospectives au sein de la Commission ont donné une nouvelle légitimité aux acteurs, qui pour la plupart d'entre eux possédaient une formation dans le cadre du paradigme scientifique de l'économie. Ceci a entraîné un certain relâchement des relations étroites qu'entretenaient les groupes d'intérêt agricoles avec l'administration communautaire. Les conséquences de cette situation sont visibles lors de la contractualisation des premiers rapports sur la situation agricole en Europe centrale et orientale et leur impact sur la Politique agricole commune que nous analyserons dans le chapitre 6.

Enfin, le dernier facteur de changement de relations entre les syndicats agricoles et les pouvoirs publics est celui de la sectorisation grandissante liée « au tournant néo-libéral » qu'ont pris même les fonctionnaires de la DGVI. Alors que dès le début de la Politique agricole commune, et jusqu'au début des années 1980, le COPA avait tissé des liens très forts avec la Commission et avait une réelle influence sur les politiques, il est en proie depuis le

---

[21] George Ross, "Organizing European Space", dans *Jacques Delors and European Integration*, Oxford, Oxford University Press, 1995, p.107-213; Eve Fouilleux, « Entre production et institutionnalisation … » *Revue française de science politique*, *op.cit*, p.299

début des années 1980 à de gros dysfonctionnements politiques et administratifs. Le changement des alliances, la création d'un syndicat alternatif et les élargissements successifs qui ont agrandi son nombre de membres l'ont rendu moins cohérent. La sectorisation de la politique a également atteint le COPA. Un certain nombre de chercheurs[22] avance l'hypothèse que la Commission européenne défendait la norme globale de l'efficacité économique et de la compétitivité. Ce phénomène de dissonance entre l'idéologie et la formulation des politiques publiques reflètait l'évolution politique générale pendant ces années : les aspects sociaux des politiques passent au second plan derrière une norme globale du marché, quelle que soit l'orientation politique des gouvernementaux. Ce jugement général du développement politique mérite toutefois d'être nuancé. « La Commission » en tant que telle n'est pas un acteur unifiée, et ceci est particulièrement vrai dans le secteur agricole. Les diverses Directions générales responsables pour la politique agricole défendent différentes positions dans le contexte de l'élargissement, et certaines ne peuvent pas être 'accusées' de défendre une image néo-libérale dans le domaine agricole, comme nous allons le montrer plus tard. La difficulté du COPA et du COGECA à conserver des relations étroites avec la Commission ne relève donc pas seulement du « tournant néo-libéral » en Europe, mais également de la sectorisation croissante de la politique agricole dans laquelle il est nécessaire de garder des bons contacts avec d'autres Directions générales.

3.2. Une politique pionnière : Euratom

L'émergence du traité Euratom

Le secteur de l'énergie est mentionné directement ou indirectement dans plusieurs traités européens. Le traité de Paris du 18 avril 1951 institue la Communauté européenne du charbon et de l'acier (CECA) et prévoit un marché commun du charbon et de l'acier entre les six Etats signataires. Les traités de Rome, enfin,

---

[22] Eve Fouilleux, *La cogestion à la française à l'épreuve de l'Europe. L'exemple de la réforme de la Politique agricole commune*, St. Martin d'Hères, CERAT, 1996; Pierre Muller et Bruno Jobert, *L'Etat en action*, Paris, PUF, 1987

créent d'une part la Communauté européenne de l'énergie atomique (CEEA ou EURATOM) afin d'établir les conditions nécessaires au développement des industries nucléaires à des fins pacifiques dans les six Etats et, d'autre part, la Communauté économique européenne qui ne possède pas de compétences particulières en matière de politique énergétique. Les traités fondateurs n'envisagent toutefois aucunement l'élaboration d'une politique commune de l'énergie. [23]

Lors de la création du traité d'Euratom, les pays membres considéraient l'énergie nucléaire comme « la ressource essentielle qui assurera le développement et le renouvellement des productions et permettra le progrès des œuvres de paix ».[24] C'est le gouvernement français qui a montré un intérêt particulier pour le développement d'une approche commune dans le contexte de l'énergie nucléaire au niveau communautaire. Bien qu'opposé à une intégration économique dans le cadre de la Communauté économique européenne, le gouvernement français proposa, en automne 1955 les bases pour un traité Euratom. Il s'agit premièrement de l'institution d'une agence commune qui monopoliserait le commerce d'uranium et approvisionnerait les consommateurs communautaires à un prix de base, et achèterait les quantités nécessaires sur le marché européen, couvrirait toutes les défaillances du marché mondial et construirait enfin une usine d'enrichissement d'uranium afin d'approvisionner le marché communautaire. L'institution aurait deuxièmement comme objectif de coordonner et de financer la recherche nationale et communautaire concernant les réacteurs, troisièmement d'organiser la construction conjointe d'une usine de retraitement des déchets, quatrièmement d'échanger les droits d'exploitation des brevets et enfin, de créer un marché commun pour les produits de l'industrie nucléaire.[25] Dès le début, ce projet reflétait la différence des

---

[23] Voir aussi : Stephen Padgett, "The Single European Energy Market: The Politics of Realization", *Journal of Common Market Studies*, 30(1), p. 53-75

[24] *Traité instituant la Communauté européenne de l'énergie atomique*, 1957, Préambule

[25] The Report of the Committee of Experts set up by the Conference of Messina, 5 novembre 1955, cite après Christian Deubner, "The expansion of West German Capital and the Founding of Euratom", *International*

approches entre le gouvernement français, allemand et américain.[26] Le projet français a vivement exprimé son souhait de créer une agence d'approvisionnement européenne qui avait permis à la France, et malgré les prix élevés français, de mettre sérieusement en question le monopole américain dans ce domaine. Or, le gouvernement américain, soutenu très fortement par les groupes d'intérêt américains du secteur nucléaire, offrait à l'Europe, et à l'Allemagne en particulier des prix de l'uranium enrichi très bas.[27]

Le débat entre le gouvernement français et les acteurs économiques du secteur nucléaire, et en particulier le CEA avec sa position centrale laissant peu de place à EDF et aux entreprises de construction comme Creusot-Loire, était assez complexe. Un premier débat concernait la supranationalité, un autre celui de la liberté réclamée par la France dans le domaine du nucléaire militaire, souhait expressément exprimé par le CEA.[28] C'est surtout ce dernier point qui était vivement contesté par les autres pays membres, et en particulier par la République fédérale d'Allemagne, qui ne voulait ni établir de discrimination entre les Etats membres,

---

Organization, 33(2), 1979, p. 203-228; voir aussi Christian Deubner, *Die Atompolitik der Westdeutschen Industrie und die Gründung von Euratom*, Frankfurt, Campus, 1977

[26] Pour des études détaillées sur l'émergence d'Euratom, voir parmi les analyses historiques celles de Bertrand Goldschmidt, *L'aventure atomique*, Paris, Fayard, 1966 ; Peter Weileman, *Die Anfänge der Europäischen Atomgemeinschaft zur Gründungsgeschichte von Euratom, 1955-1957*, Baden-Baden, Nomos, 1983. L'étude juridique la plus complète est celle de Olivier Pirotte, Pascal Girerd, Pierre Marsal et Sylviane Morson, *Trente ans d'expérience Euratom. La Naissance d'une Europe nucléaire*, Bruxelles, Bruylant, 1988. Parmi les analyses des politistes, s'inscrivant dans différentes approaches conceptuelles se trouvent Ernst Haas, *The Uniting of* Europe, Stanford, Stanford University Press 1958, Lawrence Scheinman, « Euratom, Nuclear Integration in Europe, *International Conciliation*, n°536, 1967; Jaroslav G. Polach, *Euratom, its background, issues and economic implications*, New York, 1964; Heinz Kramer, *Nuklearpolitik in Westeuropa und die Forschungspolitik der Euratom*, Cologne-Berlin, 1976

[27] Christian Deubner, "The expansion of West German Capital and the Founding of Euratom", *International Organization*, 33(2), 1979, p. 216

[28] Pour une étude historique très détaillée de ce débat interne 'franco-français' voir Pierre Guillen, « La France et la négociation du traité d'Euratom », dans Michel Dumoulin, Pierre Guillen et Maurice Vaïsse, *L'énergie nucléaire en Europe*, Berne, Peter Lang 1994, p. 111-129

ni qu'Euratom soit utilisé par le programme militaire français.[29] La position française semble au premier regard unifiée, grâce à la structure unifiée que composaient les acteurs économiques liés à l'énergie nucléaire en France. Christian Deubner montre dans son analyse que la discussion allemande se déroulait dans une autre atmosphère.[30] L'interdépendance entre les acteurs économiques et politico-administratifs en Allemagne a été fort et rendait la recherche d'une position commune plus difficile.[31] Trois groupes d'acteurs économiques allemands peuvent être distingués : l'industrie charbonnière était radicalement opposée à l'intégration nucléaire, qu'elle considérait comme une concurrence au charbon abondant. Le deuxième groupe était constitué des producteurs d'électricité. Ils représentaient en effet les principaux clients pour l'industrie technologique construisant les centrales nucléaires. Toutefois, l'attitude des producteurs d'électricité fut ambivalente : d'une part, ils étaient intéressés par l'énergie nucléaire en tant que nouvelle source de profit. Dans le même temps, leur capital était investi dans des systèmes de production d'électricité conventionnels et une majorité d'entre eux avait également lié leur capital à celui des mines de charbon. Enfin, le troisième acteur consiste en l'industrie lourde, consommatrice d'électricité, qui était très en faveur de la nouvelle technologie nucléaire. Elle considérait l'introduction de l'énergie nucléaire sur le marché comme la possibilité d'élargir le champ des fournisseurs potentiels d'électricité et d'augmenter la compétition en vue de faire baisser le prix. C'est avec ce dernier groupe que l'industrie nucléaire prit contact et essaya d'influencer le développement des négociation Euratom en leur faveur. Christian Deubner souligne que le gouvernement allemand n'était pas en mesure de définir et de présenter un 'intérêt allemand' commun. Ce fut surtout le nouveau ministre pour les affaires atomiques, Franz-Josef Strauss, qui se transforma en porte-parole pour l'industrie lourde et nucléaire allemande. Il défendait la nécessité d'approfondir l'intégration

[29] ibid, p. 122

[30] Christian Deubner, "The expansion of West German Capital and the Founding of Euratom", *International Organization*, 33(2), 1979, p. 203-228

[31] Pour un développement théorique de cette hypothèse du "two-level game" élaboré par Robert Putnam voir Peter Evans, Harold Jacobsen et Robert Putnam, *Double-edged Diplomacy: international bargaining and domestic politics*, Berkeley, University of California Press, 1993

européenne dans le domaine du nucléaire, et était donc opposé aux propositions françaises. Un compromis fut trouvé : formellement, le traité d'Euratom a créé une agence européenne d'approvisionnement d'uranium. Mais en réalité, il était possible pour les clients d'acheter de l'uranium sur le marché mondial, à un prix défini par ce marché, avec la seule contrainte d'obtenir un accord préalable de l'Agence. L'Agence détient donc juridiquement le monopole commercial de l'approvisionnement en combustibles nucléaires, mais ne réalise que partiellement ce rôle que lui assigne le chapitre VI du traité Euratom.[32] Le consensus entre les Etats membres représentant un fonctionnement minimaliste de l'Agence, les acteurs économiques américains pouvaient ainsi livrer de l'uranium à des prix plus bas que les prix français.

Le traité d'Euratom établit ainsi des règles de nature à promouvoir un développement concerté des applications pacifiques de l'énergie nucléaire au sein des pays membres. Mais la méfiance des Etats membres était forte vis-à-vis de l'Agence européenne d'approvisionnement nucléaire et à l'égard de toute intervention d'Euratom dans le financement industriel du nucléaire à travers des Programmes communautaires de recherche. Ils se sont donc efforcer de limiter l'action de la Communauté sur les ressources propres et ont plutôt favoriser le recours à des ressources extérieures de financement, à savoir les emprunt-prêts d'Euratom et les prêts de la Banque européenne d'investissement (BEI). Dans le cadre d'Euratom, la responsabilité de la décision d'octroi des prêts incombe à la Commission, la gestion à la BEI. Le montant des prêts consentis est plafonné à 20% du coût total du projet. Il importe de souligner que dans la période allant de 1981 à

---

[32] voir aussi : Olivier Pirotte, Pascal Girerd, Pierre Marsal et Sylviane Morson, *Trente ans d'expérience Euratom. La Naissance d'une Europe nucléaire,* Bruxelles, Bruylant, 1988, p. 88-119. Le comité consultatif de l'Agence, se composant de représentants des producteurs, d'utilisateurs et d'experts hautement qualifiés, nommés par le Conseil, sur proposition des Etats membres après avis de la Commission, s'est prononcé en 1982 contre le maintien du monopole de l'Agence, estimant que la production et le commerce des combustibles nucléaires relevaient essentiellement de la responsabilité des industriels.

1985, la France a été le premier bénéficiaire à la fois des prêts Euratom et de la BEI, devant la Belgique et l'Allemagne.[33]

L'importance du nucléaire est donc reconnue dès 1957 par les pays membres de la CECA à travers le traité Euratom, mais c'est la crise pétrolière qui place cette source d'énergie au premier plan.[34] La production d'électricité d'origine nucléaire, qui représentait 60 milliards de KWh en 1973 a été multipliée par neuf et demi en 1990 soit 596,7 milliards de KWh.[35] Toutefois, au milieu des années 1980, l'accident de la centrale nucléaire de Tchernobyl a entraîné une remise en cause de l'option du « tout-nucléaire ». Comme nous l'avons souligné dans le chapitre précédent, les mouvements écologistes en Allemagne renforcent leur hostilité vis-à-vis de la production de l'énergie nucléaire et les Italiens rejettent par référendum l'extension du programme nucléaire qui leur a été proposée. Le gouvernement suédois suit cet exemple et déclare la sortie de l'énergie nucléaire, comme l'Espagne. Au milieu des années 1990, le rythme de croissance du nucléaire s'est affaibli par rapport aux années soixante-dix, bien que la Communauté ait adopté à ce moment là une nouvelle stratégie de politique énergétique reposant sur deux composantes : le gaz et l'énergie nucléaire.[36] L'énergie nucléaire devait couvrir 50% des besoins totaux d'énergie aux alentours de l'an 2000. Pour réaliser cet objectif, un effort accru était prévu dans le secteur nucléaire. Mais ni les perspectives de demande d'électricité, ni les programmes de construction de sites nucléaires n'ont évolué comme prévu. Nous pouvons aujourd'hui constater que l'industrie nucléaire européenne existe, que la crise de 1973 a provoqué une accélération des programmes nationaux et un certain développement de la coopération industrielle même si la dynamique a fortement ralenti dans les années 1980 comme le montre l'hétérogénéité des résultats

---

[33] Olivier Pirotte, Pascal Girerd, Pierre Marsal et Sylviane Morson, *Trente ans d'expérience Euratom. La Naissance d'une Europe nucléaire*, Bruxelles, Bruylant, 1988, p. 276

[34] Janne Haaland Matlary, *Energy Policy in the European Union*, Basingstoke, Macmillan, 1997

[35] Patrice Liquière, "La politique de l'énergie", dans *L'Europe des Communautés*, La documentation française, 1992, p. 107

[36] COM (74) 550 final, *Vers une nouvelle stratégie de politique énergétique pour la Communauté*

obtenus par les Etats membres. Les pays de l'Union européenne occupent toujours le premier rang mondial pour la production de l'électricité nucléaire.

L'analyse des acteurs français et allemands lors la négociation du traité d'Euratom a souligné les différences de position et de méthodes de négociation liées aux structures relationnelles entre les acteurs économiques et politico-administratifs. Il semble ainsi peu surprenant que la création des associations, voire des fédérations européennes dans ce secteur soit resté quelque peu prudent.

En nous intéressant aux représentions d'intérêts économiques dans le domaine de l'énergie nucléaire, nous observons un paradoxe. La plupart des analystes des groupes d'intérêt soulignent une tendance à la multiplication des groupes d'intérêt et de leurs activités au niveau communautaire lorsque le centre de décision dans un domaine politique spécifique se trouve transféré du niveau national ou local au niveau communautaire[37], constat qui s'applique à l'exemple de l'agriculture. Mais dans le secteur nucléaire, les activités des groupes d'intérêt ne débutent qu'au milieu des années 1960, et ne sont devenues visibles qu'au milieu des années 1990. On ne peut constater aucune croissance des activités des groupes d'intérêt lors de la création du traité d'Euratom. Le contenu du traité est peu visible, ce qui permet aux Etats membres de garder des compétences centrales dans leurs politiques énergétiques nationales. Par contre, lorsque les problèmes auxquels se trouve confronté ce secteur au niveau national apparaissent, les industriels incorporent les relations avec les institutions communautaires dans leur répertoire d'action.

La création des eurogroupes

Ce fut la crise énergétique de 1973 qui révéla une tendance de fond : malgré l'interdépendance économique qui affecte également le nucléaire, la coopération dans ce domaine relève plutôt du rôle moteur des Etats membres et non pas du traité Euratom. L'amorce de la coopération intra-communautaire déboucha sur une logique

---

[37] Sonia Mazey et Jeremy J. Richardson (dirs), *Public Lobbying in the European Community*, Oxford, Oxford University Press 1993; Justin Greenwood et Mark Aspinwall (dirs), *Collective Action in the European Union. Interests and the New Politics of Associability*, Londres, Routledge, 1998

de collaboration industrielle qui s'étendit à toutes les phases du cycle du combustible. Toutefois l'activité nucléaire tend à s'organiser sur une base régionale qui est plus large que le cadre communautaire et qui s'inscrit dans l'évolution mondiale. Selon Olivier Pirotte *et al.* il en résulte « une trame complexe d'un réseau de relations intra-et extracommunautaires, dont les composantes sont fonction de la plus ou moins grande maîtrise que les Etats membres ont acquise dans le cycle industriel du combustible nucléaire et laquelle est corrigée par la capacité étatique d'intervention financière ».[38]

Bien que les analystes soulignent la prépondérance des Etats dans la coopération nucléaire au niveau communautaire, nous pouvons observer l'émergence de quatre groupes d'intérêt européens qui traitent les questions de l'énergie nucléaire. Il s'agit de FORATOM, Unipede et Eurelectric, qui ont fusionné en 1998, et de la Société nucléaire européenne (SNE).

L'association la plus ancienne est FORATOM. Créée le 12 juillet 1960, elle compte aujourd'hui 15 membres – les fora nucléaires nationaux de la Hongrie, l'Autriche, la Slovénie, la Suisse, la Grande Bretagne, l'Allemagne, la France, la République tchèque, la Belgique, l'Espagne, l'Italie, la Suède, la Finlande, les Pays-Bas et la Bulgarie. Les fora nucléaires de l'Europe centrale et orientale ont demandé leur adhésion après la chute du mur de Berlin et ont obtenu le statut de membres associés, comme l'Autriche et l'Italie.

FORATOM est l'association de l'industrie nucléaire européenne et a été créée pour promouvoir l'énergie nucléaire en Europe et faciliter la prise de contact avec les institutions européennes, en particulier le Parlement européen et la Commission européenne. Jean Meynaud et Dusan Sidjanski ont souligné le rôle particulièrement actif de la Commission européenne dans la création de cette association. Les entreprises de l'industrie nucléaire, peu nombreuses et directement concurrentielles, ont montré des réticences à se regrouper au sein d'une association d'énergie nucléaire, et ont préféré se réunir en tant que

[38] Olivier Pirotte, Pascal Girerd, Pierre Marsal et Sylviane Morson, *Trente ans d'expérience Euratom. La Naissance d'une Europe nucléaire,* Bruxelles, Bruylant, 1988, p. 39-40

Groupement professionnel de l'Industrie nucléaire au sein de l'UNICE.[39]

Cependant, le rôle de fournisseur d'information de FORATOM a été un facteur central pour sa création, à la fois vis-à-vis du public, des institutions communautaires et des médias. Trois formes d'action sont à la disposition de FORATOM : premièrement la publication du *FORATOM Bulletin*, deuxièmement l'organisation des débats et conférences incluant avec la participation à la fois de l'industrie nucléaire européenne et des fonctionnaires et hauts-responsables des institutions européennes, et, enfin, la création, à partir de 1997, de groupes de travail liés aux questions de la stratégie nucléaire, de la responsabilité civile, du transport nucléaire et de la gestion de la qualité. Ce n'est qu'en 1999 qu'un groupe de travail ad hoc concernant la question des centrales nucléaires en Europe centrale et orientale a été créé.

Il importe de souligner que FORATOM, bien que créée en 1960, ne s'est développé en une association visible et active au-delà du cercle d'initiés dans le domaine du nucléaire qu'à partir du milieu des années 1990. Bien que la Commission fut très active dans le développement de FORATOM, en finançant l'organisation de colloques et la participation des représentants, l'association n'obtient pas de statut consultatif auprès de la Commission, contrairement aux syndicats agricoles analysés précédemment. La situation ne se distingue pourtant guère du secteur agricole : dès la signature du traité d'Euratom, la Commission[40] avait initié l'établissement de comités consultatifs, parmi lequel le Comité scientifique et technique joua le rôle le plus significatif. Selon l'article 314 du traité d'Euratom, les membres du Comité sont nommés par le Conseil après consultation de la Commission. Ils y siègent à titre personnel et proviennent des milieux de l'université et de l'industrie. Toutefois, les décisions du Comité ne lient aucunement ni le Conseil ni la Commission. Jean Meynaud et Dusan Sidjanski soulignèrent déjà dans les années 1970 : « Au total, l'analyse des comités formés dans le cadre d'Euratom confirme

---

[39] Jean Meynaud et Dusan Sidjanski, *Les groupes de pression dans la Communauté européenne*, Montréal, Université de Montréal, 1969, p. 265.

[40] La Commission d'Euratom a fusionnée avec celles des autres traités (CECA et CEE) suite au traité de fusion du 8 avril 1965 en la Commission des Communautés européennes.

bien la faiblesse du rôle joué par les groupes professionnels auprès de cette communauté ».[41]

Dans les années 1990, la situation se modifie. L'industrie nucléaire est confrontée à des dificultés, suite au recul de la production de l'énergie nucléaire dans différents Etats membres de l'Union européenne, à l'adhésion de l'Autriche anti-nucléaire et à celle de la Suède qui avait arrêté son programme nucléaire. Cette industrie est globalement de plus en plus contestée. Le secrétariat de FORATOM était extrêmement restreint jusqu'en 1998, date à laquelle les développements dans le secteur ont incité les membres du présidium à augmenter le nombre de personnes travaillant au secrétariat de quatre à douze.

Mais le problème central de FORATOM reste dans la difficulté de trouver le compromis qui pourrait être soumis aux institutions européennes. Un de nos interlocuteurs soulignait : « Quand il s'agit de se mettre ensemble et d'élaborer des positions communes, ceci devient très très difficile, parce qu'ils veulent tous se mettre en avant et être meilleur que les autres. Dans le contexte du business, ce sont les entreprises qui négocient directement. FORATOM a d'avantage un regard de veille auprès des institutions européennes. »[42]

Cette difficulté structurelle est également reflétée par les relations qui se développent entre les institutions européennes et FORATOM. Contrairement au domaine de l'agriculture avec les associations européennes COPA et COGECA, les associations du domaine nucléaire comme FORATOM sont formellement associées à l'élaboration des positions et prise de décisions au sein de la Commission. La participation aux groupes de travail auprès des institutions européennes se fait sur une base individuelle : les industries sont individuellement invitées à y siéger et à offrir l'expertise souhaitée. Du fait que les connaissances dans ce domaine ont été développées dans une perspective nationale, et ceci malgré les efforts de la part de la Commission en vue de 'communautariser' la recherche à travers des programmes cadres de recherche, ce sont les industries nationales qui participent avec leur savoir-faire dans les groupes ad-hoc liés aux institutions communautaires. La difficulté d'élaborer des positions communes

---

[41] Jean Meynaud et Dusan Sidjanski, *Les groupes de pression dans la Communauté européenne*, Montréal, Université de Montréal, 1969, p. 89

[42] Entretien, FORATOM, Bruxelles, 26 juin 1999

peut être par exemple analysée dans le contexte de la position officielle vis-à-vis de la sûreté nucléaire en Europe. FORATOM identifie trois principes fondamentaux autour de la question de l'énergie nucléaire des pays candidats : « Reconnaissant l'importante contribution de l'énergie nucléaire au développement durable, les Etats souverains ont le droit de déterminer leurs options énergétiques ; les normes de sûreté sont conformes aux principes de base de sûreté de l'Agence internationale de l'énergie atomique (AIEA) et devraient être appliquées par les Etats pour tout ce qui concerne la conception, la construction et l'exploitation de leurs centrales nucléaires ; il convient de reconnaître le rôle et le pouvoir d'autorités de sûreté nationales indépendantes et compétentes, mais également de leur venir en appui »[43]. Cette position est extrêmement large et permet de réunir les positions très spécifiques des membres pro-nucléaires comme la SFEN française et le forum nucléaire autrichien, très prudent en ce qui concerne les centrales nucléaires en Europe centrale et orientale.

L'Union internationale des producteurs et distributeurs de l'énergie électrique (UNIPEDE) a pour sa part été fondée en 1925. Avant la fusion avec EURELECTRIC en 1998, UNIPEDE représentait les industries dans le domaine de la production, du transport et de la distribution de l'électricité. En 1997, elle comptait 28 membres à part entière, 12 membres affiliés européens et 15 membres affiliés hors Europe. UNIPEDE était une association économique qui dirigeait ses activités non seulement au niveau communautaire, mais possédait également une place d'expert auprès de l'OCDE. Ses membres, à la fois européens et hors-européens, lui permettaient de disposer d'une large variété d'expertise. Les répertoires d'action d'UNIPEDE, similaires à ceux de EURELECTRIC se présentent principalement dans le domaine de l'expertise offerte aux autorités politico-administratives. UNIPEDE possédait une « structure d'expertise »[44] basée sur des experts des industries membres de l'UNIPEDE, travaillant sur les thèmes stratégiques représentant un intérêt majeur pour l'industrie concernée. L'association comportait trois comités de pilotage dans le domaine de la production, le transport d'électricité et la

[43] FORATOM, *Sûreté nucléaire et adhésion à l'Union européenne*, Document de prise de position, 20 octobre 1999

[44] Notion utilisée dans UNIPEDE, *Annual Activity Report*, 1997

distribution d'électricité ainsi que la gestion d'entreprise, mais aussi un certain nombre de comités d'étude, groupes permanents et d'experts et trois comités spécifiques : environnement, consultation concernant les investissements ainsi que structure et organisation. Parmi les comités d'étude, il existait en particulier un comité responsable pour les questions nucléaires, traitant des questions aussi diverse que l'expérience et le développement de la production d'électricité nucléaire dans les pays membres de l'UNIPEDE, les programmes d'apprentissage et les coûts pour le démantèlement des centrales nucléaires.

L'association sœur, établie en 1989 à la suite du lancement du projet d'un marché commun d'énergie, est EURELECTRIC. Cette association a comme objectif de fournir de l'expertise et des informations aux institutions européennes. Elle est, pour cette raison, beaucoup plus étroitement liée à la Commission européenne que l'UNIPEDE[45]. A travers de trois sections, elle était en contact permanent et étroit avec les Directions générales de la Commission avant sa fusion avec UNIPEDE en 1998. La « structure d'expertise » d'EURELECTRIC[46] consistait en la section « Politique d'énergie », qui était en relation étroite avec la DG XVII et DG I ; la section « Marché intérieur, compétition et politique économique », en relation avec les DG XV, IV, III et II, et enfin, la section « Environnement, recherche et affaires sociales » en contact permanent avec la DG XI, XII et V. La première et la dernière section représentent un intérêt particulier pour notre analyse, car ils traitent des questions relevant entre autres de la situation du secteur énergétique en Europe centrale et orientale ainsi que des questions de la sûreté nucléaire en Europe de l'Est.

---

[45] Un mois avant la signature de la directive sur la libéralisation du marché d'électricité CE 92/96, la Commission a décidé de créer un comité consultatif de l'énergie (96/642/CE), compose de personnalités éminentes issus des secteurs de la production, de la distribution, de la consommation, des syndicats du secteur énergétique ainsi que d'une représentation des associations de protection de l'environnement.

[46] Comme le rapport d'activité d'UNIPEDE, la même notion est utilisée à la fois dans le *Annual Activity Report, 1997* de EURELECTRIC et lors de nos entretiens avec un représentant de EURELECTRIC, 26 novembre 1998.

La fusion réalisée en 1998 a transformé les structures des deux associations. Union of the Electricity Industry - EURELECTRIC, comme la nouvelle association s'appelle aujourd'hui, compte quatre domaines d'activités : Politique et économie d'énergie ; Structure du marché et régulation ; Produits, marchés et consommateurs et, enfin, Environnement et développement durable. Au sein de cette nouvelle structure, l'association a créé une Task Force concernant l'énergie nucléaire, active en matière de sûreté nucléaire en Europe centrale et orientale. Les membres de cette Task Force sont des producteurs d'électricité, à la fois des pays membres de l'Union et des pays candidats à l'adhésion. Les *position papers* contiennent le point de vue de l'association sur une question donnée.[47] Toutefois, comme au sein de FORATOM, nos interlocuteurs mettent l'accent sur la difficulté de trouver une position commune entre les membres de EURELECTRIC, ce qui rend très difficile l'élaboration des positions fortes, en particulier dans le domaine du nucléaire.

Néanmoins, le succès relatif de EURELECTRIC en comparaison à FORATOM est de pouvoir agir en tant qu'expert dans l'arène communautaire. Participant aux groupes de travail ad hoc et aux comités consultatifs de la Commission et du Parlement européen, l'association représente les intérêts de ses trente membres au niveau communautaire. Dans le domaine de la sûreté nucléaire en Europe centrale et orientale toutefois, notre analyse démontrera que les acteurs industriels agissent majoritairement de manière individuelle et les groupes consultatifs ad hoc se forment en dehors des structures associationnelles comme celle de FORATOM et EURELECTRIC.

Avant de nous intéresser plus particulièrement à la question qui apparaît au fur et à mesure de ce chapitre, à savoir quels facteurs influent sur le fait que les associations présentées dans le domaine agricole et nucléaire semblent toutes confrontées à des difficultés de traiter la question de l'Ostpolitik de la Communauté et laissent la place aux acteurs économiques individuels, nous analyserons

---

[47] Voir Eurelectric, Position Paper on the Economic and Social Comittee Report on the Communication from the Commission on the Nuclear Industries in the European Union, (PINC), 26 June 1997 ; Eurelectric Position Paper on Efficiency Improvement of PHARE programme on Nuclear Safety – 8 December 1997.

brièvement le quatrième acteur associatif dans le domaine nucléaire : la Société nucléaire européenne (SNE).

La SNE a été créée en 1975 à Paris, en réponse à la crise énergétique de 1973. Conçue initialement comme un club de discussion, elle a été transformée en « Fédération pan-européenne des sociétés nucléaires »[48], avec un rôle d'information auprès du public et la vocation de défendre les intérêts de l'industrie nucléaire de l'Atlantique à l'Oural. Toutefois, alors que FORATOM se perçoit comme véritable groupe d'intérêt, la SNE souhaite initier un débat public et n'a pas de contacts directs avec les institutions européennes en tant que groupe d'intérêt. En 1995, le Président de la SNE, Jan Runermark, proposa la création d'une nouvelle association regroupant les jeunes intéressés par l'énergie nucléaire – étudiants, jeunes ingénieurs et chercheurs. Le réseau Jeune Génération (Young Generation Network) est devenu aujourd'hui une des groupes les plus actifs dans le domaine de l'énergie nucléaire. Présent lors des Conférences onusiennes sur le changement climatique ou lors des journées d'information des différentes institutions européennes et internationales, la Jeune Génération a réussi à médiatiser l'énergie nucléaire à nouveau et à s'organiser pour lutter contre la mauvaise image d'un « lobby nucléaire » représenté par des personnes de position sociale et économique très élevée qui peuvent intervenir partout en faveur de l'énergie nucléaire.[49]

Parallèlement toutefois, et de manière similaire à la situation présentée dans le secteur de l'agriculture, les entreprises représentées dans les associations européennes possèdent leurs propres bureaux de représentation. Alors que l'industrie nucléaire et les entreprises de l'électricité allemandes ont ouvert leurs bureaux dans les années 1980, EDF a ouvert son bureau en 1989, Framatome et Cogema en 1995. Le nombre de personnes travaillant dans les bureaux bruxellois varie entre un et cinq. EDF emploie cinq personnes dans son bureau à Bruxelles, et possède une importante « Mission Europe » au sein de son siège parisien. Cette situation semble être liée au statut public et monopolistique dont jouit EDF en France : « Comme nous sommes une entreprise

---

48 http://www.euronuclear.org

49 Entretien, SNE-Young Generation, Bruxelles, 9 août 2001

publique, le gouvernement a beaucoup à dire, et la discussion se fait donc à Paris ».[50]

Cependant, alors que les activités des associations présentées s'inscrivent toutes plus ou moins directement dans le domaine nucléaire, seul FORATOM et, dans une moindre mesure, Eurelectric, sont actives dans le contexte de l'Ostpolitik et de l'élargissement de l'Union. Malgré cet activisme, le problème de gouvernabilité des associations, que nous avons déjà mentionné dans le contexte de l'agriculture, pose problème.

Conclusion

Ce chapitre a eu pour objectif de présenter la création des associations européennes ou « eurogroupes » dans les secteurs agricole et électronucléaire. Nous avons analysé les relations qui lient ces associations à la fois à leurs membres nationaux et aux institutions communautaires, et en particulier à la Commission européenne.

Alors que les « eurogroupes » possèdent *a priori* une légitimité plus grande pour déployer leurs répertoires d'action au niveau communautaire, avec l'argument qu'ils fédèrent les intérêts de leurs membres nationaux, ce chapitre a montré les difficultés structurelles qu'éprouvent les associations européennes pour aboutir à une position commune. Les divergences concernant les intérêts sectoriels et les trajectoires historiques nationales influencent, entre autres, leur perception des problèmes, et elles peuvent ainsi rendre particulièrement difficiles les tentatives d'aboutir à une position commune des membres, comme nous l'analysons dans les chapitres suivants.

Cependant, dans le contexte de la production de l'expertise, nous avons pu constater une différence entre les deux domaines. Contrairement au COPA/COGECA, où les comités spécialisés représentent des arènes de recherche de compromis, l'association EURELECTRIC a crée des sections d'intérêt qui produisent des études techniques, servant d'expertise pour les institutions européennes ou internationales. Dans la suite de notre recherche, nous étudions quelle influence cette différence exerce sur les modes de représentation des groupes d'intérêt des deux secteurs.

---

[50] Entretien, EDF, Paris, 10 juin 1998

Les analyses des structures relationnelles et des organisations des groupes d'intérêt au niveau national et communautaire nous ont ainsi permis de présenter le développement et l'émergence de différentes formes de relations entre les groupes d'intérêt et les acteurs politico-administratifs.

PARTIE II.
LES POLITIQUES ET STRUCTURES COMMUNAUTAIRES DANS LE PROCESSUS DE L'ELARGISSEMENT - FREINS ET INCITATIONS A L'EMERGENCE D'UN MODE COMMUNAUTAIRE DE REPRESENTATION DES INTERETS

La gestion institutionnelle du système de gouvernance dans l'Ostpolitik communautaire[1]

Le processus de l'élargissement consiste en des éléments élaborés lors de la construction de l'Ostpolitik de la Communauté, à savoir les programmes PHARE et TACIS ainsi que les Accords européens, les politiques de préparation des pays d'Europe centrale et orientale à l'adhésion mises en place à partir de décembre 1993 lors du Conseil européen de Copenhague qui décide la possibilité d'adhésion des PECO, et enfin les autres instruments présentés ci-dessous, élaborés par la Commission européenne et décidés par le Conseil européen comme la Conférence européenne, l'ouverture des négociations d'adhésions, les Partenariats d'adhésion et le Programme national pour l'adoption de l'acquis (NPAA), la participation à des programmes et aux agences communautaires, ainsi que le screening (criblage) des 31 chapitres de l'acquis communautaire. Ce criblage a lieu dans des groupes de travail auxquels participent les fonctionnaires de la Commission, à la fois de la DG IA et des Directions générales responsables pour les domaines politiques passés au criblage, ainsi que les fonctionnaires du pays candidat individuel. Les séances de criblage ont lieu parallèlement avec tous les pays candidats pour les aider à apprécier leurs points forts et leurs faiblesses dans la transposition et la mise en œuvre de l'acquis communautaire.

Nous pouvons différencier ces instruments et processus divers en trois catégories. Une première catégorie correspond à des processus intergouvernementaux dans lesquels les acteurs centraux sont des représentants gouvernementaux et où la Commission ne joue qu'un rôle très limité de médiateur. Il s'agit de la Conférence européenne

---

[1] Pour une approche critique voir Dorota Dakowska, « Usages et mésusages du concept de gouvernance appliqué à l'élargissement de l'Union européenne », *Politique européenne*, n°10 printemps 2003, p. 99-120

et des négociations d'adhésion. Lors de la Conférence européenne, les relations entre les acteurs dans ces deux enceintes sont fondées sur des échanges diplomatiques auxquels la Commission a le droit d'assister. En ce qui concerne les négociations d'adhésion, la Commission présente la position commune des pays candidats au Conseil qui élabore sur cette base sa propre position commune dans les 31 chapitres de l'acquis communautaire. Le rôle central incombe dans ce contexte au service juridique de la Commission car la discussion est fortement liée à l'interprétation des différentes dispositions de l'acquis communautaire.

Une seconde catégorie est la préparation technique des pays candidats à l'adhésion, un processus dirigé par la Commission. Il s'agit de discussions dans des enceintes fermées aux représentants des Etats membres, qui se déroulent entre les représentants administratifs de la Commission et des pays candidats. Dans cette catégorie, l'on peut compter les Partenariats d'adhésion et le Programme national pour l'adoption de l'acquis (NPAA), la participation à des programmes et agences communautaires et le screening (criblage) des 31 chapitres de l'acquis communautaire.

Enfin, la dernière catégorie est celle de la gestion des relations politiques et économiques quotidiennes entre l'Union et les PECO qui ont lieu dans les institutions créées par les Accords européens et au travers de soutiens techniques qui sont offerts sur le terrain par les programme PHARE (et depuis le Conseil de Berlin de mars 1999 par les programmes ISPA et SAPARD) et TACIS.

Les activités des groupes d'intérêt au niveau communautaire se concentrent essentiellement sur les deux dernières catégories. En ce qui concerne les négociations d'adhésion, nous pouvons observer une 'internalisation' des relations entre les groupes d'intérêts et les acteurs politico-administratifs nationaux. Il s'agit d'un retour des activités de représentation au niveau gouvernemental – les institutions communautaires ne sont plus contactées, étant données leurs compétences restreintes dans ces processus. L'objectif des activités des groupes est d'influencer les modalités de l'élargissement, à savoir essentiellement l'étendue des périodes transitoires souhaitées par les pays candidats ou par les pays membres. Etant donné que les chapitres « agriculture » et « énergie » figurent parmi les plus complexes de l'Acquis, l'ouverture des négociations avec les pays candidats n'a commencé que très récemment et nous ne les prenons pas en considération. La présente étude se concentrera, au contraire, sur la gestion quotidienne de la Ostpolitik et de l'élargissement. C'est donc à la troisième catégorie que nous nous intéressons en particulier. Afin de mieux comprendre les points d'accès des groupes d'intérêts étudiés au niveau communautaire dans le contexte de la Ostpolitik et de l'élargissement, il importe de présenter brièvement les particularités structurelles et institutionnelles du processus.

Un jeu à différents acteurs

Généralement, l'Ostpolitik peut être considérée comme une politique communautaire, gérée par les services de la Commission européenne, notamment par l'élaboration des rapports qu'elle doit soumettre au Conseil.[2] La Commission est aussi la première institution communautaire à avoir établi des relations de travail quotidiennes, dans le cadre des relations commerciales et du programme d'assistance technique, avec les administrations et les gouvernements des PECO. En 1989, elle avait réussi à se faire confier, grâce aux efforts déployés par son président Jacques Delors pour convaincre et mobiliser des soutiens internationaux, la coordination de l'aide occidentale accordée par le G7 lors du sommet de Paris, qui s'est ensuite transformée en programme PHARE.[3]

Parallèlement, la Commission a négocié les accords d'associations avec les pays d'Europe centrale et orientale, qui, dans leur forme habituelle, étaient destinés à encadrer les relations entre la Communauté et les pays tiers. Ces accords européens, dont nous analyserons l'élaboration plus en détail par la suite (4.1.2), doivent faciliter les échanges économiques et politiques entre la Communauté et les pays tiers. La politique commerciale extérieure, qui constitue une partie des accords européens, est caractérisée par

---

[2] Cécile Robert, « L'Union européenne face à son élargissement à l'Est : incertitudes politiques et construction d'un leadership administratif », *Politique européenne*, n°3, janvier 2001, p. 38-60

[3] ibid. ; Christian Lequesne et Florence Deloche-Gaudez, « Le programme PHARE : mérites et limites de la politique d'assistance de la Communauté européenne aux pays d'Europe centrale et orientale », *Politiques et management public*, 1996, 14(1), p. 143-154. Le Conseil adopte le premier règlement PHARE en décembre 1989.

une coopération communautaire très institutionnalisée. Le Traité de Rome prévoit en effet dans son article 113 (depuis le traité d'Amsterdam 133 TCE) la compétence exclusive de la CE en matière de politique commerciale extérieure. Cette compétence, effectivement exercée depuis l'achèvement de l'union douanière européenne en 1968, est « une pierre angulaire de la construction communautaire »[4]. Le droit d'initiative et de négociation incombe exclusivement à la Commission, tandis que seul le Conseil est habilité à approuver les directives des négociations ainsi que l'accord paraphé par la Commission. Pendant les négociations, la Commission est toutefois 'chaperonnée' par un comité du Conseil des ministres avec lequel la Commission coopère en général étroitement pendant les négociations internationales, afin d'éviter tout risque de défection. Traditionnellement, c'est le comité 113 qui suit les affaires multilatérales tandis que le suivi des accords européens est l'affaire du groupe de travail du Conseil 'Europe centrale', groupe qui dépend du COREPER.

La gestion quotidienne des Accords européens entraîne ainsi une coopération étroite entre les services de la Commission et le Conseil de l'Union. Les dispositions des articles 228 et 238 du traité de Rome (300 et 310 TCE) relatives aux accords d'association ne prévoient pas l'intervention des Etats membres durant les négociations, mais seulement à leur terme pour l'approbation du texte négocié par la Commission. Toutefois, comme le montre Florence Deloche-Gaudez, les Etats membres ont réussi à imposer, lors de la négociation d'un accord d'association avec la Turquie, leur présence durant les négociations, à l'instar de ce qui est prévu pour les accords commerciaux.[5] Dans ce contexte, l'article 113 (133 TCE) précise que la Commission conduit la négociation des accords tarifaires et commerciaux « en consultation avec un Comité spécial désigné par le Conseil pour l'assister dans cette tâche », appelé depuis le Traité d'Amsterdam 'Comité 133'. Durant les négociations des accords européens, cette tâche est réalisée par le

---

[4] Jean-François Boittin, « Quelle politique commerciale pour l'Union européenne ? », *Le Banquet*, 1997, 11

[5] Florence Deloche-Gaudez, *La politique de la Communauté européenne à l'égard des pays d'Europe centrale et orientale de juin 1988 à juin 1993. Une réflexion sur le caractère pluraliste de la construction européenne*, Thèse de doctorat, IEP de Paris, 1998

'Groupe Europe orientale', institutionnalisé par le Comité des Représentants Permanents (COREPER) en 1993 et nommé 'Groupe Europe Centrale' (GEC).[6] Il rassemble, côté Etats membres, les conseillers commerciaux des représentations permanentes, souvent accompagnés d'experts venus des ministères nationaux, et, côté Commission, les fonctionnaires responsables pour les négociations des accords, appartenant jusqu'en 1994 à la DG 1, responsable pour les relations extérieures et, depuis 1994 les fonctionnaires de la DG IA, ainsi que des fonctionnaires d'autres Directions générales en fonction des sujets abordés. Il est présidé par le conseiller commercial du pays qui exerce la présidence de la Communauté. Ce groupe permet le contrôle des négociations par les services de la Commission et en particulier de la DG IA. Ces rencontres ont permis aux Etats membres d'évoquer, avec la Commission, en amont et dans le détail, le sujet à l'ordre du jour de chaque session, soit parfois presque chacune des dispositions négociées. Si le Groupe Europe Centrale n'arrive pas à se mettre d'accord sur un dossier, il remonte alors au COREPER qui réunit des représentants permanents des Etats membres et le directeur de la DG I et ensuite de la DG IA. Si à ce niveau, aucune prise de décision n'est possible, le dossier est discuté dans la réunion du Conseil Affaires générales. Cet agencement est le même que pour toute autre négociation au sein des groupes de travail du Conseil, décrit par Helen Wallace et Fiona Hayes-Renshaw comme une « pyramide de réunions »[7]. Depuis le début de l'année 1998, à la suite de la décision lors du Conseil de Luxembourg d'ouvrir les négociations d'adhésion à six pays candidats, un deuxième groupe de travail a été créé dans le contexte de la Ostpolitik de l'Union : le groupe « Elargissement ». Ce groupe est un groupe 'ad hoc' lié au groupe 'Europe centrale'.

La gestion quotidienne des accords européens incombe à la DG IA. Les sujets sont inscrits à l'ordre du jour lors des différentes réunions des trois instances d'association formelles instituées par l'accord : le sous-comité, le Comité et le Conseil d'association. Les différents sous-comités thématiques où les problèmes sont traités de manière approfondie et, si possible, des solutions sont dégagées

[6] Information du Secrétariat général du Conseil de l'Union européenne.

[7] Helen Wallace et Fiona Hayes-Renshaw, *The Council of Ministers*, Londres, Macmillan, 1997, p. 15

au niveau technique, jouent un rôle de plus en plus important en tant qu'enceinte de négociation mais n'ont pas de pouvoir décisionnel. Celui-ci revient aux instances supérieures, à savoir au Comité d'association dans lequel les hauts fonctionnaires se réunissent une fois par an, et au Conseil d'association qui supervise au niveau politique et ministériel la mise en œuvre de l'accord européen. Toutefois, la diplomatie économique de la Commission a fait en sorte que les véritables négociations se déroulent dans des conditions plus informelles, telles que des réunions d'experts bilatérales ou en petit comité informel. C'est dans la gestion quotidienne que l'on peut donc observer les répertoires d'action des groupes d'intérêts les plus actifs.

La structure institutionnelle de la Commission s'adapte également. Jusqu'en 1995, la DG I, responsable pour les relations extérieures, a été en charge de la gestion des relations avec l'Europe centrale et orientale. En 1995, le désir de la Commission d'apparaître comme « susceptible de maîtriser et de coordonner l'ensemble de la politique communautaire à l'Est » débouche sur la création d'une Direction générale 1A, et celle d'une Direction B en son sein, qui sera désormais chargée de coordonner et de gérer les relations avec l'Europe centrale et orientale. Lors de la décision d'ouvrir les négociations d'adhésion en 1998, une Task Force pour les négociations d'adhésion (TFAN) est créée, indépendante de la DG IA, ce qui a entraîné un certain nombre de conflits bureaucratiques au sein de la Commission.[8] Chacune des unités qui composent la Direction B regroupe, en son sein, des personnels responsables du suivi des accords européens, du programme PHARE et de la stratégie de pré-adhésion pour un pays.[9]

---

[8] Conflits que nous avons pu observer lors de notre séjour d'observation participative au sein de la Commission. Toutefois, ce conflit spécifique n'a pas influencé les répertoires d'action des groupes d'intérêts que nous analysons dans cette étude et n'est pour cette raison pas traité ici. Voir Sabine Saurugger, "A Fragmented Environment? Interest Groups and the European Commission's Sectorisation", *Politique européenne*, n°5 automne 2001, p. 45-69

[9] La réforme de la Commission Prodi, mise en oeuvre en septembre 1999, a modifié la structure des services chargés de l'élargissement et de la Ostpolitik. Toutefois, puisque notre période d'analyse se termine en mars 1999, nous n'entrons pas dans le détail de cette transformation. Voir :

La présentation des données structurelles et institutionnelles dans le contexte de l'Ostpolitik de l'Union et du processus de l'élargissement nous a semblé nécessaire afin de pouvoir insérer le questionnement qui nous préoccupe dans cette deuxième partie de ce travail. Quel est donc le résultat de l'interaction entre la structure du système communautaire et celle des niveaux nationaux sur les modes de représentation des intérêts?

Comme nous l'avons montré dans l'Introduction, les variables du système communautaire correspondent au degré de légitimation des institutions communautaires dans un domaine politique spécifique, à leur besoin d'expertise et au degré de fragmentation du système institutionnel communautaire, à la fois au niveau intra- et inter-institutionnel. Ainsi, le fait que les institutions communautaires, et en particulier la Commission, recherchent de la légitimité et de l'expertise dans un domaine donné ou bien cherche à en avoir entraîne une plus grande activité collective au niveau communautaire. Le degré de « collectivisation » de ces activités dépend toutefois des pressions exercées par les plus hauts niveaux de la Commission pour imposer une telle collectivisation. L'étude des activités des groupes d'intérêts individuels en Europe centrale et orientale dans la troisième partie de notre recherche nous montre qu'elle n'est aucunement automatique.

Les chapitres suivants s'attachent à répondre à ce questionnement. Le chapitre 4 analyse l'émergence des stratégies et des intérêts des groupes étudiés face à l'Ostpolitik élaborée et mise en œuvre par les institutions européennes. L'objectif du chapitre 5 est d'étudier le rôle du besoin d'expertise des institutions européennes dans les modes de représentation des intérêts des groupes agricoles et électronucléaires. Le chapitre 6 s'intéresse aux variables de sectorisation et de fragmentation inter- et intra-institutionnelle et leur influence sur les répertoires d'action des groupes. Dans le dernier chapitre de cette deuxième partie (chapitre 7), nous analysons la variable intervenante de la réforme de la Politique agricole commune, mise en oeuvre en 1999.

Neill Nugent et Sabine Saurugger, « Organisational Structuring : the Case of the European Commission and Its External Policy Responsabilities", *Journal of European Public Policy*, 2002, 9(3), p. 345-364

CHAPITRE 4.
L'EMERGENCE D'UNE « *OSTPOLITIK* » : LES GROUPES D'INTERETS FACE AU SYSTEME COMMUNAUTAIRE

Dans ce chapitre nous nous interrogeons sur les répertoires d'actions utilisés par les syndicats agricoles et les entreprises et industries électronucléaires allemands et français à la suite de la chute du mur de Berlin et de l'élaboration d'une Ostpolitik de la Communauté européenne. Nous avons présenté les structures institutionnelles complexes de cette politique. Toutefois, cette présentation reste extrêmement statique si l'on ne l'insère pas dans une vision plus vaste des processus des acteurs à la fin des années 1980. Ce chapitre nous permet de présenter la construction des intérêts dans les deux secteurs et de comparer les réactions des groupes d'intérêt à la même problématique – celle d'une élaboration d'une Ostpolitik communautaire.

4.1. La politique agricole européenne et l'élargissement

La situation agricole en Europe centrale et orientale

Même si en l'occurrence, des défis réels existent dans d'autres secteurs, force est de constater que les problèmes agricoles ont traditionnellement eu une portée sociale et politique considérable dans toutes les négociations d'adhésion antérieures. Son poids se trouve encore renforcé dans le cas de l'Europe centrale et orientale compte tenu de l'importance des populations rurales dans les PECO et de l'impact de l'agriculture sur leurs économies. Le paradoxe tient au fait que, tout en traversant actuellement une crise structurelle sans précédent dans tous les PECO, le secteur agricole représente néanmoins une concurrence partielle de grande ampleur pour les agriculteurs de l'Union européenne.[10] La Communauté

---

[10] Tung-Laï Margue, "Les enjeux et les perspectives agricoles du futur élargissement de l'Union européenne aux pays d'Europe centrale et orientale", *Revue du Marché unique européen*, n°1, 1995, p. 159-170. Le 'problème agricole' a entraîné une multitude d'articles dont nous citons ici, en guise d'exemple Jacques Le Cacheux (dir), *L'Europe, la nouvelle vague : perspectives économiques de l'élargissement*, Paris, Presses de Sciences Po, 1996 ; Mayhew Alan, *Recreating Europe. The EU's Policy towards Central and Eastern Europe*, Cambridge, Cambridge University Press, 1998; Pouliquen Alain,

européenne était alors forcée, dès le début de la mise en œuvre de son Ostpolitik, de trouver une approche équilibrée qui permette de remettre l'agriculture est-européenne sur les rails et de lui assurer des débouchés sans pour autant créer de difficultés majeures pour les agriculteurs au sein de l'Union européenne.

En comparant trois facteurs économiques agricoles, la différence entre les pays d'Europe centrale et orientale et les pays membres de l'Union européenne devient claire. Le premier constat concerne l'importance relative du secteur agricole dans le PIB des PECO, égal à 9% en moyenne au début des années 1990 et à 6,8% en 1999.[11] En comparaison, le pourcentage moyen s'élève à 1,7 dans l'UE, soit de trois fois moins qu'en Europe centrale et orientale. Des différences extrêmes doivent toutefois être soulignées puisque la Roumanie tire près de 19% de son PIB de l'agriculture (en 1990, le chiffre était encore proche de 25%) alors que la Slovénie n'avoisine que les 4,4%.[12]

Le deuxième facteur concerne la part des emplois agricoles par rapport à l'ensemble de la population active. Cette part est sensiblement plus élevée qu'à l'intérieur de l'Union européenne : 19% en moyenne pour les PECO et 6% en moyenne pour les pays membres de l'Union. Là aussi, des différences doivent être soulignées. En Roumanie 37,7% du total des emplois sont rassemblés dans le secteur agricole contre 4,2% en Slovénie. Alors que l'importance numérique de la population agricole a généralement diminué dans les pays d'Europe centrale et orientale, il semble qu'elle ait augmenté en Pologne, selon les statistiques disponibles, mais peu fiables, comme le souligne François Bafoil.[13]

« L'élargissement agricole de l'Union européenne à l'Est : les surplus de main d'œuvre contre les surplus de produits, *Revue d'études comparatives est-ouest,* 1999, 30(1), p.233-259 ; Blanchet Jacques et Alain Revel (dir), *Elargissement de l'Europe à l'Est : danger ou chance pour les agriculteurs?*, Paris, France agricole 1996 ; Stefan Bojnec, « Integration of Central Europe in the Common Agricultural Policy of the European Union ».*World Economy* 1996, 19(4), p.447-463

[11] Edith Lhomel, « L'agriculture des pays d'Europe centrale et orientale face à l'entrée dans l'Union européenne », *Le courrier des pays de l'Est,* n°441, 1999, p. 3-25

[12] Commission européenne, DG VI, *Situation agricole et perspectives dans les pays d'Europe centrale et orientale . Rapport de synthèse,* juin 1998

[13] François Bafoil, « La question agricole en Pologne : le défi de l'intégration européenne », *Les Cahiers du CERI,* n°74, 2001

Enfin, la surface des terres agricoles équivaut environ à 40% de celle de l'Union européenne, alors que les dix PECO ont une population globale de 96 millions de personnes à comparer aux 373 millions de l'Union européenne.

Ignorant la situation de l'agriculture en Europe centrale et orientale, les professionnels agricoles ainsi qu'un certain nombre de responsables politiques ont perçu le secteur agricole des PECO comme un concurrent dangereux pour l'agriculture ouest-européenne. Les craintes des agriculteurs occidentaux étaient de voir déferler des produits agricoles à bas prix en provenance de l'Est. Ces craintes se sont bruyamment exprimées au lendemain de la chute du mur de Berlin.

Nous nous interrogeons dans ce chapitre sur les formes de répertoires d'action utilisés par les syndicats agricoles dans ce contexte. Pour ainsi faire, nous avons décidé d'analyser les négociations du volet agricole des accords européens durant les années 1990-1991. Le secteur de la viande bovine a figuré parmi les plus vivement négociés. Il s'agit d'une situation de 'crise' qui permet d'observer l'existence ou la non-existence d'un mode communautaire de représentation des intérêts. Les syndicats agricoles se projettent-ils au niveau communautaire, là où les négociations des accords européens ont eu lieu initialement ? Contactent-ils d'autres syndicats agricoles européens afin de présenter une position commune, organisent-ils des manifestations au niveau bruxellois ? Représentent-ils leurs intérêts auprès des services de la Commission européenne, point de contact de longue date ? Si oui, pouvons-nous constater que le degré de communautarisation de la Politique agricole commune constitue la variable indépendante qui influe sur cette forme de représentation des intérêts au niveau communautaire ?

Les négociations des accords européens

Les accords européens sont des accords d'association conclus entre la Communauté européenne, les Etats membres et des pays tiers. Négociés et signés entre 1990 et 1999 avec les pays d'Europe centrale et orientale, ils sont d'une certaine manière l'élargissement des accords de commerce et de coopération conclus entre la Communauté et les anciens pays communistes de l'Europe centrale et orientale.[14] Dans ce contexte, la Commission a saisi la deuxième possibilité d'exercer le leadership dans la Ostpolitik de la Communauté, après avoir obtenu la responsabilité pour la gestion du programme PHARE. Bien que la Commission possède, comme nous l'avons souligné auparavant, un certain nombre de compétences dans le domaine des relations commerciales extérieures, elle a saisi presque l'intégralité de la gestion des relations avec les pays d'Europe centrale et orientale. A plusieurs reprises et en particulier dans le domaine de l'énergie et de la sûreté nucléaire en Europe centrale et orientale, la Commission a agit en tant qu'innovateur ou entrepreneur d'incitations sélectives (*innovator of selective incentives*)[15], comme nous le montrerons par la suite (4.2.).

Les accords européens sont conclus pour une durée indéterminée au nom des trois Communautés européennes (CE, CECA, EURATOM) et de ses Etats membres, particularité qui fait les accords européens des accords mixtes. Ces accords comprennent pour l'agriculture une série des quotas tarifaires fondés sur le niveau d'importation de 1989/90 en provenance des PECO. La Communauté européenne a accepté de supprimer immédiatement les restrictions quantitatives pour un certain nombre de produits, nommés 'produits non-sensibles'. Pour les produits listés en annexe des accords européens, il a été prévu que ces quotas soient augmentés de 10% par an sur une période de cinq ans. A l'intérieur

---

[14] Pour une analyse des Accords de commerce et de coopération voir Danielle Charles-Le Bihan, « L'intégration agricole des PECO dans l'Union européenne: de la défense de la politique agricole commune à son inévitable mutation », *Revue des Affaires européennes*, 1997, 7(3), p. 302- 323 ; Christian Lequesne, « Commerce et aide économique : les instruments d'une politique », in Françoise de la Serre, Jacques Rupnik, et Christian Lequesne, *L'Union européenne : ouverture à l'Est*, Paris, PUF, 1994, p. 43-79

[15] Mancur Olson, *The Logic of Collective Action*, Cambridge, Harvard University Press, 1965

de ces quotas, les tarifs ont dû être abaissés de 20% au cours d'une période de trois ans, puis de 40% et enfin de 60% au maximum. En dehors des quotas, des tarifs normaux étaient appliqués. Des engagements similaires ont été pris du côté des PECO mais sur une période allant de 7 à 10 ans.[16] Toutefois, étant donnée la sensibilité du domaine agricole, les accords européens contiennent une clause qui permet aux pays concernés, « sous condition des perturbations sérieuses », de prendre des mesures nécessaires et temporaires qui doivent être discutés au sein des comités appropriés. La Communauté n'a aucunement consenti à instaurer – même progressivement – un système de libre échange des produits agricoles, inacceptable en particulier pour la France. Compte-tenu de l'inégal développement des partenaires, un aménagement a donc été décidé sous forme d'un engagement asymétrique. Tandis que les PECO se sont progressivement engagés dans un processus de suppression de contingents et de désarmement tarifaire à l'égard des produits agricoles communautaires, la Communauté a accordé un système de concessions différenciées par pays et par produits. Bien que la Communauté ait fait des concessions favorables aux importations des PECO, les quotas n'ont souvent pas été remplis. Profitant largement de la désorganisation des circuits agricoles, la Communauté a vu ses exportations agricoles vers les PECO s'accroître rapidement, essentiellement pour satisfaire la demande de la partie aisée de la population qui préfère souvent la qualité des produits de l'Europe de l'Ouest.

Toutefois, l'évolution des accords européens que nous avons esquissée ici, finalement favorable aux agriculteurs de l'Union européenne, n'était évidemment pas encore connue lors des premières négociations concernant les accords d'association, et les producteurs agricoles de la Communauté étaient hautement sceptiques vis-à-vis des accords européens.

---

[16] Sauf pour l'Estonie, avec laquelle tout échange commercial, aussi bien agricole qu'autre, a été libéralisé. Danielle Charles-Le Bihan, « L'intégration agricole des PECO dans l'Union européenne: de la défense de la politique agricole commune à son inévitable mutation », *Revue des Affaires européennes*, 1997, 7(3), p. 309

L'adoption de certaines dispositions de protection a entraîné de nombreuses difficultés dans la négociation des accords européens. Lors du Conseil 'Affaires générales' réuni le 6 septembre 1991 pour délibérer des propositions de la Commission européenne et visant à infléchir les directives de négociation pour les accords d'association avec la Pologne, la Hongrie et la Tchécoslovaquie, les représentants français se sont opposés à une ouverture supplémentaire du marché commun aux importations de viande bovine en provenance de l'Europe centrale et orientale et ont ainsi bloqué l'adoption d'un nouveau mandat de négociation.[17] La Grèce et l'Italie étaient très favorables à une ouverture du marché avec les pays d'Europe centrale et orientale dans ce secteur, contrairement à la France, la Belgique et l'Irlande, les principaux exportateurs de viande bovine en Europe.[18] Toutefois, les représentants de ces deux derniers pays ont laissé le gouvernement français assumer publiquement la responsabilité du blocage des discussions.

Le 30 septembre 1991, le gouvernement français accepte finalement le compromis suivant : la proposition initiale de la Commission concernant la viande bovine, à savoir la réduction des prélèvements et droits de douane de 20% par an pendant trois ans dans la limite de quantités accrues de 10% par an pendant 5 ans, est maintenue, mais elle est encadrée par un certain nombre de dispositions. Cette formule a été imaginée par la Direction générale des Relations extérieures (DG I) de la Commission, et non par la Direction générale de l'Agriculture (DG VI) qui ne cachait pas son inquiétude. Une approche en trois étapes a été prévue. Premièrement, les quantités qui étaient fournies par les pays associés à l'URSS ou à d'autres pays d'Europe centrale et orientale au moyen d'opérations triangulaires ont été déduites de ces contingents préférentiels. Deuxièmement, s'agissant des bovins vivants, la Communauté a veillé à ce que le contingent annuel alors en vigueur de 425.000 têtes pour les importations en provenance des pays d'Europe centrale et orientale ne soit pas dépassé et a adopté des mesures de sauvegarde. Enfin, les dispositions

---

[17] *Agence Europe*, 07.09.1991

[18] Entretien, Représentation permanente de la République fédérale de l'Allemagne, 15 janvier 1999

sanitaires, concernant notamment l'interdiction des hormones, ont été appliquées et les contrôles renforcés.

Cette décision au niveau communautaire a été le résultat d'un long processus de négociation qui a ses origines au niveau national français. Pour souligner leur opposition à tout compromis, la FNSEA avait organisé quelques jours avant la réunion du Conseil des ministres à Bruxelles une manifestation à Paris qui a rassemblé quelques 300.000 paysans et ruraux.

Depuis 1989, le secteur bovin est en crise en Europe.[19] Toutefois, la crise à laquelle les éleveurs français, mais aussi britanniques et irlandais, ont fait face depuis la fin de l'année 1989 provenait de la chute des cours à la production due au fait que l'offre était supérieure à la demande. L'augmentation de l'offre a été liée à l'achat de quantités importantes d'animaux vivants et de carcasses en provenance de la Pologne et de la Tchécoslovaquie. Cette situation a entraîné un grand nombre de manifestations et de mouvements protestataires, organisés en premier lieu par la Fédération nationale bovine (FNB), membre de la FNSEA et, par la suite, par des centres départementaux de la FNSEA, les FDSEA (Fédérations départementales des syndicats d'exploitants agricoles).

Les mêmes réactions ont eu lieu en Allemagne, où le chef de file du mouvement protestataire sont les *Länderbauernverbände* du DBV, et en particulier le plus puissant parmi eux, le *Bayrische Bauernverband* (BBV). Cette situation diffère ainsi sensiblement de la France où les 'meneurs du jeu' sont les fédérations sectorielles, et en particulier la FNB. Fin août 1990, les paysans bavarois ont convoqué le ministre fédéral de l'agriculture, Ignaz Kiechle, à une réunion extraordinaire de leur fédération organisée à la hâte à Munich. A l'aide de prix de dumping, les coopératives agricoles de la RDA avaient cherché à écouler leur viande bovine sur les marchés occidentaux, avec le puissant soutien des charcuteries de grandes entreprises de

---

[19] Une autre raison pour la crise dans le secteur bovin a été la B.S.E. identifiée en 1985 en Grande Bretagne. Cette situation a conduit le gouvernement britannique à réagir dès 1988, donc trois ans plus tard. La Communauté européenne s'est vue contrainte de réagir, en interdisant, en juillet 1989, les exportations britanniques de bovins nés avant le 18 juillet 1988, puis au mois de mars 1990, en restreignant les exportations de veaux britanniques aux seuls veaux âgés de moins de six mois devant être abattus à cet âge.

distributions ouest-allemands. Le ministre de l'agriculture et le gouvernement, confrontés à un problème intérieur, ont cependant décidé de régler le problème à l'intérieur de l'Allemagne et n'ont pas informé la Commission.

En France, la situation de crise donne lieu à la création d'une commission d'enquête sur les distorsions de concurrence sur les marchés de la viande, plus particulièrement bovine et ovin. Le rapport qui en résulte[20] a eu une grande influence sur l'élaboration de la position française au niveau communautaire. La concordance de position entre le ministère de l'agriculture et le ministère des affaires étrangères n'a pas fait l'objet des discussions longues et complexes, mais semble avoir donné lieu à une position commune française, adoptée suite à un travail continu d'information auprès des deux ministères par l'Office interprofessionnel OFIVAL, la FNB et la FNSEA. Un de nos interlocuteurs décrit cette situation comme « exemplaire », permettant la coopération entre le ministère de l'Agriculture et des Affaires étrangères.[21] L'idée de l'existence d'une menace pour le secteur bovin venant de l'extérieur a été aussi bien acceptée par le Ministère de l'agriculture français que par le ministère des Affaires étrangères. Deux facteurs responsables pour la crise sont ainsi avancés : la réunification allemande et la chute des gouvernements communistes qui ont entraîné l'importation d'un grand nombre de bétail à des prix défiant toute concurrence.

Le résultat du compromis concernant les dispositions prises pour le secteur bovin dans les Accords européens a entraîné une déception et une vigilance de la part des syndicats agricoles. Les organisations syndicales agricoles sont ressorties dépitées de leur entrevue avec le ministre de l'agriculture Louis Mermaz au début du mois d'octobre 1991, considérant n'avoir obtenu aucune garantie sur le dossier des importations de viandes de l'Est. Raymond Lacombe, président de la FNSEA de l'époque, a regretté le premier que le ministre n'ait pas apporté d'éclaircissement sur l'accord signé la veille à Bruxelles qui prévoyait dans le cadre de protocoles triangulaires avec l'Union soviétique, d'augmenter les importations de bovins en provenance de Pologne, de Hongrie et de

---

[20] *Rapport de la Commission d'enquête relative au fonctionnement du marché de la viande ovine et bovine,* Président M. Gaston Rimareix et M Martin Malvy, JO du 6 avril 1991

[21] Entretien, SGCI, 27 novembre 1998

Tchécoslovaquie. « Rien n'est clair » a déclaré pour sa part Philippe Mangin, le président du Centre national des jeunes agriculteurs (CNJA). Au MODEF, la réaction a été tout aussi négative. Le syndicat paysan a en effet déclaré que « si la CEE estime nécessaire de venir en aide aux pays de l'Est, le gouvernement doit intervenir pour que les viandes ne transitent pas par la Communauté avant d'être destinées à l'aide alimentaire à l'Union soviétique ».[22]

A la suite du compromis forcé par la représentation française, la Fédération nationale bovine (FNB) a publié un communiqué dans lequel elle souligne que les concessions annoncées par le Ministère des Affaires étrangères suscitent le trouble et l'inquiétude parmi les éleveurs de la viande bovine. Elle a exigé des précisions concrètes sur la teneur des garanties obtenues par la France auprès de la CEE et ajouté que « compte tenu de l'effondrement actuel de nos cours, déjà largement imputables aux entrées de viandes et d'animaux vivants en provenance de l'Est, aucune importation supplémentaire ne saurait être envisageable, ni supportable ». Ainsi, les activités protestataires des éleveurs français, contrairement à celles des agriculteurs allemands qui, selon nos interlocuteurs ont gardé un contact étroit avec les responsables du ministère de l'Agriculture à Bonn, continuent.[23]

Conclusion : une réponse nationale à une problématique communautaire

Ces activités protestataires des paysans individuels sont une forme de répertoire d'action ad hoc, mais leurs auteurs n'établissent pas de relations institutionnalisées avec les pouvoirs publics au niveau national. Les activités sont utilisées par les représentants des syndicats agricoles nationaux pour éventuellement souligner des demandes auprès des pouvoirs publics ou renforcer une position de négociation comme l'a montré l'analyse des activités des syndicats agricoles lors de la négociation des premiers accords européens avec le Pologne, la Hongrie et la Tchécoslovaquie.

---

[22] *Ouest France*, 3 octobre 1991

[23] Pour une analyse plus détaillée voir Sabine Saurugger, *Vers un mode communautaire de représentation des intérêts ? Les groupes d'intérêt français et allemand dans l'Ostpolitik de l'Union européenne*, Thèse de doctorat, IEP de Paris, 2001

Dans l'analyse de ce cas, il importe de différencier deux formes de répertoires d'action des représentants agricoles qui est, d'une part, protestataire et organisée du niveau local au niveau national. D'autre part, il s'agit du répertoire d'action du recours à la morale auprès des acteurs politico-administratifs, qui a lieu au niveau national et concerne les questions communautaires. Ces modes de représentation sont similaires en France et en Allemagne.

La particularité des ces activités est toutefois leur concentration au niveau national, à la fois en France et en Allemagne. A aucun moment n'intervient le COPA/COGECA, organisation professionnelle au sein de laquelle il n'a pas été possible d'aboutir à un compromis permettant de défendre une position commune. Aucune prise de contact n'a eu lieu entre la FNSEA ou la FNB et d'autres représentations nationales auprès de la Communauté européenne. « Nous avons eu confiance à la représentation française et le gouvernement français. Ce sont eux qui ont le contact politique et nous savions que le veto français au Conseil tenait. Les autres ne pouvaient rien faire sans la France », soulignait l'un de nos interlocuteurs[24]. Cette certitude des syndicats français est encore renforcée par deux facteurs : il s'agit premièrement du Rapport de la commission d'enquête parlementaire grâce auquel les syndicats, et en particulier les syndicats spécialisés, ont perçu le soutien que portaient les pouvoirs publics à cette question. Deuxièmement, l'uniformité des vues entre le ministère des affaires étrangères et le ministère de l'agriculture français a renforcé la représentation de la FNSEA et de la FNB dans cette situation.

Nous pouvons alors observer, aussi bien dans le cas français que dans le cas allemand, une forme de représentation d'intérêts que nous avons appelé 'internalisation' en nous appuyant sur les travaux de Richard Balme et Didier Chabanet[25]. Ce mode se cristallise avant tout dans le développement de mobilisations locales ou nationales autour d'enjeux communautaires. Il prend la forme de concertations préalables entre les groupes d'intérêts et les pouvoirs publics nationaux, sans créer une représentation indépendante au

---

[24] Entretien, FNSEA, 26 août 1998

[25] Richard Balme et Didier Chabanet, « Action collective et représentation des intérêts dans l'Union européenne », dans Richard Balme, Didier Chabanet et Vincent Wright (dirs), *L'action collective en Europe*, Paris, Presses de Sciences Po, 2002

niveau communautaire. L'enjeu de la négociation au niveau communautaire devient ainsi de nouveau strictement intergouvernemental, renforcé par la condition de vote à l'unanimité requise pour les accords européens.[26] L'internalisation peut donc être comprise comme l'arbitrage des positions des différents groupes au niveau national, que cela se concrétise par les mécanismes de 'formation de préférence domestique' de type pluraliste[27], ou par des procédures de concertation plus formalisées, comme nous les avons observées ici[28].

A travers cette première étude, nous observons des modes de représentation similaires dans le contexte français et allemand. La représentation des intérêts a lieu auprès des acteurs politico-administratifs au niveau national, qui détiennent le pouvoir de veto dans les négociations agricoles au niveau communautaire. Il importe de souligner des différences minimes que cette étude a mise à jour entre les modes de représentation des syndicats

---

[26] Cet exemple illustre par ailleurs une autre problématique portant sur le rôle des gouvernements nationaux dans les négociations internationales. Développée par Robert Putnam, le concept théorique du jeu à deux niveaux constate que les activités des groupes d'intérêts se concentrant sur leurs gouvernements respectifs peuvent renforcer le pouvoir de négociation au niveau international. Au contraire, selon Robert Putnam, « the stronger a state is in terms of autonomy from domestic pressures, the weaker is its relative bargaining position internationally ». Robert Putnam, "Diplomacy and domestic politics: the logic of two-level games", *International Organization,* 42, 1988, p. 427-460; Peter B. Evans, Harold K. Jacobson et Robert Putnam (dirs), *Double-Edged Diplomacy. International Bargaining and Domestic Politics,* Berkeley, University of California Press, 1993. Pour une application dans le contexte du rôle des groupes d'intérêts dans le processus de prise de décision au niveau communautaire voir : Edgar Grande, "The state and interest groups in a framework of multi-level decision-making: the case of the European Union", *Journal of European Public Policy,* 3(3), 1996, p. 318-338 ; Pour une analyse des syndicats agricoles dans le contexte de la reforme de la PAC de 1992 voir : Lee Ann Patterson, « Agricultural policy Reform in the European Community : a three level game analysis », *International Organization,* 51(1), 1996.

[27] Andrew Moravcsik, « Negotiating the Single European Act: National Interests and Conventional Statecraft in the European Community », *International Organization* 1993 45(3), p.660-696

[28] Je remercie Emiliano Grossman pour m'avoir indiqué ce point si clairement.

agricoles allemands et français. Alors que la structure organisationnelle de la FNSEA a permis aux intérêts sectoriels, et en particulier à la FNB, de représenter leurs intérêts individuellement, ceci n'a pas été observable dans le cas allemand. La structure du DBV est plus fortement fédérale que sectorielle et laisse aux puissants *Länderbauernverbänden* une marge de manœuvre, qui est particulièrement utilisée auprès des acteurs politico-administratifs des Länder. Le secteur de la viande bovine s'exprime dans l'enceinte du DBV ou dès *Länderbauernverbände*, mais pas de façon indépendante.

Peut-on tirer des constats similaires au niveau du secteur électronucléaire, dans lequel la Commission européenne ne possède ni de compétences juridiques, ni l'expertise technique lui permettant de proposer des approches spécifiques vis-à-vis de l'Europe centrale et orientale ? Quels sont donc les répertoires d'action choisis par les groupes d'intérêt français et allemands en question lors de l'émergence de l'Ostpolitik communautaire ?

4.2. Le développement d'une approche politique face au nucléaire en Europe centrale et orientale

La construction des intérêts dans le domaine d'énergie nucléaire vis-à-vis de l'Europe centrale et orientale ne débuta pas seulement avec la chute du mur de Berlin. L'événement décisif a été l'accident de la centrale nucléaire de Tchernobyl en Ukraine d'avril 1986. L'industrie nucléaire, à savoir les producteurs de l'électricité, les constructeurs des centrales ainsi que les autorités de sûreté nucléaire, se sont retrouvés dans une situation dans laquelle la production de l'énergie nucléaire a été de plus en plus critiquée et perçue comme peu sûre.[29]

Cependant, les connaissances techniques sur les centrales nucléaires est-européennes n'étaient que peu existantes, voire totalement absentes. Cette situation était due au lien très fort entre le nucléaire civile et militaire en Europe centrale et orientale, des pays qui étaient d'un point de vue technologique très fortement dépendants des recherches soviétiques. La période de la guerre

[29] Cet argument a été avancé par la presque totalité de nos interlocuteurs industriels.

froide fut d'ailleurs peu propice à une collaboration est-ouest dans ce domaine.

La situation des centrales nucléaires en Europe centrale et orientale

L'accident survenu dans la centrale nucléaire de Tchernobyl en avril 1986 a été le premier événement d'une longue série qui a montré que la situation des réacteurs nucléaires en Europe centrale et orientale et dans les nouveaux Etats indépendants (NEI) pose un grave problème de sûreté. Dans la plupart de cas, l'état de sûreté des centrales nucléaires de ces pays ne satisfait pas aux exigences des normes internationales de sécurité.

Parmi les dix pays de l'Europe centrale et orientale candidats à l'adhésion de l'Union européenne, sept utilisent l'énergie nucléaire pour produire une partie de leur électricité : la Bulgarie, la République tchèque, la Hongrie, la Slovénie, la Slovaquie, la Lituanie, ainsi que la Roumanie où la production a commencé en 1996. Plusieurs d'entre eux, à savoir la Roumanie, la Slovaquie et la République tchèque ont des réacteurs en construction et disposent de réacteurs de recherche et de test. Seule l'Estonie ne possède aucun réacteur en fonction ou en projet tandis que la Pologne et la Lettonie ne recourent pas à la production de l'énergie nucléaire. Si globalement le pourcentage de production d'électricité d'origine nucléaire dans une Union à 25 ne doit pas augmenter substantiellement, les caractéristiques de certains réacteurs de plusieurs PECO ont été, elles, de nature à poser trois types de problèmes au début des années 1990 : Premièrement, et avant tout le problème de la sûreté des installations, certaines d'entre elles, de type soviétique, étant considérées comme peu fiables ou même extrêmement dangereuses. Le deuxième problème est lié à la technologie soviétique. Les ingénieurs russes, en tant que concepteurs des anciennes installations, continuent à en contrôler les évolutions et modifications possibles. Et enfin, le problème de l'approvisionnement énergétique des candidats dont certaines centrales doivent être fermées, remplacées ou substituées par d'autres sources d'électricité au moment où la transformation économique et sociale de ces pays nécessite une consommation accrue.

Tableau 4.2.

Nombre de réacteurs civils en exploitation dans les PECO

	Type de réacteurs						
	RBMK	*VVER*			FBR	Autres	Total
		230	213	1000			
Bulgarie		**4**		2			**6**
Hongrie			4				4
Slovaquie		2	3				5
Rép. tchèque			4				4
Lituanie	2						2
Roumanie						1	1
Slovénie						1	1
Total	**2**	**6**	**11**	**2**	**0**	**2**	**23**

Source : CE, *The European Commission and Nuclear Safety in Central Europe and the New Independent States*, 1999

Un certain nombre de pays dépendent pour un niveau élevé de la production de l'électricité nucléaire (la Bulgarie 40%, la Lituanie 85%), qui est d'une part nécessaire pour la sécurité d'approvisionnement interne, mais aussi pour l'exportation - d'une grande importance pour l'économie des pays.

L'acquis communautaire dans le domaine nucléaire

La base de l'acquis en la matière est, comme nous l'avons vu dans le chapitre précédent, constituée par le Traité EURATOM qui couvre le développement de la recherche, la protection sanitaire, les investissements, les entreprises communes, l'approvisionnement en matières nucléaires, le contrôle de la sécurité, le régime de propriété et le marché commun nucléaire ainsi que les relations extérieures. Les décisions, directives et résolutions communautaires qui en découlent ont progressivement développé les aspects relatifs à la santé et à la sûreté. En outre, la participation à des accords internationaux tels que ceux formant le régime de non-prolifération doit être prise en compte.

La sûreté en tant que telle recouvre différents aspects : la radioprotection, la sûreté des installations nucléaires et la gestion des déchets radioactifs. La radioprotection est couverte par un ensemble de normes dérivant du traité, ainsi que par les décisions visant à définir les mesures à prendre en cas d'accident. Dans le cas de la sûreté des installations, la responsabilité pour la définition et la mise en œuvre des critères et des autorisations de sûreté est laissée aux Etats membres de l'Union. Toutefois, nous avons pu constater lors de nos entretiens que les acteurs électronucléaires européens semblent avoir développé un discours sur la « culture européenne de sûreté nucléaire », sans qu'une définition précise de cette notion puisse être donnée. Dans le domaine des déchets également, chaque pays est responsable de sa propre gestion, bien que des actions concertées pour atteindre une approche commune aient été lancées au niveau communautaire.

L'externalisation des groupes d'intérêts face au nucléaire

Face aux situations préoccupantes dans le secteur de l'énergie nucléaire en Europe centrale et orientale, les gouvernements des pays membres de la Communauté européenne possédant des centrales nucléaires, ainsi que les industries nucléaires ont commencé à se mobiliser en particulier après l'accident de la centrale nucléaire de Tchernobyl. Lors de nos entretiens, nos interlocuteurs[30] soulignaient sans exception qu'il apparaissait désormais que l'avenir de l'énergie nucléaire dans chaque pays européen dépendait très étroitement de l'évolution et de la stratégie suivies dans les pays voisins.

Toutefois, une énumération de facteurs définissant un intérêt précis nous semble simplificatrice. Comme dans le secteur agricole, le processus complet de la construction de l'intérêt ne peut être compris que par un va et vient entre l'intérêt qui fait le groupe (ad hoc ou institutionnalisé) et le groupe qui fait l'intérêt, comme l'ont montré Ezra Suleiman et Luc Boltanski dans leurs monographies.[31] Pour répondre ainsi à la question quels sont donc les intérêts défendus, il importe de renvoyer l'analyse à la sociologie de la production des intérêts.[32]

---

[30] Il s'agit à la fois des acteurs économiques, gouvernementales et des fonctionnaires de la Commission que nous avons interviewés entre 1998 et 2001.

[31] Voir : Luc Boltanski, *Les cadres*, Paris, Minuit, 1982 ; Ezra N. Suleiman, *Les notaires*, Paris, Seuil, 1987

[32] Michel Offerlé, *Sociologie des groupes d'intérêt*, Paris, Montchrestien, 1998 : « Toute analyse de l'émergence d'un intérêt commun, donc d'un

L'accident de la centrale nucléaire de Tchernobyl peut être considéré comme l'élément légitimant les activités des acteurs économiques en Europe centrale et orientale autour de la notion de sûreté nucléaire. L'événement a révélé les défaillances majeures du système de sûreté nucléaire à l'Est à la fois aux gouvernements et aux citoyens européens. L'industrie nucléaire a été désignée par le public et les autorités politiques en question à la fois comme le responsable de cet accident et comme l'acteur possédant le savoir-faire requis pour intervenir dans cette situation en vue de retrouver un niveau de sûreté nucléaire considéré comme adéquat, voire de démanteler des centrales nucléaires jugées trop dangereuses. L'incitation à la création d'un groupe ad hoc d'acteurs électronucléaires peut être également perçue comme l'élément légitimant ces activités agissant à la fois au niveau national, communautaire et international. Mais l'argument de la nécessité d'intervention de la part des acteurs de l'industrie nucléaire en Europe centrale et orientale a été élaboré par les industries nucléaires elles-mêmes. Dans ce contexte se pose effectivement la question de la légitimité des actions des acteurs privés mais aussi de celles de la Commission. Peut-on tirer la conclusion que nous assistons à un transfert de la légitimité représentative vers les intérêts privés qui créent ainsi une légitimité fonctionnelle?[33] Nous sommes plutôt d'avis que l'analyse des activités des groupes d'intérêts en question montrera, comme le suggère Gerhard Lehmbruch, que le « degré selon lequel la participation des intérêts organisés est généralement considérée comme légitime varie considérablement »[34]. L'intérêt représenté doit être mis en forme, mis en scène et mis en voix pour exister, mais aussi pour être légitime[35]. Quels sont alors les acteurs du nucléaire perçus comme les entrepreneurs sociaux dans ce contexte ?

---

groupe qui se retrouve en lui, voir d'un groupe d'intérêt ou de prescripteurs sociaux qui l'expriment, se doit de se garder d'un objectivisme sommaire comme d'un constructivisme sauvage ». p.45

[33] Jean-François Thuot, *La fin de la représentation et les formes contemporaines de la démocratie*, Montréal, Editions Nota bene, 1998

[34] Gerhard Lehmbruch, "The Organization of Society, Administrative Strategies and Policy Networks: Elements of a Developmental Theory of Interest Systems" dans Roland Czada et Adrienne Héritier (dirs.), *Political Choice: Institutions, Rules and the Limits of Rationality*, Frankfurt, Campus 1991

[35] Luc Boltanski, *Les cadres*, Paris, Minuit, 1982

Le premier acteur présent sur la scène internationale dans le contexte de la sûreté nucléaire en Europe centrale et orientale a été l'Agence internationale d'énergie atomique (AIEA), agence onusienne, créée en 1957, à laquelle incombe la responsabilité pour les questions de sûreté nucléaire internationale. L'objectif de l'AIEA est double et concerne à la fois la promotion de la production de l'énergie nucléaire et le contrôle de son utilisation.

Toutefois, les activités de l'AIEA - organisation intergouvernementale - ont lieu au niveau diplomatique, et n'incluent pas les opérateurs des centrales nucléaires. Afin de construire une visibilité et une présence plus grandes, perçues comme nécessaires suite à la situation critique dans laquelle l'énergie nucléaire se trouvait après l'accident de Tchernobyl, et se trouve encore aujourd'hui, les opérateurs de centrales nucléaires des 31 pays dans lesquels l'électricité est produite par l'énergie nucléaire ont créé l'association WANO (*World association of nuclear operators*) en 1989. EDF a été l'un des membres fondateurs particulièrement actifs, et a fortement contribué à la création de cette association.

Nous observons ici une différence fondamentale entre les stratégies de représentation des intérêts choisies par les groupes d'intérêt agricoles et électronucléaires. Alors que les syndicats agricoles ont construit et défendu leurs intérêts au niveau national, individuellement, sans avoir recours à une coordination ou une coopération au niveau communautaire, les acteurs économiques du secteur nucléaire ont principalement agit en association. Bien que les entreprises allemandes et françaises aient discuté des questions relevant de la sûreté nucléaire avec les acteurs politico-administratifs de leurs pays respectifs, la défense des intérêts dans le domaine se fait au niveau international voir communautaire. Cette différence empirique se reflète également dans notre méthode d'analyse : alors que l'étude du secteur agricole s'est prioritairement concentrée sur le niveau national, l'analyse des stratégies et des répertoires d'action des acteurs électronucléaires étudiera leurs activités au niveau communautaire et international.

Depuis sa création, WANO s'est développée vers l'une des associations les plus actives en ce qui concerne les projets de sûreté nucléaire en Europe centrale et orientale. Elle a notamment produit certaines études nécessaires à la décision d'octroi de certaines aides financières, à la fois pour l'AIEA mais aussi pour la Communauté européenne. Parallèlement à la création d'une association des opérateurs de centrales nucléaires, un consortium a été créé en 1992 par la *Gesellschaft für Reaktorsicherheit* (GRS), bureau d'études allemandes dans le domaine de la sûreté nucléaire et par son homologue français *l'Institut de protection et de sûreté nucléaire* français (IPSN)[36]. La nouvelle société RISKAUDIT, siégeant à Paris, a développé très rapidement de l'expertise dans le domaine de la sûreté nucléaire en Europe de l'Est. Dans la présentation de leurs activités, RISKAUDIT se perçoit comme une agence aidant à rapprocher les « cultures de sûreté nucléaire » différentes de l'Occident et d'Europe de l'Est[37]. En même temps, cette création correspondait, comme déjà celle de WANO, à l'établissement d'une arène de communication plus grande et permettait d'obtenir plus facilement de financements internationaux.

Les principaux programmes d'aide financière au niveau communautaire sont, comme dans le secteur agricole, les programmes PHARE et TACIS. Cependant, la Commission a eu, par la suite, également recours aux prêts Euratom.

Phare et Tacis

En 1989, lors du Sommet du G-7 de Paris, les gouvernements participants ont attribué à la Commission la gestion des fonds financiers internationaux dans le cadre de programmes variés bi- et multilatérales vis-à-vis de l'Europe centrale. Le premier programme était destiné à la restructuration économique des deux pays d'Europe centrale les plus avancés en terme de transition économique : la Hongrie et la Pologne. Le programme PHARE (Pologne - Hongrie Assistance pour la reconstruction économique) fut bientôt élargi aux autres pays d'Europe centrale et orientale (PECO). Un programme semblable a été créé pour les nouveaux Etats indépendants en 1992 : le programme TACIS[38]. En 1990, les gouvernements des Etats membres de la Communauté européenne ont demandé à la Commission de prendre des mesures pour l'amélioration de la sûreté nucléaire en Europe centrale et orientale. Dans ce contexte, la Commission a utilisé les programmes PHARE

---

[36] aujourd'hui connu sous le nom IRSN (Institut de radioprotection et de sûreté nucléaire).

[37] GRS, *Jahresbericht*, 1998

[38] Technical Assistance for the Commonwealth of Independent States

et TACIS afin de soutenir d'une part des projets industriels, et d'autre part d'assurer l'indépendance des autorités de sûreté nucléaire.

Selon les documents de la Commission, cinq domaines d'intervention peuvent être énumérés : l'assistance sur le site (sûreté opérationnelle), la sûreté de conception (études génériques), les aides aux autorités de sûreté, la gestion de déchets et enfin la préparation de l'environnement à un accident grave. Depuis 1991, la Commission européenne a géré environ 300 projets d'un montant global de 181,94 millions d'Euro, dont 55 millions d'Euro pour l'assistance sur le site, 72 millions d'Euro pour la sûreté de conception, 31 millions d'Euro pour l'aide aux autorités de sûreté, 17 millions pour la gestion de déchets et 3 millions d'Euro pour la préparation de l'environnement à un accident grave.

Euratom

Au-delà des programmes spécifiquement créés pour l'Europe centrale et orientale et les NEI, une autre source financière existait au sein de la Communauté. En décembre 1991, la Commission a proposé de contracter des emprunts auprès de l'EURATOM afin de créer une source de financement supplémentaire pour les projets d'investissements nucléaires et les travaux de reconversion de centrales nucléaires dans le cadre de PHARE et TACIS. Les prêts EURATOM ont été créés par le Conseil en 1977 afin de permettre de promouvoir l'énergie nucléaire en accordant des prêts aux industriels qui souhaitent investir dans le nucléaire. Cette possibilité n'avait plus été utilisée depuis 1985. La Commission a justifié la proposition de modification de la décision EURATOM 77/270 par le fait que l'amélioration de la sûreté nucléaire dans ces pays était extrêmement urgente et que le ralentissement du secteur de l'énergie nucléaire de la Communauté européenne impliquait qu'il n'y aurait pas de demande intérieure importante pour les 1.000 millions d'Euros restants disponibles sous forme de prêts d'EURATOM. Un prêt EURATOM ne peut couvrir que jusqu'à 50% du coût total d'un projet. Des demandes de financement complémentaires doivent être introduites principalement auprès des pouvoirs publics. Les Etats bénéficiaires doivent toutefois, pour pouvoir avoir accès aux prêts EURATOM, prendre des décisions politiques concernant les dates de fermetures et de modernisations de ces centrales.

Une des possibilités prévues pour cofinancer un prêt EURATOM est le recours à la Banque européenne de reconstruction et de développement (BERD). La BERD possédait depuis sa création en 1990 et son inauguration en 1991 un grand intérêt pour le domaine de l'énergie et de l'électricité nucléaire en particulier. Ce fut d'ailleurs son président, Jacques Attali, qui, à peine arrivé à la tête de la BERD, commanda un rapport sur les centrales nucléaires en Europe centrale et orientale à quatre scientifiques européens, dont le Français Robert Dautray, Haut Commissaire à l'énergie atomique et membre de l'Académie française des sciences.

Cependant, le directoire de la BERD est également composé des représentants des pays opposés à l'énergie nucléaire, comme l'Autriche. Malgré un excellent contact entre l'industrie nucléaire française et les représentants de la BERD, l'opposition du gouvernement autrichien vis-à-vis du nucléaire a rendu un certain nombre de décisions de financement extrêmement difficile (voir chapitre 9). La politisation du nucléaire a rendu les répertoires d'actions des acteurs économiques de l'énergie nucléaire moins efficaces, développement que nous analyserons dans le chapitre suivant.

L'utilisation des fonds

L'utilisation des fonds présentés incombait aux acteurs économiques.[39] Trois types d'acteurs peuvent être cités : les associations créées précédemment, comme WANO, les comités de consultatifs ad hoc/consortia liés aux services de la Commission européenne et les acteurs économiques individuels. Il importe de souligner que les acteurs agissant au sein des associations pour donner une légitimité non économique mais plutôt technique et

---

[39] Les documents communautaires donnant accès à des informations détaillées sur la distribution exacte des fonds financiers entre les divers acteurs économiques, collectifs ou individuels ne nous ont pas été communiqués. Les entretiens que nous avons effectués, à la fois avec les représentants d'entreprises françaises et allemandes et les fonctionnaires de la Commission, ont néanmoins souligné qu'une grande partie des fonds a été attribuée en particulier à EDF et aux consortia franco-allemands, et que ceci a amené les représentants gouvernementaux des autres pays membres de l'Union à intervenir directement auprès de la Commission européenne pour plaider la cause de 'leurs' entreprises.

morale à leur expertise ont contribué à la création d'un niveau transnational pour représenter leurs intérêts. Les acteurs français et allemands ont eu recours aux mêmes répertoires d'action pour créer et représenter leurs intérêts, à la fois au niveau national (internalisation) comme aux niveau communautaire et international (externalisation et internationalisation).[40] Il importe ainsi, comme l'a souligné l'un de nos interlocuteurs, d'utiliser plusieurs répertoires d'action : « Nous contactons la DG IA ou, mieux, la Commission en général. Mais la ligne de force passe par les gouvernements aussi. Il n'y a pas un seul créneau, ces négociations doivent se passer sur plusieurs niveaux pour être efficaces ».[41]

Conclusion : des répertoires d'action à plusieurs niveaux

L'analyse a ainsi retracé l'émergence des intérêts des acteurs électronucléaires allemands et français au début de la construction de l'Ostpolitik communautaire. Nous avons pu constater trois spécificités dans les stratégies des groupes d'intérêt.

Premièrement, face à la menace économique globale qui régnait sur le secteur après l'accident dans la centrale nucléaire de Tchernobyl, les acteurs ont choisi l'internationalisation de leurs répertoires d'action. Aussi bien les groupes d'intérêt allemands que français ont consenti à créer des groupements ad hoc et des nouvelles associations regroupant les acteurs économiques européens et internationaux, indépendamment du fait que le secteur électronucléaire ne constitue pas un secteur communautarisé.

Mais ils ont continué, et ceci est notre second point, à entretenir parallèlement des relations étroites avec les responsables politico-administratifs au niveau national. Ainsi, les répertoires d'action et les stratégies des groupes allemands et français sont similaires, bien que la structure de leurs relations avec leurs gouvernements respectifs diverge – dans le cas français, une relation de pantouflage, dans le cas allemand une forme de réseau thématique institutionnalisé. L'acteur français EDF a ainsi pu jouer un rôle relativement plus actif que ses homologues allemands. Une des explications que l'on peut avancer est qu'en Allemagne,

---

[40] Richard Balme et Didier Chabanet, *Action collective et représentation des intérêts dans l'Union européenne,* Texte présenté dans le cadre du Forum Européen, Centre Robert Schuman, Institut Universitaire européen, Florence, 19 mai 2000, p. 26-27

[41] Entretien, EDF, 12 juin 1998

contrairement à la France, le ministère de l'environnement était déjà très actif dans le domaine de la sûreté nucléaire.

Conclusion

En conclusion, nous pouvons constater que les répertoires d'action des groupes d'intérêt allemands et français dans les secteurs agricole et électronucléaire face à la construction d'un intérêt dans le cadre de l'Ostpolitik communautaire émergente ont fortement divergé.

Cette différence se fond en premier lieu sur une différence sectorielle. Le facteur du mode décisionnel – communautaire ou intergouvernemental – n'a pas entraîne le résultat attendu. Alors que les acteurs agricoles ont montré une internalisation très forte, en concentrant leurs pratiques presque essentiellement sur les acteurs politico-administratifs de leurs pays respectifs, on peut observer des répertoires d'action mis en œuvre parallèlement à plusieurs niveaux par les groupes d'intérêt électronucléaires : internalisation, externalisation et internationalisation par la création de nouvelles associations.

Notre analyse a également montré une deuxième forme de différence, sous-sectorielle cette fois-ci, que nous avons pu observer dans le secteur agricole. Alors que la structure organisationnelle de la FNSEA a permis aux intérêts sectoriels, et en particulier à la FNB, de représenter leurs intérêts individuellement, ceci n'a pas été observable dans le cas allemand. La structure du DBV est plus fortement fédérale que sectorielle et laisse aux puissants *Landesbauernverbänden* une marge de manœuvre, qui est particulièrement utilisée auprès de pouvoirs publics des Länder. Le secteur de la viande bovine s'exprime dans l'enceinte du DBV ou des Landesbauernverbände, mais pas de façon indépendante.

Enfin, le chapitre a fait état du rôle mineur joué par les associations européennes existantes dans ces secteurs. Les acteurs se concentrent soit individuellement sur leurs gouvernements respectifs, comme l'a montré le cas des syndicats agricoles, soit créent de nouveaux groupements ad hoc et des associations institutionnalisées comme l'illustrent les stratégies des acteurs électronucléaires.

Après avoir analysé les stratégies et les répertoires d'action des groupes lors du processus de construction des intérêts vis-à-vis d'une Ostpolitik communautaire, nous nous intéressons dans le chapitre suivant à la production de l'expertise par les groupes. La Commission est souvent caractérisée comme une administration à la recherche permanente d'expertise. Nous pouvons ainsi poser la question de savoir si la production de l'expertise est une caractéristique d'un mode communautaire émergent de représentation des intérêts.

CHAPITRE 5.
LA RECHERCHE DE L'EXPERTISE : DES FORMES DE REPRESENTATIONS DES INTERETS ?

Faire des politiques ou le *policy-making* tout court semble devenir de plus en plus complexe, à la fois au niveau national, mais aussi, et particulièrement, au niveau communautaire. Le nombre élevé de sujets et de domaines politiques qui sont discutés, négociés et décidés au niveau communautaire ne cesse de croître. Face à cette situation, les autorités politiques au niveau national et au niveau communautaire font appel à des spécialistes, des experts dans différents domaines politiques. L'expertise semble ainsi être l'une des caractéristiques principales de la gouvernance contemporaine.[1]

Cette évolution n'est pas nouvelle. Un certain nombre d'auteurs, majoritairement américains, ont développé une réflexion sur ce sujet dans les années 1970 et 1980[2]. Frank Fischer en particulier a présenté une conceptualisation du rôle de l'expertise dans le politique et constate dans ce contexte que la dépendance vis-à-vis des experts[3] dans notre société contemporaine n'est pas moins que l'élément central d'une transformation profonde de la forme et du contenu des sociétés industrielles avancées.[4] Les experts techniques partagent de plus en plus le pouvoir avec les autorités publiques, les élites économiques et politiques traditionnelles.

---

[1] Voir en titre d'exemple, Pierre-Philippe Druet, Peter Kemp et Georges Thill, "Le rôle social de l'expert et de l'expertise", *Esprit,* n°100, 1989; Bernard Crousse, Jean-Louis Quermonne et Luc Rouban, *Science politique et politique de la science,* Paris, Economica, 1986 ; Peter Hall, (dir), *The Political Power of Economic Ideas: Keynesianism across Nations,* Princeton University Press, Princeton, 1989

[2] Daniel Bell, *The comings of Postindustrial Society,* New York, Basic Books, 1973; Corrine L. Gilb, *Hidden Hierarchies,* New York, Harper and Row, 1966; Robert A. Goldwin (dir), *Bureaucrats, Policy Analysts, Statesmen: Who leads?,* Washington, American Enterprise Institute, 1980; James Everett Katz, *Presidential Politics and Science Policy,* New York, Praeger, 1978

[3] Christiane Restier-Melleray, « Experts et expertise scientifique, le cas de la France », *Revue française de science politique,* 1990, 40(4), p.550-51.

[4] Frank Fischer, *Technocracy and the Politics of Expertise,* London, Sage, 1990, p. 13

Frank Fischer montre dans son étude que le rôle des partis politiques et des politiciens dans les processus décisionnels des systèmes politiques contemporains a laissé la place à celui des groupes d'experts au sein de l'administration. Bien que les élites politiques conservent le pouvoir dans les processus décisionnels, ils justifient de plus en plus leurs décisions sur la base des analyses techniques des experts avec lesquels ils forment une coalition. Le savoir, selon Fischer, est en train de devenir le terrain du politique[5] On constate alors que ce système 'post-industrialiste', fondé sur la mise en réseaux d'une expertise économique et technologique et du pouvoir bureaucratique met de plus en plus en cause les concepts de démocratie basés sur la participation représentative individuelle et citoyenne au processus décisionnel. Contrairement aux politiques pluralistes qui incluent la représentation par les groupes d'intérêts dans le processus politique, cette nouvelle formation sociétale constitue un système plutôt monopolistique possédant des institutions politiques et économiques fortes et liées.[6]

La conception originaire de l'intégration européenne met en avant un grand nombre d'éléments technocratiques. La période initiale de l'intégration européenne a ainsi été marquée par une approche technocratique, représentée par le Plan Monnet pour la CECA (Communauté européenne du Charbon et de l'Acier), dans lequel les experts jouaient un rôle spécifique au niveau du *policy-making* supranational au sein de la Haute Autorité.[7] L'emphase technocratique sur la coordination rationnelle des processus institutionnels en vue de pouvoir répondre aux exigences fonctionnelles d'un système productiviste donne lieu à l'émergence d'une conception purement administrative et managériale du système politique, bref à la gouvernance technocratique.[8]

---

[5] Frank Fischer, *op.cit.*, p. 171

[6] Jeremy Richardson, "The Market for Political Activism: Interest Groups as a Challenge to Political Parties", *West European Politics*, 18(1), 1995, p.116-139

[7] Voir aussi Kenneth Featherstone, "Jean Monnet and the Democratic Deficit in the EU", *Journal of Common Market Studies*, 32(2), 1994, p. 149-170

[8] Les travaux de Jürgen Habermas des années 1970 portaient également sur cette question. Dans son ouvrage *Toward a Rational Society*, Boston, Beacon, 1970, (J. Habermas, *La technique et la science comme « idéologie »*, Paris, Gallimard, 1973) Habermas différencie trois sphères du gouvernement

Le système communautaire se prête donc particulièrement bien à l'influence de l'expertise. Caractérisé comme régulateur par Giandomenico Majone, le système communautaire recherche l'efficience de ses politiques.[9] Dans la mesure où le savoir, plutôt que le budget, est la ressource centrale dans le policy-making régulateur[10], l'expert joue un rôle prépondérant, et la Commission, organe central de régulation, utilise cette ressource merveilleusement bien. Les politiques de régulation, souligne Claudio Radaelli, recherchent l'efficience plutôt que la redistribution.[11]

Or, quelle conséquence ce constat entraîne-t-il pour notre analyse ? La question qui nous intéresse dans le contexte de cette analyse est de savoir si nous pouvons observer une forme communautaire de représentation communautaire des intérêts. L'un des quatre répertoires d'action que nous avons présentés dans l'introduction est en effet le recours à la science, à savoir produire une expertise considérée comme objective. En analysant les stratégies et les répertoires d'action des groupes d'intérêts français et allemands dans les secteurs agricole et électronucléaire, pouvons-nous constater que la dimension du recours à la science dans la représentation des intérêts l'emporte véritablement au niveau communautaire ? Est-elle utilisée à la fois par les acteurs agricoles et

---

technocorporate (*technocorporate government*). Le niveau le plus élevé est occupé par des élites politiques et économiques. Ensuite vient une strate d'experts et d'administrateurs spécialisés et enfin, un large public de masse dépolitisé. Toutefois, cette analyse doit éventuellement être mise en question aujourd'hui, où nous observons l'émergence de plus en plus d'associations et organismes civiques qui peuvent être en mesure de mettre en cause les décisions politiques. Pour une analyse critique voir Martine Barthélémy, *Associations : le nouvel âge de la participation*, Paris, Presses de Sciences Po, 2000.

[9] Contrairement aux systèmes nationaux qui regroupent des caractéristiques régulatrices, distributrices et re-distributrices. Giandomenico Majone, *Regulating Europe*, London, Routledge, 1996

[10] Claudio M. Radaelli, *Technocracy in the European Union*, London et New York, Longman, 1999; Claudio M. Radaelli, "The Public Policy of the European Union: Whither Politics of Expertise?, *Journal of Public Policy*, 6(5), 1999, p.757-774

[11] Claudio M. Radaelli, *Technocracy in the European Union*, London et New York, Longman, 1999

électro-nucléaires face à une même situation – l'élargissement de l'Union ? Les acteurs politiques et administratifs peuvent utiliser l'expertise pour souligner leurs propos. Mais la production de l'expertise peut également être utilisée à des fins politiques dans un jeu de pouvoir qui opposent différents acteurs. L'expert constitue alors lui-même un groupe d'intérêt. Contrairement à l'utilisation de l'expertise à des seules fins d'apprentissage, on peut observer l'utilisation de l'expertise par les acteurs politico-administratifs à des fins d'augmentation de pouvoir. L'exclusion d'un certain groupe d'acteurs de la production de l'expertise jugée utile par les acteurs politico-administratifs peut priver ce groupe de son pouvoir de représentation des intérêts.[12]

Dans le contexte de notre analyse des variables institutionnelles au niveau communautaire, il est possible de différencier deux situations. D'une part, une situation pour laquelle les services de la Commission possèdent des compétences, comme dans le domaine de l'agriculture. Dans cette situation, les syndicats agricoles ont la possibilité d'avoir recours au nombre et à la morale pour représenter leurs revendications mais n'ont pas la possibilité d'offrir de l'expertise. Ce rôle est joué par d'autres acteurs comme le groupe des experts économiques qui offrent de l'expertise technique à la Commission. Les répertoires d'action des deux groupes sont ainsi concurrents. D'autre part, dans des domaines où la Commission cherche à acquérir des compétences, elle s'appuie sur l'expertise des groupes d'intérêts, comme dans le nucléaire. Dans ce cas, la Commission cherche à « collectiviser » les acteurs individuels et de les regrouper dans des groupes ad hoc ou permanents.

Face à une telle situation, nous supposons qu'il est plus difficile de représenter les intérêts sous forme d'expertise auprès des services de la Commission pour les groupes d'intérêts agricoles que pour les acteurs du secteur nucléaire. Deux formes de représentation des intérêts émergent alors : celui de la représentation des intérêts en forme de revendications clairement formulées, et une forme de représentation des intérêts qui passe par l'offre de l'expertise aux services de la Commission. Alors que nous retrouvons cette première forme de représentation dans le secteur

---

12 Sabine Saurugger, « L'expertise : un mode de participation des groupes d'intérêt au processus décisionnel communautaire », *Revue française de science politique*, 2002, 52(4), p.375-401

de l'agriculture, c'est la seconde qui est prépondérante dans le secteur du nucléaire.[13]

5.1. La production des rapports sur la Politique agricole commune et l'élargissement de l'Union à l'Est

L'élaboration d'une Ostpolitik dans le secteur agricole s'est révélée difficile à la suite de la chute du mur. Comme dans la plupart des autres secteurs, les connaissances sur l'agriculture est-européenne étaient limitées à la fois au niveau communautaire et au niveau national. Lors de la négociation des Accords européens que nous avons analysé dans le chapitre précédent, très peu d'éléments étaient connus par les agriculteurs occidentaux mais aussi par les acteurs politico-administratifs sur les potentiels agricoles des pays de l'Europe centrale et orientale. Cette absence de connaissances, à quelques exceptions près comme l'agronome français Alain Pouliquen, a mené à la recherche de l'expertise à la fois par les acteurs politico-administratifs nationaux et communautaires. Il importe toutefois de distinguer deux objectifs que l'expertise permettait d'atteindre. Le premier objectif était de connaître l'influence qu'aurait l'agriculture est-européenne sur la Politique agricole commune. Ce point est devenu particulièrement important à partir de 1993 lorsque le Conseil européen de Luxembourg décida d'envisager l'adhésion des pays candidats. Le deuxième objectif était de mieux définir l'aide au développement de l'agriculture, aide qui occupait une place primordiale dès la chute du mur dans les actions en faveur des PECO, avec les aides au développement du Programme PHARE, et qui gagnait encore en importance à partir de la mise en œuvre des partenariats pour l'adhésion en 1997.

---

[13] Voir Rod A.W. Rhodes, Ian Bache et Stephen George, « Policy Networks and Policy-Making In the European Union: A critical appraisal", in Lisbeth Hooghe, *Cohesion Policy and European Integration, Building Multi-level governance,* Oxford, Clarendon Press, 1996 p. 367-387; voir également John Peterson, "Prise de décision dans l'Union européenne : le marché unique », *Politiques et mamagment public,* 1997, 15 (1), p.58

L'expert dans la politique agricole au niveau communautaire et national

Au sein de la Commission européenne, les politiques agricoles sont élaborées par la Direction générale VI. Dans ses travaux, Eve Fouilleux souligne que l'activité de la DG VI dans ce contexte a gagné en importance à partir de l'arrivée de l'équipe Delors à la tête de la Commission. A travers l'investissement et la revalorisation des activités de prospective au sein de la DG VI, les fonctionnaires 'réformistes' et néo-libéraux[14], qui, pour la plupart d'entre eux, ont reçu une formation dans le cadre du paradigme scientifique dominant en économie, ont peu à peu fait progresser leurs idées.[15] A partir de 1995, la DG VI fut chargée de l'élaboration des propositions pour la réforme de la PAC, décision fondée sur l'ouverture prochaine des négociations au sein de l'OMC et l'élargissement de l'Union aux pays candidats de l'Europe centrale et orientale.

Dans le contexte de l'élargissement de l'Union, deux DG joignent cette coordination entre les Directions générales déjà mentionnées. Il s'agit de la DG I et, après sa création en 1994, de la DG IA, responsables des relations extérieures, de la Ostpolitik et de l'élargissement de l'Union. Ces deux Directions générales entrent alors dans un rapport de force avec la DG VI. Comme plusieurs chercheurs l'ont mis en avant[16], on peut observer l'existence de

---

[14] Voir pour une analyse générale des préférences 'capitalistes' des hauts-fonctionnaires de la Commission : Lisbet Hooghe, « Top Commission officials on capitalism : an institutionalist understanding of preferences », dans Mark Aspinwall et Gerald Schneider (dirs), *The Rules of Integration. Institutionalist Approaches to the Study of Europe*, Manchester, Manchester University Press, 2001, p. 152-173. Généralement, sur l'élaboration des idées néo-libérales au sein des forums scientifiques des économistes : Bruno Jobert (dir), *Le tournant néo-libéral en Europe*, Paris, L'Harmattan, 1994, p.9-20

[15] Eve Fouilleux , "Entre production et institutionnalisation des idées : la réforme de la politique agricole commune", *Revue française de science politique* 50(2) 2000, p. 299-300

[16] Irène Bellier, « Une culture de la Commission européenne ? de la rencontre des culture européennes et du multilinguisme des fonctionnaires », in Yves Mény, Pierre Muller et Jean-Louis Quermonne (dirs), *Politiques publiques en Europe*, Paris, L'Harmattan 1995; Michelle Cini,

conflits idéologiques entre les DG vis-à-vis des approches et des solutions politiques. Alors que la DG I considérait l'élargissement comme une possibilité d'acquérir des compétences supplémentaires vis-à-vis du Conseil et des Etats membres, elle cherchait également à renforcer sa position à l'intérieur de la Commission. Elle utilisa en particulier les fonds du programme PHARE pour financer des études concernant la situation de l'agriculture dans les PECO et son impact sur la Politique agricole commune, mouton noir de la DG I dans le contexte des relations commerciales avec les pays tiers comme l'ont montré les négociations du GATT au début des années 1990. Elle a donc cherché à fournir des études sur l'agriculture et l'élargissement produites par des économistes agronomes européens et américains pro-libéraux de renommée, afin de bâtir sa légitimité face à la DG VI. Les syndicats agricoles n'ont à aucun moment été invités à participer. Nous allons ainsi observer le rapport entre l'expertise (économistes agronomes), la représentation (syndicats agricoles) et le processus de légitimation d'une bureaucratie.

Avant d'étudier ce processus politique au niveau communautaire, il importe de nous interroger sur les fondements relationnels qui existent entre les économistes agronomes, les acteurs politico-administratifs et les syndicats agricoles au niveau national. Ces fondements influent-ils sur les répertoires d'action des syndicats agricoles et des experts économiques au niveau communautaire ?

Les relations que les économistes entretiennent avec les acteurs politico-administratifs et les syndicats agricoles sont établies sur des bases nationales.

La recherche en économie agricole en France est organisée autour de l'Institut national de la recherche agronomique (INRA). Cet institut reçoit des financements mixtes, publics et privés, mais on peut constater depuis une dizaine d'années la part de plus en plus importante de la contractualisation de la recherche.[17] En France, on observe une évolution de la pensée économique vers

---

« La Commission européenne lieu d'émergence de cultures administratives. L'exemple de la DG IV et de la DG XI », *RFSP*, 1996, 46(3), p. 457-472

[17] Eve Fouilleux, *Idées, institutions et dynamiques du changement de politique publique. La transformation de la Politique agricole commune,* Thèse de doctorat, Université Pierre Mendés France, 1998, p. 159.

une approche néo-classique à partir des années 1980 et un reflux progressif des courants de la pensée marxiste en économie agricole. Jusque dans les années 1980, l'INRA a été fortement dominé par le paradigme marxiste.[18] Dans le contexte de ce paradigme, les chercheurs revendiquent donc l'intervention de l'Etat dans l'agriculture, une position très proche de celle du syndicat principal, la FNSEA. Dans les années 1980, cette situation change, et avec elle les relations entre l'économie agricole et les syndicats français. Les économistes semblent avoir trouvé dans la Direction de la production et des échanges au sein du Ministère des Finances un nouvel interlocuteur, mais ils ont perdu les contacts étroits avec le cabinet ministériel du Ministère de l'agriculture.[19] Contrairement à l'Allemagne, on observait en France peu d'études concernant le développement de la PAC avant les années 1980.[20]

En Allemagne, il n'existe pas d'institut de recherche comparable à l'INRA français. Les départements de recherche spécifiques se trouvent au sein des universités et des institutions de recherche. Une caractéristique fondamentale de la communauté scientifique allemande est son degré d'ouverture à l'international et en particulier à la recherche américaine.[21] Contrairement à la France, la recherche allemande s'est très tôt consacrée aux problèmes économiques structurels et sociaux de l'agriculture allemande face à la PAC. Mais, il existait en Allemagne, jusqu'aux années 1980, deux courants d'économistes agricoles. La controverse opposait les macro-économistes, convaincus que les interventions de l'Etat dans le secteur agricole étaient nuisibles à l'économie allemande en général, et les micro-économistes, qui soulignaient que le secteur

---

[18] Jean-Louis Coujard, "L'économie rurale : quelle(s) spécificité(s) ? », *Economie rurale*, 1984, 1960, p.3-8 ; Yves Léon, « The developments of the economics of agricultural production in Europe", *Rivista Di Economica Agraria*, 3-4, 1995, p. 487-567

[19] Eve Foullieux, *Idées, institutions et dynamiques du changement de politique publique. Op.cit*

[20] Voir Michael Tracy, "Les économistes et la politique agricole », *Economie rurale*, 223, 1990, p. 7-12

[21] Gisela Hendriks, *Germany and European Integration. The Common Agricultural Policy : An Area of Conflict*, New York, Oxford: Berg, 1991; Günter Schmitt, "Etat actuel et évolution de la recherché en économie rurale dans la République fédérale allemande », *Economie rurale*, 200, 1990, p.40-43

agricole allemand était dépendant des interventions, argument fondé sur les bas revenus et la productivité des facteurs. Cependant, la majorité des économistes agricoles allemands a toujours souligné que la politique des prix de la Politique agricole commune entraînait une distorsion du marché qui était contre-productive pour l'économie allemande. Deux représentants du courant néo-classique, Ulrich Koester et Stefan Tangermann, ainsi que le groupe d'économistes réunis au sein du *Kronberger Kreis*, mettent régulièrement en avant qu'à cause des pressions des producteurs agricoles d'une part, et de l'indifférence des consommateurs vis-à-vis des prix agricoles (ou au moins leur incapacité de changer la donne), les gouvernements tendent à défendre les intérêts des producteurs au détriment des consommateurs. Dans cette optique, Claudio Radaelli souligne que le credo de l'expert est la primauté de compétence dans une société complexe. Cette compétence produit à la fois la légitimité fonctionnelle (l'expertise est nécessaire pour certaines fonctions clés) et une certaine connotation de la justice sociale.[22] C'est particulièrement ce deuxième facteur qui occupe une place centrale dans les fora des économistes allemands que nous analysons. Les alliés désignés par les économistes dans leur problématisation de la PAC sont clairement les consommateurs, « l'ennemi » est donc le groupe des producteurs.

Bien que les économistes agricoles allemands soient généralement hostiles vis-à-vis de la PAC, ils n'ignorent pas et ne rejettent pas la nécessité de la coopération communautaire. Cependant, la PAC est considérée comme un handicap sérieux au processus de l'intégration.

Dans ce contexte, il est intéressant de noter que les efforts des économistes agricoles ont été largement ignorés par les acteurs politico-administratifs allemands.[23] En dehors des centres universitaires, il existent deux entités publiques, l'une attachée au Ministère de l'agriculture – le *Wissenschaftlicher Beirat* (le Conseil scientifique), l'autre indépendante – *Sachverständigenrat zur*

---

[22] Claudio Radaelli, *Technocracy in the European Union*, London et New York, Longman, 1999, p. 26

[23] Hans-Georg Schlotter (dir), *Die Willensbildung in der Agrarpolitik*", Munich, 1971; Rolf G. Heinze, *Verbandspolitik zwischen Partikularinteressen und Gemeinwohl – Der Deutsche Bauernverband*, Gütersloh, Verlag Bertelsmann Stiftung, 1991.

Begutachtung der gesamtwirtschaftlichen Entwicklung (Conseil des experts économiques). Le *Wissenschaftliche Beirat* a pour objectif de conseiller le Ministère de l'agriculture « en toute indépendance ». Il consiste en quatorze membres, dont Ulrich Koester de l'université de Kiel et Stefan Tangermann de l'Université de Göttingen, tous deux cités plus haut. Cependant, jusqu'à très récemment, les conseils et les rapports du *Beirat* ont été le plus souvent ignorés comme le montre l'attitude du Ministre de l'agriculture Jochen Borchert lors des négociations de l'Agenda 2000 que nous analyserons dans le chapitre 7. Sous le nouveau ministre de l'agriculture, Renate Kühnast, membre des *Grünen* du gouvernement allemand, cette relation conflictuelle a toutes les chances de se modifier.

Les conflits entre experts et représentants d'intérêts agricoles existent donc sur deux niveaux. Il s'agit d'une part d'un conflit entre les économistes agricoles et le gouvernement, d'autre part entre les partis politiques et la bureaucratie ministérielle. Les concepts économiques sont rejetés sur la base de raisons socio-politiques et on leur reproche d'ignorer les liens politiques et électoraux qu'entretiennent les syndicats agricoles avec les acteurs politico-administratifs. D'autre part, les publications des économistes sont le plus souvent rejetées par les syndicats agricoles, attitude dont nous avons eu la confirmation lors de nos entretiens avec les représentants du DBV. Mais depuis la fin des années 1980 et le rôle de plus en plus important de la pensée environnementale dans la vie politique allemande, l'insatisfaction vis-à-vis d'une politique agricole productiviste et hautement subventionnée a augmenté. C'est ainsi que les médias font régulièrement part des publications et prises de parole des économistes agricoles allemands.[24] Généralement, l'information des médias allemands sur la politique agricole est très critique, comme le montre aussi l'analyse historique de Gisela Hendriks[25]. L'argument, très proche de la pensée environnementaliste, est fondé sur la réflexion qu'une baisse des prix agricoles se traduirait par un accroissement des prix relatifs des facteurs de production des agriculteurs. La diminution de prix entraînerait alors d'une part une baisse de la production agricole et d'autre part une baisse de l'utilisation des facteurs de

---

[24] On peut citer l'exemple de la Süddeutsche Zeitung, 16 juillet 1998 « Professoren : Axt an die Agrarförderung legen », Die Welt, 2 septembre 1998 „Beirat fällt Borchert in den Rücken"

[25] Gisela Hendriks, *op.cit*, p. 195-204

production. Ce dernier élément conduirait à une diminution des nuisances à l'environnement causées par l'agriculture.

Il semble donc que le clivage entre les politiques agricoles allemandes et les positions des économistes agricoles diminue. Toutefois, aucune coordination ou coopération n'est observée entre le DBV et les économistes, jugés par les premiers « loin de toute réalité de terrain ».[26]

La production des rapports dans le contexte de la Ostpolitik

L'ouverture des relations entre la Communauté européenne et les Pays d'Europe centrale et orientale dans le domaine de l'agriculture était caractérisée par une absence réciproque de connaissances des politiques agricoles de chaque côté des frontières. La Commission, les gouvernements nationaux et les acteurs économiques étaient donc dans une situation de besoin d'expertise concernant l'agriculture est-européenne nécessaire pour diminuer l'insécurité dans la prise de décision. Cette absence de connaissance a conduit, comme nous l'avons montré dans le chapitre précédent, à de très fortes craintes de la part des agriculteurs vis-à-vis de l'agriculture de l'Europe centrale et orientale. Confrontée à cette situation, la Commission a initié des rapports pour essayer de répondre aux problèmes qui s'étaient présentés dans ce contexte.

L'initiative de la DG VI

Le premier rapport publié dans la série des rapports agricoles fut le rapport « Nallet-van Stolk », cité de multiples fois en France, publié le 14 juin 1994 et initié par le directeur général de la DG VI, Guy Legraș. Le rapport intitulé « *Les relations de l'Union européenne et des pays d'Europe centrale et orientale dans le domaine agricole et agro-alimentaire* », fait des propositions quant à la question politique des relations agricoles entre l'Union et les PECO. Les auteurs proposent de restructurer PHARE et de permettre aux projets d'être suivis attentivement et efficacement par les « 'résidents' agricoles » sur place. Avec ces propositions, Henri Nallet, ancien

[26] Voir aussi les rapports du DBV sur la situation agricole en Europe centrale et orientale. DBV, *Landwirtschaft und EU-Osterweiterung. Analyse und Positionen des Deutschen Bauernverbandes*, octobre 2000. Ce document a été élaboré sur la base d'un document stratégique du DBV de 1996.

ministre de l'Agriculture français et A. Van Stolk, se rapprochent de la position du Ministère de l'agriculture français qui insistait pour une réforme rapide du programme PHARE[27].

En France, la presse, certains responsables politiques et administratifs et les syndicats agricoles font régulièrement référence à ce rapport, considéré comme le 'rapport majeur dans ce domaine'. A la Commission, nos interlocuteurs à la DG VI sont restés prudents : « Ce rapport a le mérite de poser un certain nombre de questions. Il avait comme objectif de démystifier le débat et a été un bon rapport pour cela »[28]. Malgré l'accueil positif de ce rapport en France, il était peu connu en Allemagne en dehors des forums spécialisés comme le DBV.

Les critiques allemandes vont plutôt dans le sens opposé. La revue principale des économistes agricoles allemands lui a consacré un rapport très critique.[29] Dans cette même optique, le rapport fut également critiqué par la Direction générale responsable pour la gestion de l'Ostpolitik. Selon les responsables de la DG I, il était nécessaire de traiter le problème de l'impact de l'élargissement sur la Politique agricole commune, et pas seulement la question des relations agricoles entre les PECO et l'UE.

Une riposte bureaucratique : la DG I

Au début de l'année 1994, la DG I décida d'utiliser des fonds financiers du programme PHARE pour financer un certain nombre d'études à la fois sur la politique agricole en Europe centrale et orientale et sur l'influence que ces agricultures auraient sur l'avenir de la Politique agricole commune. La DG I gérait, jusqu'à la fin de l'année 1994 encore, les questions liées à la Ostpolitik et l'élargissement à l'Est avant de les transférer à la DG IA, créée par une restructuration bureaucratique déclenchée par Jacques Delors. Alors que la responsabilité générale pour l'élargissement se trouvait auprès de la DG I, la gestion des questions 'sectorielles' comme l'agriculture, même dans le contexte de l'élargissement, ont été toujours gérées par les Directions générales spécialisées. Face à

---

[27] Entretiens, Ministère de l'agriculture français, 19 novembre 1998 ; 11 janvier 2000

[28] Entretien DG VI, 14 mars 2001

[29] *Agrarwirtschaft*, 1995, 44(1), p. 14

cette concurrence, la DG I, soucieuse de ne pas perdre son leadership dans la Ostpolitik, a donc décidé de fournir de l'expertise agricole en associant les économistes agricoles néo-libéraux les plus renommés dans ce domaine. A aucun moment, les syndicats agricoles n'ont été considérés comme des experts fiables dans ce domaine. Jugés partisans, ils ont été écartés de « l'industrie » lucrative de fournisseur de l'expertise.

Le rapport Nallet-van Stolk fut suivi à la fin de l'année 1994 et au début de l'année 1995 par cinq autres rapports qui, cette fois-ci, étaient commandés par le Commissaire de la DG I, responsable pour le commerce extérieur, Sir Léon Brittan, et dont voici la liste :

- Final Report, *A Survey and Evaluation of the Current Situation and Prospects of Agriculture in the Central and Eastern European Countries, with Emphasis on Six States with Europe Agreements*, par Martin Jackson et John Swinnen, Université catholique de Louvain (1994) ;
- Rapport final, *L'agriculture et l'élargissement de l'Union européenne aux pays d'Europe centrale et orientale : transition en vue de l'intégration ou intégration pour la transition*, par Louis-Pascal Mahé, Ecole nationale supérieure agronomique de Rennes, J. Cordier, H. Guyomard et T. Roe ;
- Final Report, *Preaccession Agricultural Policies for Central Europe and the European Union*, par Stefan Tangermann, Université de Göttingen et Timothy E. Josling, Université de Stanford ;
- Final Report, *Feasibility of an Agricultural Strategy to Prepare the Countries of Central and Eastern Europe for EU-Accession*, par Allan Buckwell, Wye College, University of London, Jos Hayes, CEAS Consultants (Wye) ltd. et Bespoke Economics, Kent, UK, Sophia Danidova, Véronique Courboin, Wye College, University of London, Andrzej Kwiecinski, Agricultural Policy Analysis Unit, Warsaw, Poland;
- Final Report, *Agricultural Strategies for the Enlargement of the European Union to Central and Eastern European Countries*, par Secondo Tarditi et Susan Senior-Nello, University of Siena ainsi que John Marsh, University of Reading.

Tous les rapports soulignent la difficulté d'adapter l'agriculture des PECO à l'adhésion à l'Union européenne. Ils sont extrêmement imprégnés des idées néo-libérales et semblent très proches des discours tenus par la DG I. Contrairement au rapport Nallet-van Stolk, les rapports préconisent une réforme radicale de la PAC avant l'entrée des PECO dans l'Union européenne. Les syndicats agricoles sont tenus pour responsables de l'inefficacité de la PAC actuelle. Toutefois, il nous semble que le contenu des rapports est moins éloigné du paradigme économique au sein de l'unité de prévision de la DG VI que l'on pourrait croire. Il s'agit davantage d'une opposition bureaucratique et d'un rapport de force entre les deux DGs que d'une véritable opposition idéologique.

Une nouvelle stratégie

L'attitude de la DG I, analysée dans un cas de figure similaire par Cécile Robert[30], correspond à une intervention de la DG I dans le domaine réservé de la direction de l'agriculture. L'initiative de la DG I a en effet été vécue par les fonctionnaires de la DG VI comme une double destitution. La réaction des fonctionnaires et du Commissaire de la DG VI fut catégorique : « Nous étions très mécontents de ces rapports et les avons mis dans un tiroir et c'est là qu'ils devraient encore être. Ils ne nous servaient à rien, ces rapports et on les a fait oublier. … On a réfléchi : est-ce que l'on entre dans une guerre avec la DG I ? Mais après l'on s'est dit que ce n'est pas notre style et que nous allions faire autre chose »[31]. La DG VI a donc adopté une approche 'scientifique' vis-à-vis de la DG I, dans la mesure où trois nouveaux projets ont été lancés.

En décembre 1994, constatant que « l'agriculture représente un élément clé » de la stratégie pré-adhésion, le Conseil européen d'Essen a invité la Commission à présenter au cours du second semestre de 1995 une étude sur « les moyens permettant de développer les relations entre l'Union européenne et les pays associés d'Europe centrale et orientale en vue de leur adhésion future »[32].

---

[30] Cécile Robert, « Ressources juridiques et stratégies politiques. Analyse d'une controverse sur la dimension sociale de l'élargissement de l'Union », *Sociologie du travail*, 2000, p. 203-224

[31] Entretiens, DG VI, 14 mars 2001

[32] Conseil européen de Essen, 9-10 décembre 1994, http://ue.eu.int/Newsroom

La DG VI a décidé de procéder en deux temps : au cours du premier semestre 1995[33], une dizaine de rapports par pays candidat, portant sur la situation agricole et les perspectives dans les PECO, ont été produits par les services de la Commission en collaboration avec des experts nationaux des pays concernés ainsi qu'avec le concours de conseillers scientifiques de l'Union européenne.

Sur la base de ces travaux, la même unité produit, en décembre 1995, l'étude commandée par le Conseil européen d'Essen.[34] Ce rapport constate dès 1995 qu'il ne sera pas nécessaire de prévoir des payements compensatoires pour les agriculteurs en Europe centrale et orientale. Dans ce même rapport, la Commission présente trois options pour l'orientation future de la PAC : a) le statu quo ; b) une réforme radicale ; c) un développement de l'approche 1992.
Après une analyse approfondie des trois scénarios, la Commission propose dans le document un développement, un approfondissement de l'approche de 1992, premièrement vers une compétitivité accrue, deuxièmement vers une politique rurale intégrée et, enfin, vers une simplification.

Enfin, le troisième projet de la DG VI était, à partir de 1995 et sur la base du document stratégique rédigé pour le Conseil de Madrid en décembre 1995, de préparer une réforme de la PAC. La DG VI a formé autour de l'économiste britannique Alan Buckwell, l'un des auteurs des rapports 'DG I', un groupe de neuf experts économistes et quelques fonctionnaires de la Commission afin de réfléchir sur l'avenir de la Politique agricole commune. Le rapport Buckwell, à son tour, a servi de fondement à l'élaboration de l'Agenda 2000. Les deux piliers de la PAC, le pilier du développement rural et le pilier environnemental sont ainsi dessinés. Le choix des économistes nous semble significatif puisque l'on y retrouve, tout comme parmi ceux qui avaient préparé les rapports sur l'état de l'agriculture dans les pays d'Europe centrale et orientale, les noms des experts qui ont préparé les rapports 'DG I', tant rejetés par la DG VI. Toutefois, les économistes, auteurs des

---

[33] Le 26 juillet 1995

[34] CSE (95) 607, *Etude sur les différentes stratégies pouvant être suivies pour développer les relations entre l'Union européenne et les pays associés dans le domaine de l'agriculture, dans la perspective de l'adhésion future de ces pays*, Document de stratégie agricole, 16 novembre 1995

rapports de 1994 rédigés pour le compte de la DG I, sont des experts renommés, qui possèdent le savoir recherché par la DG VI. Nous observons ainsi, comment l'expertise, même fournie par la même communauté scientifique peut être utilisée dans la lutte bureaucratique entre deux ou plusieurs Directions générales au sein de la Commission.

Conclusion : Le rôle des syndicats agricoles

L'analyse de la production des rapports d'expertise agricole dans le contexte de l'élargissement a montré l'absence des syndicats agricoles à la fois français et allemands. Les syndicats agricoles, représentants partisans, ne sont pas perçus comme fournisseurs d'expertise, et ne se perçoivent pas eux-mêmes comme tels. La Commission, aussi bien la DG VI que la DG I ou DG IA, considèrent les syndicats comme des représentants partisans d'un groupe de producteurs ou encore des « clients qui cherchent de l'information ». En effet, les fonctionnaires de la DG VI constatent une augmentation de prise de contact de la part des syndicats sectoriels, transnationaux et nationaux en vue d'obtenir de l'information sur la situation agricole en Europe centrale et orientale. Il est très rare que les syndicats souhaitent présenter leurs propres études à la Commission. Ils acceptent d'emblée que l'expertise soit fournie par d'autres acteurs, ou qu'elle soit déjà existante au sein même de la Commission en ce qui concerne les documents de synthèse ou dits 'stratégiques', dans la mesure où cette expertise ne contredit pas leurs positions de manière significative. Ce schéma est toutefois modifié et suit une toute autre logique dans le processus du *policy-making* quotidien. Les syndicats agricoles y jouent, comme nous allons montrer dans le chapitre 9, un rôle d'informateur et de contact avec le 'terrain' qui est accepté, et même recherché par les fonctionnaires de la Commission. Le syndicat agricole joue donc son 'rôle' vis-à-vis des acteurs politico-administratifs : cet ensemble d'attitudes et de comportements est le résultat du statut et de la position sociale dans un espace social.

Notre recherche ne nous a pas permis de constater une différence de répertoires d'action entre les syndicats agricoles allemand et français. Dans les deux systèmes politiques, le rôle du syndicat semble fixé : il impose de remplir certaines fonctions, de se référer à certaines normes, de ne pas sortir d'un certain langage.[35] Les syndicats semblent accepter leur rôle de représentant partisan, aussi bien au niveau national qu'au niveau communautaire, et ne cherchent pas à adopter le rôle d'expert ou d'économiste. Malgré des discours hostiles de la part du DBV vis-à-vis des « économistes néo-libéraux qui ne savent pas très bien de quoi ils parlent et ne connaissent pas les réalités du terrain »[36], le syndicat ne cherche pas à mettre en cause son propre rôle, analysé comme une contrainte sociale intériorisée. Bien que nos analyses empiriques au niveau micro aient souvent donné raison à Michel Crozier et Erhard Friedberg pour qui « une situation organisationnelle donnée ne contraint jamais totalement l'acteur. Celui-ci garde toujours une marge de liberté et de négociation »[37], les syndicats agricoles ont, dans ce contexte, particulièrement bien accepté leur rôle.

5.2. La Commission à la recherche de l'expertise : le cas du nucléaire

Contrairement au secteur agricole, la Commission européenne ne possède guère de savoir technique dans le domaine nucléaire. Lorsque le G7, suite à sa réunion de 1989 à Paris, transfère la gestion des programmes d'aides pour l'Europe centrale et orientale à la Commission, elle se voit confrontée à une situation dans laquelle ses fonctionnaires ne possèdent pas suffisamment de savoir-faire dans un domaine de haute importance. Les raisons pour cette situation peuvent être attribuées au système de recrutement de la Commission, comme l'analysent Edward Page[38], ou encore Anne et Handley Stevens[39]. Les fonctionnaires recrutés par la

---

[35] Philippe Braud, *Sociologie politique*, Paris, L.G.D.J., 2000, p. 47, L'auteur se réfère ici aux travaux de Talcott Parsons et en particulier sur l'ouvrage *Sociological Theory and Modern Society*, New York, Free Press, 1967

[36] Entretien, DBV, 3 novembre 1999

[37] Michel Crozier et Erhard Friedberg, *L'acteur et le système*, Paris, Seuil, 1981, p.79

[38] Edward C. Page, *People Who Run Europe*, Oxford, Clarendon Press, 1997

[39] Anne Stevens with Handley Stevens, *Brussels Bureaucracy? The Administration of the European Union*, Basingstoke, Palgrave, 2001, p. 122-125

Commission dans la plupart des pays membres de l'Union ont effectué des études de droit, en particulier en ce qui concerne l'Allemagne et le Danemark, d'économie ou de sciences sociales, comme en Espagne ou en France[40]. Les sciences « dures » ne sont que peu représentées parmi le personnel de la Commission, bien que le service de la Commission responsable de l'énergie, et en particulier de l'énergie nucléaire, emploie quelques ingénieurs.

Face à cette situation, la Commission a cherché de l'expertise à l'extérieur, en particulier auprès des entreprises de l'industrie nucléaire et auprès des agences nationales compétentes. Une comparaison entre les entreprises électronucléaires françaises et allemandes révèle toutefois une différence d'approche, bien qu'elles aient été confrontées aux mêmes demandes de la part de la Commission.

L'expert dans le nucléaire – différences franco-allemandes

France : primat de l'Etat rationnel et le poids politique des grands corps techniques

En France, les analystes travaillant sur l'expertise soulignent que l'Etat[41] a recours aux compétences spécialisées d'experts qui font partie du personnel étatique.[42] L'institutionnalisation de l'expertise

---

[40] D'où le savoir-faire dans le domaine de l'économie agricole

[41] Compris comme l'ensemble de l'appareil politico-administratif détenant un pouvoir monopolisateur de la coercition légitime.

[42] Christiane Restier-Melleray, „Experts et expertise scientifique, le cas de la France", *Revue française de science politique,* 1990, 40(4), p. 546-585 ; Françoise Dreyfus, « La professionnalisation de l'administration : recherches sur la fonction idéologique de l'expertise », *Annuaire international de la fonction publique, 1975-1976,* p. 295-309 ; Bernard Crousse, Jean-Louis Quermonne et Luc Rouban, *Science politique et politique de la science,* Paris, Economica, 1986 ; Luc Rouban, *L'Etat et la science. La politique publique de la science et de la technologie,* Paris, Editions du CNRS, 1987. Christiane Restier-Mellerey cite d'ailleurs l'exemple de l'Office parlementaire d'évaluation des choix technologiques, créé en 1988 : « [O]n ne peut que constater que ce contre-pouvoir a mis en place un conseil scientifique dans lequel les fonctionnaires de l'Etat détiennent le quasi-monopole des sièges : les grands instituts de recherche étaient représentées par quatre personnes ; les grandes écoles par deux personnes, les entreprises par une personne et les universités d'Etat par sept personnes ». p. 562. Il semble néanmoins

par l'Etat est illustré par les grands corps qui « ont instauré une expertise très intégrée au processus décisionnel, qui s'est perpétuée jusqu'à notre époque pour se diversifier considérablement. »[43] Ces corps ont créé au sein de l'Etat français des compétences instituées qui sont dans certains domaines très liées à la technologie. Cette pratique administrative s'inscrit dans le cadre du modèle technocratique wébérien dans lequel la compétence technique est alliée à la compétence légale.

La notion du « corps » est une réalité héritée de l'Ancien Régime, réalité qui s'approche de l'ordre des corporatismes.[44] « Les membres du groupe sont unis en une organisation dotée d'une position stable, juridiquement protégée par l'Etat. Ils sont soudés par des rites, des modes de recrutement communs, une même vision collective d'eux-mêmes ».[45] Dans le contexte de l'organisation de l'expertise française du nucléaire, ce sont surtout les corps techniques issus de l'Ecole polytechnique qui retiennent notre attention. Deux parmi les neuf corps d'ingénieurs[46] sont particulièrement importants dans le nucléaire français – celui des Ponts et Chaussées et celui des Mines. Les grands corps possèdent tous des structures légales et institutionnelles fortes, qui peuvent être considérées comme des assises de leur pouvoir. Ces structures leur ont conféré une légitimité et leur ont également ouvert des canaux officiels par lesquels leur influence peut passer. L'accroissement des connaissances scientifiques et leur importance

---

important, de souligner une certaine contradiction interne de l'article, puisque l'auteur constate, quelques pages plus tôt que « l'administration française ne dispose pas en son sein de structures fournissant aux décideurs une information scientifique ». p.558

[43] Pierre Papon, *Les logiques du futur. Science, technologie et pouvoir*, Paris, Aubier, 1989 ; voir aussi Pierre Papon, « Centres of Decision in French Science Policy : the Contrasting Influence of Scientific Experts and Administrators », *Research Policy*, 8, 1979, p. 384-398

[44] Pour une analyse approfondie de la notion et des systèmes de corps français voir Marie-Christine Kessler, *Les grands corps de l'Etat*, Paris, Presses de la FNSP, 1986

[45] ibid, p. 9

[46] Mines, Ponts et Chaussées, Télécommunication, Génie rural et Eaux et Forêts, Armement, Météorologie, Géographes, Aviation civile et Instruments de mesures et deux corps annexes Contrôle des assurances et administrateurs de l'INSEE.

grandissante se sont par ailleurs accompagnés d'un renforcement des pouvoirs des corps d'ingénieurs et du monopole de l'Etat.[47]

Selon Bruno Jobert, le nucléaire semble ainsi combiner en un seul domaine tous les éléments potentiels conduisant à une clôture des débats publics, éléments épars que l'on retrouve dans d'autres secteurs : l'omniprésence d'un grand corps ; la concentration du pouvoir par l'élite dirigeante d'une grande organisation issue d'un corps ; la monopolisation de l'expertise légitime par le cumul des fonctions de contrôle, de production, d'évaluation ; l'atrophie des réseaux d'expertise indépendante notamment parlementaires ; la légitimation du secret par l'invocation des exigences de la défense (économique et militaire) du pays.[48] Pierre Lascoumes souligne dans ce sens que 'l'exception nucléaire française' tire dans les années 1960 une grande partie de sa légitimité de la présence forte des Mines dans le trio initiateur de la politique : l'armée, le CEA et le ministère de l'Industrie. Aujourd'hui, ce trio est devenu un quatuor avec l'entrée en force depuis vingt ans du partenaire pour le nucléaire civil, EDF.[49] Le résultat de tout cela était, selon Dominique Finon, que le « complexe nucléo-industriel » français ou, comme les nomme Jean Claude Thoenig « les managers des affaires industrielles » [50] s'est retrouvé leader en France avec une technique vraisemblablement inutile sur le bras, parce qu'il est le seul qui soit parvenu à préserver son monopole de l'expertise légitime et qui ait pu ignorer les objections et les demandes de débat.[51]

---

[47] Pour une analyse historique du développement du pouvoir des corps des ingénieurs voir Terry Shinn, « Des corps de l'Etat au secteur industriel : genèse de la profession d'ingénieur, 1750-1920 », *Revue française de sociologie*, 1978, 19(1), p.39-71

[48] Bruno Jobert, « Représentations sociales. Controverses et débats dans la conduite des politiques publiques », *Revue française de science politique*, 1992, 42(2), p. 219-234 ; voir aussi Alain Touraine et al, *La prophétie anti-nucléaire*, Paris, Seuil, 1980

[49] Pierre Lascoumes, *L'éco-pouvoir. Environnements et Politiques*, Paris, Editions de la Découverte, 1994, p. 148

[50] Jean-Claude Thoenig, *L'ère des technocrates*, Paris, L'Harmattan, 1987, p.20

[51] Dominque Finon, *L'échec des surgénérateurs, Autopsie d'un grand programme*, Grenoble, Presses universitaires de Grenoble 1989. Le recours à l'énergie nucléaire a ainsi, sans aucune controverse, été présenté comme

La situation est tout autre en Allemagne. L'organisation de l'expertise en générale est concentrée en dehors de l'administration.[52] Le gouvernement distribue des ressources financières pour la recherche à travers des agences de recherche (*resource financing agencies*)[53]. Les plus importantes parmi celles-ci sont la *Deutsche Forschungsgemeinschaft* et la *Max-Planck-Gesellschaft.* Toutes les deux sont juridiquement des institutions privées, bien qu'elles reçoivent la plupart des fonds financiers au travers des sources publiques. La direction de ces organisations est coopérative : des représentants gouvernementaux, scientifiques et de l'industrie se partagent les pouvoirs au sein des directoires. Selon Renate Mayntz et Fritz Scharpf, ceci exclut un contrôle essentiellement politique. On observe même que l'influence politique qu'ouvre cette forme organisationnelle n'est que peu utilisée par les scientifiques et industrielles.[54] Alors qu'en France, le contrôle de l'information nucléaire est exercé par les acteurs qui détiennent l'expertise au sein

---

un gage de rationalité. Cette primauté de la rationalité menera également à une situation où le rapport entre les scientifiques et les décideurs s'est mué en une sorte de huis clos excluant largement toute représentation des opinions dissidentes au sein même de la communauté scientifique. Frédéric Ramel et Taoufik Bourgou, « La transparence dans le nucléaire français », dans Jean-Paul Picaper et Joachim Grawe (dirs), *Nucléaire, l'Europe partagée,* Paris, Ramsay 2001, p. 178

[52] voir Axel Murswieck, "Policy Advice and Decision-making in the German Federal Bureaucracy", dans B. Guy Peters et Anthony Barker (dirs), *Advising West European Governments. Inquiries, Expertise and Public Policy,* Pittsburgh, University of Pittsburgh Press, 1993. Pour une étude comparative franco-allemande se concentrant sur les structures de recherché voir : Gabriel Colletis, "Les grandes infrastructures de recherché en France et en Allemagne: quelle inspiration territoriale?", dans Edith Brenac, Dominique Finon et Pierre Muller, *La grande technologie entre l'Etat et le marché. Politiques publiques comparées,* Grenoble, CERAT, 1991, p.417-441

[53] Renate Mayntz et Fritz W. Scharpf, *Policy-Making in the German Federal Bureaucracy,* Amsterdam, Elsevier, 1975, p.13-14

[54] ibid.

de l'administration, l'expertise allemande se trouve à l'extérieur de l'appareil politico-administratif.[55]

L'expertise nucléaire allemande, en particulier, est moins concentrée et les liens internes entre les acteurs politico-administratifs et les experts nucléaires sont plus lâches qu'en France.[56] L'organisation de la recherché nucléaire est éclatée. D'un côté, nous trouvons des centres de recherche, situés à Jülich, Aachen, Karlsruhe ou encore Hambourg, qui bénéficient d'une importante autonomie juridique et oeuvrent au support scientifique et technologique des entreprises et de l'autre côté, il existait jusqu'en 1971, le Ministère fédéral de la technologie qui distribuait des fonds sur le Conseil de la *Deutsche Atomenergiekommission*.[57] Par la suite, les compétences de recherche et de l'industrie du ministère fédéral pour les questions nucléaires ont été transférées vers le ministère de la recherche, puis vers le ministère de l'économie dans les années 1980.

Cependant, alors que l'expertise technique française est concentrée au sein des entreprises publiques et des administrations, composée d'individus qui changent régulièrement d'emploi entre les ministères et les entreprises, procédure appelée 'pantouflage', l'expertise allemande dans le développement du nucléaire est gérée par les universités, financée par l'Etat fédéral, les Länder et l'industrie nucléaire allemande et étrangère, à savoir Siemens KWU, Westinghouse ou Framatome. Les producteurs d'électricité en Allemagne ne possèdent pas, contrairement à EDF, l'expertise technique propre dans le domaine de la construction des centrales

---

[55] Renate Mayntz et Fritz Scharpf soulignent par ailleurs le rôle important de l'information pour l'adminsitration : « Moreover, since to control the information premises of a decision means to influence substantively its content, the ability of the federal bureaucracy to control the sources, the selection and the utilization of information is also an important condition of the political system's autonomy.", p. 131

[56] Otto Keck, *Policy Making in a Nuclear Program : The case of the West German Fast Breeder Reactor,* Lexington, Lexington Books, 1985

[57] Dominque Finon, « Les Etats et le nucléaire civil depuis 1955 : l'empreinte des structures étatiques et des styles politiques », dans Edith Brenac, Dominique Finon et Pierre Muller, *La grande technologie entre l'Etat et le marché. Politiques publiques comparées,* Grenoble, CERAT, 1991, p. 43 ; Voir également l'analyse de Wolfgang Rüdig, « Outcomes of Nuclear Technology Policy: Do Varying Political Styles Make a Difference? », *Journal of Public Policy*, 1987, 7(4), p.389-430.

nucléaires. A cette différence organisationnelle s'ajoute la contestation de la légitimité de l'expertise nucléaire en Allemagne. Les blocages de certains projets ont entraîné un déplacement de la controverse vers l'arène politique, au sein de laquelle les acteurs opposés à la production d'énergie nucléaire s'expriment contre le monopole de l'expertise des universités des sciences dures, utilisée et mise en avant par les industries nucléaires. Aujourd'hui, l'expertise indépendante gagne en légitimité, tandis que celle des promoteurs nucléaires voit faiblir sa légitimité scientifique. Alors que ce déplacement de la discussion vers l'espace public existe en Allemagne depuis les années 1970, il reste très limité en France.[58]

Selon notre hypothèse de départ, nous supposons que cette différence structurelle entre la France et l'Allemagne entraîne des modes de représentation des intérêts par l'expertise distincts au niveau communautaire, et par la suite au niveau international. L'analyse de l'émergence, de l'utilisation et des conséquences de l'utilisation de l'expertise dans le contexte de la sûreté nucléaire en Europe centrale et orientale nous permet de démontrer ces différences et de nous interroger sur les conditions dans lesquelles un mode communautaire de représentation des intérêts peut émerger.

La genèse des stratégies – une approche fragmentée

Les divergences au sein de l'Union européenne

Une des tâches initiales de 'l'administration communautaire' – la Commission - face aux problèmes que représentaient les centrales nucléaires de l'Europe centrale et orientale a été d'élaborer une classification des centrales nucléaires afin de décider les stratégies à suivre dans le domaine des aides financières. L'ensemble des actions devait permettre d'aider les pays de l'Est à amener leur parc de réacteurs à un niveau de sûreté comparable à celui des centrales occidentales, comme le Conseil en préparation au Conseil européen d'Edimbourg l'avait rappelé dans sa résolution du 18 juin 1998[59].

---

[58] ibid.

[59] Résolution du Conseil du 18 juin 1992 relative aux problèmes technologiques de sûreté nucléaire, point 5. JO C 172 du 8.7.1992, p.2

Dès le début des années 1990, la Commission a regroupé le savoir-faire de ses services et des acteurs externes à la Commission dans la Cellule de coordination de l'aide pour la sûreté nucléaire (*G 24 Nuclear Safety Assistance Coordination – NUSAC*) au sein de ses services. Ainsi, le programme d'aide de la Commission s'est d'abord appuyé sur le programme d'action défini en 1991 par la *World Organisation for Nuclear Operators* (WANO). Toutefois, comme les critères du programme étaient insuffisamment définis (absence d'indicateurs de performance), la Commission s'est appuyée sur un autre forum d'expertise.

En général, les entreprises et industries nucléaires des pays membres de l'Union ont été étroitement associées à la cellule NUSAC, notamment dans le cadre de TPEG (Twinning Programme Engeneering Group)[60]. Les premières études techniques[61] commandées par la Commission auprès de TPEG ont été réalisées par les entreprises. Dans ce contexte EDF a joué un rôle principal grâce à son expertise technique.[62]

Dès 1992, l'introduction de projets concernant l'assistance sur site a donné un rôle central aux exploitants nucléaires au sein du TPEG. C'est à partir de ce moment que les différences de niveaux entre les compétences techniques des acteurs électronucléaires allemands et français sont devenues réellement perceptibles. L'assistance sur site devait veiller à l'amélioration de la culture de sûreté, en mettant en commun des activités touchant à la formation et à l'organisation des procédures. Ceci a conduit à quelques conflits mineurs à l'intérieur de TPEG. Les membres allemands, et en particulier l'entreprise RWE, le plus gros producteur d'électricité nucléaire en Allemagne, n'ont pas pu intervenir dans plusieurs appels à contribution, puisqu'ils ne possédaient pas des

---

[60] Ce consortium comprend des entreprises d'électricité français EDF, belge TRACTEBEL et italienne (ENEL), l'espagnole DTN, la britannique MAGNOX, la suèdoise Vattenfall, la néerlandaise GKN, la finlandaise IVO/TVO, et l'association VGB, représentant en particulier l'entreprise allemande RWE.

[61] Il nous n'a pas été possible d'obtenir une liste, complète ou partielle des contrats qui ont été conclu entre les services de la Commission et les entreprises individuelles ou les consortia qui ont été tenus confidentiels.

[62] Entretiens, EDF, 12 juin 1998 et 27 octobre 1998 ; Tractebel, 28 octobre 1999

compétences techniques requises.[63] Mais le savoir-faire requis n'est pas la seule cause des divergences franco-allemandes. Nous retrouvons également le reproche selon lequel EDF avait pu avoir connaissance des exigences requises pour les appels d'offre avant les autres, situation liée à son statut monopolistique et ses relations extrêmement étroites avec les acteurs politico-administratifs français au niveau national et communautaire.

Cependant, bien que les entreprises se soient retrouvées en concurrence au sein du TPEG, mais également en dehors, pour l'obtention des contrats d'études commandés par la Commission, nous avons pu observer des efforts de coopération. En dehors du TPEG, EDF, Bayernwerk et Preussenelektra ont également coopéré dans une organisation d'intérêts ad hoc, le WEP (*West European Partnership*). Le paradoxe qu'ont constitué les relations entre les entreprises français, possesseurs de compétences techniques fondamentales dans le domaine du nucléaire, et les entreprises allemandes est visible dans les entretiens que nous avons pu réaliser. Alors que nos interlocuteurs d'EDF soulignaient la nécessité de la coopération avec les acteurs allemands, nos interlocuteurs allemands mettaient en avant, de manière similaire, la nécessité de coopération, mais se plaignaient du poids trop important d'EDF et de ses relations avec les acteurs politico-administratifs français, à la fois au niveau national et au niveau communautaire. Un de nos interlocuteurs a constaté : « Toutes les actions d'EDF sont politiques. D'ailleurs, c'est un acteur politique tout court. ... Ce n'est tout simplement pas possible que les Français puissent partout investir dans le nucléaire avec le soutien du gouvernement, mais pas nous. C'est d'ailleurs aussi la raison pour laquelle le WEP a cessé ses activités en 1995. Les difficultés [de coopération] du côté ouest-européen étaient tout simplement trop grandes. ».[64]

Une expertise technique néanmoins homogène

Quel rôle a donc joué l'expertise des acteurs économiques fournie aux institutions européennes ? Les premières études techniques du secteur de la production d'électricité d'origine nucléaire ont montré que les systèmes développés par l'ancien système soviétique,

---

[63] Entretien, RWE, Bruxelles, 27 janvier 1999

[64] Entretien, Preussenelektra, 9 novembre 1999

largement répandus en Europe centrale et orientale et inspirés par les besoins de la filière nucléaire militaire, répondaient à des impératifs de production, mais que les questions de sûreté opérationnelle et de l'environnement avaient été délaissées. La Commission, et avant tout la Direction générale I, ensuite IA, considérait que l'amélioration de la sûreté devait s'inscrire dans une stratégie d'ensemble pour le secteur énergétique des pays de l'Est, au sein desquels le traitement des déchets posait des difficultés aiguës, mais le monde nucléaire représentait une force socio-économique importante et jusque là privilégiée par rapport à d'autres secteurs industriels.

Dans un premier document que la Commission publia en décembre 1993[65], élaboré sur la base du Plan directeur (*Master Plan*) préparé suite à un rapport technique fourni par TPEG, elle avait exprimé le soutien de l'Union au plan d'action adopté par le G7 lors du Sommet de Munich[66] et soulignait l'importance d'un secteur énergétique efficace pour l'amélioration durable de la sûreté nucléaire. Dans son rapport, elle conclut que la fermeture immédiate des réacteurs moins sûrs serait « économiquement difficile » quels que soient les vœux exprimés par la communauté internationale, dans la mesure où tous ces pays dépendent plus ou moins de l'électricité générée par l'énergie nucléaire. La Commission estime alors qu'il serait inopportun de subordonner l'assistance à une fermeture rapide des centrales, puisque ni l'assistance technique, ni le marché de l'énergie dans les pays concernés ne pouvaient garantir la fourniture d'énergie alternative. La stratégie présentée par la Commission dans son rapport englobait deux aspects : le premier concernant les installations nucléaires civiles les moins sûres et le second les centrales nucléaires relativement plus sûres. Dans les rapports fournis par les entreprises ouest-européennes, le même argumentaire était avancé : la fermeture des centrales serait économiquement très difficile,

---

[65] COM(93)635 final, *Communication de la Commission sur la sûreté nucléaire dans le contexte du secteur de l'électricité en Europe centrale et orientale*, décembre 1993

[66] Voir chapitre 4

puisque les pays en question dépendaient de cette source d'électricité.[67]

Cette activité grandissante de la part de la Commission est toutefois ponctuée par un 'abandon' des entreprises électronucléaires allemandes. RWE et Preussenelektra se sont graduellement retirés du 'marché de fabrication de rapports'. Un de nos interlocuteurs a souligné : « Nous n'avons pas le personnel pour pouvoir réaliser les grandes études. Nous n'avons donc plus participé à ces études ; parce que c'était pénible, ne menait à rien et parce que trop de personnes avaient été nécessaires »[68]. Toutefois, l'entreprise allemande Siemens KWU et ses homologues français ont continué à produire de l'expertise côte à côte avec ses collègues français, pour « empêcher qu'un accident comme Tchernobyl ne se répète encore une fois. Ce serait très mauvais pour les affaires, comme vous pouvez l'imaginer »[69].

Malgré une production importante d'études, aucune stratégie d'ensemble énoncée de façon explicite n'a pu être élaborée par les services de la Commission sur cette base. Deux hypothèses peuvent être avancées pour expliquer le retard subi dans l'élaboration d'une stratégie claire et globale vis-à-vis de la sûreté nucléaire. D'une part, les conflits bureaucratiques au sein de la Commission que nous analyserons en détail dans le chapitre suivant, ont rendu toute élaboration cohérente d'une stratégie unifiée très difficile. D'autre part, la multitude des acteurs –économiques, politico-administratifs des niveaux nationaux, communautaires et internationaux - liés dans un réseau de compétences partagées et diverses - n'a pas su créer une instance coordinatrice permettant d'élaborer une stratégie homogène dans le contexte de la sûreté nucléaire en Europe de l'Est.

---

[67] Lors de nos entretiens avec les responsables EDF et TPEG que nous avons réalisés entre 1998 et 1999, cet argument fut souligné à plusieurs reprises.

[68] Entretien, Preussenelektra, 9 novembre 1999

[69] Entretien, Siemens, 16 novembre 1999

Ainsi, en avril 1996, le Commissaire responsable pour les relations extérieures politiques, Hans van den Broek, avait exigé un rapport sur l'état actuel de sûreté nucléaire des centrales nucléaires de l'Europe de l'Est, sur le coût nécessaire pour réaliser des modernisations permettant que les centrales atteignent le « standard internationalement reconnu » de sûreté nucléaire et, enfin, des propositions pour les politiques futures de la Commission dans ce domaine.

Michael Hayns, Enno Hicken et Pierre Tanguy, consultants externes de la Commission et de tout groupe de travail attaché à la Commission[70], ont été chargé de préparer le rapport. Les auteurs se fondent sur une quinzaine de rapports, élaborés par les groupes consultatifs de la Commission, les rapports de l'AIEA et une trentaine d'entretiens avec des acteurs internes et externes à la Commission.[71] Le rapport, fondé ainsi sur d'autres expertises, fut nommé au sein de la Commission, le « rapport des rapports ».

L'élément central du rapport est la distinction entre deux groupes de réacteurs, à savoir les réacteurs qui pourraient être modernisés et ceux qui doivent être fermés, constat qui reprend les conclusions du sommet du G7 tenu à Munich en 1992. D'une trentaine de recommandations proposées par les auteurs, deux sont particulièrement significatifs dans le contexte de notre questionnement sur les modes de représentation des intérêts des groupes d'intérêt. Les auteurs recommandent premièrement des modifications dans la gestion des projets entre la Commission et les consortia créés. Les fonctions que partageaient l'organisme consultatif regroupant les organes techniques de la sûreté nucléaire des pays membres (TSOG) et le groupe des autorités régulatrices (RAMG) devaient être plus clairement séparées, alors que le TPEG et le TSOG devaient coopérer plus étroitement. Le deuxième

---

[70] Michael Hayns est professeur en mécanique et électrotechnique à l'Université d'Aston, Enno Hickens est Directeur de l'Institut de recherche sur la technologie nucléaire à Jülich en Allemagne.

[71] M.R. Haynes, E. Hickens et P. Tanguy, *Nuclear Safety Assessment Study. An assessment of the current status of Eastern Nuclear Power Plants and some proposals for future policy directions of the EU actions in support of safety improvements.* Work commissioned by DG IA, October 1996

élément central concerne la stratégie de la Commission elle-même. Les auteurs soulignent la nécessité pour la Commission d'adopter une position plus ferme vis-à-vis des pays de l'Est, en vue de les obliger à accepter les obligations de sûreté occidentales. Une stratégie cohérente devait être trouvée parmi les acteurs travaillant avec l'Europe centrale et orientale au plus haut niveau. Enfin, tous les projets futurs devaient obligatoirement inclure les autorités de sûreté nucléaire occidentales.

Confrontés à ce rapport, les acteurs économiques français et allemands cherchent du soutien auprès des services de la DG XVII, responsable pour la politique énergétique[72]. La classification des centrales en deux groupes, qui incluent notamment des centrales sur lesquelles des programmes importants de mis à niveau ont été engagés par les entreprises[73], pose problème. Dans un commentaire général adressé à la DG IA, la DG XVII met en garde contre le traitement en bloc des réacteurs en fonction de leur type, et donc de leur âge. Cette approche semble trop simpliste et pourrait amener à des jugements hâtifs qui risquent de ne pas être corroborés par une analyse en profondeur ultérieure. Nous observons ici l'émergence d'une position collective du TPEG vis-à-vis de la critique, attitude qui semble contraire au comportement compétitif de ses membres lors de l'élaboration d'expertise. Les opinions des acteurs français et allemands semblent converger face aux difficultés.[74]

De nouveau confrontée à un certain nombre de critiques concernant sa stratégie de sûreté nucléaire en Europe centrale et orientale, le Commissaire des relations extérieures politiques, Hans van den Broek, a commandé un rapport pour la fin de l'année 1997 en vue de donner suite aux recommandations formulées par le rapport des rapports. Le rapport « Contzen » a connu un

---

[72] Pour une discussion en détail du conflit bureaucratique entre les différentes DG compétentes pour la question nucléaire en Europe centrale et orientale voir chapitre 6.

[73] Il s'agit en particulier des centrales nucléaires bulgares à Kozloduy et slovaques de Bohunice, où un consortium franco allemand incluant Framatome, EDF et Siemens ont entrepris des travaux conséquents pour la mise à niveau.

[74] Entretien, Tractebel, 28 octobre 1999, Commission européenne 19 juillet 1999

développement mouvementé. Selon le président du groupe de travail (*Panel of High-level Advisors*) Jean-Pierre Contzen, ancien Directeur général du Centre commun de recherche de la Commission, le rapport avait pour objectif de présenter une stratégie cohérente que la Commission et le Conseil pouvaient suivre dans le contexte de sûreté nucléaire en Europe centrale et orientale. Aucun représentant des groupes d'intérêts économiques n'en faisait partie, seulement des membres des instituts de recherche universitaires. L'importance qu'accorda la Commission, et notamment la DG IA à ces deux rapports, montre la baisse de légitimité de l'expertise fournie par les groupes d'intérêts économiques. D'une manière similaire à la situation du domaine agricole, la Commission, ou mieux, les services de la Commission détenant le pouvoir principal de négociation, choisissent les experts selon leurs exigences du moment.

La politisation de l'expertise ?

Dans l'Agenda 2000 que la Commission publia en juillet 1997[75], la différenciation entre les centrales « *upgradeable* » et « *non-upgradeable* » était au cœur du chapitre sur la sécurité nucléaire. Les décisions prises dans le cadre de l'Agenda 2000, fondées sur le « rapport des rapports », ont conféré aux relations entre l'UE et les pays candidats d'Europe centrale une dimension différente dans le domaine de la coopération pour la sûreté nucléaire[76]. En effet, des décisions politiques ont été prises sur la base de l'expertise et de considérations stratégico-politiques, comme l'a montré l'analyse des documents et communications internes à la Commission de 1994 à 1999. Il importait pour les fonctionnaires travaillant au sein de la DG IA, auteur principal de l'Agenda 2000, de classifier clairement et nominalement les différentes centrales dans les pays candidats. On observe alors l'émergence d'une approche qui lie les critères d'adhésion à l'Union européenne au degré de sûreté nucléaire des centrales nucléaires, attitude très sévèrement critiquée par les acteurs économiques et la Direction générale XVII, qui est à partir

---

[75] COM(97) 2000 final, 15 juillet 1997

[76] Voir aussi COM(97) 401 final, *Communication de la Commission sur les industries nucléaires dans l'UE (programme indicatif nucléaire au sens de l'article 40 du traité Euratom)*, 25.09.1997

de 1996 de nouveau perçue par les groupes d'intérêt économiques comme un partenaire dans le jeu intra-institutionnel.

La tendance à « politiser » l'expertise a été renforcée par un jeu complexe d'acteurs : la Direction générale responsable pour la gestion de la Ostpolitik et de l'élargissement a perçu une possibilité d'ajouter ses exigences dans le domaine de la sûreté nucléaire, pour lesquelles il n'existe pourtant pas d'acquis communautaire, aux exigences liées aux conditions d'adhésion des pays candidats de l'Europe centrale et orientale. Les groupes d'intérêt économiques actifs dans ce domaine étaient confrontés à une double contrainte : d'une part, la production de l'électricité nucléaire ne pouvait continuer que sous condition que les centrales nucléaires est-européennes soient sûres. Un autre accident comme celui de Tchernobyl aurait discrédité l'énergie nucléaire dans son ensemble, et pour cette raison, toute ambiguïté en ce qui concerne le niveau de sûreté des centrales devait être exclue. D'autre part, comme nous l'avons souligné plus haut, les investissements d'un certain nombre d'industries nucléaires français et allemands dans les centrales nucléaires de Mohovce, Bohunice et Kozloduy avaient été importants, et une fermeture de ces centrales mettait en cause non seulement l'effort financier entrepris, mais également la perception de la qualité du travail fourni.

Conclusion : l'influence de la structuration au niveau national

La comparaison entre les stratégies et répertoires d'action des acteurs électronucléaires allemands et français a montré une différence dans les approches de l'élaboration d'expertise dans le domaine de la sûreté nucléaire. La production de l'expertise, à la fois par les acteurs français et allemands, a été utilisée à des fins de représentation d'intérêts. Ce répertoire d'action, que nous pouvons appeler 'indirect', est utilisé pour représenter des intérêts des acteurs économiques vis-à-vis d'une administration à la recherche d'expertise.

Néanmoins, l'analyse a mis en lumière l'importance de l'« interaction » entre les services de la Commission européenne et les groupes d'intérêt. Les services de la Commission décident de l'utilité ou, mieux, de la « *political correctness* » de l'expertise. Face à cette variable, les différences des répertoires d'action entre groupes d'intérêts d'origine allemande ou française perdent leur importance, puisque l'accès à la Commission est refusé.

Il faut souligner le rôle secondaire que jouent les ONG environnementalistes dans la production de l'expertise dans le contexte de la sûreté nucléaire en Europe centrale ou orientale. En dehors de l'expertise transmise par le gouvernement autrichien à la Commission dans le cas des centrales nucléaires de Mohovce et Bohunice et qui se fondent sur des études préparées en partie par Greenpeace Autriche, aucune contre-expertise relevant des ONG environnementalistes ne peut être trouvée dans les archives de la Commission auxquelles nous avons eu accès.

Conclusion

Dans ce chapitre, nous avons analysé le recours à la science par les groupes d'intérêt. Une comparaison entre le domaine agricole, pour lequel les services de la Commission possèdent de l'expertise interne et celui de l'énergie nucléaire a montré deux répertoires d'action divergents. Les besoins de la Commission en termes d'expertise externe sont beaucoup plus forts dans le secteur nucléaire du fait d'une absence de compétences juridiques, mais aussi du mode de recrutement des fonctionnaires. Lorsque la Commission cherche à acquérir de l'expertise pour légitimer ses activités, elle est très réceptive à la représentation des intérêts au travers de l'expertise.[77]

Cependant, des études de cas détaillées ont montré que la différence structurelle qui règne au niveau national concernant l'organisation d'expertise en question entraîne une variation dans la capacité de représenter les intérêts à travers la production de l'expertise, comme notamment dans le contexte de l'électronucléaire. Dans le secteur agricole, en revanche, les variations au niveau national entre la situation française et allemande sont moins significatives que dans le domaine électronucléaire. L'expertise agro-économique est produite à l'extérieur des syndicats agricoles. Bien que les chambres

[77] Voir aussi Christian Lequesne, *L'Europe bleue. A quoi sert une politique communautaire de la pêche ?*, Paris, Presses de Sciences Po, 2001, p. 117

d'agriculture dans les deux pays offrent de l'expertise aux membres des syndicats agricoles dans les deux pays, les services de la Commission ne prennent que très rarement connaissance de ces rapports et études.

Nous constatons alors que les modes de représentation des intérêts, en ce qui concerne le recours à la science, sont dépendants de trois éléments : le besoin d'expertise en vue de légitimer les activités des services des institutions européennes en général et de la Commission en particulier, les compétences des institutions européennes qui déterminent le niveau d'expertise intra-institutionnelle et, enfin, l'organisation de l'expertise au niveau national.

CHAPITRE 6.
UN ENVIRONNEMENT FRAGMENTE ET SECTORISE : LES GROUPES D'INTERET FACE AU SYSTEME BUREAUCRATIQUE COMMUNAUTAIRE

Il devient de plus en plus accepté dans la communauté des politistes travaillant sur l'intégration européenne d'appréhender les institutions communautaires, et en particulier la Commission comme des « multi-organisations ».[1] Ce constat s'insère dans l'approche des '*bureaucratic politics*'[2], qui postule que les unités de l'appareil gouvernemental sont des acteurs quasi-autonomes qui poursuivent trois objectifs majeurs : augmenter leur budget, appuyer leur légitimité et garantir leur autonomie.[3] Edward Page

---

[1] Laura Cram, *Policy-making in the EU. Conceptual lenses and the integration process*, Londres, Routledge, 1997 ; Laura Cram, « The European Commission as a multi-organization : social policy and IT policy in the EU », *Journal of European Public Policy*, 1994, 1(2), p. 195-217; voir aussi Christian Lequesne, "La Commission européenne entre autonomie et dépendance », *Revue française de science politique*, 1996, 46(3), p. 398-408 ; Michelle Cini, « La Commission européenne lieu d'émergence de cultures administratives. L'exemple de la DG IV et de la DG XI », *Revue française de science politique*, 46(3), p. 457-472 ; Thomas Christiansen, « Tensions of European Governance : politicizised bureaucracy and multiple accountablity in the European Commission », *Journal of European Public Policy*, 1997, 4(1), p. 73-90

[2] Les références centrales pour cette approche sont : Anthony Downs, *Inside Bureaucracy*, Boston, Little Brown 1967; Michel Crozier, *Le phénomène bureaucratique*, Paris, Seuil, 1963; Graham Allison, *The Essence of Decision : explaining the Cuban Missile Crisis*, Boston, Little and Brown, 1971 ; Lawrence B. Mohr, « The Concept of Organizational Goal », *American Political Science Review*, 1973,vol. 67, p.470-81

[3] Voir le modèle du processus organisationnel de Graham Allison, *The Essence of Decision : explaining the Cuban Missile Crisis*, Boston, Little and Brown, 1971, plus finement développé dans la deuxième édition Graham Allison et Philip Selikow, *Essence of Decision*, New York, Addison-Wesley Longman, 1999. Pour une application à l'Union européenne voir Mark Pollack, « Delegation, Agency and Agenda Setting in the European Community », *International Organization*, 1997, 51, p. 99-134; Guy B. Peters, « Bureaucratic Politics and the Institutions of the European Community », in Alberta Sbragia, *Europolitics. Institutions and Policy-Making in the 'new' European Community*, Washington, Brookings, 1992, p. 75-122.

souligne d'ailleurs : « Il existe une ample évidence qui démontre que les différents ministères et agences au sein d'un gouvernement développent des idéologies distinctes ».[4] Comme les appareils bureaucratiques en général[5], les institutions européennes facilitent non seulement le déroulement des processus politiques qui se déroulent au niveau communautaire mais sont aussi des organes qui souhaitent acquérir, élargir ou au moins conserver leurs pouvoirs, déclenchant ainsi des luttes intra- et inter-institutionnelles.[6]

Dans le processus de l'élargissement, la Commission - entité bureaucratique la plus importante dans le système institutionnel communautaire avec 24.000 fonctionnaires - doit être considérée comme l'acteur central, un rôle qu'elle a créé et élargi.[7] Bien qu'elle doive remplir la fonction d'un médiateur impartial entre les positions nationales divergentes, elle y voit également une possibilité d'élargir ses pouvoirs, en s'appuyant sur les groupes d'intérêt ou en bloquant leur accès si nécessaire. [8] La Commission peut donc être perçue comme une entité à la fois administrative et exécutive[9] dans le système institutionnel communautaire.[10] Ce chapitre se concentrera pour ces raisons particulièrement sur les services de la Commission et aura pour objectif d'analyser l'influence des structures fragmentées et sectorisées du système bureaucratique communautaire sur la représentation des intérêts et leur interaction avec les répertoires d'action forgés au niveau

---

[4] Edward C. Page, *People Who Run Europe,* Oxford, Clarendon Press, 1997, p. 11.

[5] B. Guy Peters, *The Politics of Bureaucracy,* New York, Longman, 1984. Erhard Friedberg, *Le pouvoir et la règle. Dynamiques de l'action organisée,* Paris, Seuil, 1997, p. 24

[6] Voir Laura Cram, "Calling the Tune without Paying the Piper? Social policy regulation: the role of the Commission in European Community social policy", *Policy and Politics*, 1993, 21(2), p. 135-146; Mark Pollack, "Creeping Competence: The Expanding Agenda of the European Community", *Journal of Public Policy*, 1994, 14(2), p. 95-145

[7] Cécile Robert, « La Commission européenne face à l'élargissement de l'Union à l'Est : la construction d'un leadership », *Politique européenne*, n°3, janvier 2001, p. 38-60

[8] Voir également David Coombes, *Politics and Bureaucracy in the European Community,* Londres, Allan et Unwin, 1970, p. 311

[9] Sous sa forme de Collège des Commissaires

[10] Laura Cram, *Policy-making … op.cit,* "Chapter 6, The institutional dimension of EU policy-making" p. 154- 167

national. La notion de sectorisation décrit l'importance croissante des domaines politiques spécifiques qui semblent de moins en moins influencés par une politique globale et cohérente. Le terme de fragmentation bureaucratique se réfère par contre à un système dans lequel les entités bureaucratiques diverses sont en conflit en ce qui concerne la gestion des domaines politiques spécifiques.[11]

Le cas de l'élargissement est un exemple particulièrement riche pour analyser l'influence de la fragmentation et de la sectorisation du système bureaucratique communautaire sur les modes de représentation des groupes d'intérêt au niveau communautaire. Ce processus inclut à la fois une approche globale de l'intégration ainsi qu'une approche sectorielle : la Commission en tant qu'entité exécutive gère l'Ostpolitik et l'élargissement de l'Union européenne. Alors que le Conseil européen prend les décisions centrales dans le domaine de l'élargissement et des politiques étrangères dans l'Union européenne[12], ces décisions sont fondées sur des papiers de discussion, études, livres blancs et livres verts préparés par les services de la Commission. C'est la Commission qui a réussi à se faire confier la responsabilité de la gestion de différentes politiques pour l'Europe centrale et orientale dès 1990 tout en coopérant avec les autres institutions communautaires. Dans ce contexte, elle a pu conquérir une autonomie et un pouvoir croissants, « qui s'étendront plus largement à la conception et à l'animation de la politique communautaire à l'Est ».[13] Le style décisionnel qui en découle est néanmoins marqué par la lenteur et la lourdeur qui peuvent non seulement démotiver les fonctionnaires[14], mais aussi les représentants des intérêts. Pour ces derniers, cette lenteur peut toutefois également être une ressource, leur permettant de plaider

---

[11] Martin J. Smith, *Pressure, Power and Policy,* Pittsburgh, University of Pittsburgh Press 1993

[12] Sabine Saurugger, « L'Union européenne : vers une politique étrangère autonome ? », *Notes et études documentaires,* La Documentation française, n°5128-5129, 2001, p. 285-311

[13] Cécile Robert, « La Commission européenne face à l'élargissement de l'Union à l'Est : la construction d'un leadership », *Politique européenne,* n°3, janvier 2001, p. 39-40

[14] Christian Lequesne, « La Commission entre autonomie ... » *op.cit.* p. 405

leur cause auprès de plusieurs acteurs en charge de la question particulière.

La question que nous posons dans ce chapitre est de savoir comment cette sectorisation et cette fragmentation influent sur les modes de représentation des intérêts au niveau communautaire. La fragmentation de la Commission dans la gestion de l'Ostpolitik rompt-elle les liens étroits que certains groupes d'intérêt avaient tissés avec 'leurs' Directions générales ? Les groupes d'intérêt dans le domaine du nucléaire sont-ils plus adaptés à cette situation car habitués à un environnement plus concurrentiel, non fondé sur la 'préférence communautaire' ? A quels répertoires d'action ont-ils recours lorsqu'ils sont confrontés à des luttes entre les institutions communautaires ?

6.1. Les compétences partagées entre les DG dans le domaine agricole

La présence institutionnelle et l'activité dans le domaine agricole sont plus grandes que dans tous les autres secteurs politiques au niveau communautaire. Les ministres de l'agriculture se réunissent plus fréquemment que pour d'autres Conseils, à l'exception des ministres des Affaires étrangères et des Finances. Les réunions des Conseils agricoles ne sont pas préparées par le COREPER mais par un organe spécifique, le Comité spécial d'agriculture (CSA). La Direction générale VI est la DG qui emploie le deuxième plus grand nombre de fonctionnaires ; il existe un plus grand nombre de groupes de travail et de comités de gestion et consultatifs que dans toute autre domaine politique.[15]

La Politique agricole commune est, comme nous l'avons montré plus tôt, une politique très fortement communautarisée. Ceci implique que la Commission, et en particulier la DG VI, est responsable pour la gestion et la mise en œuvre de cette politique. Dans le cadre du mandat que lui a attribué le Conseil, la Commission peut ainsi décider des ajustements en fonction de conditions du marché qui changent en permanence. Pour ainsi

[15] Voir Neill Nugent, *The Government and Politics of the European Union*, Londres, Routledge, 1994

faire, elle est en contact permanent avec les comités de gestion dans lesquels siègent des représentants nationaux et des experts envoyés par les gouvernements des Etats membres. Ces comités sont toutefois présidés par des fonctionnaires de la Commission.[16] Le Parlement européen n'a que très peu de compétences dans le secteur agricole qui n'est pas inclus dans les politiques qui nécessitent la procédure de co-décision. Par ailleurs, le budget de la PAC faisant partie des dépenses non-obligatoires du budget de l'Union, le Parlement ne peut donc présenter que des amendements et non des modifications. Le Conseil peut modifier à la majorité qualifiée les amendements proposés par le Parlement.[17]

Dans les années 60 et 70, la prise de décision dans le domaine agricole était fondée sur les relations franco-allemandes et était renforcée par une relation très étroite entre la Commission, le Conseil des ministres et les groupes d'intérêt agricoles. Cette relation étroite a été encore renforcée par le compromis de Luxembourg de 1967, qui rendait nécessaire une prise de décision consensuelle et a encouragé la DG VI à développer des contacts nécessaires avec les représentations des intérêts en vue de faire accepter ses propositions dans le système.[18] Sur cette base ont également émergé les relations étroites qu'entretenait la DG VI avec l'eurogroupe agricole central, le COPA/COGECA. Toutefois, depuis le début des années 1990, on observe la présence d'autres acteurs impliqués dans les négociations agricoles.[19] Wyn Grant associe ce changement aux négociations lors de l'*Uruguay Round* à l'occasion duquel d'autres Directions générales ont acquis des compétences, en particulier la DG I. Les groupes d'intérêt agricoles ont alors perdu de l'influence par rapport aux autres groupes d'intérêt, comme les grandes industries agroalimentaires. La santé et

---

[16] Voir chapitre 3

[17] Selon l'article 203, TCE

[18] P.W. Phillips, *Wheat, Europe and the GATT*, London, Pinter, 1990

[19] Voir Eve Fouilleux, *Idées institutions et dynamiques du changement de politique publique. Les transformations de la politique agricole commune*, Thèse de doctorat en science politique, Université Pierre Mendes France, 1998 ; Wyn Grant, *The Common Agricultural Policy*, Londres, Macmillan, 1997, p. 148 - 149

l'environnement[20] ont commencé à occuper une place cruciale dans le contexte des négociations agricoles. Concernant les questions de production et de prix, des processus de compartimentalisation et de sectorisation ont effectivement transformé les relations entre les syndicats agricoles, et la DG VI.

L'Ostpolitik de la Commission : l'éclatement des compétences dans le domaine agricole

Comme les négociations du GATT, l'Ostpolitik de la Communauté et les politiques de l'élargissement ont entraîné un nouveau partage de compétences entre les différentes DGs. Nous pouvons citer quatre DGs impliquées dans le domaine agricole : DG I, DG IA, DG VI et DG XI, responsable pour les négociations environnementales dans le contexte de l'acquis communautaire.

Trois Directions générales jouent un rôle central dans l'élaboration et dans la gestion du volet agricole des accords européens : la DG IA, en tant que responsable pour le suivi général des stratégies de pré-adhésion, la DG I puisqu'elle possède des compétences dans le commerce international et la DG VI pour l'agriculture. Les accords européens sont dotés de trois niveaux de négociation dans des institutions créées pour chaque pays. Il existe une dizaine de sous-comités, présidés par la Commission européenne, au sein desquels des questions techniques sont discutées par des experts nationaux du pays candidat en question et par les fonctionnaires de la Commission en provenance de domaines politiques différents. Ainsi, dans le domaine de l'agriculture, les agendas des sous-comités sont préparés par la DG VI en coopération avec la DG IA. Les réunions sont finalement présidées par les fonctionnaires de la DG VI, soutenus par des responsables de pays (*country desk*) de la DG IA. Les problèmes particuliers et les détails sont habituellement négociés et résolus au niveau des sous-comités qui se réunissent deux à trois fois par an.

Les problèmes liés au domaine des distorsions commerciales doivent être discutés dans l'enceinte des sous-comités. Les plaintes sont habituellement adressées par les responsables des DG en

---

[20] exemple particulièrement parlant dans le contexte des problèmes de BSE et de la fièvre aphteuse du début du troisième millénaire.

question ou adressées directement par les Représentations permanentes des pays membres à Bruxelles aux responsables de la DG IA. Lors de notre période d'observation participante, nous avons pu constater que les groupes d'intérêt contactent habituellement 'leur' ou 'leurs' directions générales sectorielles pour les informer des difficultés perçues dans un secteur, qu'ils souhaitent voir apparaître sur l'ordre du jour de la réunion du sous-comité. Dans le secteur de l'agriculture, de telles pratiques se sont concentrées au niveau de la DG VI, comme nous allons montrer par la suite.

Au niveau supérieur de la gestion des Accords européens se situent les comités d'association, présidés par la DG IA. C'est dans ces enceintes qui réunissent les hauts fonctionnaires de la Commission et des pays candidats une fois par an, que se situe le pouvoir décisionnel. A un niveau encore supérieur, les Accords européens ont instauré des Conseils d'association qui supervisent la mise en œuvre de l'accord européen au niveau politique (ministériel).

Ces deux échelons sont moins centraux pour notre recherche que le niveau technique du sous-comité car c'est plus particulièrement à ce premier niveau que les groupes d'intérêt interviennent. En effet, la diplomatie économique de la Commission a fait en sorte que les véritables négociations se déroulent dans des conditions plus informelles, telles que des réunions d'experts, à la fois des services de la Commission et des pays candidats. Les représentants des groupes d'intérêt ne participent jamais à de telles réunions mais ils doivent déposer leurs demandes auprès des fonctionnaires de la Commission pour faire en sorte que leurs intérêts soient défendus. Si les Etats membres ont le plein droit d'assister aux instances formelles (sans droit de parole toutefois en ce qui concerne le commerce extérieur, dont l'agriculture fait partie) et d'accéder aux documents distribués dans ce cadre, la participation aux réunions des experts est réservée aux seuls fonctionnaires européens et aux représentants des pays candidats. Ainsi, la Commission arrive à se doter, d'une part, d'une marge de manœuvre par rapport au Conseil, facilitant les stratégies de négociations tactiques, et d'autre part, d'une avance en termes d'information qu'elle peut utiliser de façon sélective.

Comme nous l'avons montré, le degré d'interdépendance des ressources entre les acteurs publics (gouvernements nationaux et services de la Commission) est donc élevé, et la coopération s'impose, malgré les conflits bureaucratiques au sein de la Commission. Selon les termes de Fritz Scharpf, nous nous situons dans un « système de décision conjointe » institutionnalisé dans lequel les acteurs, dont l'action unilatérale est juridiquement interdite et sanctionnée, doivent négocier un accord qui en satisfait une large majorité.[21] Cette coopération et cette négociation sont particulièrement visibles dans le système interdépendant qui structure l'élaboration et la gestion d'une Ostpolitik de l'Union.

Malgré cette interdépendance, ou justement à cause de celle-ci, les politiques bureaucratiques entraînent un système fragmenté, peu visible au niveau macro du processus de l'élargissement. Le cas des importations des cerises acides dans l'Union nous aident à analyser l'impact de ce système fragmenté sur les modes de représentation des groupes d'intérêt.

Le DBV face aux importations de cerises acides[22] : la préférence communautaire mise en question

Depuis la fin des années 1980, le ministre de l'agriculture allemande, sur demande du DBV, avait régulièrement exigé de la Commission européenne d'introduire des mesures de sauvegarde contre l'importation des cerises de pays tiers, en particulier de la Yougoslavie, et depuis 1990 de la Hongrie, de la Roumanie et de la Bulgarie[23].

Cette revendication défendue par le Präsidium du DBV tout entier s'explique par l'importance prise par la production des cerises

---

[21] Fritz Scharpf, *Games Real Actors Play: actor centred institutionalism in policy research,* Oxford Westview Press, 1997, p. 143

[22] Des importations massives et à bas prix de champignons, fruits rouges ou encore foie gras en provenance des PECO ont régulièrement mis à mal, depuis la mise en œuvre des accords européens, l'équilibre des marchés de l'Union européenne. Afin de montrer en détail l'élaboration d'une solution ainsi que les répertoires d'action des syndicats agricoles, nous avons choisi, pour des raisons de temps, de nous concentrer sur une seule étude.

[23] *Obstbau*, 4/1990

acides dans le secteur des fruits et légumes. Un de nos interlocuteurs a expliqué que 50% de la politique dans ce secteur relevait de la question des cerises acides. Les revendications du DBV ont d'ailleurs été régulièrement coordonnées avec les producteurs français de cerises. Car, si les pays d'Europe centrale et orientale ne représentent que de faibles parts de marché en France, ils n'en demeurent pas moins des concurrents potentiels sur les principaux débouchés français.[24]

La représentation des intérêts des producteurs allemands

Les importations des cerises acides en provenance des PECO préoccupaient le DBV ainsi que le Ministère de l'agriculture chaque année depuis 1990, grâce à la pression exercée par le syndicat. Une crise importante surgit en 1994, lorsque la situation du marché des cerises acides se dégrade. Le 16 mai, la Commission publie le règlement CE n°1118/94 qui fixe de nouveaux prix de référence, mais non pas les quotas exigés par le syndicat allemand. Cette décision entraîne une activité sans égal de la part des acteurs allemands. Le DBV décide, lors de la réunion du Präsidium du 15 juin 1994, de s'adresser directement au Chancelier, car elle jugeait peu satisfaisantes ses propres prises de contact avec la DG VI, qui étaient perçues comme mises en échec par les autres Directions générales responsables pour la gestion de l'Ostpolitik de la Communauté : la DG IA et la DG I. Le DBV et le ministère de l'agriculture allemande formaient une communauté de politique publique avec les fonctionnaires de la DG VI responsables des relations extérieures et les gestionnaires des organisations commune du marché (OCM).

Face à l'impasse au niveau communautaire, le DBV a décidé de mobiliser les acteurs nationaux. En mai 1994, il adresse des lettres au Chancelier en l'informant de la situation « catastrophique » dans le secteur des cerises acides et l'implore de réagir en exigeant l'introduction d'un système de quotas. Parallèlement, les producteurs allemands manifestent violemment, et versent la charge d'un camion de cerises acides dans le jardin du chancelier allemand Helmut Kohl. Ces manifestations ont pour objectif de protester

[24] ONIFLOHR, Etude de l'impact de l'élargissement de l'Europe aux Pays d'Europe centrale et orientale sur la filière française des fruits et légumes frais et transformés, 1999

contre les prix trop bas et les contrôles insuffisants aux frontières. Mais la manifestation des agriculteurs allemands n'est qu'une stratégie parmi d'autres. Le chancelier allemand réagit en envoyant deux hauts-fonctionnaires à la Direction générale qui bloque : la DG I. Le responsable au sein de la DG I explique alors : « Etant responsable de la question des échanges commerciaux agricoles avec les PECO au sein de la DG I, il est clair que je dois trouver un argument quand je bloque une proposition provenant d'une autre DG. Ceci a été le cas en juin 1994 avec la proposition de la DG VI sur les cerises acides. On connaissait très bien la position de l'industrie transformatrice dans ce domaine, située en Allemagne comme Nestlé ou Ferrero qui en produit surtout de la confiture et des conserves [et qui souhaitent des importations à bas prix]. Donc, on a bloqué pendant deux jours. Le cabinet a bloqué aussi. Mais ensuite, [le chancelier allemand] Kohl avait envoyé deux secrétaires d'Etat au directeur de la DG I qui, à l'époque, était aussi un allemand, et nous avons dû accepter la proposition de la DG VI. »[25] Après l'intervention du ministre et du secrétaire d'Etat allemand, la Commission décide le 17 juin 1994 d'introduire un prix minimal à l'importation des cerises acides, à hauteur de 1,24 DM par kilogramme.[26]

Le nouveau règlement[27] modifie ainsi le règlement décidé quelques jours auparavant et fixe de nouveau, comme déjà en 1993, un prix minimal d'importation pour les cerises acides. Lorsque le prix baisse à la suite d'importations trop importantes, une taxe est appliquée, payable par les importateurs. La raison avancée par le règlement est que, en l'absence d'un système de protection fiable à la frontière, la commercialisation de la production communautaire, et en particulier allemande, aurait pu être affectée par la concurrence des pays offrant des prix sensiblement inférieurs, empêchant la commercialisation des produits communautaires.

Cet exemple du règlement CE n°1395/94 de la Commission est d'autant plus significatif que la DG I n'était pas convaincue du

---

[25] Commission européenne, DG I, 30 juin 1999

[26] *Obstbau*, 8/94. En revanche, les prix en Hongrie s'élèvent à 0,70 DM pro kilogramme.

[27] Règlement (CE) n° 1395/94 de la Commission du 17 juin 1994, JO n°L 152/31 du 18.6.1994

bien-fondé du règlement, qui a été qualifié par un de nos interlocuteurs de la DG I comme « insensé. C'est la première fois que nous voyons une telle décision dans un accord préférentiel ».[28] Ceci montre un jeu de pouvoir entre les services de la DG I et VI conduisant les services de la DG IA à jouer un rôle de médiateur.

Les négociations intra-Commission

Les décisions réglementaires doivent être prises par la Commission dans son ensemble, à savoir par le Collège, ce qui explique l'importance d'un accord entre la DG I (relations commerciales extérieures), la DG IA (relations extérieures, PECO) et la DG VI (Agriculture).

La Commission, en tant qu'entité exécutive[29], a donc été obligée de trouver un compromis. Il s'agissait, tout en permettant un approvisionnement de l'industrie, de ne pas laisser s'effondrer les prix. La DG I soutenait plus particulièrement l'industrie, et donc aussi les PECO dans ce contexte et avait toujours essayé de bloquer les décisions autant que possible[30]. C'est en particulier l'industrie agro-alimentaire qui profite de l'ouverture des frontières et peut investir d'une manière significative en Europe centrale et orientale, où la main d'œuvre est moins chère. La DG IA, responsable pour l'Ostpolitik communautaire, représente généralement une idéologie « pro-PECO », comme soulignèrent nombre de nos interlocuteurs agricoles, ce qui permet le plus souvent de dessiner un compromis entre la DG I et la DG IA.

Cependant, la position de la DG VI est différente. Avant de proposer une disposition réglementaire, le service 'Marché' de la DG VI (E1) doit proposer un prix minimum à la direction 'Commerce extérieur' de la DG VI, et un compromis doit être trouvé. Ensuite, cette proposition est soumise à la DG IA et aux services en question de la DG I et c'est à ce moment que les négociations farouches commencent. Comme l'a constaté un de

---

[28] Entretien, Commission européenne, DG I, 30 juin 1999

[29] contrairement à son rôle d'entité administrative, comme le différencie Laura Cram, *Policy-making in the European Union*, London, Routledge, 1997, p.155

[30] Entretien, Commission européenne, DG I, 30 juin 1999

nos interlocuteurs d'une manière exaspérée, « Ces négociations nous ont toujours pris un temps considérable ! »[31].

Les négociations des dispositions à prendre dans le contexte des importations des cerises acides montrent alors comment les groupes d'intérêt affrontent un système particulièrement fragmenté. Il nous semble que jusqu'en 1996, les répertoires d'action des producteurs des cerises allemands ont été essentiellement nationaux et se manifestaient par une représentation des intérêts auprès de leur gouvernement. Le poids du DBV est souvent un avantage, notamment lorsqu'il s'agit de représenter des intérêts sectoriels et minoritaires. Face à un système fragmenté, consistant en plusieurs niveaux, le syndicat allemand a adopté deux types de répertoires d'action : le recours au nombre, à travers des manifestations et le recours à la science, en informant le Ministère de l'agriculture des conséquences importantes qu'entraîneraient les importations des cerises acides en provenance des PECO. Toutefois, les deux répertoires d'action n'étaient déployés qu'au niveau national.

Une structure unifiée face à un système fragmenté et sectorisé

Le rôle du DBV dans cette situation est significatif. La structure organisationnelle du secteur de fruits et de légumes au sein du DBV est différente de celle de la FNSEA et en France en général. Une approche superficielle montre une structure organisationnelle similaire. Au sein de la FNSEA, comme au sein du DBV se trouvent des organismes chargés des questions touchant au secteur des fruits et de légumes. Au sein de la FNSEA existe le syndicat FNPF (Fédération nationale des producteurs des fruits), membre de la FNSEA. Le *Bundesausschuss für Obst und Gemüse* au sein du DBV ressemble à cette structure. Toutefois, la FNPF jouit d'une indépendance qui se manifeste par la possibilité de contacter directement les pouvoirs publics, sans passer par la FNSEA. La FNPF possède d'ailleurs de propres bureaux, alors que son équivalent allemand les partage avec le DBV, ce qui constitue une signification symbolique claire. Le *Bundesausschuss* coopère avec le *Referat für Obst und Gemüse* au sein du DBV, dont le Präsidium est le porte-parole des décisions vis-à-vis du public. Les négociations au jour le jour ont lieu entre le *Referat für Obst und Gemüse*, le

---

31 Entretien, Commission européenne DGVI, 26 octobre 1999

Bundesausschuss Obst und Gemüse et les services concernés au sein du Ministère.[32]

Le COPA n'intervenait guère dans les discussions sectorielles, comme l'analyse empirique l'a montré. Lors des négociations des accords européens, le COPA avait cependant discuté l'option d'une demande des compensations pour les secteurs touchés par les accords européens car, comme soulignait un représentant : « ces accords ont été conclus pour des raisons politiques et nous ne comprenons pas pourquoi nous devrions payer pour cela »[33]. Cette proposition informelle présentée à la Commission a été refusée d'emblée.

Conclusion : deux modes de représentation des intérêts

Nous avons pu observer l'existence de modes de représentation distincts. Confrontés à des situations similaires, les syndicats agricoles allemands et français ont choisi deux modes de représentation différentes. Le DBV, organisation unifiée, a concentré ses répertoires d'action, à savoir le recours à la science et au nombre, au niveau national. Lorsque les prises de contact entre le *Präsidium* du DBV et le cabinet du Commissaire pour l'agriculture n'ont pas abouti au résultat souhaité par le premier, il a eu recours à l'internalisation de ses répertoires d'action. Confronté à la fragmentation du système, le groupe d'intérêt n'a guère cherché à diversifier les points d'accès lui-même, mais a contacté son Ministère 'de tutelle'.

Contrairement à la structure hiérarchisée et unifiée du DBV qui, lors des négociations générales, peut être d'un avantage certain, la structure relativement plus fragmentée du domaine agricole en France a permis aux acteurs agricoles français de tisser des contacts avec les différentes DGs impliquées dans la gestion du volet agricole des accords européens. Alors que la FNSEA entretient des contacts préférentiels avec la DG VI, tout comme le DBV, sa structure fragmentée lui permet de créer des nouveaux réseaux ad hoc avec d'autres DGs. La représentation directe et la présence des Interprofessions, dont font partie les branches spécialisées de la

---

[32] Entretien, DBV, 20 février 2001

[33] Entretien, COPA, 17 juin 1999

FNSEA, permettent de constater une démultiplication des niveaux d'intervention des répertoires d'action des syndicats français.

Enfin, l'existence des experts nationaux détachés français, stratégiquement placés au sein des DGs diverses, renforce le potentiel d'accès des représentants des syndicats agricoles à ces DGs. Ce dernier élément fonctionne de manière similaire dans le secteur de l'énergie nucléaire.

6.2. La Commission européenne et la gestion du dossier nucléaire : concurrences internes et externes

Comme nous l'avons souligné dans les chapitres précédents, la situation de la sûreté dans les centrales nucléaires en Europe centrale et orientale ainsi que dans les Nouveaux Etats indépendants (NEI)[34] était particulièrement préoccupante. La chute du mur de Berlin a rendu possible la prise de conscience de l'ampleur de la menace qui pesait sur le territoire européen. L'analyse dans les chapitres précédents a montré que plusieurs stratégies, nationales, internationales et communautaires ont été poursuivies parallèlement, stratégies qui ont fortement impliqué les acteurs économiques qui se trouvent au centre de l'analyse : les producteurs de l'électricité et l'industrie nucléaire français et allemands.

Au niveau communautaire, la gestion du dossier nucléaire par la Commission européenne s'inscrit dans une situation complexe de concurrence bureaucratique. Certains services de la Commission en particulier, mais aussi les institutions communautaires en général, sont entrés dans un jeu de pouvoir pour obtenir le leadership sur les questions relevant de l'énergie et de la sûreté nucléaire en Europe de l'Est. Les acteurs administratifs agissent ainsi dans un système de contrôle mutuel et de méfiance qui, loin d'être une spécificité purement communautaire, est toutefois particulièrement développée à ce niveau.[35] Nous observons l'émergence de multiples

---

[34] Par la suite, nous utiliserons la notion plus courte d'« Europe de l'Est » plutôt que celle, plus politiquement correcte de « l'Europe centrale et orientale et les NEI ».

[35] Adrienne Héritier, qui fonde son raisonnement dans ce contexte sur une approche pluraliste, y voit un élément essentiel du processus

centres de décision et celle de multiples autorités qui influencent les relations entre les groupes d'intérêt et l'administration publique. Les autorités multiples, à la fois au sein de la Commission et à l'extérieur, agissent dans une 'composite polity'[36]. Sans tenir compte du pouvoir judiciaire, l'autorité politique dans l'Union européenne est partagée d'une manière équivalente entre le Conseil, la Commission et, à un degré de plus en plus important, le Parlement européen. La caractéristique la plus distincte de l'Union européenne serait toutefois, selon John Peterson, l'importance des questions techniques et celle des acteurs technocratiques et non-politiques.[37] Alors que nous souscrivons à son analyse de la fragmentation du système politique européen, nous sommes plus critiques sur ce dernier point. Le sujet du nucléaire, comme celui de l'agriculture, est hautement politisé au niveau européen, et malgré une rhétorique 'neutre' à la fois de la part de la Commission et des acteurs économiques, l'expertise technique fournie aux acteurs administratifs par les entreprises et l'industrie nucléaire ne se résume pas à une expertise non-politique.

Afin de souligner ces propos et de répondre aux questions soulevées au cours de notre recherche, nous approchons notre analyse sous deux angles. Une première partie est consacrée à la question de la fragmentation interne de la Commission européenne face à ce dossier ainsi qu'à la réaction des groupes d'intérêt économiques. Une deuxième partie s'intéresse plus particulièrement à l'étude des acteurs externes qui ont mis en question la capacité technique de la Commission à gérer le dossier nucléaire. Trois acteurs, à des niveaux divers, interviennent ainsi dans la gestion du champ nucléaire en Europe centrale et orientale : le Parlement européen, la Cour des Comptes et le Conseil de l'Union européenne.

La question que nous posons dans ce chapitre est de savoir si les groupes d'intérêt économiques dans le secteur nucléaire,

---

démocratique, qui, au niveau communautaire ne peut pas être assuré par un modèle de représentation élective. Adrienne Héritier, « Elements of democratic legitimation in Europe : an alternative perspective", *Journal of European Public Policy*, 6(2), 1999, p. 269-282

[36] ibid., p. 275

[37] John Peterson, « Policy-Making in the European Union: Towards a Framework of Analysis", *Journal of European Public Policy*, 1995, 2(1), p.78

essentiellement de grandes entreprises de production d'électricité ou de construction de centrales nucléaires, s'adaptent plus facilement à cet environnement fragmenté et sectorisé que les syndicats agricoles. Pouvons-nous également constater une différence entre les répertoires d'action des acteurs économiques français et allemand comme nous l'avons observé dans le cas agricole, ou au contraire, cette différence s'efface-t-elle dans le contexte de l'énergie nucléaire ?

Les producteurs d'électricité et l'industrie nucléaire face à la fragmentation interne de la Commission.

Le domaine nucléaire a été longtemps sous la responsabilité de quatre Directions générales, à savoir la DG Energie (DG XVII), la DG Compétition (DG IV), acquérant de plus en plus d'importance dans le contexte la libéralisation du marché d'électricité, la DG Environnement, sûreté nucléaire et protection civile (DG XI) et la DG Recherche et technologie (DG XII). Les propositions concernant le nucléaire provenant de l'une des Directions générales ont ainsi dû être négociées avec les autres Directions avant de pouvoir être adressées au Conseil et au Parlement européen.[38]

Deux des Directions générales possédaient une importance particulière. Dans le secteur des énergies conventionnelles, à savoir le gaz, le charbon et le fuel ainsi que dans l'électricité et l'énergie nucléaire, la DG XVII occupait la place de chef de file. Elle est considérée par la plupart des analystes comme extrêmement ouverte et réactive aux demandes des groupes d'intérêt, et en particulier des acteurs économiques.[39] Dans le domaine de l'énergie

---

[38] Les négociations ont lieu initialement au sein des réunions interservices, ou de manière plus informelle par e-mail ou courrier interposé entre les fonctionnaires des Directions générales. Les propositions prévues pour un transfert au Conseil et au Parlement européen sont généralement discutées, à un niveau supérieur, par les chefs de cabinet dans leurs réunions habituelles avant d'être décidés formellement par le Collège des Commissaires.

[39] Janne Haaland Matlàry, *Energy Policy in the European Union*, Basingstoke, Macmillan, 1997, p. 107-109. L'auteur souligne également le rôle actif du Commissaire pour l'énergie du deuxième cabinet Delors, Antonio Cadorso e Cunha. Il a été, tout comme Jacques Delors lui même

nucléaire, l'unité C3 occupe une position bien particulière de défenseur de cette forme de production d'électricité. Cette attitude a été pendant une certaine période en contradiction avec la position du Directeur général de la DG XVII, causant des difficultés à plusieurs reprises lors de l'élaboration des documents stratégiques sur l'avenir de cette forme de l'électricité. Toutefois, l'analyse d'un certain nombre de documents écrits, et en particulier des versions écrites de communications présentées à l'extérieur de l'Union[40] montrent la position pro-nucléaire que défendent nombre de fonctionnaires. Bien que soulignant régulièrement être « ni pro- ni contre le nucléaire », les études montrent une argumentation en faveur de cette source énergétique.

Quant à la DG XI, créée en 1981, elle est responsable de la sûreté nucléaire, et en particulier de la radioprotection. Elle entretient des contacts étroits à la fois avec les autorités de sûreté nucléaire des pays membres de l'Union, les groupes d'intérêt économiques et les groupes d'intérêt publics et environnementaux. Elle fait en général appel à des experts indépendants, ce qui souligne encore une fois l'importance des experts externes, et le plus souvent nationaux, pour la Commission dans le domaine du nucléaire.

La gestion de l'Ostpolitik nucléaire complique la donne

Trois Directions générales se partagent aujourd'hui les compétences que possède la Commission dans le domaine du nucléaire et des pays de l'Est : la Direction générale Energie (DGXVII), la DG Environnement, sûreté nucléaire et protection civile (DG XI) ainsi que la DG Relations extérieures (DG IA). A ces trois acteurs s'ajoute la DG II (Finances) qui décide de la viabilité financière et économique des projets dans le domaine, en se fondant sur des rapports de la DG IA. Ce partage de compétences rend difficile, voire impossible une approche trop concentrée sur l'aspect unitaire de la Commission et nous conduit à étudier en détail les relations entre les groupes d'intérêt analysés et l'institution communautaire. La structure des rapports entre les

---

extrêmement actif dans l'élaboration de la directive sur la libéralisation du marché de l'électricité (CE 92/96) et de la Charte européenne d'énergie, liant l'Europe occidentale à l'Europe orientale.

[40] http://www.europa.eu.int/en/comm/DG I7

différents services de la Commission influence les pratiques des groupes d'intérêt et les force à s'adapter à des réalités changeantes, une situation qui diffère des structures plus stables au niveau national.

Au début du processus de l'élaboration de l'Ostpolitik, lorsque la Communauté a cherché à définir les relations avec l'Europe centrale et orientale et a lancé les programmes d'aide, l'énergie nucléaire était gérée par la DG XVII et la sûreté nucléaire (radiations) par la DG XI. Confrontées à l'état des centrales nucléaires dans les PECO et les NEI, la DG XVII et la DGXI ont souhaité traiter le problème d'un point de vue technique.

Pour répondre à cette exigence technique, les Directions générales débutaient par la création des groupes consultatifs, dont la plupart ont été par la suite transformés en consortia. La Direction générale XVII, et en particulier l'unité de l'énergie nucléaire qui entretenait des contacts étroits avec les industries nucléaires et les entreprises d'électricité nucléaire, initia ce processus en 1990 avec la création de TPEG (Twinning Programme Engeneering Group).

TPEG jouait un rôle important dans la programmation des projets concernant la mise à niveau des centrales nucléaires en Europe centrale et orientale et dans les NEI. La Commission lui a transféré la tâche de l'élaboration des termes de référence pour les projets de jumelage entre les centrales nucléaires de l'Europe de l'Ouest et celles en Europe de l'Est, ainsi que pour les projets d'amélioration du niveau technique des centrales nucléaires. Dans ces domaines, aucun appel d'offre n'a été lancé. Les projets ont été automatiquement attribués à TPEG qui, ensuite, devait trouver des contractants en son sein. C'est dans ce contexte qu'une différence importante entre les acteurs allemands et français a pu être observée. Alors que l'entreprise française EDF possède d'importantes compétences techniques dans la construction et l'opérationalisation des centrales nucléaires, l'expertise technique liée à ces questions se trouve en dehors des entreprises d'électricité allemandes. En Allemagne, ce sont les universités qui fournissent ces connaissances techniques, et non pas les entreprises de l'électricité. Cette situation a mené à des conflits internes au groupe : l'entreprise allemande RWE reprochait à EDF de monopoliser le savoir et d'obtenir individuellement beaucoup plus d'appels d'offres, sans les partager avec l'ensemble du groupe.[41] Ce reproche a d'ailleurs été repris par plusieurs de nos interlocuteurs industriels et administratifs allemands, soulignant qu'EDF avait des relations particulièrement étroites avec les fonctionnaires français et les experts nationaux détachés à la Commission en provenance du Ministère de l'industrie français. Les experts détachés sont d'ailleurs souvent issus d'EDF, Framatome ou COGEMA, ayant auparavant intégré les Ministères grâce au système de pantouflage.[42]

Un deuxième groupe consultatif, liée à la DG XVII et établi sous l'impulsion de cette Direction générale, était le groupe Cassiopée, constitué par des entreprises actives dans le secteur du traitement des déchets radioactifs. Dans le domaine du combustible, la DG XVII a initié en 1993 la création de EFCC (European Fuel Cycle Consortium) qui était en charge du cycle nucléaire en amont et en aval, à savoir aussi bien de la fabrication du combustible que de son traitement. Toutefois, il semble qu'une très forte priorité était accordée à la sûreté des réacteurs, ce que l'un de nos interlocuteurs a appelé « le syndrome de Tchernobyl », et le cycle du combustible intéressait très peu la Commission : « Pour nous, c'était plutôt décevant. Au début, on a fait des études, mais on a senti par la suite qu'il n'y avait pas de volonté de la Commission ou encore des Etats ».[43]

Deux logiques ont mené à la création de ces groupes consultatifs/consortia dans le domaine de l'énergie nucléaire. D'une part, les fonctionnaires de la DG XVII, et en particulier les responsables hiérarchiques au sein de la Direction C, voyaient dans la situation qui se présentait en Europe de l'Est une possibilité de renforcer leur position dans le jeu de pouvoir au sein de la Commission. Avec le soutien des industriels, leurs alliés les plus précieux, cette unité semblait en effet perdre de plus en plus d'importance dans une Europe dans laquelle les opinions publiques et les gouvernements se montraient de plus en plus critiques vis-à-vis de l'énergie nucléaire comme source de l'électricité. D'autre part, la création de groupes de consultation permettait de lier les

[41] Entretien, Tractebel, 28 octobre 1999

[42] Sabine Saurugger, « A Fragmented Environment? Interest Groups and the European Commission's Sectorisation", *Politique européenne*, n°5 automne 2001, p. 45-69

[43] Entretien, COGEMA, 11 janvier 2000

différentes entreprises au sein d'un groupe et d'éviter que les concurrences internes entre les industries nucléaires ou les entreprises de l'électricité européennes n'affaiblissent la position de la DG XVII encore davantage.[44] Les entreprises concernées étaient, comme nous l'avons montré auparavant, effectivement membres des associations européennes comme Eurelectric ou FORATOM. Toutefois, elles n'accordaient à ces associations que très peu d'importance dans le secteur du nucléaire. Elles avaient par contre perçu l'opportunité qu'offrait la collaboration avec la DG XVII pour d'éventuels projets en Europe centrale et orientale.

Un développement similaire a pu être observé autour de la Direction générale responsable de l'environnement et la sûreté nucléaire. La DG XI a initié la création d'un groupe consultatif qui comprenait les autorités de sûreté nucléaire des Etats membres de l'Union, et qui s'est par la suite élargi à ceux des pays de l'Europe centrale et orientale ainsi que des NEI. Le consortium CONCERT (Concertation on European Regulatory Tasks), créé en mars 1991, réunit ainsi les autorités de sûreté de l'Europe dans son ensemble dans une optique de coopération. Le groupe RAMG (Regulatory Assistance Management Group), un sous-groupe de CONCERT, est composé des autorités de sûreté d'Europe occidentale et met en œuvre l'assistance à l'Europe centrale et orientale. Enfin, le consortium TSOG (Technical Safety Organisation Group)[45] assiste la DG XI en apportant son appui technique aux autorités de l'Europe centrale et orientale ainsi qu'aux NEI. Le TSOG évalue les propositions des exploitants de centrales nucléaires pour le compte de leurs autorités nationales.

La similarité dans les approches techniques adoptées par les deux DG a rapidement fait place à des discussions politiques fondées sur un jeu de pouvoir interne. Tout comme au niveau national, où nous pouvons observer l'existence de relations quelque fois conflictuelles entre les autorités de sûreté nucléaire et les opérateurs et industries nucléaires, le même phénomène se développe au niveau

---

[44] Ceci a été d'autant plus à craindre que les négociations de la directive de la libéralisation du marché de l'électricité au début des années 1990 étaient en train de favoriser cette attitude des entreprises.

[45] Les membres de TSOG sont l'IPSN français, l'allemand GRS, AEA-Technology (GB), AVN (B), CIEMAT (E), ANPA (I).

communautaire, souligné par la citation de l'un de nos interlocuteurs de la DG XI : « Nous nous occupons de la sûreté nucléaire et non, comme la DG XVII, de la promotion de l'énergie nucléaire. Car c'est la sûreté nucléaire qui est en jeu en Europe de l'Est, mais la DGXVII ne veut pas le comprendre ».[46] Cette citation montre que le conflit concernant la priorité à attribuer aux différentes actions des programmes communautaires de sûreté et énergie nucléaire semblait surtout provenir des relations entre les directions générales et moins des relations entre acteurs économiques. Alors que la DG XI mettait l'accent sur l'élément de la sûreté nucléaire dans les relations entre la Communauté et l'Europe centrale et orientale, la DG XVII, tout en soulignant l'importance de la sûreté nucléaire, souhaitait traiter le sujet également sous l'angle de l'énergie nucléaire, à savoir les investissements dans la modernisation des centrales ou le démantèlement de centrales qui ne pouvaient pas être modernisées.

Une troisième Direction générale se joint à ce jeu de pouvoir. La question nucléaire relevait de plus en plus du domaine politique. L'intérêt des gouvernements pour cette question, renforcé par l'accident de Tchernobyl d'avril 1986, a mené à une politisation croissante, comparable à celle que nous avons observée dans le secteur de l'agriculture. En 1990, le collège des commissaires, sous impulsion de Jacques Delors, décida de traiter la question de la sûreté nucléaire sous un angle purement politique. La gestion fut transférée à la DG I, chargée des relations extérieures et de l'élaboration d'une Ostpolitik, dont la gestion du programme PHARE et celle des accords européens. Comme plusieurs études l'ont souligné[47], la gestion des relations avec l'Europe centrale et orientale avait été utilisée par l'ancien président de la Commission comme une occasion de bâtir une politique étrangère communautaire. Le centre de compétence ne faisait plus aucun doute après la création des programmes PHARE et TACIS dont la gestion avait été attribuée à la DG I, qui est alors devenue

---

[46] Entretien, Commission européenne, DGXI, 9 décembre 1998

[47] Helen Drake, *Jacques Delors : Perpectives on a European Leader*, London, Routledge 2000 ; Neill Nugent, *The European Commission,* London, Palgrave, 2000; Charlotte Bretherton et John Vogler, *The European Union as Global Actor,* London, Routledge, 1999

l'interlocuteur privilégié des groupes d'intérêt industriels[48]. Comme l'a souligné l'un de nos interlocuteurs : « Nous, on travaille directement avec la DG IA, qui a de l'argent. La DG XII n'en a que très peu, tout comme la DG XVII. Le financement provient de la DG IA, donc c'est là où se trouve le pouvoir ».[49]

Cette situation est différente du cas des groupes d'intérêt agricoles qui, malgré la création des compétences politiques de l'élargissement au sein de la DG I, considéraient toujours la DGVI comme le principal partenaire ou point de contact. Cette différence est due à la structure des relations entre DGVI et agriculteurs, qui ressemblait jusqu'à la fin des années 1980 à une communauté de politique publique grâce à des rapports stables fondés sur une politique commune.

« L'acteur central, c'est moi »

Suite à l'attribution de la gestion de l'Ostpolitik nucléaire à la DG I, le thème de l'Europe centrale et orientale a été fortement recentré sur la sûreté nucléaire et non plus sur l'énergie nucléaire en général. Cette décision a considérablement affaibli la DG XVII dans le jeu du pouvoir, a renforcé la position de la DG XI, sans toutefois lui donner de compétences supplémentaires et a créé un pôle de pouvoir au sein de la DG I, et à partir de 1994 au sein de la DG IA. C'est elle qui décide, *in fine*, après consultation des DGs 'techniques', de l'attribution des fonds. A la suite des communications internes et des entretiens que nous avons pu réaliser, elle semble être devenue le principal interlocuteur des groupes d'intérêt en ce domaine. Les principaux rapports dans le domaine ont été élaborés par ses soins. Parmi eux, l'Agenda 2000 occupe une place centrale, non seulement dans le domaine de l'agriculture, mais aussi en ce qui concerne la sûreté nucléaire. Alors que les responsables de la DG XI jugent ce document particulièrement nécessaire, puisqu'il souligne clairement la primauté de la sûreté nucléaire et la nécessité d'un contrôle renforcé par les autorités de sûreté nucléaire, il est critiqué par les fonctionnaires de la DG XVII.

---

[48] Entretiens, Task Force, 9 juin 1999 ; DG IA, 20 mai 1999 ; 22 avril 1999

[49] Entretien, EDF, 12 juin 1998

Ils le jugent utile, mais considèrent exagérée la référence constante que la DG IA fait à ce document. Le caractère politique du document et la gestion politique du domaine nucléaire empêcherait souvent la prise en compte de l'expertise issue de la DG XVII ou des groupes consultatifs regroupant les industriels, souligne-t-on.

Les relations avec les industriels

Toutefois, malgré ce déplacement du centre d'intérêt des groupes économiques de la DG XVII vers la DG I/IA, le contact n'est pas rompu pour autant. On observe plutôt de la part des groupes une stratégie multiple vis-à-vis de la Commission. D'une part, les groupes consultatifs/consortia créés conservent leurs liens avec la DG XVII qui organise régulièrement des rencontres avec les industriels en vue de les tenir au courant des évolutions dans le domaine de la sûreté nucléaire en Europe de l'Est au sein de la Commission européenne. D'autre part, ils sont présents auprès de la DG IA pour discuter, dans des réunions qui se déroulent sur différents niveaux (chefs d'unité, directeurs adjoints et directeurs), des contrats ou de la ligne à suivre dans les projets concernant la sûreté nucléaire en Europe de l'Est.

En ce qui concerne la stratégie administrative, il n'est pas étonnant, étant données les relations étroites existantes entre la DG XVII et les industriels du nucléaire individuels, que celle ci s'appuie fortement sur une collaboration avec les entreprises et cadres concernés dans le secteur du nucléaire, d'autant plus qu'il s'agit d'une stratégie de « survie » dans un monde où l'énergie nucléaire perd de l'importance dans l'approvisionnement énergétique.

Cependant, malgré une stratégie qui leur permet de représenter leurs intérêts auprès de plusieurs services de la Commission, la situation actuelle pour les industriels nucléaires semble être plus difficile, face à une DG I/IA dont les responsables principaux sont plutôt perçus comme sceptiques vis-à-vis de l'énergie nucléaire. Leur recherche de la légitimation de leurs pratiques, à travers une attitude « responsable » vis-à-vis de la question du nucléaire en Europe de l'Est[50], semble être mise en péril. La situation dans ce

[50] Voir l'ouvrage de Andrew G. Jordan et Jeremy J. Richardson, *Government and Pressure Groups in Britain,* Oxford, Clarendon Press 1987

secteur se complique d'autant plus qu'aucune approche cohérente n'existe face au problème des centrales nucléaires défectueuses en Europe centrale et orientale et dans les NEI. Il y existe en particulier une différence entre le point de vue des opérateurs nucléaires et celui des autorités de sûreté nucléaires qui produisent simultanément des rapports pour la DG IA.

Toutefois, les groupes d'intérêt ne sont pas seulement confrontés à des luttes inter-bureaucratiques en ce qui concerne le choix de leurs répertoires d'action, mais également à des différences dans les approches et à des critiques qui émanent parallèlement des autres institutions communautaires.

Des institutions communautaires en concurrence ?

Le système politique européen est, comme tout système national, caractérisé non seulement par des luttes bureaucratiques intra- mais aussi inter-institutionnelles.[51] Les compétences dans le domaine de l'énergie et de sûreté nucléaire relevant du Traité Euratom sont partagées entre la Commission européenne, le Parlement européen et en particulier le Conseil ; la Cour des comptes et la Cour européenne de Justice possèdent d'importants pouvoirs de contrôle. Dans cette deuxième partie concentrée sur les jeux de pouvoir inter-institutionnels, nous analyserons les activités de trois institutions : le Parlement européen, la Cour des comptes et le Conseil de l'Union. En affirmant des positions divergentes de celles des services de la Commission, en créant des coalitions avec certains groupes d'intérêt économiques, en exerçant le contrôle sur les activités financières de la Commission ou encore en freinant son activisme débordant, ces institutions créent un 'contre-pouvoir' et établissent des relations avec les groupes d'intérêt. Cette situation nous permet de nous interroger sur l'influence de ces dynamiques sur les modes de représentation des groupes d'intérêt, à savoir sur leurs répertoires d'action. Pouvons nous observer un phénomène identique à celui constaté dans la première partie de ce sous-chapitre, à savoir une adaptation des industries et entreprises

---

[51] B. Guy Peters, « Bureaucratic Politics and the Institutions of the European Community », in Alberta Sbragia, *Europolitics. Institutions and Policy-Making in the 'new' European Communiyty*, Washington, Brookings, 1992, p. 75-122

électronucléaires à cette panoplie de points d'accès, adaptation qui est beaucoup plus poussée que dans le cas des syndicats agricoles ? Ce constat mènera-t-il à la conclusion que les structures nationales, variable influençant les répertoires d'action des groupes d'intérêt, n'ont aucun ou peu d'impact ?

Le Parlement européen entre deux positions

Le Parlement européen est souvent caractérisé comme un acteur institutionnel particulièrement ouvert aux groupes d'intérêt publics mais aussi économiques[52], notamment depuis les décisions du Traité de Maastricht et d'Amsterdam d'élargir les compétences législatives du Parlement. Ce constat entraîne dans le contexte de l'énergie et de la sûreté nucléaire une situation particulière dans la mesure où les groupes environnementalistes s'opposant à l'énergie nucléaire ont autant accès au Parlement européen que les groupes économiques du secteur de l'industrie nucléaire qui souhaitent promouvoir cette forme énergétique.

Les activités des industries nucléaires, aussi bien allemandes que françaises, se sont en particulier concentrées sur le député britannique socialiste Gordon J. Adam, défenseur convaincu de l'énergie nucléaire et membre de la Commission de la recherche, du développement technologique et de l'énergie, dont il a été vice-président de 1984 à 1999.[53] Dans le domaine de l'énergie, la commission de la recherche, du développement technologique et de l'énergie était compétente pour les questions « ayant trait à la politique énergétique en général et aux approvisionnements en énergie. »[54]

---

[52] Voir parmi d'autres Justin Greenwood, *Representing Interests in the European Union,* London, Macmillan, 1997, p. 43-48; Olivier Costa, "L'Europe par les régions au Parlement de Strasbourg", *Critique internationale*, 1998, n°5, p.11621

[53] La Commission de la recherche, du développement technologique et de l'énergie a été transformée en Commission de l'industrie, du commerce extérieur, de la recherche et de l'énergie à la suite des élections législatives au Parlement européen de 1999. Gordon Adam est encore membre, mais n'en occupe plus le poste de vice-président.

[54] Règlement du Parlement européen, Annexe VI, Attributions des Commissions parlementaires permanentes

Gordon Adam a été le rapporteur de tous les rapports du Parlement sur l'énergie et la sûreté nucléaire en Europe de l'Est. Puisqu'ils sont étroitement liés à la préparation du rapport, les rapporteurs sont donc les cibles premières pour les groupes d'intérêt du domaine concerné. Dans ce contexte, les acteurs économiques, et en particulier dans le secteur de l'énergie et de la sûreté nucléaire, peuvent se rendre indispensables en offrant de l'expertise scientifique. Un conflit autour de positions divergentes a débuté en 1998 entre Gordon Adam et la DG IA dans le contexte de la centrale nucléaire de Kozloduy en Bulgarie.

Gordon Adam avait critiqué la Commission en lui reprochant d'outrepasser son mandat, puisque la Commission, et en particulier la DG IA, responsable pour les relations avec les pays candidats, avait lié les négociations de l'adhésion de la Bulgarie à l'Union européenne ainsi que les programmes d'aide financière aux négociations de fermeture de la centrale nucléaire. Cette politisation croissante était, selon Gordon Adam, 'contre-productive', et il était plutôt nécessaire de renforcer l'expertise technique sur ce sujet.[55] Cette argumentation rejoignait celles des fonctionnaires de la DG XVII et des industries nucléaires européennes qui avaient mis en avant la nécessité d'adopter une approche technique, pour empêcher que le domaine du nucléaire, sous compétence nationale, ne devienne un sujet que s'approprie la Commission européenne. Toutefois, ce discours, qui est également reflété dans les autres documents dont Gordon Adam était le rapporteur, se heurtait à la fois à la position officielle de la Commission, fortement influencée par celle de la DG IA et à la position du Parlement européen, notamment des députés verts et sociaux-démocrates, exprimée dans les votes sur le financement des programmes d'aide destinés aux centrales nucléaires.

Une autre compétence centrale du Parlement européen est son rôle dans les questions financières en général, et dans le contexte des prêts Euratom en particulier. En janvier 1994, le Parlement a ainsi adopté une dizaine d'amendements concernant les compromis proposés par le rapporteur français de la Commission de la recherche, du développement technologique et de l'énergie, Michel

---

[55] Entretiens, Commission, DG IA, 22 avril 1999 ; 20 mai 1999, Parlement européen, 24 mars 2000

Hervé. Le vote concernait la décision habilitant la Commission européenne à contracter des emprunts EURATOM afin de contribuer au financement de « l'amélioration du degré d'efficacité et de sûreté du parc nucléaire de certains pays tiers ».[56] Les amendements proposés par le Parlement européen ont imposé la nécessité de veiller à ce que les prêts octroyés ne puissent servir à « promouvoir une stratégie d'exportation vers l'Union européenne et l'AELE d'une énergie nucléaire fondée sur l'exploitation prolongée des centrales nucléaires moins sûres ». Nous observons donc ici une rhétorique qui est très différente de celle utilisée par Gordon Adam.

Toutefois, la représentation des intérêts de l'industrie nucléaire n'a pas pour autant cessé. Au contraire, dans le contexte de la ratification de la convention climatique de Kyoto, les entreprises électronucléaires et les industries nucléaires étaient plus présentes au sein du Parlement européen que jamais. Ainsi, FORATOM avait financé un forum sur l'énergie nucléaire dans l'enceinte du Parlement afin de promouvoir le rôle de l'énergie nucléaire dans le contexte de Kyoto. L'image de l'énergie nucléaire a également changé : « Young generation », association de jeunes employés des industries nucléaires était créée pour promouvoir l'énergie nucléaire.

Cependant, contrairement aux conclusions que nous avons pu tirer du cas agricole, aucune différence entre les répertoires d'action des groupes d'intérêt allemands et français n'est à observer dans ce contexte. L'expertise fournie aux députés du Parlement européen concerne des informations plus générales que celles exigées par les services de la Commission. Les connaissances relevaient aussi bien du domaine commercial, où les producteurs d'électricité français et allemands partagent un haut-niveau de savoir-faire, que des informations techniques générales, que les entreprises des deux origines sont capables de fournir.

L'exercice du contrôle financier : la mise en question des acteurs

Les relations établies entre les groupes d'intérêt dans le domaine du nucléaire et les services de la Commission dans le contexte de la

[56] Europe, n°6154, 22 janvier 1994

sûreté nucléaire en Europe centrale et orientale ne sont pas seulement soumises à des conflits bureaucratiques internes à la Commission mais aussi mis en question par le contrôle externe qu'exerce 'constitutionnellement' la Cour des comptes.

Entre 1990 et 1998, la Cour des comptes a publié trois rapports spéciaux sur l'exercice de la mise en œuvre des programmes PHARE et TACIS et l'allocation des prêts Euratom dans le contexte de l'Ostpolitik communautaire[57]. Ces rapports mettent en question la capacité des services de la Commission à gérer le programme PHARE de manière efficace et efficiente. Alors que les rapports de la Cour de compte remettent tous d'une certaine manière en cause les relations que la Commission avait établies avec les cabinets de consultants, aucun ne va aussi loin que le rapport sur les opérations engagées par l'Union européenne dans le domaine de la sûreté nucléaire en Europe centrale et orientale et dans les nouveaux Etats indépendants.[58] Une analyse de cette élaboration comme celle des conséquences de ce rapport nous permettent d'observer l'influence des caractéristiques du système communautaire sur les relations entre les groupes d'intérêt et les institutions européennes.

---

[57] Rapport spécial n°3/97 relatif au système décentralisé de mise en œuvre du programme PHARE (période 1990-1995) accompagné des réponses de la Commission (présenté en vertu de l'article 188 C, paragraphe 4, deuxième alinéa du traité CE), JO n° C 175 du 09/06/1997, p. 4-47 ; Rapport spécial n°6/97 relatif aux subventions TACIS allouées à l'Ukraine, accompagné des réponses de la Commission (présenté en vertu de l'article 188 C, paragraphe 4, deuxième alinéa du traité CE), JO n° C 171 du 05/06/1997, p. 1627 ; Rapport spécial n°11/98 relatif au développement du secteur privé PHARE et TACIS pour la période 1991-1996 (Programmes de soutien aux PME, au développement régional et à la restructuration des entreprises) accompagné des réponses de la Commission (présenté en vertu de l'article 188 C, paragraphe 4, deuxième alinéa du traité CE), JO n° C 335/01 du 3.11.1998

[58] Rapport spécial n° 25/98 relatif aux opérations engagées par l'Union européenne dans le domaine de la sûreté nucléaire en Europe centrale et orientale (PECO) et dans les nouveaux Etats indépendants (NEI) (période 1990-1997) accompagné des réponses de la Commission (présenté en vertu de l'article 188 C, paragraphe 4, deuxième alinéa du traité CE), JO n° C 35/1 du 9.2.1999

La Cour des comptes, créée à l'instigation du Parlement européen par le Traité de Bruxelles du 22 juillet 1975, examine la totalité des recettes et de dépenses de la Communauté ainsi que tout organisme créé par elle, et doit établir un rapport annuel après la clôture de chaque exercice.[59] Alors que les rapports entre la Cour de comptes et le Parlement européen sont particulièrement bons, celles entre la Cour et la Commission sont, depuis sa création, décrites comme conflictuelles : « A la fois le Parlement et la Cour des comptes ont été tenté d'exercer leur autorité contre la Commission établie et de fixer des critères concernant le comportement et les normes appropriés. »[60] Le rapport analysé dans notre recherche s'inscrit clairement dans ces relations conflictuelles, bien que les relations entre le Président de la Commission, Jacques Santer, et le Président de la Cour des comptes, l'Allemand Bernhard Friedmann, se soient améliorées depuis 1995.

Le rapport de la Cour des comptes relatif aux opérations engagées par l'Union européenne dans le domaine de la sûreté nucléaire en Europe centrale et orientale (PECO) et dans les nouveaux Etats indépendants (NEI), publié en janvier 1999, est accablant pour la Commission et en particulier pour la DG IA.

L'efficience de la gestion de programmes de sûreté nucléaire est mise en cause par l'utilisation des « ressources humaines hétéroclites et éphémères de l'unité en charge des programmes, des outils de gestion de projet et de suivi comptable insuffisants »[61]. Le rapport souligne que l'unité gestionnaire ne dispose pas des ressources humaines nécessaires à un suivi correct de l'exécution

---

[59] Pour des études approfondies de la Cour des comptes voir Ben Desmond, *Managing Finances of the European Union. The Role of the European Court of Auditors*, Dublin, Institute of European Affairs 1996; C. Kox, 'The Court of Auditors of the European Communities: The other European Court in Luxembourg", *Common Market Law Review*, 1989, vol. 26, p. 345-367

[60] Pour une analyse très détaillée de cette relation conflictuelle : Brigid Laffan, « Becoming a 'Living Institution' : The Evolution of the European Court of Auditors », *Journal of Common Market Studies*, 1999, 37(2), p. 251-268, et plus particulièrement p. 258

[61] Rapport spécial n° 25/98 relatif aux opérations engagées par l'Union européenne dans le domaine de la sûreté nucléaire en Europe centrale et orientale (PECO) et dans les nouveaux Etats indépendants (NEI), point 2.4

des programmes, ce qui mènerait à « une organisation improvisée et ne permettrait pas la constitution des dossiers structurés et tenus à jour selon des lignes directrices claires ». Ce manque de personnel a entraîné, selon la Cour, une situation dans laquelle les acteurs économiques jouent un rôle perçu comme excessif. « Certains des organismes externes auxquels la Commission a eu recours pour l'assister dans la programmation et dans l'instruction des contrats [...] ont été créés au cas par cas par association de sociétés commerciales bénéficiant, par ailleurs de contrats financés par les programmes. Pour la programmation, la délégation des responsabilités de la Commission a été excessive, portant ainsi atteinte à son autorité et son indépendance ».[62] Bien que le rapport souligne à plusieurs reprises la nécessité de faire appel à l'expertise externe fournie par les experts occidentaux, les résultats ont été jugés d'utilité pratique limitée pour les bénéficiaires. La Cour déplore l'absence de neutralité de ces acteurs économiques travaillant pour la Commission : « TPEG, quel que soit son attachement à l'UE, ne peut se démarquer qu'avec peine des intérêts industriels de ses membres. »[63]. Cependant, elle souligne également la légitimité économique que représente la méthode de fourniture d'équipements pilotes pour le transfert de technologie et l'ouverture de la possibilité à de véritables projets industriels de plus grande ampleur financés par d'autres sources de TACIS. En revanche, constatant que cette coopération industrielle n'est que très peu développée jusqu'alors, le rapport s'interroge implicitement sur la stratégie des entreprises ouest-européennes. Les acteurs économiques, comme les entreprises de l'électricité ou l'industrie nucléaire européenne ne seraient-elles pas prioritairement intéressées par le gain économique et moins par une coopération à long terme ?

Il semblerait également que nombre d'entreprises aient été choisies par la Commission non en raison de la qualité du projet qu'elles proposaient, mais en vue de considérations politiques imposées par des groupes d'intérêt des Etats donateurs.

---

[62] ibid, 2.7.

[63] ibid, 5.5.

En réponse à ce rapport, la Commission a défendu publiquement son approche 'clientéliste'[64] qu'elle entretenait avec les opérateurs européens pour des raisons 'objectives' de besoin d'expertise. La DG XVII n'était guère prête à changer son approche vis-à-vis des opérateurs nucléaires, ce qui s'explique par la dépendance de cette DG vis-à-vis des industries et entreprises de l'électricité européennes, qui lui permettent d'obtenir une place légitime dans le système intracommunautaire. Par contre, les relations entre la DG IA et TPEG se sont rapidement détériorées. Bien que le consortium TPEG existe encore, sa coopération avec la Commission devient de plus en plus difficile tout au long de 1999, sans qu'il puisse vraiment trouver une solution pour sortir de l'impasse.

Le Conseil de l'UE : La crainte d'une communautarisation de la question nucléaire

Le rôle du Conseil de l'Union européenne dans la gestion des programmes de sûreté nucléaire en Europe de l'Est est ambigu. Son caractère intergouvernemental l'a amené à vouloir conserver le sujet du nucléaire dans le contexte national, donc d'empêcher la Commission d'acquérir des compétences supplémentaires dans ce secteur. Le Conseil soulignait à plusieurs reprises la nécessité que la Commission coordonne le sujet et lui transféra la gestion des programmes de sûreté nucléaire dans le contexte de PHARE et TACIS.

---

[64] Cette notion a été utilisée par le rapport de la Cour des comptes pour caractériser les relations étroites qu'ont entretenu les groupes et la Commission. Elle ne correspond toutefois pas à la définition sociologique qui se fonde sur des relations interpersonnelles. Ainsi, Jean-François Médard définit le clientélisme de la manière suivante : « Le rapport de clientèle [est] un rapport de dépendance personnelle non lié à la parenté qui repose sur un échange réciproque de faveurs entre deux personnes, le patron et le client, qui contrôlent des ressources inégales », Jean-François Médard, « Le rapport de clientèle. Du phénomène social à l'analyse politique », *Revue française de science politique,* 1976, n°1, p.103. Voir également Jean-Luc Briquet et Frédéric Sawicki (dirs), *Le clientélisme politique dans les sociétés contemporaines,* Paris, PUF, 1998

La question que nous posons dans ce contexte est de savoir comment ce rôle ambigu du Conseil influe sur les modes de représentation des acteurs économiques au niveau communautaire.

Bien que la Commission européenne n'ait pas de compétence dans le domaine du nucléaire en dehors de la radioprotection, notre analyse a montré que l'approche de la Communauté européenne vis-à-vis du problème nucléaire a été largement développée par les services de la Commission, en coopération étroite avec des experts extérieurs, et en particulier au niveau de la DG IA. Dans des lettres envoyées aux experts externes, auteurs des rapports, les hauts fonctionnaires évoquaient régulièrement les conséquences politiques que pouvaient entraîner les conclusions de ces premiers et leur demandaient de les modifier. Il est important à souligner que les résultats scientifiques n'ont pas toujours été acceptés sans modification de la part de la Commission, étant donnée l'absence de l'expertise technique au sein de la Commission, mais que les synthèses et conseils politiques ont été modifiées suite à la prise en considération des difficultés politiques du sujet.

Peut-on donc constater que la Commission a gagné de la compétence en parfait accord avec les gouvernements des Etats membres et surtout sans opposition de la part des industries et opérateurs nucléaires agissant en tant que groupes d'intérêt ? L'analyse des négociations dans le domaine de la sûreté nucléaire révèle une image plus complexe : les hiérarchies sont rappelées avec force lorsque cela est jugé nécessaire par le Conseil, s'appuyant si nécessaire sur les entreprises et industries électronucléaires mais surtout sur les autorités de sûreté nucléaire nationales.

Deux éléments méritent d'être soulignés dans ce contexte. Il s'agit premièrement des relations entre les autorités nationales de sûreté nucléaire et les services de la Commission. Le fait qu'un groupement de producteurs d'électricité nucléaire (WENRA) ait été créé indépendamment de la Commission, sans qu'elle ait été informée, et que le rapport sur l'état des centrales nucléaires ait été présenté en premier lieu au Conseil montre à quel point les activités de la Commission étaient perçues comme mettant en question la compétence nationale.

Deuxièmement et paradoxalement, la réaction négative des opérateurs et industries nucléaires face à la demande de la

Commission pour plus de compétences légales dans le secteur de l'énergie nucléaire, qui avaient investi des moyens financiers considérables dans les centrales nucléaires dont la sûreté a été sévèrement critiquée par le rapport, montre à quel point les intérêts de ces acteurs se trouvaient en péril. D'une part opposés à une communautarisation du domaine nucléaire, qui pourrait mettre en question l'accès privilégié aux administrations nationales par lequel ils savent freiner toute proposition émanant de la Commission et contradictoire à leurs intérêts, ils craignent également l'influence des gouvernements des pays membres 'anti-nucléaires' comme l'Autriche ou l'Irlande au sein du Conseil lorsque le sujet reste essentiellement intergouvernemental. Cette influence, élargie par le changement de position allemande dans ce contexte, pourrait entraîner une diminution encore plus forte de l'activité nucléaire en Europe. D'autre part, les opérateurs et l'industrie nucléaire ont néanmoins pu constater qu'à travers la politisation du sujet intervenue au début du processus de l'élargissement, la Commission européenne était l'acteur central pour leurs activités en Europe centrale et orientale et dans les NEI dans le domaine du nucléaire. Les activités des industries nucléaires auprès des services de la Commission et leurs stratégies dirigées vers l'arène communautaire montrent à quel point leur légitimité dépend de la reconnaissance par la Commission.

Conclusion : externalisation et internationalisation ad hoc

On peut ainsi observer que les groupes d'intérêt allemands et français adoptent des modes de représentation similaires de leurs intérêts dans le domaine de l'énergie nucléaire. Ils agissent parallèlement au niveau national et communautaire et offrent leur expertise, leur répertoire d'action central pour gagner de la légitimité, à différentes DGs lorsqu'ils sont confrontés à la sectorisation et la fragmentation du système communautaire.

Les groupes d'intérêt acceptent ainsi de former des groupements ad hoc, stratégiques pour obtenir des financements et une reconnaissance pour leurs projets de modernisation des centrales nucléaires dans les PECO. Plus précisément, les structures organisationnelles nationales ne semblent guère influencer les répertoires d'action des industries nucléaires, Siemens, Framatome et COGEMA.

Cependant, lorsque l'on analyse les représentations des intérêts des opérateurs électronucléaires, une différence doit être signalée. Alors qu'EDF possède des compétences techniques et peut tisser des contacts étroits et utiles avec les experts nationaux détachés français à la Commission, ses homologues allemands ne possèdent pas ces deux ressources et semblent ainsi moins présents.[65]

Conclusion

En conclusion, l'analyse a mis au jour des formes de représentation très différentes entre les deux secteurs.

Confrontés à la fragmentation et à la sectorisation du système bureaucratique communautaire, les syndicats agricoles allemands ont eu recours aux répertoires d'action de l'expertise et de protestation au niveau national. Leurs relations étroites avec les acteurs politico-administratifs spécifiques, le Ministère de l'agriculture, leur ont permis de faire représenter leurs intérêts par les acteurs politiques au niveau communautaire. Après avoir vainement tenté de plaider leur cause auprès de 'leur' DG VI, ils n'ont pas continué à chercher un autre accès face aux blocages et conflits existants entre les DGs mais ont contourné l'obstacle en concentrant leurs efforts au niveau national. Ainsi, la structure relationnelle qui lie les syndicats agricoles généraux comme la FNSEA et le DBV à leurs ministères de tutelle semble se répéter au niveau communautaire. Les autres ministères au niveau national sont contactés par les syndicats, mais ils ne créent avec aucun autre ministère des communautés aussi étroites. Ce même phénomène semble les empêcher de représenter leurs intérêts aussi efficacement auprès des autres Directions générales dans le contexte de l'élargissement.

Cependant, l'analyse détaillée a démontré que l'environnement plus fragmenté du syndicalisme agricole français a laissé entrevoir une autonomie plus grande des groupes d'intérêt spécialisés et des tentatives de prise de contact avec plusieurs acteurs administratifs au niveau communautaire. Alors que nous pouvons ainsi caractériser le mode de représentation des intérêts dans le secteur

[65] Il importe de souligner que l'absence des compétences techniques ne s'applique qu'aux **opérateurs** allemands, mais non pas au **constructeur** des centrales, Siemens.

agricole comme une internalisation, les répertoires d'action des acteurs électronucléaires, comprenant majoritairement un recours à la science, ont eu lieu sur plusieurs niveaux. La démultiplication des niveaux a fait apparaître une prise de contact entre les groupes d'intérêt et plusieurs DG et institutions concernées par la gestion de la sûreté nucléaire au niveau communautaire mais aussi au niveau national. Enfin, l'absence des associations européennes dans les deux secteurs doit être soulignée dans nos analyses de la gestion politique de routine.

Peut-on toutefois observer une plus grande implication de la part des groupes d'intérêt lorsqu'il s'agit de réformer un secteur politique entier ? Quels répertoires d'action ont été utilisés par les syndicats allemands et français ainsi que par le COPA/COGECA ? Le chapitre suivant s'intéressera en particulier à la gestion de l'influence des structures nationales sur les répertoires d'action des syndicats agricoles français, allemands et européens lors des négociations d'une réforme du secteur.

CHAPITRE 7.
L'AGENDA 2000 ET LA REFORME DE LA PAC : LES GROUPES D'INTERET FACE AUX POLITIQUES EUROPEENNES DES ETATS

La question centrale que nous traitons dans ce chapitre est de savoir dans quelle mesure le mode de coordination nationale de la politique européenne influe sur les répertoires d'action des groupes d'intérêt déployés au niveau communautaire. Les relations entre le gouvernement et le groupe d'intérêt sont fortement influencées par les croyances et les capacités des institutions étatiques. Les acteurs politiques peuvent agir de manière autonome et peuvent utiliser cette autonomie afin de développer des réseaux spécifiques avec les groupes d'intérêts. Une forme fragmentée de coordination, comme on peut l'observer en Allemagne, entraîne–t-elle une activité plus grande du groupe d'intérêt au niveau communautaire afin de contourner un blocage de négociation possible au niveau national ? Au contraire, une organisation qui a pour objectif d'harmoniser les différentes positions administratives nationales, comme celle du Secrétariat général du Comité interministériel (SGCI) français, permet-elle de tisser des relations plus étroites avec les pouvoirs publics responsables pour la négociation au niveau communautaire et ainsi un activisme plus efficace[1] ? Peut-on constater, d'une part, que la relation entre un ministère et un groupe d'intérêt sous forme de communauté politique peut aussi être un moyen à la fois pour le ministère ou pour le groupe d'intérêt en question de mettre d'autres services ou ministère à la marge ou de les exclure du réseau thématique ? D'autre part, une communauté de politique publique peut-elle, en offrant de l'information ou de l'expertise à 'son' ministère, soutenir ce ministère dans des luttes interministérielles ? Et enfin, quel est le rôle du COPA/COGECA dans la représentation des intérêts agricoles nationaux au niveau communautaire ? Nous avons souligné à plusieurs reprises l'absence du COPA/COGECA dans les négociations du volet agricole en ce qui concerne l'élargissement. Lors de la négociation de l'Agenda 2000, proposition communautaire pour réformer la

---

[1] « Efficace » est compris dans ce contexte comme la capacité du groupe d'intérêt de faire valoir son point de vue auprès les autorités publiques et d'influencer la position qui sera défendue au niveau communautaire.

PAC, peut-on considérer que les principaux éléments significatifs qui empêchent le COPA/COGECA d'intervenir dans les négociations sont la difficulté de trouver un compromis parmi ses membres de plus en plus sectorisés et l'incapacité de produire une expertise perçue comme pertinente par les acteurs politico-administratifs ?

La sectorisation des processus politiques de l'Union européenne que nous avons analysée dans le chapitre précédent rend également problématique la coordination nationale[2]. Bien que la sectorisation soit une caractéristique inhérente à tout processus politique, l'étendue et la nature des problèmes au sein de l'Union prennent une mesure différente. Vincent Wright, Hussein Kassim et B Guy Peters mettent en avant ce point spécifique : « Non seulement il existe un véritable risque que les objectifs contradictoires soient poursuivis par des acteurs administratifs travaillant dans différents secteurs politiques, mais également la possibilité que les experts poursuivent des objectifs spécifiques qui ne coïncident pas avec les engagements fondamentaux pris par l'Etat ou que, au travers d'un processus de *copinage technique*, des experts techniques peuvent échapper au contrôle de leurs gouvernements. »[3] Si la politique élaborée concerne différents secteurs, comme c'est le cas pour la politique agricole, et si les groupes d'acteurs de ces secteurs sont en compétition ou en conflit, ceci peut rendre particulièrement difficile l'élaboration d'une position nationale uniformisée. Les négociations de l'Agenda 2000 en France et en Allemagne sont particulièrement fructueuses pour analyser ces différents éléments.

7.1. L'élaboration du volet agricole de l'Agenda 2000 : l'exclusion des syndicats agricoles ?

L'un des domaines qui représente des problèmes financiers sérieux dans le contexte de l'élargissement de l'Union européenne à

---

[2] Vincent Wright, « La coordination nationale de la politique européenne. Le bourbier de la négociation », *Revue française d'administration publique,* 2000, n°93, p. 103-127

[3] Vincent Wright, Hussein Kassim et B. Guy Peters, *National Co-ordination of EU Policy-making : the domestic level,* Oxford, Oxford University Press, 2000, p. 7.

l'Est est la Politique agricole commune. Compte tenu de l'importance de ce secteur dans l'économie des PECO, l'extension des subventions agricoles payées aux agriculteurs de l'Union aux pays candidats conduirait à une explosion du budget agricole. Comme nous l'avons constaté au début de la deuxième partie de notre recherche, la part de l'agriculture dans le PIB et surtout la part des actifs dans la population active totale des PECO sont bien supérieures aux moyennes communautaires.

Or, l'agriculture de l'Union au milieu des années 1990 ne se retrouvait pas seulement face au défi d'un futur élargissement, mais était également confrontée à des pressions budgétaires d'un certain nombre des Etats membres[4]. Le cas de l'Allemagne est particulièrement important pour notre étude. Le Conseil européen de Fontainebleau de 1984, au cours duquel a été décidé le rabais britannique, avait constaté que « tout Etat membre supportant une charge budgétaire excessive au regard de sa prospérité relative est susceptible de bénéficier, le moment venu, d'une correction ». L'Allemagne, en se fondant sur ce passage, avait proposé au début des années 1990 une correction de sa participation budgétaire à la Commission.

Une autre difficulté apparaît au début des négociations internationales relevant de l'Organisation mondiale de Commerce (OMC). La réforme de 1992[5] a été suivie d'une amélioration des équilibres du marché et d'un dégonflement des stocks publics dans la plupart des secteurs soumis à la réforme, et en particulier pour le secteur des céréales. L'effet spectaculaire, comme l'appellent Jacques Loyat et Yves Petit, fut de modifier les modalités du soutien public à l'agriculture. D'un soutien par les prix, il devient

---

[4] L'Allemagne en premier lieu mais aussi les Pays-Bas, l'Autriche et la Suède. Ces pays estimèrent que leurs contributions au budget communautaire étaient trop élevées et de ce fait demandèrent une diminution de leur quote-part, car ils étaient devenus contributeurs nets.

[5] Pour la réforme MacSharry, nommée après Ray MacSharry, commissaire européen d'agriculture, voir François-Gilles Le Theule, David Litvan et Véronique Ninnin, « La réforme de la PAC : analyse d'une négociation communautaire », *Revue française de science politique,* 43(5), 1993, p. 755-787 ; Eve Fouilleux, « Le polycentrisme : contrainte et ressource stratégique. Le cas de la Politique agricole commune », dans Jacques Commaille et Bruno Jobert (dirs), *Les métamorphoses de la régulation politique,* Parsi, LDJD, 1999, p. 177-202

principalement un soutien par les aides directes à travers le budget, ce qui le rend plus transparent.[6] Néanmoins, sa mise en œuvre montre les déficits de cette réforme. Le soutien accordé aux agriculteurs est inégalitaire. Il privilégie les régions riches au détriment des régions et des producteurs les plus défavorisés. En raison du rôle joué par le secteur agricole dans l'économie rurale, la répartition du soutien communautaire a des conséquences négatives sur l'aménagement de l'espace et du monde rural, même si le tissu économique et social des régions rurales et la limitation de l'exode rural sont par ailleurs des objectifs importants de l'UE.

Figure 7.1.

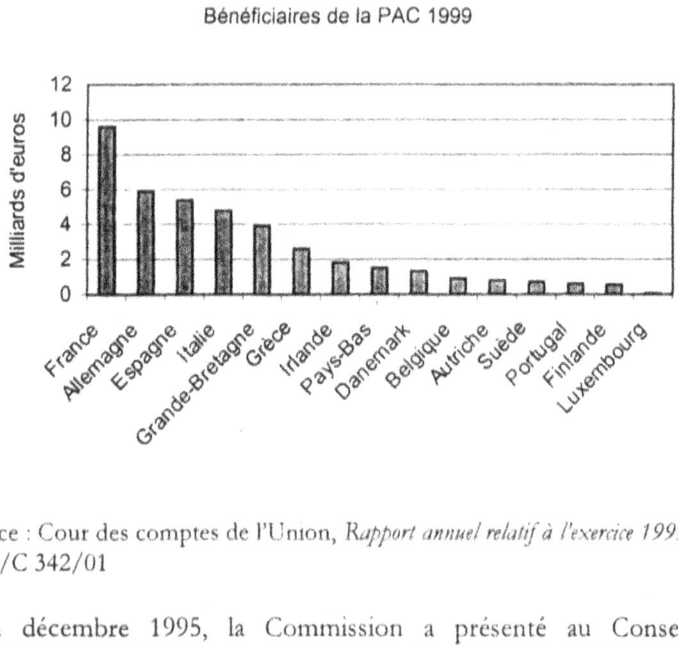

Source : Cour des comptes de l'Union, *Rapport annuel relatif à l'exercice 1999*, 2000/C 342/01

En décembre 1995, la Commission a présenté au Conseil européen de Madrid son document de stratégie agricole.[7] Il

---

[6] Voir Eve Fouilleux, *Idées, institutions et dynamiques du changement de politique publique. Les transformations de la Politique agricole commune*, Thèse de doctorat, Université Pierre Mendès-France, 1998

[7] *Etude au sujet des différentes stratégies pouvant être suivies pour développer les relations entre l'Union européenne et les pays associées dans le domaine de l'agriculture, dans la perspective de l'adhésion future de ces pays* (document de stratégie agricole), (CSE(95)607 du 29.11.1995)

soulignait l'importance d'améliorer la compétitivité des secteurs agricole et agro-alimentaire européens tant sur le marché intérieur que sur le marché mondial dans le cadre d'une libéralisation des échanges et du développement attendu de la demande mondiale des denrées alimentaires. Il mettait en avant trois points centraux : le développement de la réforme de 1992, la nécessité d'une politique rurale intégrée et enfin, une simplification radicale de la législation au niveau national et une forte décentralisation de la mise en œuvre des mesures politiques. Ce document montrait alors aux acteurs, gouvernementaux et privés, la direction souhaitée par la Commission pour la future réforme de la PAC.

Figure 7.2.

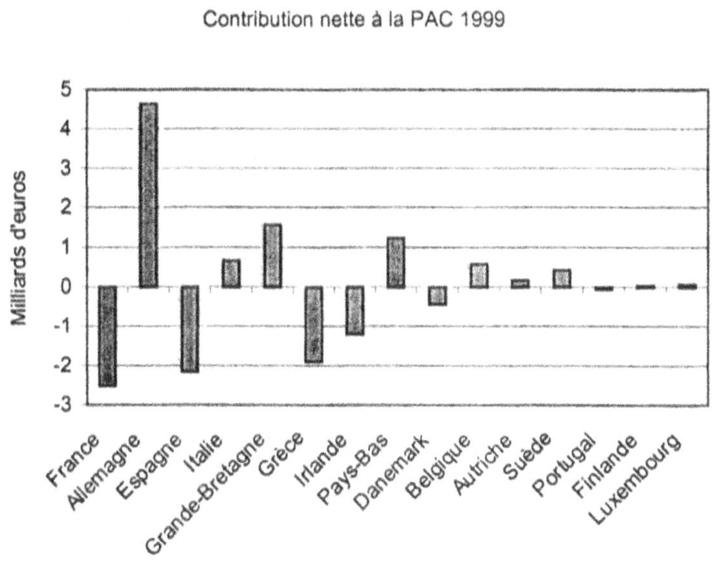

Source : *The Economist*, 3 mars, 2001, sur la base de la Cour de comptes de la CE, p.27

Agenda 2000

Le 17 juillet 1997, la Commission présenta son document de stratégie, l'Agenda 2000. Dans ce document, la Commission étudie les questions de la réforme agricole, des fonds de cohésion et du financement de l'Union européenne pour les années 2000 à 2006. Le volet agricole est fondé sur l'analyse d'une perspective peu prometteuse. Si la politique agricole actuelle était maintenue, un fort écart subsisterait, selon la Commission, entre les prix de l'Union et les prix mondiaux dans des nombreux secteurs agricoles. Compte tenu des engagements pris par l'Union dans le cadre des accords du cycle de l'Uruguay, et en particulier au sujet des aides à l'exportation, des excédents non exportables apparaîtraient à partir de l'an 2000 dans l'Union non-élargie. Un autre point, de plus en plus sensible selon la Commission, est celui de l'instauration de normes environnementales et sociales à l'échelle internationale et la prise en compte des préoccupations du consommateur.

Enfin, en ce qui concerne le secteur agricole dans le contexte de l'élargissement, la Commission est catégorique. Constatant que l'élargissement à l'Est représentera l'arrivée de plus de 100 millions de consommateurs, mais que leur pouvoir d'achat moyen ne représente grosso modo qu'un tiers de celui du consommateur de l'Union actuelle, la Commission se montre sceptique et souligne que les PECO doivent consentir de grands efforts d'amélioration en termes de structure de leur agriculture ainsi que des secteurs en amont et en aval. Elle explique : « Si les instruments de la PAC, principalement le soutien des prix et des paiements directs, étaient appliqués à leur niveau actuel par les pays d'Europe centrale et orientale, on assisterait à l'apparition de problèmes spécifiques. Des injonctions excessives de liquidités par le biais des payements directs risqueraient de créer des disparités de revenus et des distorsions sociales dans les zones rurales de ces pays. De plus, les excédents augmenteraient, en particulier pour le sucre, le lait et la viande, ce qui accentuerait encore les déséquilibres du marché prévus pour après 2000. »[8] L'intégration des pays d'Europe centrale et orientale pourrait s'opérer plus facilement si les niveaux des prix et des aides baissaient. Cette partie ressemble très étroitement aux analyses présentées par les rapports des économistes agricoles dans les années 1994/1995 à la Commission.[9]

---

[8] COM(97) 2000, Vol. I, *L'Agenda 2000, pour une Union plus forte et plus large*

[9] voir chapitre 5

La Commission assigne à la PAC un certain nombre d'objectifs : une compétitivité accrue à l'intérieur et à l'extérieur, afin que les producteurs de l'UE puissent tirer pleinement parti des évolutions favorables du marché mondial ; sécurité alimentaire et qualité des denrées, deux obligations fondamentales vis-à-vis des consommateurs ; un niveau de vie équitable pour les agriculteurs et une contribution à la stabilité des revenus agricoles ; l'intégration des objectifs environnementaux dans la PAC ; création au bénéfice des agriculteurs et de leurs familles de possibilités extra-sectorielles en matière d'emplois et de revenus ; et enfin, simplification de la législation de l'UE. On retrouve au cœur de propositions de l'Agenda 2000 l'idée de co-financement de la PAC par les Etats membres, donc de re-nationaliser une partie de la PAC pour permettre aux Etats de gérer et d'attribuer eux-mêmes une partie des subventions.

Le discours de la Direction générale VI allait dans le sens d'une réforme de la PAC avant l'entrée dans les négociations de l'OMC. Ainsi, la préparation de la PAC à un élargissement futur ne représente qu'un facteur parmi d'autres dans l'élaboration de la réforme. La mise en retrait de l'argumentation de l'importance de la réforme peut s'expliquer par la difficulté de mesurer l'impact de l'élargissement, à la fois socialement et financièrement sur la PAC, mais aussi par la prudence qui s'impose face aux agriculteurs européens qui craignent un démantèlement de la PAC liée à l'élargissement. Dans les discours tenus à la fois par les responsables communautaires et nationaux, il a été régulièrement souligné que la réforme de la PAC ne sera en aucun cas un préalable à l'élargissement. De tels discours montrent le rôle des groupes d'intérêt dans la construction européenne et la pression qu'ils exercent même sans participer directement aux négociations. Le résultat est souvent décrit comme style « conciliant », où différentes positions divergentes doivent être conciliées sous forme d'un compromis et ceci pas seulement au sein du Conseil de l'Union.

Il devient clair, suite aux entretiens que nous avons eus et à la lecture des documents auxquels nous avons eu accès, que le discours officiel est le suivant : le problème agricole concernant les PECO se trouve avant tout dans l'organisation du secteur de l'agriculture au sein des pays candidats et non pas au sein de la

PAC. Si les pays candidats souhaitent adhérer, ils doivent adopter l'acquis communautaire tel quel, et il n'a finalement pas semblé nécessaire de préparer la PAC spécialement à cette adhésion. L'argumentaire officiel en faveur d'une réforme de la PAC a été concentré sur l'OMC. Il est évident que de telles mesures devaient permettre à la Communauté de baisser les dépenses agricoles avant l'entrée des pays candidats. Si l'on suit les règles actuelles, les pays candidats devraient en effet recevoir un montant considérable de subventions étant donné que le prix des produits dans les PECO est beaucoup plus bas qu'au sein de l'UE. Pour cette raison, les propositions de la Commission distinguent la réforme de la PAC (première partie) et les questions liées à l'élargissement dans la deuxième partie, parmi lesquelles on retrouve un volet agricole. Une troisième partie, enfin, concerne le sujet du nouveau cadre financier. La Commission avait initialement proposé un cadre qui incluait les dépenses agricoles pour les pays candidats, notamment une aide de pré-adhésion de l'ordre de 500 millions d'écus par an pour des mesures de modernisation des exploitations et des circuits agro-alimentaires dans les pays candidats, ainsi que les dépenses liées à l'adhésion d'un premier groupe de nouveaux Etats membres (1,1 à 1,4 milliard d'écu par an).[10] Les syndicats agricoles se sont vivement opposés à cette partie du document. Ils ont souhaité une différenciation claire entre les dépenses agricoles de la PAC et celles pour les pays candidats et les nouveaux Etats membres, et jugeaient que cette présentation était trompeuse. Cet accent mis sur les problématiques internes et internationales et l'importance secondaire de l'élargissement pour la réforme se retrouve également dans les réactions des groupes d'intérêts.

Ces propositions de la Commission ont conduit à un refus général de la part des acteurs agricoles aussi bien gouvernementaux que privés en France et en Allemagne, ce que nous allons l'analyser dans une deuxième partie de ce chapitre. Des négociations au sein du Comité spécial agriculture et, par la suite au sein du Conseil des ministres d'agriculture, ont mené en novembre 1997 à un rapport qui a été transmis aux chefs d'Etat et de gouvernement lors du Conseil européen de Luxembourg en décembre 1997. Ce rapport exprimait l'accord général des ministres d'Agriculture avec les

[10] COM(97) 2000, Vol. I, *Agenda 2000, Pour une Union plus forte et plus large*

propositions de la Commission, sans pour autant valider les détails, qui posaient encore des énormes difficultés. Les ministres soulignaient néanmoins dans ce rapport que la nouvelle réforme de la PAC réclamait le maintien des moyens importants.

Le Conseil européen de Luxembourg de décembre 1997 a conclu qu'il « convenait de poursuivre, d'approfondir, d'adapter et de compléter le processus de réforme entamé en 1992 ». [11] Cependant, en l'absence de propositions concrètes de la Commission, les ministres de l'Agriculture, tout en reconnaissant la nécessité d'une réforme, sont restés extrêmement prudents.

La Commission a présenté ses nouvelles propositions le 18 mars 1998. Elle estimait ne pas avoir d'autre choix que de réformer la PAC afin d'éviter une explosion des dépenses agricoles qui, même avec les réformes prévues, devaient passer de plus de 40 milliards d'écus actuellement à 51,6 milliards d'euros en 2006. Les propositions mettaient l'accent sur la compétitivité internationale et prévoyaient des baisses de prix de 15 à 30% pour les produits laitiers, les céréales et la viande bovine. Ces propositions étaient quasiment identiques à celles du projet initial de l'Agenda 2000[12]. Une pierre angulaire de la réforme de la PAC concernait le co-financement de la Politique agricole commune par les Etats membres. Une partie des aides directes accordées pour compenser les baisses de prix devait être désormais versée sous forme d'une enveloppe globale aux administrations nationales, qu'elles pouvaient répartir selon leur propre choix. Avec ce nouveau système, les Français devaient se contenter de 24% des primes contre 28% dans le régime actuel.

Le fonctionnaire allemand Dirk Ahner, chef de l'unité A1, responsable pour les études prospectives et les stratégies, et Jens Schaps, assistant du Directeur général Guy Legras et aujourd'hui chef d'unité à la DG Budget, sont souvent cités comme à l'origine de L'Agenda 2000. Alors que les autres parties étaient majoritairement élaborées par les fonctionnaires de la DG IA, la partie agricole de l'Agenda 2000 était entièrement fondée sur les travaux de la DG VI. Les contacts avec les syndicats agricoles se

---

[11] Conclusions du Conseil européen de Luxembourg, décembre 1997

[12] *Europe Agro*, n°18, 27 mars 1998

résumaient à des réunions informelles avec les représentants des syndicats agricoles présents à Bruxelles. Ceux-ci ne jouaient aucunement un rôle d'informateur ou d'expert technique, comme nous l'avons souligné dans le chapitre 5. Une partie de nos interlocuteurs parmi les représentants agricoles se plaignait de l'absence de consultation. Les prises de contacts pouvaient être décrites comme des réunions d'information destinées aux agriculteurs, mais il ne semble pas que l'on puisse considérer les contacts entre les représentants agricoles et des fonctionnaires de la Commission comme une communauté de politique publique. Ces réunions irrégulières renforçaient la perception des syndicats agricoles qu'ils avaient été tenus à l'écart de l'élaboration de l'Agenda 2000. La Commission a ainsi de nouveau joué son rôle « d'entrepreneur supranational ».

Dans la partie suivante, nous nous interrogeons plus particulièrement sur les négociations entre les syndicats agricoles et les pouvoirs publics au niveau national.

7.2. Les négociations : fragmentation de l'administration en Allemagne et la sectorisation de la représentation des intérêts en France

Le système français de coordination des politiques européennes est souvent décrit comme particulièrement cohérent. L'institution de coordination centrale, le Secrétariat général du comité interministériel pour les questions de coopération économique européenne (SGCI) est rattaché au Premier ministre et comprend quelque cent-vingt personnes. Il informe tous les ministères compétents et le Conseil d'Etat des propositions de la Commission européenne, prend l'initiative d'études préparatoires sur les problèmes d'harmonisation avec le droit national et, depuis 1986, assure la transposition des directives. Il partage une partie de la coordination générale avec les ministères de l'Economies, des affaires étrangères et des affaires européennes, ainsi que le contrôle de la mise en œuvre du droit communautaire avec le secrétariat général du gouvernement.[13] Toutefois, une grande partie des questions européennes, celles qui possèdent une faible incidence politique et peu d'aspects interministériels, tendent à être traitées de manière très segmentée par les ministères ou par les comités interministériels *ad hoc*.[14] Ces réunions ad-hoc ont été d'une importance particulière dans la phase finale de la négociation de l'Agenda 2000 comme nous allons le montrer dans ce chapitre.[15] Christian Lequesne avait d'ailleurs souligné que l'appareil politico-administratif de la France, bien que reposant sur des principes de hiérarchie et de dépendance, n'a pas échappé aux tendances à la segmentation et à la sectorisation induites par la spécialisation croissante de l'économie et de la politique.[16] Ce développement où chacun s'efforce de défendre en priorité la logique de son secteur semble être renforcé depuis l'Acte unique européen, introduisant en outre une ouverture des pouvoirs publics français aux acteurs économiques privés. Il a été particulièrement visible lors des pré-négociations de la réforme de la Politique agricole commune en 1995, où est apparu une différence de points de vue entre le Ministère de l'Agriculture et le Ministère de l'Economie. Cette différence, contrairement au cas allemand, ne faisait cependant pas la « une » des journaux. Un de nos interlocuteurs a présenté la situation de la manière suivante : « La discussion tournait autour de la question si les PECO pouvaient reprendre la PAC telle quelle,

---

[13] Christian Lequesne, *Paris-Bruxelles. Comment se fait la politique européenne de la France*, Paris, Presses de la FNSP, 1993 ; Voir aussi Christian Lequesne, « Coordonner la politique européenne de la France », *Projet*, 1987, n°206, p. 41-54

[14] Vincent Wright, "La coordination nationale de la politique européenne. Le bourbier de la négociation ». *Revue française d 'administration publique*, n°93, janvier-mars 2000, p.115

[15] Neuf ministères sectoriels possèdent des directions chargées des affaires internationales. Au sein du ministère de l'agriculture, l'activité européenne est concentrée au Service des relations internationales, localisé au sein de la Direction de la Production et des Echanges. Ce service a l'objectif d'élaborer des positions communes, qui représentent des synthèses des positions défendues des différents services au sien du ministère. Le service des relations internationales de la sous-direction aux affaires multilatérales et européennes est le porte-parole de l'expertise agricole au SGCI.

[16] Christian Lequesne, *Paris-Bruxelles. Op.cit*, p. 265

s'ils devaient reprendre la PAC sans les aides compensatoires [Comme le proposait le Document stratégique que la Commission présentait en 1995], ou si, enfin, il fallait réformer la PAC. Au cours de ce débat, il devenait clair que le ministre de l'Agriculture ne voulait pas de réforme. Le Ministre de l'Economie, au contraire, exigeait une réforme qui était, selon lui, une condition préalable [à tout élargissement]. Ce n'est qu'à partir de 1996 que nous avons pu convaincre nos collègues du ministère de l'Agriculture qu'une réforme était nécessaire »[17]. Notre analyse des négociations de l'Agenda 2000 montre, en effet, qu'un compris semblait avoir été trouvé entre les différents ministères en ce qui concernait la réforme de la PAC.

Une autre particularité structurelle du système de coordination français doit être considérée comme une variable intervenante dans les modes relationnels entre les groupes d'intérêts français et les pouvoirs publics. Afin de renforcer un mode de concertation du gouvernement avec les agents économiques et les partenaires sociaux, c'est-à-dire plus généralement les groupes d'intérêts, Edith Cresson, alors ministre des Affaires européennes, avait créé en septembre 1988 des groupes d'étude et de mobilisation (GEM). Ces GEM sont composés de fonctionnaires, d'élus locaux et des représentants du monde économique et social. Ils auraient dû se réunir à intervalle régulier, afin de proposer aux gouvernements des initiatives communautaires dans des secteurs spécifiques.[18] Cependant, cette création s'est avérée être un échec pour Edith Cresson.[19] Les relations entre le SGCI et les groupes d'intérêts français ne sont pas aussi fortes que l'on avait pu le souhaiter. Quelle influence exerce donc cette structuration particulière sur la négociation de la réforme agricole dans le contexte de l'Agenda 2000 ? La forme de coordination des politiques européennes de la France semble relativement cohérente. Quelle est son influence sur les répertoires d'action des syndicats agricoles français ?

---

[17] Entretien, Poste d'extension économique français à Vienne, 18 septembre 1998

[18] Christian Lequesne, *Paris-Bruxelles. Op.cit*, p. 73. Voir aussi chapitre 2.

[19] Vincent Wright, "La coordination nationale de la politique européenne. » *op.cit.*, p.115.

Le président de la Commission européenne, Jacques Santer, a présenté le mercredi 16 juillet 1997 devant le Parlement européen à Strasbourg ses propositions destinées à préparer l'élargissement de l'Union à dix pays d'Europe centrale et orientale.

Les propositions de la Commission et notamment son volet agricole ont provoqué de vives réactions dans les milieux politiques et professionnels français. Premier producteur européen des céréales et de viande bovine, deuxième producteur de lait, la France se sentait particulièrement visée par le contenu de la réforme. Le Ministre de l'Agriculture de l'époque, Louis Le Pensec craignait qu'on ne s'achemine vers « un démantèlement à terme » de la politique agricole commune (PAC). Luc Guyau, président de la FNSEA, reçu par Lionel Jospin le 16 juillet 1997, a estimé que la Commission « s'inspire béatement du libéralisme économique à l'anglo-saxonne et capitule ». Il a demandé à Lionel Jospin le 17 juillet 1997 la renégociation du document dès l'ouverture du prochain Conseil agricole et regrette notamment que le Paquet Santer « copie l'esprit américain. Le prix mondial pour être présent sur les marchés internationaux; c'est une chose, cela ne signifie pas pour autant qu'il faille bâtir l'économie agricole européenne sur cette base ».[20] Le président de la Coordination rurale, Jacques Laigneau, a noté que ces propositions annoncent une « catastrophe sociale et écologique, un danger pour la santé humaine, une dépendance de l'étranger … et la ruine des finances », tandis que François Dufour, porte parole de la Confédération paysanne, estime qu'il faut « imposer comme préalable la question de l'emploi ».[21]

Louis Le Pensec a réagi encore le 16 juillet 1997 en estimant que « la stratégie de la Commission, qui cherche à préparer les futures négociations de l'OMC plutôt qu'à répondre à des difficultés internes de la PAC, ne peut être acceptée telle quelle ». Il a annoncé qu'il allait « mener une réflexion et une concertation approfondie avec les représentants du monde agricole ». En effet, le ministre entendait « aborder la négociation avec le souci de faire prévaloir un accord » qui soit équitable quant à la répartition des soutiens publics; qui prenne en compte l'emploi, le développement durable

---

[20] *Ouest France,* 17 juillet 1997

[21] *Le Monde,* 18 juillet 1997

et l'occupation de l'espace; qui constitue un compromis acceptable entre recherche de nouveaux débouchés et défense du marché intérieur ; qui « préserve le droit de l'Union à mettre en oeuvre sa propre politique agricole dans les négociations commerciales multilatérales à venir ». Cependant, alors que l'accueil des organisations professionnelles sectorielles était très sévère, les producteurs de blé jugeaient les propositions « cohérentes avec les perspectives du marché et avec les engagements signés par l'Europe au GATT » mais trouvaient « excessive la baisse de 20% » alors que « 10% auraient suffit ».

C'est donc bien par une condamnation générale que la France a accueilli les nouvelles propositions de Franz Fischler en matière de réforme de la PAC. Alors que la FNSEA et le CNJA entendent mettre en oeuvre une démarche unitaire sur ce dossier, certaines associations spécialisées expriment des positions discordantes. Il s'agit en fait d'une nouvelle péripétie qui agite la FNSEA depuis la réforme de 1992 : les défenseurs d'une agriculture sociale, axée sur l'aménagement du territoire, s'opposaient aux tenants d'une agriculture avant tout compétitive au niveau mondial, symbolisée par le leader des producteurs de blé Henri de Benoist.

Jean-Jacques Vorimore, secrétaire général de l'AGPB, association générale des producteurs de blé, membre de la FNSEA, avait ainsi dénoncé les vives critiques émises par Louis Le Pensec à l'encontre des propositions de réforme de la PAC. Jacques Chirac soutenait la revendication de l'AGPB : « Cette réforme ne tient pas compte de ce qui est pour moi un élément essentiel : c'est l'affirmation de la vocation exportatrice, en matière agricole, en Europe ». Or, le 31 mars 1998, à Bruxelles, lors d'un débat public sur la réforme de la PAC, Louis Le Pensec, avait expliqué le contraire : « Je ne considère pas, quant à moi, que la compétitivité de l'agriculture européenne réside dans sa capacité à vendre des matières premières à bas prix sur le marché mondial ».[22] Le projet exposé par le ministre est favorable à une agriculture traditionnelle, familiale, plus proche des vœux de la Confédération paysanne que du syndicalisme agricole majoritaire.

---

[22] *Le Monde*, 18 avril 1998

Il semble alors que l'unité présumée de la position française fut mise en question. Jusqu'à présent, la vocation exportatrice de son agriculture céréalière en avait toujours été la pierre angulaire. Cependant, en mars 1998, Louis Le Pensec insistait non seulement sur la nécessité de plafonner les subventions et de les moduler pour une re-distribution plus juste, mais il donnait à l'agriculture française une vocation nouvelle. Selon lui, « considérer que les exportations de matières premières agricoles à bas prix sont la vocation de l'agriculture française est une erreur profonde ». Désormais, il s'agissait d'orienter l'agriculture vers des produits à haute valeur ajoutée, qui créent davantage d'emplois. Le ministre de l'Agriculture souhaitait raisonner en prenant en compte l'ensemble des aides publiques, non seulement les subventions directes, mais aussi les soutiens indirects comme les quotas ou les tarifs douaniers protecteurs. Cette nouvelle approche est une pierre dans le jardin de certains producteurs, comme les betteraviers. Ceux-ci profitent de larges soutiens indirects européens que l'Agenda 2000 a envisagé de rogner. Cette position a entraîné des réactions vives de la part de la FNSEA. Un de nos interlocuteurs soulignait : « On avait vraiment l'impression que le ministre nous sautait dans le dos et qu'il avait trop fortement écouté la Confédération paysanne ».[23] La FNSEA contacta alors son ancien allié – le président de la République. Jacques Chirac réagit rapidement. « On a toujours pu compter sur les Présidents de la République. Mais avec Chirac on a vraiment des relations différentes – il est très proche des agriculteurs ».[24]

Le président Jacques Chirac a réuni le 25 mars 1998, à la suite du conseil des ministres, un conseil restreint sur l'agriculture auquel ont participé le Premier ministre, Lionel Jospin, le ministre de l'Agriculture, Louis le Pensec, le ministre des Finances, Dominique Strauss-Kahn, ainsi que le ministre délégué aux Affaires européennes, Pierre Moscovici. Consacrée à la réforme de la PAC, cette réunion spéciale *ad hoc* a permis de dégager une « identité d'approche » entre le Chef de l'Etat et le gouvernement, selon les termes du ministre de l'Agriculture. Lors du conseil agricole suivant de l'Union européenne, le 31 mars, Louis Le Pensec a pu ainsi

---

[23] Entretien, FNSEA, Paris, 26 août 1998

[24] Entretien, FNSEA, Paris, 17 janvier 2000

marquer le « désaccord » de la France au projet de la Commission « sans ambiguïté ». Selon le gouvernement, la Commission faisait une erreur fondamentale d'analyse et d'orientation faisant reposer tout son projet sur l'idée que l'avenir de l'agriculture européenne résidait dans la production et l'exportation de matières premières à bas prix. Autrement dit, plutôt que de défendre la « fameuse vocation exportatrice » des Quinze, qui dans les faits ne se résume qu'aux exportations de blé, il valait mieux que la Commission vise « la valorisation de produits à haute valeur ajoutée ». [25]. Cette cohérence affichée semble toutefois avoir dissimulé une divergence entre les ministres. « Je sais cela de manière informelle bien sûr, mais le Ministère des Finances était très en faveur d'un cofinancement ».[26] Ce discours de l'un de nos interlocuteurs au sein de la FNSEA souligne non seulement la divergence qui existait aussi au sein de l'appareil administratif français, mais aussi le degré inférieur des relations que la FNSEA avait tissées avec les autres ministères français, autres que celui de l'agriculture, privilégiant ce dernier et le cabinet du Président de la République.

En automne 1998, il est devenu évident que la réforme de la PAC serait retardée. Les questions budgétaires sur les ressources propres de l'Union ont pu freiner ou bloquer la discussion sur la réforme de la PAC. L'Allemagne, l'Autriche, les Pays-Bas et la Suède ont demandé une limitation de leur contribution nette. Le gouvernement français, ayant trouvé une position interne commune, n'a voulu entendre parler d'un éventuel co-financement des aides comme le proposait la Commission. En revanche, il avait accepté un dispositif d'écrêtement, à l'instar de celui dont bénéficie le Royaume-Uni. Ainsi, le processus d'élargissement de l'UE, qui justifiait l'urgence de la réforme de la PAC aux yeux de la Commission, devait prendre plus de temps que prévu.

Au cours de cette période, la concertation entre les syndicats agricoles et les acteurs politico-administratifs, en particulier le Ministère de l'Agriculture, ainsi que le cabinet du Premier ministre et celui du Président, est restée étroite. Des réunions informelles ont eu lieu au niveau des ministres, des hauts-fonctionnaires, mais

---

[25] *La Tribune*, 26 mars 1998

[26] Entretien, FNSEA, Paris, 17 janvier 2000

aussi entre les syndicats spécialisés et les bureaux « produits » au sein du Ministère de l'Agriculture.[27] Au sein de la FNSEA, l'opposition entre la puissante représentation des producteurs de blé et la direction a posé problème. Car si la question du co-financement de la PAC a pu être discutée au niveau de la représentation agricole horizontale, la difficulté de la réforme résidait dans le détail.

Toutefois, contrairement à l'Allemagne, et malgré les divergences de point de vue, les services des ministères de l'Agriculture et de l'Economie ont étroitement coopéré en vue d'élaborer des positions communes. Ainsi, au niveau du ministère français de l'Economie, il existe un bureau au sein de la direction du budget qui est en relation permanente avec le ministère de l'Agriculture. Ce contact a permis de préparer les discussions autour du financement de l'Agenda 2000 et de la réforme de la PAC au sein du SGCI, qui se sont déroulées dans une atmosphère moins politisée qu'en Allemagne où les clivages entre les ministères de l'Agriculture, des affaires étrangères et des finances ont mené à des crises politiques au sein du gouvernement.[28] Le rôle du Ministère de l'Economie et des Finances joue un rôle important dans le cadre de l'interministériel français et s'efforce d'entretenir des contacts avec les syndicats agricoles. La FNSEA a peu à peu également soigné ses relations avec le ministère des finances, qui constitue notamment l'élément bloquant majeur lors des discussions budgétaires. L'importance des GEM, créés par Edith Cresson, reste limitée, et ne joue aucun rôle dans le contexte de la réforme de la PAC en entre 1997 et 1999.

L'influence d'un conflit interministériel sur la représentation des intérêts en Allemagne

Contrairement à la France, la fragmentation prévaut à la centralisation en Allemagne. Le système allemand ne possède pas

---

[27] Eve Fouilleux, *La cogestion à la française à l'épreuve de l'Europe. L'exemple de la réforme de la Politique agricole commune*, Grenobre, CERAT, CNRS, 1996

[28] Voir pour une analyse plus générale et comparative Vincent Wright, "La coordination nationale de la politique européenne. Le bourbier de la négociation ». *Revue française d 'administration publique,* n°93, janvier-mars 2000, p. 103-127

d'organe coordinateur comparable au SGCI pour sa politique européenne. Le ministère chef de file, le plus impliqué dans la politique concernée, est généralement chargé de la coordination générale. La coordination de la politique européenne est ainsi assurée par le ministère de l'Economie qui a le rôle de réaliser la transmission entre le gouvernement allemand et la représentation permanente allemande à Bruxelles. Mais le bureau du chancelier garde en permanence un œil sur les grands débats européens, et les conflits entre ministères sont discutés au cours des réunions mensuelles de *l'Ausschuss der Europasekretäre*, un comité des secrétaires d'Etat responsables des affaires européennes. Il est présidé par un ministre délégué aux affaires étrangères et comprend des représentants de ce ministère aussi bien que de ceux de l'Economie, des Finances et de l'Agriculture, de la représentation allemande à Bruxelles, du secrétaire d'Etat chargé des affaires européennes au bureau du chancelier et des secrétaires d'Etat dont les domaines de compétences sont en discussion. Malgré une similitude de structure avec le cas français, les conflits entre les ministères dans le contexte des négociations apparaissent plus souvent au niveau public que ceux en France. En Allemagne la politique européenne reste difficile à coordonner entre les ministères en compétition, jaloux de leur autonomie respective. Les négociations agricoles en particulier peuvent souffrir de l'effet des tensions entre les services de Chancelier, le ministère des affaires étrangères, le ministère de l'Economie et celui des Finances.[29]

La structure fédérale de l'Allemagne ajoute encore à cette fragmentation de la coordination politique. Dans le contexte de la politique agricole, certains Länder allemands ont des positions particulières à défendre et n'hésitent pas à faire valoir leur point de vue divergeant publiquement. Comment influe cette structure

---

[29] Vincent Wright, « La coordination nationale de la politique européenne. Le bourbier de la négociation », *Revue française d'administration publique*, 2000, n°93. p. 117; Simon Bulmer et William Paterson, *The Federal Republic of Germany and the European Community*, London, Allan & Unwin, 1987 ; Simon Bulmer et Martin Burch, « The 'Europeanisation' of central government : the UK and Germany in historical institutionalist perspective », dans Mark Aspinwall et Gerald Schneider (dirs), *The Rules of Integration. Institutionalist Approaches to the Study of Europe,* Manchester, Manchester University Press, 2001, p. 73-96

particulière sur les répertoires d'action des groupes d'intérêt, et en particulier sur les syndicats agricoles ? Peut-on observer que ce système fragmenté qui offre plusieurs points d'accès aux groupes d'intérêts, est plus favorable à la représentation des intérêts ?

Le ministre de l'Agriculture allemand, Jochen Borchert, membre de la CDU s'est montré encore plus critique vis-à-vis de l'Agenda 2000 que ses collègues français, en refusant d'emblée la proposition de la Commission sur le projet de réforme de la PAC. Selon le ministre, une perte de revenu comprise entre 10 et 20% était à prévoir pour les paysans allemands dans le cas où l'Agenda 2000 était adoptée. Ces chiffres, se fondant sur les mêmes bases que ceux en provenance du DBV, étaient en contradiction avec certaines prévisions du *Wissenschaftlicher Beirat* (Conseil scientifique) qui avaient présenté des chiffres entre 2 et 4%. Cette divergence dans l'analyse correspond aux difficultés qu'éprouvait le *Wissenschaftlicher Beirat* à convaincre le ministre du bien-fondé de son analyse. Le ministre de l'Agriculture était plus à l'écoute des arguments économiques et sociaux du DBV que ceux du corps scientifique existant en son sein. Le discours du ministre était particulièrement dirigé contre le ministre des Affaires étrangères et le ministre des Finances qui soutenaient l'Agenda 2000 en argumentant que la baisse de la participation financière du budget allemand devait surtout passer par une baisse du budget agricole. Nous observons ainsi comment les relations qu'entretiennent un ministère et un groupe d'intérêt fournissent un moyen pour un ministère ou un service politique particulier d'établir des contre-arguments face à d'autres ministères ou un groupe 'ennemi' au sein même du ministère. Les réseaux des politiques publiques, et en particulier des communautés politiques, sont ainsi un moyen d'étendre le pouvoir d'un ministère en particulier.[30] La position du ministre de l'Agriculture reflétait très clairement celle du DBV. Le président du DBV, Gerd Sonnleitner, voyait dans l'introduction des aides directes proposées par le paquet Santer une transformation des agriculteurs en paysagistes qui deviendraient de moins en moins des « entrepreneurs libres ». Néanmoins, le discours et les activités du ministre de l'Agriculture semblent avoir été trop proches de ceux

---

[30] Martin J. Smith, *Pressure, Power and Policy,* Pittsburgh, University of Pittsburgh Press, 1993, p. 53-66

du DBV. Comme le soulignait un de nos interlocuteurs du DBV : « Je n'étais pas d'accord avec l'attitude de Borchert. Un équilibre réaliste doit exister entre le DBV et la politique. Si tout le monde défend la même position, ceci nous mène nulle part dans le système de négociation communautaire où tout le monde doit faire des compromis. Une tension raisonnable doit exister entre le politique et l'Economie. Borchert était même à un certain moment plus critique que nous ».[31] Ce discours montre dans quelle mesure les spécificités de la représentation au niveau communautaire, à savoir l'ouverture des institutions européennes et la « culture du compromis » qui règnent au niveau communautaire font partie des répertoires d'action des représentants syndicats postés à Bruxelles. On constate ainsi qu'il peut être difficile pour certains groupes d'intérêt nationaux représentés à Bruxelles de faire connaître les positions de leurs associations mères du niveau national quand celles-ci défendent au niveau national des positions radicales, et qu'elles ne connaissent pas aussi bien que les 'lobbyistes bruxellois' le système de négociation communautaire. Cette situation peut, dans certains cas, mener à une crise de légitimité des représentants à Bruxelles.

Une analyse du débat se déroulant au sein du gouvernement allemand met en évidence trois lignes de partage politique. Il s'agit premièrement d'une opposition entre le gouvernement et l'opposition. Tandis que le SPD et le Bündnis 90/die Grünen critiquaient la position du ministre de l'Agriculture CDU en lui reprochant l'absence d'un contre-projet face à l'Agenda 2000, absence rendant toute discussion constructive impossible, la fraction CDU/CSU au sein du Bundestag soutenait la position du ministre.

Une deuxième ligne de partage se dessinait entre les différents ministres du gouvernement de coalition. Comme nous l'avons déjà souligné, le ministre des Affaires étrangères s'est montré favorable à l'Agenda 2000, qui, selon Klaus Kinkel (FDP) devrait efficacement préparer l'Union à l'élargissement, une priorité dans les discours officiels sur la politique étrangère allemande. Cette position était toutefois très fortement critiquée par l'union (CDU/CSU) qui reprochait à Klaus Kinkel de ne pas suffisamment défendre les

---

[31] Entretien, DBV, Bruxelles, 14 mars 2001

« intérêts allemands » à Bruxelles. Enfin, une contradiction interne apparaissait au sein même du CDU/CSU. Alors que le ministre des Finances allemand, Theo Waigel (CSU), critiquait l'Agenda 2000 pour son absence de solution vis-à-vis de la participation financière allemande qu'il jugeait démesurée, son collègue Jochen Borchert manifestait pour une plus grande contribution du budget à l'Agriculture. Jochen Borchert, comme le DBV, s'est fortement opposé à l'idée de la re-nationalisation de la PAC, une idée que Théo Waigel avait soutenue.[32] En août 1998, le ministre de l'Economie et des Finances réaffirmait sa conviction que seule une PAC ultra-réduite et ré-nationalisée pouvait permettre à l'Allemagne de contribuer plus justement au budget communautaire et à l'Europe de financer l'élargissement à l'Est. Etrange propos dans la bouche d'un Bavarois social chrétien (CSU), principal pilier du gouvernement Kohl et pour qui les agriculteurs constituent une base électorale solide. Cependant, les déclarations de Theo Waigel étaient en phase avec une opinion publique allemande pour qui payer pour l'Europe, c'est surtout payer pour l'agriculture française.[33] Gerhard Schröder, le rival socialiste, n'a pas désavoué ces propos. « En confiant plus aux Etats la gestion de la PAC, on devrait pouvoir trouver une solution pour baisser la contribution nette de l'Allemagne à l'UE. ».[34] Mais officiellement, le ministre des Finances français, Dominique Strauss-Kahn y était opposé, sous la pression du gouvernement français, ne souhaitant pas le cofinancement national de l'Europe agricole pour régler le problème budgétaire allemand.

Une troisième ligne de partage qui se dessine dans cet exemple est apparu entre le CSU bavarois et le CDU fédéral. Le Ministre-président bavarois Edmund Stoiber défendait une position

---

[32] Entretien, Ministère de l'agriculture, Allemagne, 3 novembre1999

[33] Dans un entretien que nous avons eu avec l'un des représentants du DBV, cette attitude du ministre de Finances a été relativisée. La population allemande ne souhaitant plus payer pour une politique agricole commune, la responsabilité pour cette question se trouvait clairement auprès du Ministre des Finances, Theo Waigel. Toutefois, le ministre des Finances venant d'une région agricole, il « a toujours été ouvert à la discussion. Donc malgré sa position négative, nous savions qu'une grande partie était rhétorique et nous avons toujours pu le contacter ». Entretien, DBV, 14 mars 2001

[34] *La Tribune*, 13 octobre 1998

diamétralement opposée à celle du ministre de l'Agriculture : le gouvernement bavarois, Land où se trouvent deux tiers des exploitations agricoles allemandes, souhaitait des marges de manœuvre plus grandes pour gérer indépendamment de la Commission européenne, - et donc aussi indépendamment du gouvernement fédéral - sa politique agricole. Les agriculteurs devaient pouvoir devenir de vrais entrepreneurs agricoles, tout en ménageant des conditions spéciales pour les agriculteurs de montagne. « Nous exigeons de l'Union européenne une régionalisation de la politique agricole », a déclaré Edmund Stoiber. « A long terme, le système de versements compensatoires de Bruxelles doit de nouveau être du ressort des Etats. Aujourd'hui, nous payons 17 milliards [de DM] du budget agricole de l'Union européenne, nos agriculteurs n'en reçoivent que la moitié en retour ».[35]

Ces trois clivages ont continué à exister très ouvertement jusqu'en automne 1998, arrivée du nouveau gouvernement de coalition entre le SPD et les Grünen. Alors que nos interlocuteurs au sein du DBV décrivaient que ce changement était « radical » en ce qui concerne les relations avec les niveaux hiérarchiques élevés, comme la chancellerie ou les ministres de l'Economie et des Finances[36], le contact est resté très étroit au niveau intermédiaire, à savoir les fonctionnaires au sein des ministères. [37] Aucun changement n'a eu lieu à ce niveau et le DBV a retrouvé ses interlocuteurs habituels. Le nouveau ministre de l'Agriculture allemand, Karl-Heinz Funke, ancien agriculteur, a continué à entretenir des contacts étroits avec

[35] *Le Monde*, 25 novembre 1997

[36] Le nouveau gouvernement de coalition a aussi très fortement renforcé le poids du ministère des Finances dans la préparation des politiques européennes de l'Allemagne. La responsabilité pour la coordination des politiques européennes allemandes a été transférée du ministère de l'Economie au ministère des Finances, sous pression du nouveau ministre des Finances, Oskar Lafontaine. Simon Bulmer et Martin Burch, « The 'Europeanisation' of central government : the UK and Germany in historical institutionalist perspective », dans Mark Aspinwall et Gerald Schneider (dirs), *The Rules of Integration. Institutionalist Approaches to the Study of Europe*, Manchester, Manchester University Press, 2001, p. 89

[37] Entretiens, DBV, Bruxelles 27 janvier 1999, 14 mars 2001, Bonn 4 novembre 1999,

le DBV, tout comme son prédécesseur. La position du nouveau ministre d'Agriculture ne s'est pas aussi radicalement modifiée que l'on pourrait croire en s'intéressant à la seule position défendue par le Chancelier Schröder. Bien que le nouveau ministre de l'Agriculture ait promis un soutien sans faille au DBV, il était dans une situation très difficile au sein de la coalition.

Comme nous avons pu le voir, le syndicat agricole allemand DBV refuse donc les propositions de la Commission contenues dans l'Agenda 2000. En revanche, l'opposition totale suite à la présentation du document en juillet 1997 a été suivie par des positions qui montraient que le DBV recherchait de plus en plus un compromis, ce que soulignent les propos de l'un des représentants du DBV : « Les négociations se déroulent selon un modèle bien précis : au début nous demandons toujours le maximum, tout en sachant qu'à la fin, le résultat sera différent ».[38]

Pendant le processus de négociation, le DBV était régulièrement en contact avec le ministère de l'Agriculture et la chancellerie allemande, à la fois aux niveaux technique et politique.[39] Des réunions régulières ont eu lieu avant les Conseils d'agriculture entre le ministre Jochen Borchert et Karl-Heinz Funke ensuite, afin d'échanger des positions. Avant les Conseils européens successifs, Luxembourg en décembre 1997, Cardiff en juin 1998, Vienne en décembre 1998, le président du DBV a demandé des entretiens avec le Chancelier Kohl qui lui ont été accordés sans hésitation. Cette forme de relation étroite existante entre les DBV et le chancelier CDU peut également être observée dans le cas français, comme nous l'avons montré plus haut. Toutefois, un changement a eu lieu en septembre 1998 suite à l'alternance politique. Les entretiens entre le chancelier Schröder et Gerd Sonnleitner sont devenus plus courts et plus tendus, jusqu'à échouer complètement avant le Conseil européen de Berlin, comme nous allons l'analyser plus tard.

Les changements de position du DBV face à l'Agenda 2000 que nous avons observés ne sont pas seulement dus à des pressions

---

[38] Entretien, DBV, Bruxelles 14 mars 2001

[39] Entretien, DBV, Bruxelles, 10 avril 2001

extérieures mais aussi à une nécessité d'adaptation du DBV face aux revendications internes de ses membres. C'est ici l'une des différences citées[40] plus importantes entre les syndicats agricoles et les fédérations nationales dans le secteur de l'industrie, et en particulier dans l'industrie nucléaire. Alors que les syndicats dépendent dans une large mesure de l'acceptation de leurs activités par leurs membres qui ne peuvent agir individuellement (chaque agriculteur), les membres des fédérations des industries peuvent agir plus facilement indépendamment. Les entreprises représentent dans certains cas leurs intérêts individuellement auprès des acteurs politico-administratifs, une des raisons qui rendent spécialement les eurogroupes « so numerous and so weak »[41].

Comme dans le cas français, un certain nombre de divergences entre secteurs a vu le jour au sein du DBV. Ces divergences étaient à la fois de nature sectorielle et régionale.

En ce qui concerne les oppositions sectorielles, celles-ci sont apparues dans le secteur laitier, particulièrement en Bavière et au Baden-Württemberg. « Nous ne nous sentons pas représentés par le DBV » ont déclaré les agriculteurs laitiers en février 1998. L'orientation vers le marché mondial, proposition de la Commission acceptée par le DBV, était repoussée par le secteur laitier. Les agriculteurs exigeaient l'introduction de droits de livraison fixes, sans droit de re-vente en vue de remplacer le modèle de quotas laitiers, qui permettait aux anciens agriculteurs laitiers de vendre leur quota à d'autres agriculteurs, mais les empêchait de redistribuer les quotas existants. Cependant, bien que des nombreuses activités d'information aient été organisées au niveau régional, les agriculteurs dissidents n'ont pas songé à quitter le DBV, mais ont souhaité changer des choses « de l'intérieur ».

Au niveau régional, la réunification de l'Allemagne et la réorganisation du DBV qui a suivi l'intégration des syndicats de l'ex-RDA au sein du DBV ont entraîné la représentation d'une

---

[40] Je remercie les participants du séminaire du Conseil de laboratoire du CRAPE du 19 mars 2001 qui nous ont permis d'élaborer plus longuement cet argument.

[41] Grant Jordan, "What drives associability at the European level? The limits of the utilitarian explanation", Justin Greenwood et Mark Aspinwall, *Collective Action in the European Union. Interests and the New Politics of Associability*, London, Routledge, 1998, p. 31-62

nouvelle forme d'exploitation au sein du syndicat agricole : les grandes entreprises agricoles de l'Allemagne de l'Est. Celles-ci se sont opposées à un plafonnement des subventions selon une taille maximum comme le proposait l'Agenda 2000. Cette position a été repoussée par le DBV, mais seulement après de longues et âpres discussions au sein du Präsidium du DBV. Ce conflit peut donc être considéré comme une conséquence de la réunification : les exploitations des membres du DBV venant de l'ancienne RDA sont de taille beaucoup plus importantes que celles de l'Allemagne occidentale. Cette différence rend les compromis au sein du DBV de plus en plus difficiles à négocier. Toutefois, le syndicat a réussi tout au long des négociations qui ont duré de juillet 1997 à mars 1999 lors du Conseil européen de Berlin, à être perçu comme un syndicat unifié. Aucun mouvement protestataire naissant à l'intérieur du DBV n'a établi des contacts individuels et dissidents avec les acteurs politico-administratifs en place. Bien que les exploitants laitiers aient pu contacter l'opposition politique au niveau régional – et ceci avec d'autant plus de succès puisque les élections régionales devaient avoir lieu en automne 1998 en Bavière, les représentants n'ont pas tenté de briser le cordon qui les liait avec le DBV. L'absence de ressources sociales a empêché de contourner le niveau national et de plaider leur cause directement au niveau communautaire.

De surcroît, nous pouvons observer, contrairement au cas français, le rôle important joué par les économistes agronomes dans la discussion publique de l'avenir de la politique agricole en Allemagne à partir du changement de majorité au sein du gouvernement en automne 1998.

En juillet 1998, le groupe d'experts économistes indépendants allemands, le « Kronberger Kreis »[42], a publié un rapport selon lequel le coût de l'élargissement de l'UE serait démesuré si la Politique agricole commune n'était pas radicalement réformée. Le rapport critiquait implicitement le gouvernement fédéral pour sa politique contradictoire dans le contexte de l'élargissement à l'Est. Six mois plus tard, en janvier 1999, sous une autre constellation

---

[42] qui comprend les économistes Jürgen Donges, Wernhard Möschel, Manfred Naumann, Olaf Sievert et Jochen Eeckhoff, ancien secrétaire d'Etat au ministère de l'Economie.

politique et sous la présidence allemande de l'UE, le *Wissenschaftlicher Beirat*[43], le groupe d'experts qui conseille le gouvernement allemand, préconisait de réduire d'un quart le budget agricole européen et demandait que la moitié du budget soit cofinancée par les budgets nationaux.[44] Ces propositions ont renforcé l'argumentaire du chancelier Schröder et de son ministre des Finances Oskar Lafontaine qui luttaient pour une baisse de la contribution allemande au budget communautaire. Le DBV s'opposait aux propositions du rapport dans un communiqué, les jugeant irréalistes, et a cherché un soutien auprès du nouveau ministre de l'Agriculture, Karl-Heinz Funke. Celui-ci était tout à fait prêt à l'accorder, mais il ne possédait pas suffisamment de poids au sein du gouvernement. « Il a beaucoup promis, Funke, mais il n'a pas tenu ses promesses. Il ne le pouvait pas étant donnée la configuration politique au sein du gouvernement rouge-vert. Je le comprends ».[45]

7.3. Le niveau communautaire : le COPA/COGECA

Le 6 octobre 1997, le COPA et le COGECA ont publié conjointement une analyse de l'Agenda 2000. Le rapport des syndicats communautaires concluait que le plan proposé par la Commission conduisait à une perte des revenus agricoles de 3,6 milliards d'écus entre 1999 et 2006. Cette analyse constituait l'élément majeur de l'attitude très critique manifestée par l'organisation à l'égard des propositions de la Commission concernant la PAC. Selon le COPA, la Commission agissait contre les intérêts de l'Europe et des Européens en refusant d'orienter ses propositions révisées de l'Agenda 2000 dans le sens du modèle européen qui avait été avalisé par le Conseil des ministres de l'Agriculture ainsi que par les chefs d'Etat et de gouvernement à Luxembourg en décembre 1997. En revanche, la position des producteurs de blé était plus nuancée, dans la mesure où ils souscrivaient à l'orientation générale de l'Agenda 2000.[46]

---

[43] Le *Wissenschaftlicher Beirat* compte 14 membres dont l'économiste Stefan Tangermann, auteur d'un des rapports analysés dans le chapitre 5.

[44] *La Tribune*, 12 janvier 1999

[45] Entretien, DBV, 10 avril 2001

[46] *Les Marchés*, 20 mars 1998

Mais l'Agenda 2000 semble avoir été élaboré sans aucune concertation avec le COPA/COGECA.[47] Les répertoires d'action ont donc été redirigés vers le niveau intergouvernemental et ont pris une forme protestataire. Cette approche du COPA/COGECA confirme le constat que les grands groupes d'intérêt, dans le sens que leur donne Mancur Olson[48], adoptent un rôle spécifique et ne s'adaptent que difficilement à de nouvelles réalités. Alors que le rôle du COPA/COGECA est celui d'un organe représentatif partisan, il n'arrive pas à réagir rapidement à des données extérieures, difficulté principalement due à sa structure complexe qui ne lui permet pas de prendre rapidement une position commune et de la défendre. Son incapacité à offrir de l'expertise reconnue par les acteurs politico-administratifs peut être considérée comme un second handicap. Le COPA/COGECA, comme les syndicats agricoles non-sectoriels, ne jouent pas de rôle d'expert et semblent avoir perdu de son influence dans le processus politique, qui passe de plus en plus lors du stade de la mise sur agenda par l'élaboration de l'expertise. Ce n'est qu'à la fin du processus, lors des négociations proprement dites, que les groupes d'intérêts partisans entrent dans l'arène de discussion.

La lenteur de la recherche d'un compromis au sein du COPA/COGECA l'a conduit à ne jouer qu'un rôle marginal dans la négociation de l'Agenda 2000. Bien que des contacts aient existé avec la Commission, comme le soulignait l'un de nos interlocuteurs, au sein des comités consultatifs, lors des réunions ad hoc, entre le président du COPA/COGECA, à cet époque Luc Guyau, et le Commissaire responsable pour la politique agricole commune, Franz Fischler, ainsi qu'avec la DG XIX (responsable pour le budget), « la démarche a été beaucoup plus efficace auprès du Conseil qu'auprès du Commissaire de l'agriculture ».[49] Les Comités consultatifs étaient considérés comme peu utiles, puisqu'ils se composaient également des représentants de l'industrie. Une telle situation déséquilibrait en effet fortement la possibilité d'influence des syndicats des exploitants agricoles. Ce ne fut que dans la phase finale de la négociation, à partir de janvier 1999, que ses capacités

---

[47] Entretien, COPA, 16 juin1999 ; DG VI, 14 mars 2001

[48] Olson Mancur, *The Logic of Collective Action. Public Goods and the Theory of Groups*, Cambridge, Harvard University Press, 1965

[49] Entretien, COPA, 17 juin 1999

organisationnelles lui ont permis de mobiliser des mouvements protestataires à Bruxelles et à Berlin, lieu du Conseil européen qui a pris enfin des décisions concrètes concernant la réforme de la politique agricole commune.

7.4. La négociation de la réforme sous présidence allemande

Lors du Conseil européen de Vienne des 11 et 12 décembre 1997, les chefs de gouvernements et d'Etat de l'UE se sont engagés « à parvenir à un accord global » sur l'ensemble des aspects de l'Agenda 2000. Pour respecter cet engagement et répéter l'expérience satisfaisante des négociations de la réforme de 1992, le Conseil agriculture avait prévu de se faire assister par un groupe de fonctionnaires nationaux à haut niveau pour la phase politique finale. L'entrée de ce groupe de travail dans le processus d'adoption de la réforme n'a pas pour autant entraîné la mise à l'écart du Comité spécial agriculture. Le groupe à haut niveau s'est occupé de la réforme des Organisations communes de marché (OCM), alors que le Comité spécial agriculture s'est concentré sur le règlement financier de la PAC, les mesures horizontales et le développement rural[50].

A partir de janvier 1999, les principaux syndicats agricoles français et allemands, la FNSEA et le DBV, ont concentré leurs efforts de représentation au niveau national. Malgré quelques entretiens et réunions d'information avec les services responsables au sein de la DG VI, les groupes d'intérêts ont principalement contacté les autorités publiques nationales. Alors que les représentants de la FNSEA poursuivaient une double stratégie et restaient en contact permanent avec la Représentation permanente et avec les ministères de l'Agriculture, de la finance, du Premier ministre et de la présidence, le DBV s'est concentré sur le ministère de l'Agriculture, dernier allié qui lui restait après le changement de la majorité au sein du gouvernement.[51] Les syndicats agricoles français ont pu, soit

[50] Jacques Loyat et Yves Petit, *La Politique agricole commune*, Paris, La Documentation française, 1999, p. 164

[51] Entretiens, FNSEA, Bruxelles, 17 janvier 2000; 18 février 2000 ; DBV, 27 janvier 1999 ; 14 mars 2001, Représentation permanente de l'Allemagne auprès de l'Union européenne 15 janvier 1999

individuellement – surtout en ce qui concerne la FNSEA, soit collectivement à travers le Conseil de l'agriculture française (CAF)[52] avoir accès au ministre de l'Agriculture, au Premier ministre et au Président de la République grâce à des réunions régulières avec les représentants français. L'attitude du DBV souligne les difficultés qui sont apparues entre la chancellerie allemande et les représentants du syndicat agricole, ce qui a amené à une situation très difficile lors du Conseil européen de Berlin en mars 1999.

Ces contacts étroits avec les représentants nationaux montrent également que la représentation des intérêts auprès du Conseil ne passe que rarement directement par cet organe, mais se concentre au niveau national. Cependant, contrairement à l'analyse de Fiona Hayes-Renshaw et Helen Wallace, nous ne suggérons pas que ce comportement des groupes soit dû à la multitude des comités au sein du Conseil. Le mode de représentation se concentre plutôt au niveau national puisque les syndicats agricoles, contrairement à d'autres groupes d'intérêts, ont des contacts qui prennent la forme de communautés politiques avec les autorités publiques de leur pays, et préfèrent, en fonction de l'état d'avancement du processus de négociation de la réforme, passer par cette voie pour représenter leurs intérêts, et notamment, lorsqu'ils ne peuvent plus le faire auprès des services de la Commission. Cette communauté politique entraîne une relation plutôt statique entre les syndicats agricoles, les acteurs politico-administratifs et la Commission. Cette relation est différente de celle que tissent les entreprises d'électricité et l'industrie nucléaire, confrontées à un autre type de réseaux de politique publique.

Le contenu de ces négociations de la réforme de la PAC, devenues de plus en plus difficiles au début de l'année 1999, est fondé sur les propositions élaborées par la présidence allemande. Les 11 et 12 décembre 1998, le Conseil européen de Vienne a de nouveau relevé les profondes différences entre les positions des gouvernements français et allemand au sujet de la réforme de la PAC. Le financement de l'Union européenne pour la période 2000 à 2006 supposait des réformes de la politique agricole commune et des fonds structurels et devait inclure la préparation de l'élargissement. L'Allemagne, les Pays-Bas, l'Autriche et la Suède

---

[52] qui regroupe la FNSEA, le CNJA, l'APCA et le CNMCCA.

réclamaient dans ce contexte un rééquilibrage budgétaire, à savoir qu'ils exigeaient que leur contribution nette, jugée trop élevée, soit réduite. Comme nous l'avons montré plus haut (7.1), la Commission européenne avait proposé pour opérer ce rééquilibrage un cofinancement des aides agricoles qui étaient alors complètement financées par le budget européen. Cette proposition était particulièrement soutenue par le gouvernement allemand, mais radicalement repoussée par le DBV. Le refus du cofinancement par le gouvernement français était également total. En janvier 1999, le ministre des Finances français, Dominique Strauss-Kahn, et Jean Glavany ont à nouveau souligné leur refus d'une « renationalisation » de la politique agricole commune. Un compromis a finalement pu être trouvé lors du Conseil européen de 1999 à Berlin concernant la dégressivité des aides directes.

C'est également à ce moment que les manifestations musclées des agriculteurs français contre la réforme de la PAC ont commencé, manifestations qui ont vu leur apogée lors du Conseil européen à Berlin en mars 1999. Environ 30.000 agriculteurs, dont la moitié étaient français, ont manifesté à Bruxelles lors du « marathon agricole » qui s'est déroulé pendant la dernière semaine de février 1999 à Bruxelles. Mais des manifestations se sont également déroulées en France, prenant la forme de blocages des villes et des routes. Tous les syndicats y ont participé, même si c'était parfois pour des raisons différentes : alors que la FNSEA et le CNJA affirmaient que les propositions de la Commission devaient être considérées comme une vraie menace car elles abandonnaient les systèmes de régulation et détruisait les OCM, la Confédération paysanne considérait que la réforme allait dans le sens d'une agriculture intensive, avec davantage d'atteintes à l'environnement et à la santé humaine et la disparition des petites et des moyennes exploitations[53]. Les syndicats agricoles renforcent ce répertoire d'action protestataire lorsque la négociation a lieu au niveau national et communautaire.

Toutefois, parallèlement, des contacts et des réunions avec le plus haut niveau politique en France ont eu lieu. Alors que les syndicats français étaient reçus par le ministre de l'Agriculture, le Premier ministre et le Président avant certains Conseils cruciaux, le syndicat allemand n'avait accès qu'au ministère de l'Agriculture. Les autres

---

[53] Le Monde, 24 février 1999

voies se sont fermées suite au changement de paradigme qui a eu lieu en septembre 1998 au sein du gouvernement allemand. L'influence qu'exercent les groupes d'intérêts sur les résultats politiques ne dérive donc pas seulement de l'utilisation de leurs pouvoirs mais aussi du contexte historique, idéologique et structurel dans lequel ils agissent. Martin J. Smith souligne que « l'influence des groupes ne dépend pas de leurs ressources et termes d'organisation, de moyens financiers, de leadership et d'expertise, mais de la forme relationnelle qu'ils entretiennent avec l'Etat ou, plus précisément avec une partie de l'Etat ».[54] Ceci est clairement observable dans les études sur les activités des groupes d'intérêts allemands dans le secteur agricole et nucléaire.

Une analyse du Conseil européen de Berlin des 24 et 25 mars 1999 souligne les difficultés auxquelles le DBV a dû faire face pour représenter ses intérêts en comparaison à la capacité de la FNSEA à obtenir accès au président de la République. Alors que les deux syndicats étaient opposés au compromis trouvé deux semaines auparavant, la FNSEA jouissait d'un accès presque illimité au Président et au Premier ministre français, comme le soulignait l'un de nos interlocuteurs : « Guyau avait demandé une réunion avec le Président de la République juste avant le début du Conseil, ce qui lui a été accordé sans aucun problème. En revanche Sonnleitner [le président du DBV] demandait en vain un rendez-vous avec Schröder. Rien à faire. Et pourtant, Chirac avait encore demandé à Schröder d'accorder un rendez-vous à son président du DBV, ce que Schröder a refusé. »[55]

Lors de la réunion du Conseil, le Président français, Jacques Chirac, a demandé qu'une grande partie du compromis agricole décidé deux semaines plus tôt soit modifié. Pour le gouvernement français, il était totalement hors de question d'accepter un cofinancement de la PAC. Jacques Chirac et ses conseillers ont négocié cette question sans concession et ont souligné ainsi l'importance que l'agriculture occupait en France. Faire céder le chancelier Schröder sur ce point fut facilité par deux facteurs. D'une part du fait que le gouvernement allemand n'ait pas défendu

---

[54] Martin J. Smith, *Pressure, Power and Policy,* Pittsburgh, University of Pittsburgh Press, 1993, p.48

[55] Entretien, DBV Bruxelles, 14 mars 2001

une position forte concernant l'Agenda 2000, mais semblait plutôt fragmenté. D'autre part, le gouvernement Schröder était confronté à son rôle de président de l'Union, un rôle qui nécessite de trouver des compromis parmi ses pairs et rend toute défense de position nationale dissidente très difficile.

Le DBV, ne réussissant pas à représenter ses intérêts avec succès auprès du gouvernement allemand, a utilisé ses contacts avec la FNSEA française pour représenter un certain nombre de ses idées auprès du partenaire européen. Le COPA n'étant pas un instrument qui permet de revendiquer des questions de détail, le DBV avait choisi de coopérer plus étroitement avec la FNSEA et d'utiliser les points d'accès auprès du gouvernement français.[56] Cette stratégie n'a été possible que grâce à une convergence des intérêts dans la plupart des domaines discutés. Cette convergence d'intérêts n'existant pas dans l'enceinte du COPA, la représentation des intérêts restait nationale. Cette coopération franco-allemande n'a toutefois pas existé tout au long les négociations mais seulement à partir de novembre 1998, lorsque la décision de la réforme de l'Agenda 2000 était devenue imminente.[57]

La réforme de la PAC a donné naissance, selon les Conclusion du Conseil de Berlin, à une agriculture « multifonctionnelle, durable, compétitive, répartie sur tout le territoire européen, y compris les régions ayant des problèmes spécifiques, capable d'entretenir le paysage, de maintenir l'espace naturel et d'apporter une contribution essentielle à la vitalité du monde rural, et de répondre aux préoccupations et exigences des consommateurs en matière de qualité et de sûreté des denrées alimentaires, de protection de l'environnement et de préservation du bien-être des animaux ».[58] Les mesures qui ont été arrêtées sont, en conséquence, très nombreuses. Toutefois, la réforme est en retrait par rapport aux propositions de la Commission, en particulier en ce qui concerne la baisse des prix, la redistribution et le plafonnement des aides.

---

[56] Entretiens, FNSEA, Bruxelles, 17 janvier 2000; 18 février 2000 ; DBV, Bruxelles, 27 janvier 1999 ; 14 mars 2001

[57] Communiqué du 2 décembre 1998, Rencontre FNSEA/DBV, Large accord franco-allemand sur l'avenir de l'Europe agricole

[58] Conseil européen de Berlin, 24-25 mars 1999

Conclusion

Nous avons pu constater que les syndicats agricoles allemands et français avaient choisi de situer leur niveau de représentation dans le contexte de la réforme de la PAC au niveau national. L'internalisation de leurs répertoires d'action, à la fois sous forme protestataire et en offrant des arguments économiques et sociaux, a pu être observée dans les deux cas.

Cependant, confronté à un système ministériel extrêmement fragmenté, le DBV a eu recours à ses relations préférentielles avec le ministère de l'Agriculture. Bien que nous ayons observé des clivages internes au sein du DBV, ils n'ont pas atteint le niveau de ceux existant au sein de la FNSEA. Les fédérations sectorielles, membres de la FNSEA, ont cherché des contacts individuels avec les différents ministères, une stratégie de représentation qui semble toutefois être équilibrée par l'effort de coordination entreprise par le gouvernement français à la fois au sein du SGCI et lors des réunions ad hoc. Bien que les conflits entre les ministères existent aussi bien dans le système politique français qu'allemand, les groupes d'intérêt ont l'assurance en France qu'un compromis sera recherché au niveau national avant que la position commune française ne soit présentée au sein des enceintes communautaires. La fragmentation du système ministériel allemand peut être un avantage pour les syndicats allemands à la condition que le Ministre de l'Agriculture jouisse d'une position de force parmi ses collègues allemands. Cette situation avait cependant été modifiée avec le nouveau gouvernement de coalition du SPD et des Grüne. Le DBV a cherché à contourner le blocage non pas en contactant directement les institutions communautaires, mais en créant une coalition ad hoc avec le syndicat agricole français et en tentant ainsi de représenter les intérêts du DBV à travers la FNSEA auprès du gouvernement français.

D'un point de vue plus général, nous avons pu observer deux spécificités lors de l'analyse des représentation des intérêts agricoles dans le contexte de l'Agenda 2000. Premièrement, la question du nombre semble perdre de l'importance. L'ampleur des défilés et des manifestations devient secondaire par rapport au soutien des acteurs politico-administratifs et celui de la population. Les deux dimensions peuvent aujourd'hui être largement dissociées. Le rôle marginal du COPA/COGECA aujourd'hui, qui avait particulièrement bien réussi à organiser des manifestations en est un exemple. Deuxièmement, les ressources tactiques, intellectuelles et techniques sont les principales forces vives de la mobilisation. La capacité à produire et à proposer un discours argumenté, fondé sur un travail rigoureux d'objectivation pouvant alimenter des compromis caractérise la réussite des activités des groupes d'intérêt contemporains, en Europe. L'incapacité de produire une telle expertise renforce encore la faiblesse du COPA/COGECA. Comme souligne Didier Chabanet, « c'est sans doute à cet égard que la spécificité du mode de fonctionnement de l'Union européenne s'accorde avec une évolution culturelle lourde – qu'elle vient redoubler – tendant à favoriser l'expertise ».[59]

[59] Didier Chabanet (dir), "Mobilisations et clivages socio-politiques en Europe », *Politique européenne*, n°4, printemps 2001

PARTIE III
UN MODE COMMUNAUTAIRE DE REPRESENTATION DES INTERETS AU-DELA DE L'UNION ? LES GROUPES D'INTERET OCCIDENTAUX EN EUROPE CENTRALE ET ORIENTALE

Alors que l'analyse que nous avons entrepris jusqu'ici a permis d'éclaircir l'influence qu'exerce le système communautaire sur les modes de représentation des intérêts, les études spécifiques sur les groupes d'intérêt se sont, jusqu'à présent, très peu intéressées à l'aspect international de la représentation des intérêts privés européens.[1] Il nous semble pourtant que l'émergence d'un mode spécifiquement européen de représentation des intérêts, défini comme la transformation des répertoires d'action des acteurs en question, devrait aussi pouvoir être observée au niveau international, à savoir extra-communautaire. L'Europe centrale et orientale fournit un tel terrain d'observation, ce qui constitue l'une des raisons pour lesquelles nous avons inscrit cette recherche dans le processus de l'élargissement de l'Union européenne.

Certaines études abordent cette question sous un angle différent[2]. Maria Green-Cowles constate ainsi que l'arrivée des groupes d'intérêt américains, et en particulier celle des entreprises, a confronté les autres groupes d'intérêt européens à un style particulier de représentation. Notre démarche est similaire dans la mesure où nous nous interrogeons sur les modes de représentations que les groupes d'intérêt ouest-européens utilisent en Europe centrale et orientale.

Il s'agit là d'une étude orientée vers les mobilisations aux niveaux national, communautaire et international. Nous nous concentrons sur les relations entre les groupes et les acteurs politico-

---

[1] Voir aussi Justin Greenwood et Henry Jacek, (dirs), *Organized Business and the New Global Order*, Basingstoke et London, Macmillan, 2000

[2] Maria Green-Cowles, "The changing architecture of big business", in Mark Aspinwall et Justin Greenwood (dirs), *Collective Action in the European Union*, London, Routledge, 1998, p.108-125; Maria Green Cowles, "Organising Industrial Coalitions", dans Helen Wallace et Alisdair R. Young, (dirs), *Participation and Policy-Making in the European Union*, Oxford, Oxford University Press, 1997, 116-140, David Coen, « The evolution of the large firm as political actor", *Journal of Common Market Studies*, 1997, 4(1), p.91-108

administratifs sur ces trois niveaux pour déterminer si et dans quelle mesure les structures nationales et communautaires influent sur leurs répertoires d'action vis-à-vis de l'Europe centrale et orientale.

Le chapitre 8 analysera les débuts des activités des groupes d'intérêt – les syndicats agricoles et les entreprises électronucléaires allemands et français vis-à-vis de l'Europe centrale et orientale. Dans un premier temps, leurs mobilisations auprès de leurs gouvernements sont ainsi au centre de l'analyse. Quels sont les répertoires d'actions choisis ? Auprès de quels acteurs sont-ils déployés et pour quelles raisons ? Peut-on constater des différences dans les stratégies des acteurs français et allemands ?

La question d'une internationalisation des répertoires d'action face à des programmes communautaires et internationaux soutenant les activités des groupes en Europe centrale et orientale est traitée dans le chapitre 9. Ces programmes sont-ils à l'origine d'une coopération entre les acteurs ou même d'une homogénéisation des répertoires d'action des groupes d'intérêt en Europe centrale et orientale ? Ou, au contraire, observe-t-on de nouveau l'influence majeure des structures nationales sur les modes de représentation des intérêts ? Par ailleurs, peut-on constater l'existence d'un transfert de modèle de représentation des intérêts, propre à chaque groupe analysé ?

Cette troisième partie met particulièrement en avant l'influence de la variable du « mode organisationnel du groupe d'intérêt ». Quelle est donc l'influence du mode organisationnel sur le choix des répertoires d'action ? Quels sont les répertoires d'action choisis par ces deux types de groupes d'intérêt ? Sur quels éléments se fonde leur différence ou leur similarité au niveau international ? Ces modes de représentation ne sont-ils pas médiatés par les relations qu'entretiennent les groupes d'intérêt avec les acteurs politico-administratifs au niveau national, à la fois dans le domaine de l'agriculture et du nucléaire ? Observons-nous un phénomène négligé jusqu'ici par les études concernant les groupes d'intérêt, à savoir l'influence des agendas de politique étrangère des Etats sur les politiques des groupes d'intérêt allemands et français dans les PECO ?

CHAPITRE 8.
LA VARIABLE NATIONALE

8.1. Les syndicats agricoles allemands et français dans les PECO : stratégies d'action nationales ?

Lors de la chute du communisme en Europe centrale et orientale, la situation agricole dans les PECO, dont nous avons présenté les principales difficultés économiques dans le chapitre 4, était particulièrement problématique. La situation économique était encore aggravée par les problèmes sociaux et juridiques de ce secteur.

Le syndicalisme agricole dans les PECO : Les conséquences juridiques et sociales du communisme

Les analyses de la situation des pays d'Europe centrale et orientale après la chute des régimes communistes constatent des baisses de production au cours du processus de transition. Les exportations des trois principaux pays exportateurs, à savoir la Bulgarie, la Hongrie et la Pologne, ont chuté d'un peu moins de 40% entre 1990 et 1993, alors que les importations des ces trois pays ont été multipliées par 2,5 entre ces deux dates. La qualité supérieure, l'image et la diversité des produits agroalimentaires occidentaux ont stimulé la demande auprès des classes aisées de la population. L'appareil de production domestique au sein des PECO était incapable de répondre à cette demande de qualité meilleure, ce qui a entraîné des difficultés de financement lors de la restructuration de ces entreprises.[3] Cette situation, liée à une privatisation forcée, a très rapidement ouvert les portes aux grandes entreprises et distributeurs agroalimentaires occidentales. Mais les entreprises des PECO ont été longtemps incapables de satisfaire les normes de commercialisation.

Il importe cependant de souligner que les agricultures et industries agro-alimentaires des PECO sont très différentes les unes des autres : en Pologne, un grand nombre de petits paysans se

[3] Louis-Pascal Mahé, Jean Cordier, Hervé Guyomard et Terry Roe, « L'agriculture et l'élargissement », *Economie internationale*, n°62, 1995, p. 244

partage la terre, alors qu'en Hongrie, des exploitations de grande taille sont courantes, associées à des productions céréalières de haute qualité mais des élevages laitiers archaïques.[4] En Pologne, sur deux millions de fermes privées, seules 20% parviennent à fournir le revenu principal à ses exploitants compte tenu de leur taille réduite, 6,7 hectares en moyenne avec quatre têtes de gros bétail et huit porcs environ. Plus de 50% de ces unités possèdent une surface inférieure à 5 hectares.[5] Les premières années de transition se sont également caractérisées par une dégradation de la balance commerciale agricole et agroalimentaire alors que la production des PECO couvrait sous les régimes communistes les besoins intérieurs dans la majorité des secteurs.

La chute des régimes communistes a entraîné un passage à la propriété privée des terres ou à un régime d'exploitation privée des terres qui revêtait plusieurs formes.[6] Nous pouvons ainsi observer une procédure de restitution des terres aux anciens propriétaires en Bulgarie, en République tchèque et en Slovaquie. Toutefois, beaucoup de propriétaires ayant ainsi récupéré leurs terres ont préféré les louer. Les parcelles étant très petites, ce développement a mené à une multiplication des petites exploitations, difficilement viables et ne possédant pas suffisamment des moyens financiers permettant de réaliser les restructurations et les modernisations nécessaires. Une autre forme de passage à la propriété privée est

---

[4] Entre autres OCDE, *Politiques, marchés et échanges agricoles PECO et NEI. Suivi et perspectives,* Paris, 1994 ; Alain Pouliquen, « L'agriculture des PECO : quelles productions pour quels marchés ?, *Le courrier des pays de l'Est,* août 1994 ; Alain Pouliquen, « L'agriculture des pays d'Europe centrale et orientale : quelles productions pour quels marchés ? », *Courrier des pays de l'Est,* 1994, 391, p.35-43 ; Junior R. Davis, « Agricultural reform during transition: a synopsis of recent developments and prospects", *MOST,* 1997, 7(4), p.55-79

[5] Marie Halamska et Marie-Claude Maurel, « L'agriculture polonaise et la question de l'intégration européenne : regards croisés », *La revue d'Etudes comparatives Est-Ouest,* 1996, 27(4), p. 45-78 ; François Bafoil, *La question agricole en Pologne : le défi de l'intégration européenne,* Les Etudes du CERI, avril 2001 ; Edith Lhomel, « L'agriculture des pays d'Europe centrale et orientale face à l'entrée dans l'Union européenne, op.cit, p. 13

[6] Alain Poliquen, « L'agriculture post-communiste en Europe centrale : du choc excédentaire à la récession », in Démeter (dir), *Economie et stratégies agricoles,* Paris 1993 ; OCDE, *Politiques, marchés et échanges agricoles dans les PECO, les NEI, la Mongolie et la Chine : suivi et perspectives,* Paris, 1994

celle du partage des terres qui conduit tout comme la première forme de privatisation en un émiettement de terres excluant à court terme un regroupement en exploitations de plus grande taille. En Hongrie, une troisième forme de privatisation a été choisie. Elle consiste à ce que ce soit les anciennes 'fermes d'Etat' qui se restructurent de manière décentralisée (« de l'intérieur ») sous des formes diverses telles que des sociétés anonymes, des sociétés anonymes à responsabilité limitée ou encore des coopératives libres.[7] L'évolution est similaire en Roumanie où les associations de producteurs correspondent tantôt à d'anciennes coopératives transformées, tantôt à des exploitants individuels ayant décidé, sous la pression des entreprises de mécanisation ou encore de production de semences toujours organisées de façon très monopolistique, de se regrouper afin de réaliser des économies d'échelle.[8]

Non seulement les exploitations agricoles étaient étatiques, mais également les services amonts d'approvisionnement tels que les engrais, les produits de traitement des cultures et le machinisme agricole. La privatisation s'est effectuée dans la plupart des pays par un découpage des structures selon un zonage géographique ou administratif. Toutefois, les situations de monopole semblent avoir été conservées et la concurrence ne peut s'exercer pleinement, une situation qui se présente de manière similaire dans les secteurs de l'aval.[9]

Dans le contexte des privatisations, un grand nombre de consultants était chargé de soutenir les PECO dans leur tâche. Ces consultants, perçus comme des experts dans ce domaine, étaient en grande partie anglo-saxons ou néerlandais, au grand dam des

---

[7] L'achèvement du processus de privatisation en 1997 n'a ainsi pas entraîné l'éclatement des exploitations, puisque les grandes unités continuent à détenir une place importante. Cependant, on peut constater l'émergence d'un nouveau secteur indépendant formé d'exploitations de taille moyenne. Edith Lhomel, « L'agriculture des pays d'Europe centrale et orientale face à l'entrée dans l'Union européenne », *Le courrier des pays de l'Est*, n°441, 1999, p. 3-25

[8] Edith Lhomel, « Structures agricoles en Europe centrale et orientale: une transformation inachevée », *Le courrier des pays de l'Est*, n°416, 1997, p. 40-50

[9] Pour une étude de cas détaillée voir Alain Pouliquen, "La privatisation des industries agroalimentaires en Pologne », *Courrier des pays de l'Est*, 385, 1993, p. 20-39

syndicats agricoles qui y voyaient un renforcement des idées néo-libérales et libre-échangistes. Toutefois, ne possédant pas d'expertise dans le domaine de la libéralisation, les syndicats agricoles ne pouvaient pas prétendre proposer leurs propres capacités. L'expertise des syndicats est légitime dans deux secteurs, d'une part le secteur des services et d'autre part l'organisation des structures représentatives agricoles. C'est au travers de cette deuxième compétence que les syndicats allemands et français ont souhaité influencer l'attitude future des agriculteurs est-européens.

Les syndicats agricoles des PECO

Les syndicats agricoles sous le communisme étaient contrôlés par l'Etat et étaient ainsi monopolistiques. La Pologne toutefois se caractérise par une résistance du monde paysan à tout processus de collectivisation des terres[10], ce qui a engendré des réactions négatives à l'égard de tout travail en commun et un suréquipement manifeste. Ainsi, on retrouve aujourd'hui trois grands types d'exploitations dans les PECO : premièrement celles de type coopératif, à savoir des associations des producteurs, des associations agricoles et des coopératives (Slovaquie). Deuxièmement, l'entreprise de type capitaliste dans lesquelles la majorité des exploitants sont des salariés (Hongrie), et enfin, l'exploitation familiale qui concerne essentiellement des exploitations moyennes, le plus souvent de 2-3 hectares chacune, qui dominent en particulier en Pologne. Toutefois, l'exploitation familiale est, partout, en train de gagner du terrain.

---

[10] Contrairement aux autres pays d'Europe centrale et orientale, le gouvernement polonais promulgue un décret de la réforme foncière en 1944, fondée sur la saisie, la division et la redistribution des terres agricoles. Les fermes privées ainsi créées n'excédent pas 5 hectares. Mais, à partir des années 1950, la collectivisation gagne aussi la Pologne comme l'ensemble des « démocraties populaires » d'Europe de l'Est. Toutefois, le pourcentage des terres collectivisées est inférieur à celui des autres pays communistes : 77,7 % des terres restent des fermes privés et seulement 3,7% sont des fermes coopératives en 1989. Lucjan Kocik, « La petite paysannerie de la Pologne populaire », *Etudes rurales,* avril-décembre 1995, n°138-140, 1995, p. 133-142

Bien qu'à la suite de la chute du communisme, de nombreuses associations agricoles se soient créées peu à peu, la situation instable de l'agriculture n'a pas permis aux acteurs d'institutionnaliser leurs mouvements.[11] A l'exception de la Pologne, on constate une faiblesse des forces politiques ou syndicales agricoles constituées, qui ne réussissent pas à défendre les intérêts d'une paysannerie marquée par le vieillissement de la population et la perte du savoir-faire. Le caractère des services offerts par les syndicats agricoles à leurs membres est souvent insuffisant ou sous-développé. En revanche, en Pologne, l'évolution du syndicalisme polonais doit beaucoup au poids du Parti paysan (PSL), détenteur du monopole de la représentation des intérêts du lobby agricole, qui dès 1991 avait fermement œuvré pour l'adoption d'une politique plus interventionniste et protectionniste.[12] Le syndicat/parti polonais était constitué initialement par des petits paysans, majoritaires en Pologne, et excluait les agriculteurs travailleurs dans les fermes collectivisées, qui avaient reçu un traitement préférentiel sous le régime communiste polonais. Cette attitude s'est toutefois modifiée rapidement, et le syndicat/parti agricole a attiré les gestionnaires et les employés des fermes étatiques insolvables, particulièrement déçus par les tentatives du gouvernement polonais destinées à libéraliser l'agriculture.[13] Il prétend défendre les intérêts économiques nationaux de la Pologne face aux menaces que fait peser sur elle son intégration dans l'Union européenne. Il prône le rôle actif de l'Etat, le protectionnisme, les barrières douanières, les quotas et réclame la garantie de prix minimaux pour les produits agricoles. Deux autres syndicats nationaux existent aujourd'hui en Pologne. Le premier, « Accord paysan », partage largement les positions du Parti paysan polonais. Il fait partie de Solidarité, premier syndicat existant sous le régime communiste polonais. Le syndicat paysan « Auto-défense » soutient la thèse selon laquelle l'agriculture polonaise doit d'abord atteindre le degré de

---

[11] « Les évolutions du monde rural en Europe centrale et orientale », *Nouvelle alternative*, 1999, 1, p.57-125

[12] Marie Halamska et Marie-Claude Maurel, « L'agriculture polonaise et la question de l'intégration européenne », *op.cit*, 1996

[13] Anna Sabbat-Swidlicka, « Poland Investigates Radical Farmers' Union", *RFE/RL Research Report*, 1(38), 25 septembre 1992, p. 19-25

développement des pays occidentaux avant de s'engager dans tout processus d'intégration.

C'est en particulier vis-à-vis de la Pologne que les syndicats allemands et français ont concentré leurs efforts, poursuivant ainsi des relations qu'ils avaient tissées avec le syndicat polonais principal de l'époque communiste, « Solidarité rurale ». Cet intérêt de la part des syndicats allemands et français est lié à deux facteurs. Premièrement, les structures des exploitations agricoles, majoritairement familiales, sont très semblables à celles qui composent les grands syndicats allemands et français, le DBV et la FNSEA. Deuxièmement, le poids important de l'agriculture dans ce pays et l'importance électorale des agriculteurs en font une cible privilégiée pour y transférer un 'modèle ouest-européen de l'agriculture', fondé sur la forme de l'exploitation familiale.

Un nouveau programme de la Communauté

Le programme PHARE, décidé en décembre 1989, a pour objectif de prêter assistance à la Pologne et à la Hongrie. Il permet à la Communauté européenne d'accorder des aides non-remboursables à onze pays d'Europe centrale et orientale. L'élaboration, la gestion et la mise en œuvre du programme ont été confiées à la Commission européenne.[14]

PHARE a été conçu comme un programme communautaire spécifique d'assistance technique et financière à la restructuration économique et sociale des pays en transition et devait contribuer à la mise en place des conditions d'une économie de marché.[15] La restructuration de l'agriculture était l'un des objectifs prioritaires du programme. Un rapport établi pour le programme PHARE constate qu'entre 1990 et 1993, 11,5% des moyens financiers du programme ont été attribués à ce domaine, qui occupe alors la quatrième place derrière les projets pour le développement du

---

[14] Règlement PHARE n° 3906/89, JO L 375, 23 décembre 1989. Ce règlement couvrait la Pologne et la Hongrie et a ensuite été modifié pour permettre l'extension à d'autres pays. L'aide à l'Allemagne de l'Est a toutefois cessé après la réunification.

[15] Voir également Florence Deloche-Gaudez et Christian Lequesne, « Le programme PHARE : mérites et limites de la politique d'assistance de la Communauté européenne aux pays d'Europe centrale et orientale », *Politiques et management public*, 1996, 14(1), p. 143-155

secteur privé et les aides aux entreprises, pour l'éducation, la santé, la formation et la recherche, et enfin pour l'aide humanitaire et alimentaire.[16] Plusieurs thèmes sont ainsi prioritaires, en particulier la réforme foncière, la privatisation et la réorganisation du réseau de distribution des intrants agricoles, l'organisation des services en support aux agriculteurs privés, l'organisation et la privatisation de la commercialisation des produits agricoles et, enfin l'organisation de systèmes de crédit à l'agriculture. Pour mettre en œuvre le contenu du programme PHARE, la Commission a eu recours à des cabinets de consultants qui possédaient l'expertise recherchée. Imputés sur des crédits PHARE, les honoraires des consultants ont pu atteindre exceptionnellement en 1991 « plus de 2000 écus par jour et par homme »[17]. Cette expertise était perçue par les responsables des services de la Commission comme neutre, en opposition à l'"expertise partisane' qui aurait pu être offerte par les syndicats agricoles occidentaux.

Le fonctionnement du programme PHARE est inspiré par le principe « demand driven ».[18] Les projets financés dans le cadre de l'enveloppe annuelle attribuée à chaque pays sont négociés par les fonctionnaires de la DG I/IA et les représentants des gouvernements des pays bénéficiaires. Lors de cette négociation, l'intervention des consultants a été active. Ils ont cherché à faire accepter par les fonctionnaires de la Commission et les représentants des gouvernements des pays bénéficiaires des projets qu'ils avaient identifiés comme faisant partie de leur secteur de compétence. Les programmes sectoriels ainsi négociés étaient toutefois soumis à l'avis du comité de gestion PHARE, composé de fonctionnaires nationaux généralistes. La mise en œuvre des programmes est centralisée : elle est réalisée au sein des Unités de gestion de programmes (UGP), localisées dans des ministères sectoriels des pays bénéficiaires et composées de fonctionnaires de ces ministères et de consultants rémunérés directement sur des

---

[16] Commission européenne, *PHARE funding 1990-1994*, Bruxelles, 1995

[17] Cour des comptes de la Communauté européenne, *Rapport relatif à l'exercice 1991*, JO, C 330, 15.12.1992

[18] Florence Deloche-Gaudez et Christian Lequesne, « Le programme PHARE : mérites et limites de la politique d'assistance de la Communauté européenne aux pays d'Europe centrale et orientale », *op.cit.* p. 151

crédits PHARE.[19] C'est par ailleurs aussi l'UGP qui procède à la sélection des contractants. Elle n'est pas obligée de procéder à des appels d'offres pour des projets inférieurs ou égaux à 50 000 écus. Les cabinets de consultants bien « introduits » auprès des UGP, ainsi qu'auprès des délégations de la DG I/IA, augmentent leurs chances d'être retenus sur une « short list » d'entreprises ou de cabinets de consultants auxquels il est ensuite demandé de soumissioner pour obtenir les contrats d'assistance technique.[20]

Cette procédure a été mise en avant par les représentants du syndicat agricole allemand pour souligner « l'absurdité » de l'attribution des contrats. Cette « absurdité » est toutefois particulière. Nous avons déjà souligné les difficultés qu'ont rencontrées les syndicats non sectoriels pour représenter leurs intérêts auprès d'une autre DG que la « leur », à savoir la DG VI. Les relations avec les fonctionnaires de la DG VI étant établies de longue date, les syndicats n'avaient pas eu besoin de contacter d'autres Directions générales pour représenter leurs intérêts jusqu'au début des années 1990, car 'leur' Direction générale était considérée comme 'chef de file'. Cette situation fut modifiée par la réforme de la Politique agricole commune de 1992 au sein de laquelle les préoccupations environnementalistes ont pris une importance nouvelle et conduit à inclure une nouvelle Direction générale (XI) dans les négociations.[21] Un phénomène similaire se présenta au début des années 1990 dans le contexte de l'élaboration de l'Ostpolitik communautaire. Une nouvelle DG non agricole est devenue 'chef de file', et les syndicats agricoles choisissent une stratégie d'internalisation qui consiste en un retour au niveau national[22], notamment dans le contexte de leurs stratégies de long

---

[19] Cette gestion décentralisée a d'ailleurs suscités des critiques de la Cour des Comptes des Communautés européennes, qui y voyait une raison pour l'absence de l'efficacité du programme dans certains secteurs. « Rapport spécial n°3/97 relatif au système décentralisé de mise en œuvre du programme PHARE (période 1990-1995) accompagné des réponses de la Commission. *JO, n° C 175 du 09.06.1997*, p. 4-47

[20] Florence Deloche-Gaudez et Christian Lequesne, « Le programme PHARE : mérites et limites de la politique d'assistance de la Communauté européenne aux pays d'Europe centrale et orientale », *op.cit.* p. 152

[21] Wyn Grant, *The Common Agricultural Policy*, London, Routledge, 1997

[22] voir chapitre 6

terme comme par exemple celle des procédures de soutien technique que nous considérons comme des projets d'apprentissage social d'un modèle agricole occidental.

Le retour au niveau national

Ce retour au niveau national a pris toutefois des formes différentes en France et en Allemagne. Alors qu'en Allemagne, un projet gouvernemental était créé, les activités françaises sont restées *ad hoc* et financées au cas par cas, notamment par les autorités régionales.

Activités françaises

Le début d'une coopération entre les agriculteurs polonais et français a été l'accord de partenariat signé entre la FNSEA et la « Solidarité rurale » polonaise qui prévoyait essentiellement des échanges portant sur de la formation syndicale. Ces échanges sont apparus au niveau des FDSEA, sollicités par la FNSEA, et du syndicat Solidarité rurale des Voïvodines polonaises. L'action consistait prioritairement à recevoir, pendant deux mois, des stagiaires dans des exploitations françaises pour les former à l'agriculture occidentale. Mais ces projets ont souffert d'un manque de financement, qui n'est pas attribué par le gouvernement national, mais par les Conseils régionaux ou certaines entreprises privées. Ceci était considéré comme d'autant plus regrettable par nos interlocuteurs que des modèles concurrents, comme celui de l'agriculture américaine, jugée néo-libérale, étaient déjà diffusés dans les PECO.[23]

Confronté au niveau communautaire à un refus de la part des fonctionnaires de la Commission d'accorder des crédits à la FNSEA, le syndicat français a poursuivi ses petits projets jusqu'en

---

[23] Entretien, FNSEA, Paris, 3 mai 2001. Cette attitude est également due à un certain nombre de craintes qu'exprime la FNSEA vis-à-vis de la Hongrie. En s'alliant lors des négociations du GATT au début des années 1990 au groupe de Cairns, regroupant 14 pays, dont les Etats-Unis, la Nouvelle Zélande, l'Australie, qui défendent une agriculture productiviste, la Hongrie suscite des attitude mitigées auprès des responsables agricoles français.

1996. Le transfert de savoir et d'un modèle ouest-européen aux PECO était l'une des pierres angulaires des activités de la FNSEA.[24]

Toutefois, ce transfert du modèle agricole ouest-européen, jamais clairement défini, mais se concentrant sur la forme d'exploitation familiale et la vocation exportatrice de l'agriculture européenne, se heurta, selon nos interlocuteurs, à l'absence des moyens financiers suffisants. Cette situation a été reprochée à la gestion communautaire qui préférait travailler avec des cabinets de consultants plutôt que de se fonder sur les capacités des syndicats agricoles. Mais le manque de moyens financiers existait également au niveau national.

L'apprentissage que les syndicats ouest-européens souhaitaient dispenser nécessitait donc des moyens financiers. Le seul programme permettant ainsi le transfert d'un modèle rhétoriquement 'européen' existant au niveau communautaire était celui de PHARE. Dans les *Propositions pour réussir l'élargissement de l'Union européenne aux pays d'Europe centrale et orientale*, la FNSEA propose ainsi de recentrer le programme PHARE en agriculture sur neuf actions prioritaires. Constatant que le programme faisait l'objet de nombreuses critiques selon lesquelles les fonds auraient servi à financer des études théoriques plus qu'à mettre en place des projets concrets, la FNSEA demande à la Commission d'améliorer l'efficacité du programme PHARE. En se fondant sur les propositions du rapport Nallet-Van Stolk[25], le document de la FNSEA demande la mise en place d'un organisme bancaire et de crédit agricole, la clarification des questions relatives à la propriété des terres, la privatisation et la restructuration des industries agro-alimentaires, la mise en place d'un système d'organisation des productions agricoles et celle d'un système d'organisation de marchés agricoles compatible avec la PAC, l'intégration des dispositions phytosanitaires, le relèvement des normes qualitatives et environnementales, la mise en place d'un « observatoire agricole des PECO » au sein duquel devraient participer des responsables professionnels agricoles de ces pays et de l'Union et, enfin, le développement des coopératives et d'organisations professionnelles

[24] FNSEA, *Propositions pour réussir l'élargissement de l'Union européenne aux pays d'Europe centrale et orientale*, 10 janvier 1996

[25] Henri Nallet et A. van Stolk, *Les relations de l'Union européenne et des pays d'Europe centrale et orientale dans le domaine agricole et agro-alimentaire*, publié le 14 juin 1994. Voir chapitre 5.

agricoles sur le modèle ouest-européen et un renforcement des échanges socio-professionnels entre l'UE et les PECO.

Toutefois, ces propositions du syndicat agricole français, et en particulier la dernière, restaient sans écho immédiat de la part des autorités françaises et communautaires, contrairement à l'Allemagne.

L'Allemagne : une approche de politique étrangère ?

Le niveau national a joué un rôle extrêmement important pour développer les stratégies du DBV vis-à-vis de l'Europe centrale et orientale. Cet activisme a deux raisons. La première est diplomatique : à la suite de la réunification, le gouvernement allemand s'est engagé dans un vaste programme de financement des projets techniques et d'aide matérielle en Europe centrale et orientale, afin d'apaiser les peurs des gouvernements et des citoyens des PECO face à une Allemagne puissante et réunifiée poursuivant des objectifs hostiles en Europe centrale et orientale. Cette position était clairement influencée par le poids de l'histoire allemande depuis la fin de la deuxième guerre mondiale. Certains analystes y voient même un « rachat » de la réunification par l'Allemagne. La stabilité économique et sociale des PECO a été perçue par le gouvernement allemand comme un facteur essentiel pour la réussite de la réunification.

Une deuxième raison est de nature interne. Les problèmes structurels dans le domaine de l'agriculture liés à la réunification entre la RFA et la RDA ont rendu possible l'intervention du DBV en tant que consultant dans l'ancienne RDA. Le DBV a aidé à la restructuration des structures agraires, mais aussi à la création de nouvelles formes des organisations professionnelles, un processus que Stephen Padgett caractérise comme la création de la société civile par un transfert institutionnel[26]. Dans une première phase,

---

[26] Stephen Padgett, *Organizing Democracy in Eastern Germany. Interest Groups in Post-Communist Society*, Cambridge, Cambridge University Press, 2000. Pour un point de vue similaire et très détaillé en Europe centrale et orientale : Katharina Bluhm, *Exporting or Abandoning the "German Model"? Labour Politics of German Manufactoring Firms in Central Europe*, Paper presented at the workshop "Non-State Actors and Transnational

entre 1989 et 1992, le DBV s'est donc concentré sur la mise en œuvre de nouvelles structures organisationnelles du monde agricole de l'ancienne Allemagne de l'Est et la restructuration de sa propre organisation, mise en cause par la participation de nouvelles formes d'exploitations, et moins sur l'intervention auprès du secteur agricole en Europe centrale et orientale.[27]

En 1992, le gouvernement a créé un programme bilatéral d'aide technique pour les pays d'Europe centrale et orientale et les nouveaux Etats indépendants[28]. Le programme *Transform* s'applique à un grand nombre de secteurs économiques et politiques et constitue un concept général de conseils à la construction de la démocratie et à l'économie de marché dans les pays en transition. Ce programme a été créé parallèlement au programme PHARE et fut doté d'un budget initial de 300 millions de DM. La responsabilité des programmes est sectorielle. Alors que la gestion générale et la coordination étaient attribuées au ministère de la coopération (*Bundesministerium für Zusammenarbeit*) et qu'un responsable gouvernemental fut désigné dans la personne de l'ancien secrétaire d'Etat au ministère de l'intérieur, Walter Nittel, chaque ministère « technique » gère ses propres projets. Pour les questions agricoles, c'est donc le ministère de l'agriculture qui gère, en coopération avec la GFA *Gesellschaft für Agrarprojekte mbH* (Société pour des projets agricoles SA), désignée comme mandataire en 1993, les projets agricoles en Europe centrale et orientale. Le ministère décide des projets retenus en étroite coopération avec la GFA, projets qui sont souvent élaborés sur demande des ministères de l'agriculture est-européens, des acteurs agricoles des PECO ou des acteurs agricoles allemands.

Relations: The German Example, 1-2 December 2000, Centre Marc Bloch, Berlin

[27] Comme l'a également souligné notre interlocuteur au sein du DBV, Bruxelles, 27 janvier 1999

[28] Une des raisons pour l'instauration d'une politique d'aide bilatérale a été le défaut de participation des acteurs allemands dans les programmes de l'Union européenne, malgré le poids de leurs contributions. Puisque les aides techniques sont toujours aussi un moyen de transférer un référentiel particulier, soit technique, administratif ou économique, le gouvernement allemand ne souhaitait pas rester inactif. Voir aussi *Handelsblatt*, 16.10.1992; 23.04.1993; 23.07.1993

Il importe de souligner que le discours qui opposait les représentants du DBV aux cabinets de consultants européens; et plus particulièrement anglo-saxons dans le cadre du programme PHARE, n'a pas du tout été appliqué au cas des consultants allemands[29]. La raison mise en avant par la plupart de nos interlocuteurs était la gestion beaucoup plus informelle des programmes par le ministère de l'agriculture, avec lequel le DBV poursuivait des relations particulièrement étroites, comme nous l'avons souligné dans le deuxième chapitre. « Nous nous sommes massivement investis dans les projets du ministère de l'agriculture pour le soutien des agriculteurs en Europe centrale et orientale. Les projets ont pu être financés par le ministère beaucoup plus facilement, et il n'était pas nécessaire de faire la queue pour avoir ces financements. ... C'est beaucoup plus simple, on parle la même langue que les gens au ministère, on peut donc facilement passer un coup de fil au ministère de l'agriculture quand nous avons besoin de l'argent du programme Transform. Nous sommes une association publique, et nous avons donc une certaine responsabilité publique. Le ministère sait qu'il peut nous faire confiance. Nous n'avons pas besoin de cet argent pour survivre, contrairement aux cabinets de consultants qui agissent au niveau communautaire. Nous, on fait ça parce que nous voulons aider. »[30]

Dans ce contexte, la fragmentation du système politique allemand et la responsabilité que chaque ministère possédait pour les projets relevant de ses domaines de compétence[31] présentait un avantage pour le syndicat allemand. Les contacts sous forme de communauté politique existants entre le ministère et le DBV ont créé un climat de confiance qui a permis au DBV de s'investir facilement dans des projets, qui de plus n'étaient pas été gérés aussi lourdement que les projets PHARE. La responsabilité du programme PHARE pour tous les domaines appartenait par ailleurs à une seule Direction

---

[29] Pour n' citer que quelques uns des cabinets de consultants actifs dans le cadre de Transform : ASA Institut für Sektoranalyse und Politikberatung, GAST-OST Gesellschaft zur Agrarstrukturförderung Osteuropa, AFC Consultants GsmH Bonn, DG AGROPROGRESS Absatz- und Projekt GmbH; ABG Agrarwirtschaftliche Beratung Göttingen; Inetragrarkooperation GmbH, Agrarconsulting GmbH.

[30] Entretien, DBV, Bruxelles, 27 janvier 1999

[31] Entretien, Représentation permanent de la République fédérale d'Allemagne auprès de l'UE, 15 janvier 1999

générale, la DG I à l'époque, avec laquelle ni le DBV, ni la FNSEA, ni le COPA/COGECA n'avaient été en contact auparavant, ayant privilégié les relations avec la DG VI, habituellement « chef de file » dans les dossiers qu'ils avaient jusqu'alors traités.

Ainsi, l'expertise du DBV s'est exercée dans les domaines de l'éducation, des échanges de stagiaires et de l'établissement de structures associatives viables.

Il importe de noter que les discours des pouvoirs publics et ceux des organisations professionnelles agricoles se différencient quelque peu. Alors que la promotion d'un système démocratique en Europe centrale et orientale se trouve au centre du programme Transform tel que décrit par les responsables administratifs, nos interlocuteurs du DBV ont insisté sur le soutien technique et le transfert d'un modèle européen d'agriculture.

Conclusion : évolutions de politique étrangère

Nous avons pu observer un certain nombre de différences entre les approches qu'ont suivies les syndicats français et allemands. Mais contrairement aux conclusions que nous avons pu tirer dans la deuxième partie de notre travail, les différences constatées ici relèvent moins d'une différence dans l'organisation structurelle des syndicats que dans la politique intérieure du pays, qui est étroitement liée aux évolutions de la politique étrangère.[32] La position géographique et historique du gouvernement allemand a rendu possible l'élaboration d'un programme bilatéral spécifique d'aide technique.[33] Contrairement aux organisations

---

[32] Peter B. Evans, Harold K. Jacobson et Robert Putnam (dirs), *Double-Edged Diplomacy. International Bargaining and Domestic Politics,* Berkeley, University of California Press, 1993; Marie-Claude Smouts (dir), *Les nouvelles relations internationales,* Paris, Presses de Sciences Po, 1998; James Rosenau, *Along the Domestic-Foreign Frontier. Exploring Governance in a Turbulent World,* Cambridge, Cambridge University Press, 1997; Thomas Risse-Kappen (dir), *Bringing transnational relations back in. Non-state actors, domestic structures and international institutions,* Cambridge, Cambridge University Press 1995

[33] François Bafoil souligne cependant que le facteur de la longue durée, à savoir les relations historiques entre le gouvernement allemand et les pays de l'Europe centrale et orientale ne jouent un rôle qu'à certains moments dans l'émergence de l'intérêt des acteurs allemands pour

professionnelles agricoles françaises qui n'ont réussi à convaincre ni leur gouvernement ni les services de la Commission européenne de leur accorder un soutien financier en vue de débuter un programme de transfert de modèle – agricole et syndical – vers les pays d'Europe centrale et orientale, le syndicat allemand a su utiliser ses contacts privilégiés avec le ministère de l'agriculture pour avoir accès aux moyens financiers du programme Transform.

Les agendas de politique étrangère des deux pays jouent ainsi un rôle prépondérant dans les stratégies déployées par les syndicats agricoles. Le référentiel sectoriel[34] de la politique étrangère allemande a servi de base pour la mise en place de Transform. La logique de l'agriculture allemande a donc pu s'y inscrire, contrairement à la France pour laquelle la priorité de la politique étrangère n'était pas dirigée vers les PECO. Bien que le secteur de l'agriculture relève d'une plus grande importance en France qu'en Allemagne, elle n'a pas pu s'insérer dans la logique globale de la politique étrangère française.

L'émergence d'un nouvel acteur communautaire – la DG I, puis la DG IA, co-responsable pour le domaine agricole, s'est avérée un obstacle à l'émergence de formes relationnelles étroites entre les services de la Commission et les organisations professionnelles agricoles au niveau communautaire. Au niveau national, la sectorisation de la politique allemande et l'absence d'un chef de file responsable pour les détails des projets du programme Transform constituent au contraire une ressource pour le DBV qui entretient des relations étroites avec le ministère de l'agriculture.

8.2. Le nucléaire civil : une approche d'internalisation et d'internationalisation

Confrontés aux conséquences de l'accident de la centrale nucléaire de Tchernobyl, les acteurs économiques français et allemands actifs dans le secteur du nucléaire ont rapidement compris l'importance du sujet. Ce furent les décisions prises dans

---

l'Europe centrale et orientale. François Bafoil (dir), *Les stratégies allemandes en Europe centrale et orientale. Une géopolitique des investissements directs,* Paris, L'Harmattan, 1997

[34] Pierre Muller, *Les politiques publiques,* Paris, PUF, 1994, p.47. Voir Pierre Muller et Bruno Jobert, *L'Etat en action,* Paris, PUF, 1987

les enceintes internationales comme le G7, l'AIEA ou encore la Communauté européenne, mais aussi au niveau national, en liant étroitement les acteurs économiques aux autorités politico-administratives, qui ont permis la mise en œuvre des activités des groupes économiques.

Dans ce contexte, il s'agit d'analyser l'émergence des programmes français et allemands dans le domaine de la sûreté nucléaire en Europe centrale et orientale. Pouvons-nous observer, comme dans le secteur agricole, que les groupes déploient leurs répertoires d'action essentiellement au niveau national, ou s'agit-il d'une stratégie parmi d'autres choisies par les acteurs économiques en vue de réaliser les objectifs d'amélioration la sûreté nucléaire en Europe centrale et orientale et de leur réputation ?

Les fonds spéciaux au niveau national

Au niveau national les efforts pour l'amélioration de la sûreté nucléaire des centrales en Europe centrale et orientale ne datent pas de 1992, mais débutent dès la fin des années 1980. Dans une première partie nous nous interrogeons sur la nature des principaux acteurs liés à ces efforts en France et Allemagne. Peut-on constater des différences dans les répertoires d'action et sur quels facteurs se fondent-elles ? Dans une deuxième partie nous examinons plus en détail les programmes de jumelage qui se sont initialement développés entre les acteurs nationaux et centre- et est-européens, avant d'être financés par les programmes communautaires.

La mise sur agenda

Dans le chapitre 5, nous avons étudié les activités des groupes d'intérêt économiques dans la production de l'expertise au niveau communautaire. Antérieurement, des études sur l'état des centrales nucléaires ont également été établies au niveau national. Comme déjà dans le cas de l'agriculture, l'initiative de ces études dans le secteur nucléaire revient au niveau ministériel. En Allemagne, le ministère des affaires intérieures et celui de l'environnement ont tenté, dans les années 1980, d'établir des contacts avec les autorités soviétiques. Ces contacts bilatéraux ont mené à un « accord d'information mutuelle » entre les gouvernements allemand et soviétique en 1987. Le processus qui a mené à cet accord a été décrit comme particulièrement difficile par notre interlocuteur au ministère de l'environnement allemand[35] à cause du contexte militaire. Comme nous l'avons expliqué plus haut, les réacteurs soviétiques RBMK fournissaient de l'uranium enrichi pour la construction des armes nucléaires. Ces premiers contacts ont néanmoins permis d'élaborer un certain nombre de projets avec les pays d'Europe centrale et orientale ainsi qu'avec les NEI à partir de 1990. Les programmes centraux de la coopération allemande dans ce contexte sont d'une part le programme du Ministère de l'environnement et de la sûreté nucléaire (BMU) pour l'amélioration de la sûreté nucléaire, la protection physique et le soutien des autorités de sûreté[36], et d'autre part le programme du Ministère de l'éducation et de la recherche (BMBF) pour la coopération scientifique et technique[37]. Entre 1990 et 1998, le gouvernement allemand a ainsi soutenu les pays d'Europe de l'Est dans le contexte des programmes bilatéraux à la hauteur de 299 millions DM.

Le programme du BMU constituait la plus grande partie du soutien bilatéral allemand. Les objectifs du programme consistaient en l'amélioration de la sûreté du fonctionnement des centrales, en l'amélioration à court terme des centrales sur la base des évaluations de sûreté (établies par l'autorité de sûreté nucléaire allemande et l'institut technique GRS), et, enfin, en l'amélioration des bases juridiques de la sûreté nucléaire. Le programme s'est concentré sur le transfert des méthodes de sûreté utilisées en Allemagne aux pays de l'Europe de l'Est. Ce transfert fut réalisé par l'établissement d'études techniques, l'élaboration des propositions détaillées et des stages de formation pour le personnel opérationnel et les responsables. Selon le Ministère, la coopération avec les autorités a été centrale et extrêmement importante pour pouvoir « transmettre la culture de sûreté occidentale ainsi qu'une compréhension approfondie des questions de sûreté dans tous les domaines de la technique opérationnelle des centrales ».[38] Le transfert d'une

---

[35] Entretien, Ministère de l'environnement et de la sûreté nucléaire allemand, 4 novembre 1999

[36] BMU-Programm zur Verbesserung der kerntechnischen Sicherheit, des physischen Schutzes und zur Unterstützung der Sicherheitsbehörden

[37] BMBF-Programm zur wissenschaftlichen-technischen Zusammenarbeit (WTZ)

[38] ibid, p. 24

« culture de sûreté nucléaire occidentale » a ainsi été au cœur des activités. Cette notion a rendu inutile une définition de critères concrets et universels de sûreté et a ainsi mis en avant le fait que les compétences pour une telle définition devaient rester au niveau national. Ces projets[39] ont été mis en oeuvre en étroite coopération avec l'industrie allemande, notamment avec Siemens et le consortium franco-allemand RISKAUDIT[40], et l'industrie est-européenne présente sur place.

Parallèlement aux programmes bilatéraux entre l'Allemagne et les pays de l'Est, et aux efforts entrepris au niveau communautaire, par lequel le gouvernement allemand fut l'un des moteurs des projets sur la sûreté nucléaire au sein des programmes PHARE et TACIS[41], le BMU a joué un rôle clé pour inscrire cette problématique au niveau international. Au travers d'une coopération étroite avec l'industrie nucléaire allemande, le BMU a élaboré, sous la présidence allemande du G7 en 1992 un « Programme d'action multilatéral » prévoyant un certain nombre d'objectifs à réaliser dans le domaine de la sûreté nucléaire en Europe de l'Est.[42]

Pourquoi le gouvernement allemand a-t-il joué un tel rôle moteur dans ce contexte ? Une des raisons centrales est la réunification. Dans le secteur du nucléaire, comme dans celui de l'agriculture, les problèmes rencontrés lors de la réunification ont sensibilisé aussi bien les acteurs économiques que les acteurs politico-administratifs. Avant la réunification juridique de l'Allemagne, à partir de décembre 1989, le BMU avait tissé des contacts avec le ministère

---

[39] Bundesministerium für Umwelt, Naturschutz und Reaktorsicherheit (dir), *Sicherheit der Kernkraftwerke und Umweltfragen der Energieversorgung in den Staaten Mittel- und Osteuropas*, 6 novembre 1991, p. 19

[40] Riskaudit est un organisme issu du partenariat entre l'IPSN (aujourd'hui IRSN) et son homologue allemand GRS

[41] Ce qui a été confirmé par les entretiens avec les acteurs français : Direction générale de l'énergie et des matières premières, 10 novembre 1998, Direction de la sûreté des installations nucléaires 30 octobre 1998, voir aussi *Neue Zürcher Zeitung*, 29 janvier 1992 ; *Frankfurter Rundschau*, 27 mars 1992

[42] Les activités du gouvernement allemand ont été très vivement critiquées par les groupes environnementalistes, en particulier le *Anti-Atom-Forum*, faisant partie du contre-sommet du G7 à Munich. *Franfurter Rundschau*, 4 juillet 1992; *Süddeutsche Zeitung*, 7 juillet 1992

responsable de l'ancienne RDA (*Staatliches Amt für Atomenergie und Strahlenschutz, SAAS)* afin d'élaborer ensemble des mesures pour renforcer la sûreté nucléaire des deux centrales est-allemandes, Greifswald et Stendal. Bien que les centrales ne fussent équipées de réacteurs RBMK, mais de VVER 440, des expertises élaborées par la *Gesellschaft für Anlagen- und Reaktorsicherheit* (GRS) en coopération avec *l'Institut de protection et de sûreté nucléaire* (IPSN), sur la base d'un contrat avec le BMU, ont mené à la fermeture de la centrale nucléaire de Greifswald. Le savoir-faire technique existant dans l'ancienne Allemagne de l'Est a été mise à profit par l'entreprise Siemens KWU. Cette expertise au sein de Siemens KWU ainsi que les études élaborées par le consortium GRS/IPSN ont permis l'approfondissement des connaissances sur les réacteurs de type soviétique, mais également la sensibilisation des acteurs politico-administratifs, nécessaire pour permettre les efforts financiers entrepris par les entreprises allemandes dans le contexte de la sûreté nucléaire.

En effet, au travers des *Hermesbürgschaften*, -des cautions financières gouvernementales- le gouvernement s'est porté garant pour les entreprises allemandes souhaitant investir dans l'amélioration de la sûreté nucléaire des centrales nucléaires est-européennes. « Les livraisons ont toujours été protégées par les *Hermesbürgschaften* », a confirmé l'un de nos interlocuteurs du Ministère allemand de l'Economie. Les crédits ont été utilisés concrètement dans deux cas : la finalisation de la construction de la centrale nucléaire slovaque Mohovce et le système de contrôle-commande de la centrale nucléaire hongroise Paks.[43] Ces garanties gouvernementales doivent être décidées par consensus dans un comité interministériel, composé des Ministères des Affaires étrangères, de l'Economie, des Affaires intérieures et de l'Environnement. Aucun pouvoir de veto n'est accepté. Alors que le nombre de *Hermesbürgschaften* pour l'industrie allemande dans le contexte de la mise à niveau de la sûreté des centrales nucléaires était très important avant 1998, le nouveau gouvernement, et en particulier le nouveau ministre de l'Environnement, Jürgen Trittin, a perçu la problématique sous un autre angle. « Il y a maintenant une nouvelle approche : le gouvernement a dit qu'il ne fournissait plus de Hermesbürgschaften dans le contexte de la sûreté nucléaire.

---

[43] Les travaux de modernisation de la centrale nucléaire slovaque de Bohunice 1 et 2 ont été réalisés sans crédits gouvernementaux.

Par exemple, la garantie gouvernementale pour un projet nucléaire en Chine a été très récemment refusée. Nous avons une approche claire et sans compromis au BMU aujourd'hui. [...] Bien sûr, nous sommes régulièrement poussés à examiner les projets au cas par cas, mais jamais nous soutenons l'achèvement d'une construction de centrale nucléaire. »[44].

Contrairement à cette approche gouvernementale dans laquelle les acteurs économiques occupent le rôle de conseillers et de réalisateurs mais pas de décideurs, c'est en France EDF qui a joué le rôle moteur. Bien que le gouvernement français, et en particulier le Ministère des Finances, ait soutenu les entreprises françaises actives en Europe centrale et orientale ainsi que dans les NEI avec des garanties similaires aux *Hermesbürgschaften*,[45] les activités dans ce domaine n'ont pas débuté pas au sein du gouvernement français mais relèvent d'EDF[46].

Avec 150 collaborateurs impliqués dans de nombreux projets et environ 150 000 heures d'ingénierie par an, EDF a développé depuis 1991 une politique active de coopération avec les pays de l'Est. Il s'agit d'un « engagement » de l'entreprise pour contribuer à l'amélioration de la sûreté nucléaire, décidé par la direction générale d'EDF en 1991, financé par un Fonds du directoire, spécifiquement mis à disposition au sein d'EDF par l'entreprise et non pas, comme en Allemagne par le gouvernement, décision qui souligne la spécificité des structures relationnelles entre l'entreprise et le gouvernement français. Alors que les raisons pour son engagement peuvent être trouvées dans la nécessité de renforcer la réputation du nucléaire dans le monde, profondément mise en cause par l'accident de la centrale nucléaire ukrainienne de Tchernobyl, et menaçant à terme également celle du nucléaire français, l'entreprise reconnaît que son activisme en Europe de l'Est « l'a conduite à

---

[44] Entretien, Ministère allemand de l'environnement, 2 novembre 1999.

[45] Les crédits COFAS en France

[46] Ce qui a été justifié par un de nos interlocuteurs de la DSIN : « En France, on n'avait pas les moyens humains pour faire ces programmes bilatéraux [comme les Etats-Unis, le Japon ou encore l'Allemagne]. Et d'ailleurs ça aurait été un double emploi des moyens déjà déployés par l'Union européenne. ... EDF avait par contre les moyens, c'est un peu le côté 'impérialiste' d'EDF ». Entretien, Direction de la sûreté des installations nucléaires, 30 octobre 1998

développer un réseau de relations industrielles et commerciales durables, porteur de développements futurs. … Pour le secteur du nucléaire, EDF a engagé une action commerciale en République tchèque, Hongrie, Slovaquie. Une démarche qui vise à engager des partenariats locaux pour promouvoir une offre commune de services. Le processus d'adhésion de ces trois pays à l'Union européenne, processus qui fait de l'amélioration en profondeur de la sûreté du parc en exploitation un enjeu majeur, conduira sans doute à une revalorisation de l'importance de ce marché dans les 5 ans à venir »[47]. Donc au-delà du souci d'une sûreté nucléaire renforcée, l'entreprise a parallèlement cherché à établir un développement industriel et commercial dans les PECO. Pour appuyer cette démarche, elle a ouvert des bureaux de représentation à Moscou, Kiev, Prague et Budapest, comme d'ailleurs ses homologues allemands.

Historiquement, l'engagement d'EDF a débuté en 1991 à la centrale nucléaire de Kozloduy en Bulgarie, à la suite d'une mission de l'AIEA préconisant d'arrêter et de remettre au niveau des conventions de sûreté internationales les deux réacteurs les plus anciens de cette centrale qui assurait 45% de la fourniture électrique du pays. EDF s'est portée volontaire pour piloter l'opération visant à aider les exploitants de la centrale à remettre leurs réacteurs en état. Des opérateurs électriques et industries nucléaires belges, anglais, allemands et espagnols se sont associés à cette action lancée dans le cadre de WANO (*World Associations for Nuclear Operators).* Les interventions d'EDF ont porté, et portent encore, sur la conception, le management de projet et l'exploitation des centrales. Selon notre interlocuteur, l'entreprise s'est efforcée de constituer des équipes intégrées avec chacun de ses clients ou, pour des projets plus modestes, d'identifier des interlocuteurs privilégiés, de façon à mettre en œuvre une coopération efficace et, enfin de se concentrer sur les interventions sur les VVER qui présentent de plus grandes similitudes avec les réacteurs français.[48] EDF jouit d'une position de conseiller auprès des ministères français compétents pour les questions de sûreté nucléaire en Europe de

---

[47] EDF, Direction de la Communication -Département presse, *EDF et le nucléaire dans les pays d'Europe de l'Est*, 15 septembre 1998, p.6

[48] Entretien, EDF, 12 juin 1998 ; Représentation d'EDF à Bruxelles, 4 août 1999

l'Est, à savoir le Ministère des Affaires étrangères[49], le Ministère de Finances, la Direction générale des matières premières et le Ministère de l'Environnement.

Un intérêt et un rôle plus importants de la part l'administration française n'est apparu qu'à la suite de la réunion du G7 à Munich en 1992. La coopération franco-allemande dans ce domaine a été considérablement renforcée. Toutefois, contrairement aux acteurs politico-administratifs allemands, les activités des acteurs français se sont directement inscrites dans les programmes internationaux, comme le NSA de la BERD ou encore les programmes PHARE, TACIS ou les fonds EURATOM de la Communauté européenne. Cependant, de manière similaire aux activités des syndicats agricoles, les opérateurs d'électricité ont organisé des jumelages avec les opérateurs des centrales nucléaires est-européennes.

La mise en œuvre : les jumelages

Dans les entretiens que nous avons pu avoir avec les opérateurs électronucléaires, en France et en Allemagne, nos interlocuteurs ont souligné que la manière la plus efficace de renforcer la sûreté d'exploitation passe par l'établissement d'une relation d'exploitant à exploitant.

Les acteurs économiques allemands, réunis au sein du « Comité spécial énergie nucléaire » de l'Association allemande des producteurs d'électricité (*Vereinigung Deutscher Elektrizitätswerke VDEW*), ont décidé en juillet 1992 que chaque centrale nucléaire allemande devait s'occuper désormais d'une centrale nucléaire est-européenne.[50] Cette aide pratique pour l'amélioration du niveau de sûreté nucléaire des centrales nucléaires a été proposée en parallèle aux programmes communautaires et internationaux. Les coûts des partenariats ont été, et sont encore pris en charge par les opérateurs électronucléaires eux-mêmes.[51] Ces jumelages ont débuté au début des années 1990, et se sont particulièrement développés entre les centrales nucléaires allemandes et russes. L'objectif des jumelages était une augmentation du niveau de sûreté nucléaire dans le

[49] Entretien, Ministère des Affaires étrangères, 10 novembre 1998

[50] *Süddeutsche Zeitung*, 29 juillet 1992 ; *Frankfurter Allgemeine Zeitung*, 29 juillet 1992

[51] Entretiens, Bayernwerk, 15 novembre 1999 ; VDEW 15 janvier 1999

fonctionnement des centrales, en particulier au travers d'inspections réciproques, de l'organisation des séminaires et du développement de structures organisationnelles claires. Les activités ont été décrites par nos interlocuteurs comme « *Hilfe zur Selbsthilfe* ». Le critère de sélection était fondé sur le savoir-faire des opérateurs des centrales vis-à-vis du type de centrale est-européenne concernée.

En France, les jumelages des centrales nucléaires possèdent une longue histoire et existent depuis une vingtaine d'années. André Lacroix, chef de la mission « International » à la division production nucléaire d'EDF, a expliqué les activités d'EDF de la manière suivante : « Les exploitants de centrales nucléaires sont tous dans le même bateau. Quel que soit le pays, l'opinion et les pouvoirs publics réclament une énergie nucléaire toujours plus sûre, plus compétitive et qui soit respectueuse de l'environnement. Le jumelage est un bon moyen de progresser dans ce sens, en facilitant la circulation de l'information entre les centrales, sans tabou, pour que l'expérience profite à toutes ».[52] Le jumelage est un accord entre les directeurs de deux centrales dont la technologie est voisine pour échanger, dans un cadre juridique précis, des informations sur les divers aspects de l'exploitation de la centrale : la conduite, la maintenance, la sûreté, l'ingénierie ou encore le management. Ces échanges peuvent prendre différentes formes : séjour d'une à deux semaines d'une équipe dans la centrale jumelle, rencontres périodiques entre les équipes de direction, échange d'ingénieurs détachés pendant un an ou deux. Les jumelages avec l'Europe centrale et orientale et l'ancienne Union soviétique se sont développés depuis 1989. Ainsi la centrale nucléaire française Paluel s'est jumelée avec la centrale russe Balakovo, Blayais avec la centrale hongroise Paks en 1989, Bugey avec la centrale bulgare Kozloduy, Nogent avec la centrale slovaque Bohunice, Saint-Alban avec la centrale tchèque Dukovany en 1991, Golfech avec la centrale ukrainienne Rovno en 1994 ou encore Chinon avec la centrale ukrainienne Khmelnitsky en 1997. Depuis 1993, ces jumelages sont financés par le programme « *on-site-assistance* » dans le cadre des programmes d'aide PHARE et TACIS. La Commission européenne a ainsi fourni jusqu'à 4 millions d'Euro pour le jumelage entre deux centrales.[53]

---

[52] *La Vie électrique*, n°327, mars 2001, p. 14-15

[53] Siemens, *Standpunkt*, 1997, 2(10), p. 29

Alors que les programmes de jumelage présentent en effet un soutien pour l'amélioration du niveau de sûreté nucléaire dans les centrales est-européennes, ils offrent également des points de départ solides pour une collaboration économique et financière au-delà du simple programme de jumelage. Les contacts tissés entre les centrales nucléaires occidentales et orientales peuvent également être perçus comme le fondement pour une coopération plus large qui dépasse le nucléaire et se poursuit dans le domaine de production d'électricité tout court. Cet aspect constitue une des grandes différences entre les activités des syndicats agricoles et des acteurs économiques actifs dans le domaine du nucléaire civil. Alors que les syndicats agricoles souhaitent établir des contacts personnels et forts entre les syndicats est-européens et ceux des Etats membres pour pouvoir y bâtir une communauté d'intérêts à partir de l'adhésion des PECO à l'Union européenne, la stratégie des groupes d'intérêt nucléaire est double. D'une part, l'établissement de contacts avec leurs homologues est-européens est souhaitable parce qu'il permet aux opérateurs est-européens de siéger dans les associations européennes spécifiques, avant même l'entrée des PECO dans l'Union. Ce contact permet aux acteurs est-européens un apprentissage en vue de bâtir des positions communes dans ces enceintes, mais il ouvre également la possibilité de tisser des contacts économiques et de monter des projets communs.[54] D'autre part, la présence des acteurs économiques occidentaux en question en Europe centrale et orientale fournit des opportunités d'investissements économiques. Comme le soulignait Jean-Pierre Baret : « Il est temps maintenant de passer d'une logique de dons (bilatéraux ou multilatéraux) à une approche industrielle et commerciale avec les principaux partenaires dans cette région. Notre stratégie dépasse toutefois largement le secteur nucléaire et s'étend à la production thermique et hydraulique et même au secteur de la distribution ».[55]

---

[54] Voir également Nieves Perez-Solorzano Borragan, « Organized Interests in Central and Eastern Europe. Towards Gradual Europeanisation", *Politique européenne,* n°3, 2001, p. 61-85

[55] Jean-Pierre Baret, responsable du directoire sûreté nucléaire en Europe de l'Est à EDF, dans *EDF Sans Frontières* n°30, juillet/août 1998, p.7

Conclusion

Nous avons pu constater des différences importantes dans les répertoires d'action des acteurs économiques allemands et français lors de la recherche d'une stratégie en Europe centrale et orientale. Alors que dans le domaine du nucléaire, EDF occupait un rôle moteur dans le développement des projets de coopération et d'amélioration de la sûreté nucléaire en Europe centrale et orientale, c'est le gouvernement allemand qui fut l'initiateur de tels programmes, liant étroitement l'industrie compétente, à savoir Siemens KWU, et les instituts de recherche privés et publics aux projets visant la mise à niveau de la sûreté nucléaire en Europe de l'Est. Cette attitude du gouvernement allemand est la même que pour le secteur agricole et se fonde sur une priorité de politique étrangère, le référentiel global, dans lequel s'insèrent les logiques sectorielles.

Conclusion

Dans ce chapitre, ayant eu pour objectif d'analyser les modes de représentation des groupes d'intérêt au niveau extra-communautaire, des différences nationales ont de nouveau pu être constatées. Toutefois, dans ce contexte, les différences se fondent moins sur la structure relationnelle qu'entretiennent les groupes d'intérêt avec les acteurs politico-administratifs nationaux, que sur la conception générale de la politique étrangère du pays concerné. Ainsi, la politique étrangère allemande vis-à-vis de l'Europe centrale et orientale a été beaucoup plus active que la politique étrangère française. Le gouvernement allemand avait très étroitement associé les groupes d'intérêt à la mise sur agenda des problématiques concernant les PECO, ainsi qu'à la mise en œuvre des politiques.

Le référentiel sectoriel électronucléaire étant différent dans les deux pays, nous avons pu observer une plus grande activité d'investissements des entreprises françaises en question en Europe centrale et orientale. Les acteurs allemands, étant confronté, entre autres, à une opinion publique peu favorable à ce mode de production d'électricité, ont été beaucoup plus hésitants à investir dans ce secteur.

Peut-on toutefois constater que les différences entre les secteurs et entre les pays en question s'atténuent face aux incitations communes des programmes communautaires à coopérer ?

CHAPITRE 9
L'ENJEU DE L'ELARGISSEMENT : LES RESSOURCES FINANCIERES COMMUNAUTAIRES ET INTERNATIONALES

Ce chapitre s'intéresse plus particulièrement aux activités des groupes d'intérêt en Europe centrale et orientale lorsqu'ils sont confrontés à des programmes d'aide communautaires et internationaux. Deux questions sont centrales : premièrement, dans quelle mesure ces programmes peuvent-ils être considérés comme une incitation à une homogénéisation des répertoires d'action des groupes analysés ? Les programmes d'aide seraient-ils alors des facteurs décisifs pour l'émergence d'un mode communautaire de représentation d'intérêts ? Deuxièmement, et d'une manière plus générale, est-il possible de constater que l'incitation est plus 'efficace' dans un domaine politique qui affiche une communautarisation forte, comme notamment la politique agricole commune dans le sens où elle crée des stratégies homogènes vis-à-vis des PECO ?

9.1. Les programmes du syndicalisme agricole communautaire en Europe centrale et orientale

Dans le chapitre précédent, nous avons analysé la stratégie d'internalisation des syndicats agricoles face aux événements en Europe centrale et orientale. La recherche du renforcement des liens avec leurs ministères de tutelle en vue d'obtenir des moyens financiers nécessaires à l'élaboration des programmes de soutien technique susceptibles de réaliser un transfert de modèle européen d'agriculture en Europe centrale et orientale constitue un paradoxe. Ce paradoxe découle d'une combinaison entre un processus d'internalisation, à savoir le retour de l'activisme au niveau national, et d'internationalisation, mode de représentation des intérêts en vue d'intervenir au niveau extra-communautaire.

En 1998, après des négociations entre la Commission et les syndicats agricoles, un accord est signé. Il transfère au COPA/COGECA la mise en oeuvre de l'assistance technique pour la réforme institutionnelle du secteur agricole et agro-industriel en Europe centrale. Cette décision de la Commission semble s'inscrire dans une stratégie que nombre d'analystes ont soulignée : la Commission européenne préfère coopérer avec des associations européennes fédérant les différentes associations nationales ou entreprises des pays membres.[1]

Le transfert de modèle, socialisation et apprentissage

Dans une optique de transfert de modèle agricole des syndicats ouest-européens vers les syndicats agricoles est-européens, il importe de différencier deux phases : la première correspond à l'émergence de l'idée de transfert de modèle au sein d'un forum international, la deuxième aux transferts de modèle proprement dit.

En ce qui concerne la première phase, une approche particulière de l'institutionnalisme centrée sur l'agent propose de prendre en compte les structures nationales et internationales pour mieux comprendre la socialisation des acteurs dans un environnement donné. Cette approche se focalise sur le processus de socialisation par lequel les acteurs apprennent à internaliser de nouvelles normes et règles afin de devenir des membres d'une société spécifique, dans notre cas agricole.[2] La densité des interactions entre acteurs permet l'intériorisation des normes, des valeurs, des contraintes et des rôles de cette collectivité par les futurs adhérents.

La création d'un modèle commun accepté par un groupe social a été décrit comme un processus de socialisation. Philippe Braud définit cette notion comme un processus d'inculcation, c'est-à-dire un mécanisme social à l'issue duquel les contraintes que les hommes exercent sur d'autres hommes se transforment en auto-

---

[1] Voir Justin Greenwood, Jürgen Grote et Karsten Ronit, *Organized Interests and the European Community,* London, Sage, 1992; Justin Greenwood et Mark Aspinwall, *Collective Action in the European Union. Interests and the New Politics of Associability.* Routledge, London, 1998 ; Sonia Mazey et Jeremy J. Richardson (dirs), *Public Lobbying in the European Community,* Oxford, Oxford University Press 1993; M.P.C.M. van Schendelen et Robin H. Pedler (dirs), *Lobbying the European Union: companies, trade associations and issue groups,* Aldershot, Dartmouth, 1994

[2] Martha Finnemore et Kathrin Sikkink, "International Norm Dynamics and Political Change", *International Organization,* 1998, 52(4), p. 887-917; Jeffrey Checkel, "Social Construction and Integration", *Journal of European Public Policy,* 6(4), 1999, p. 545-560

contraintes.[3] Nous pouvons également voir dans ce modèle commun une norme constitutive[4] qui crée des acteurs, des intérêts ou des nouvelles catégories d'action. Le modèle, ou cette norme, de l'organisation professionnelle agricole entraîne des comportements perçus comme appropriés par les autres acteurs. Alors que l'on considère généralement que les milieux de socialisation fondamentaux sont la classe sociale ou la communauté locale et nationale, il existe également des milieux spécifiques comme les groupes d'intérêts ou plus particulièrement les syndicats agricoles qui sont au centre de notre analyse.

Selon Philippe Braud, on peut différencier entre trois niveaux cumulatifs de socialisation. Le premier niveau est celui des discours explicites tenus par les agents dotés d'autorité légitime dans le milieu de socialisation considéré. Dans notre contexte de recherche, la socialisation emprunte le canal des discours des élites du syndicalisme agricole – présidents et porte-paroles des syndicats, ou les responsables des groupes de travail. Cependant, comme nous allons voir, la transmission n'est pas un processus linéaire : « Selon les milieux de socialisation concernés, selon les codes pédagogiques en vigueur, selon aussi la personnalité respective des agents impliqués, il peut y avoir des discussions, contestations, rejets ».[5]

L'analyse que nous entamons propose de retracer le processus d'émergence de l'idée de socialisation des syndicats de l'Europe centrale et orientale d'une part au sein des forums de syndicalisme européen, et la socialisation proprement dite de ces mêmes acteurs par les syndicats européens, à savoir le CEA et le COPA/COGECA. Ceci nous ramène au second niveau de socialisation, celui des codes effectifs de comportement. Or, en marge des discours explicitement tenus par les agents légitimes de socialisation peuvent s'exprimer d'autres références et d'autres valeurs comme nous allons le démontrer par l'étude empirique. Le

---

[3] Philippe Braud, *Sociologie politique,* Paris, LGDJ, 2000 (5e édition), p. 247

[4] Qui peut être distinguée d'une norme régulative qui exige des comportements des acteurs ou les contraint. Martha Finnemore et Kathryn Sikkink, "International norm dynamics and political change", *International Organization,* 52(4), 1998, p. 887-917. Alors que Finnemore et Sikkink développent un modèle théorique d'application des normes internationales, nous utilisons cette notion dans le contexte sectoriel de la sociologie des organisations.

[5] Philippe Braud, *Sociologie politique,* Paris, LGDJ, 2000 (5e édition), p. 250

troisième niveau est celui des modes de production des messages. Un objectif particulier de socialisation s'exprime dans le simple jeu des structures. Par la seule existence des structures dans lesquelles l'acteur s'insère - dans le cas de notre recherche les syndicats agricoles - un message est transposé. Philippe Braud parle « d'apprentissage inconscient », terme qui ne s'applique toutefois que peu à notre recherche. Les syndicats agricoles des PECO sont des acteurs conscients, soucieux de faire partie du club restreint des syndicats membres de l'Union européenne et cherchent, à cette fin, à adopter un certain nombre de normes organisationnelles.

Les acteurs centraux de cette étude, les syndicats des Etats membres de l'Union, se trouvent face à un dilemme. Dans les discours des acteurs légitimes des syndicats agricoles allemands et français mais aussi communautaires, nous retrouvons à la fois la mise en garde contre un élargissement trop rapide et donc une association trop étroite des syndicats est-européens aux décisions agricoles prises au niveau communautaire et, en même temps, un désir de transférer un modèle organisationnel syndical à l'Europe centrale et orientale.

Ce processus de socialisation est ainsi double. Nous observons à la fois une volonté de socialisation de la part des syndicats ouest-européens qui souhaitent mettre en place le concept de transfert de modèle dans le cadre des forums syndicales européens et parallèlement une socialisation des syndicats est-européens. La question qui se pose ainsi est de savoir quand l'apprentissage a lieu. Jeffrey T. Checkel propose quatre hypothèses afin de systématiser la recherche sur le processus de socialisation, qu'il définit comme un processus dans lequel les acteurs à travers l'interaction dans des contextes institutionnels plus larges, comme des normes ou structures discursives, acquièrent des nouveaux intérêts et préférences, bien que l'on constate l'absence de toute motivation matérielle correspondante.[6]

Cependant, il importe d'inclure dans cette définition non seulement les nouveaux intérêts et les préférences mais également la création de nouvelles structures d'action. La différenciation artificielle entre structures et acteurs est en effet importante. Les syndicats agricoles européens agissent en tant qu'entrepreneurs

---

[6] Jeffrey T. Checkel, « Social construction and integration", *Journal of European Public Policy*, 1999, 6(4), p. 545-560

normatifs au sein des structures qu'ils souhaitent voir adoptées par les syndicats d'Europe centrale et orientale. La Commission et le programme PHARE par le financement du transfert de modèle sont non seulement perçus comme un soutien financier indispensable pour la réalisation du projet mais aussi comme des éléments qui légitiment ce projet.

Jeffrey Checkel avance d'abord l'hypothèse selon laquelle l'apprentissage social (d'un modèle) est plus probable au sein des groupes d'individus qui partagent la même expérience professionnelle, ce qui est le cas dans les syndicats agricoles, malgré leur hétérogénéité. Deuxièmement, l'apprentissage est plus probable dans des situations où le groupe perçoit une situation de crise ou est confronté à l'évidence claire et incontournable d'un échec politique. Les syndicats agricoles, à la fois en Europe communautaire et en Europe centrale et orientale, ont dû faire face à une crise de représentation. Les contacts qu'avaient établis les syndicats occidentaux avec les pouvoirs publics étaient mis en cause par de nouveaux acteurs économiques, sectoriels ou environnementaux et des nouvelles politiques agricoles, comme celles qu'a introduit la réforme de la PAC de 1992. Les syndicats est-européens se sont pour leur part retrouvés dans un processus de (re-)construction et donc également dans un (r)établissement de relations avec les acteurs politico-administratifs. Troisièmement, l'apprentissage est plus probable si le groupe d'intérêt se réunit souvent et enfin, si le groupe est isolé de la pression politique directe.

Nous allons montrer dans notre analyse que cette dernière hypothèse a été vérifiée dans un premier temps, lors de l'interaction au sein de la CEA. Cependant, au moment de la création officielle du programme, les pressions politiques se sont révélées très fortes. Le répertoire d'action a alors repris le modèle internalisation/internationalisation que nous avons présenté plus haut.

La construction d'un modèle au sein d'un « club de discussion »

La Confédération européenne de l'agriculture (CEA) est une organisation internationale non-gouvernementale qui rassemble près de 300 organisations membres dans plus de 30 pays de l'ensemble du territoire européen. Alors que jusqu'à la fin des régimes communistes en Europe centrale et orientale, la CEA ne comptait pas parmi ses membres d'organisations professionnelles agricoles de cette région, la situation s'est modifiée en 1990. Des syndicats agricoles, les chambres d'agriculture ou les associations des coopératives de l'Europe centrale et orientale ont adhéré, généralement peu de temps après leur création, à la CEA. La mission de la Confédération est de favoriser les contacts et les échanges entre les organisations professionnelles agricoles et de représenter au niveau international les intérêts de l'agriculture. Dans ce contexte, la CEA représente un véritable forum des idées au sein duquel des modèles peuvent être élaborés et présentés sans pour autant être finalisés. Cette fonction est rendue possible par la diversité de ses membres parmi lesquels on compte aussi bien les organisations professionnelles de niveau national ou local, les structures syndicales, que les coopératives ou mutualistes, les intérêts sectoriels et généraux.

Le « Congrès de l'agriculture européenne » annuel, organisé avec le concours financier de la Direction générale de l'Agriculture de la Commission européenne, est le lieu d'échange majeur. Il est organisé chaque année conjointement par la CEA, le COPA et le COGECA et rassemble près de 600 délégués d'organisations professionnelles agricoles, des représentants de diverses organisations internationales et surtout communautaires et de nombreux responsables agricoles des pays d'Europe centrale et orientale. L'accent qui y est mis sur la défense de l'exploitation familiale et sur le renforcement des organisations agricoles dans différents pays d'Europe peut être considéré comme une forme embryonnaire du modèle de représentation agricole que nous retrouvons dans les discours et les documents officiels des syndicats agricoles exigeant un financement communautaire pour le transfert de ce modèle.

Alors que l'adhésion des syndicats agricoles nouvellement établis dans les pays d'Europe centrale et orientale n'était pas envisagée par les syndicats agricoles COPA/COGECA, étant donné que les membres des ces organisations professionnelles communautaires ne regroupent que les syndicats des pays membres de l'Union, la CEA a accepté l'adhésion des syndicats des PECO dès 1989. Les premiers syndicats à adhérer ont été ceux d'origine polonaise.[7] L'attitude vis-à-vis des organisations professionnelles agricoles de l'Europe centrale et orientale de la CEA est donc fondamentalement différente de celle du COPA/COGECA. L'importance des contacts individuels est soulignée par un représentant de la CEA : « Les relations personnelles se tissent entre les participants de l'Est et de l'Ouest. Les participants de l'Est se retrouvent souvent, un peu plus tard, au poste de ministre de l'agriculture ou de vice-ministre. Vous pouvez imaginer quelle importance ces relations tissées lors des congrès ont alors pour les participants des deux côtés ! »[8]. En 1999, la CEA comptait 24 organisations professionnelles des PECO parmi ses membres, dont deux de la République tchèque, cinq de la Hongrie, une de l'Estonie, une de la Lettonie, une de la Lituanie, cinq de la Pologne, une de la Bulgarie, trois de la Roumanie, deux de la Slovaquie, deux de la Slovénie et, enfin, une de l'Ukraine.

La CEA a été présentée par l'un de nos interlocuteurs comme un 'club' dans lequel les membres peuvent essayer de dégager un point commun et tester un certain nombre de discours lors des grands 'bals' ou des grands congrès de la CEA.[9] Une analyse des comptes-rendus des congrès de la CEA de 1990 jusqu'à 1999 ainsi que les entretiens que nous avons pu effectuer permettent de constater l'émergence de l'idée de transfert de modèle au niveau communautaire, idée qui n'existait avant qu'au niveau national. Cette idée de transfert peut ainsi être perçue comme une norme constitutive qui créée une nouvelle catégorie d'action.[10] Depuis 1994, les congrès de la CEA ont lieu tous les deux ans dans une ville de l'Europe centrale et orientale, ce qui est symboliquement important dans la mesure où les pays perçoivent l'intérêt constructif que leur portent les syndicats de l'Europe occidentale dans l'enceinte de la CEA.

---

[7] *CIA-CEA, 1890-1990, Cent ans au service de l'agriculture. Histoire de la Confédération Européenne de l'Agriculture*, CEA, 1990

[8] Entretien, CEA, 17 juin 1999

[9] Entretien, CEA, 17 juin 1999

[10] Martha Finnemore et Kathryn Sikkink, "International norm dynamics and political change", *International Organization,* 52(4), 1998, p. 887-917

Mais ce ne fut qu'en 1997, lors du congrès de la CEA en Suisse que Luc Guyau, Président du COPA de l'époque, a enfin pu annoncer que le COPA/COGECA comptait organiser avec le concours du programme PHARE une rencontre avec les organisations professionnelles agricoles de l'Europe centrale et orientale.[11] C'est en 1997, après la publication de l'Agenda 2000, au sein de laquelle la notion de « modèle européen d'agriculture » a été utilisée pour la première fois, que les intervenants européens, communautaires et est-européens de la CEA ont commencé à mentionner un modèle européen d'agriculture, défini comme un modèle hétérogène, des organisations professionnelles agricoles représentatives, une agriculture qui doit « remplir sa fonction de marché et fournir aux consommateurs et à l'industrie de transformation des denrées alimentaires saines et de grande qualité ; assumer ses fonctions environnementales, garantir l'utilisation durable des ressources naturelles, préserver la diversité des écosystèmes et protéger la variété de nos paysages de culture ; fournir une vaste gamme de services, assumer de nouvelles fonctions dont la demande augmente parmi la population européenne, par exemple dans le domaine du tourisme ou le domaine social ; enfin, l'agriculture européenne joue un rôle majeur en matière d'emploi dans les zones rurales »[12], un discours qui trouve son apogée lors du congrès de 1998, à Ljubljana. La majorité des intervenants occidentaux ou venant des pays de l'Europe centrale et orientale soulignent l'existence, la nécessité de renforcement et d'adaptation de l'agriculture centre-européenne à ce modèle européen de l'agriculture.

Comment a donc eu lieu la prise de décision qui a permis aux syndicats agricoles communautaires COPA/COGECA de véritablement devenir des acteurs face à la Commission européenne dans ce transfert de modèle à travers le programme PHARE ? Pouvons-nous observer dans l'unité du COPA/COGECA vis-à-vis de cette question l'émergence d'un modèle communautaire de représentation des intérêts, modèle qui

---

[11] CEA, *49ème Assemblée générale de la CEA, Lausanne*, 1997

[12] Franz Fischler, « Le modèle européen. Pour une agriculture et une Europe forte », *Congrès de l'agriculture européenne*, 30 septembre au 2 octobre 1998, Ljubljana, Slovénie, 1998, p. 50

pourrait être transféré aux syndicats de l'Europe centrale et orientale ?

Les négociations avec la Commission

L'origine du projet de transfert de modèle vers les PECO au niveau communautaire peut être trouvée dans un document, tenu confidentiel jusqu'à ce jour, rédigé en 1995 par le COPA/COGECA concernant la situation des organisations professionnelles agricoles en Europe centrale et orientale. Ce rapport est le résultat d'une visite de quatre experts des syndicats européens[13] en Europe centrale et orientale afin d'informer la Commission européenne, et en particulier la DG VI, de la situation agricole en Europe centrale et orientale telle qu'elle était perçue par le syndicat européen. « L'organisation des syndicats agricoles a été désastreuse dans ces pays. Les coopératives ont été créées du jour au lendemain. Le paysage syndical est très fragmenté. En Bulgarie nous avons par exemple 45 représentations sectorielles qui pour la plupart ne sont même pas membres du syndicat agricole national. Tous ces syndicats sectoriels ont des contacts très étroits avec le gouvernement, qui ne sait pas quoi faire parce qu'il n'y a pas de positions unifiées. Une autre particularité sont les chambres d'agriculture qui ont souvent été établies par les gouvernements. Dans ces chambres, nous avons la plupart du temps trouvé des représentants de l'industrie de transformation, et cette industrie a été vendue aux étrangers. Ils sont maintenant membres des chambres d'agriculture et discutent avec les gouvernements de prix applicables et le dictent ensuite aux agriculteurs. Pour cette raison, vous avez besoin des syndicats agricoles forts, pour qu'ils puissent arrêter cette évolution des choses ».[14]

Sur le fondement du rapport, qui a été transmis au cabinet de la DG VI, le COPA/COGECA a commencé à prendre contact avec la DG IA afin de déterminer sous quelle forme le syndicat européen pourrait obtenir un financement PHARE pour élaborer et mettre en œuvre un projet de soutien et de transfert de savoir faire à l'Europe centrale et orientale. Le niveau hiérarchique

---

[13] MM. Nielson (Suède), Johnston (Grande Bretagne), Dijk (Pays Bas) et Zurek (Allemangne)

[14] Entretien, COGECA 19 septembre 2000

contacté était celui du directeur général adjoint, François Lamoureux, et celui du directeur, Catherine Day. La proposition a été accueillie froidement au début, et ce ne fut qu'après une intervention du Commissaire agricole, Franz Fischler, auprès de son collègue Hans van den Broek, que la proposition a été considérée comme sérieuse. Les discussions de détail ont ensuite eu lieu à un niveau inférieur, celui des unités de la DG IA. Mais même à ce niveau, les positions étaient divergentes. Alors que le chef d'unité responsable pour la coordination horizontale, ayant eu l'expérience d'un projet similaire dans le domaine des petites et moyennes entreprises considérait très favorablement le projet proposé par COPA/COGECA, le chef d'unité responsable pour PHARE était beaucoup plus hésitant et les négociations ont continué jusqu'en 1999.[15] La raison pour cette hésitation peut être trouvée dans l'impossibilité d'organiser un appel d'offre, puisque le seul candidat perçu comme ayant des capacités suffisantes pour mener à bien ce projet était le COPA/COGECA. A aucun moment, la Coordination paysanne européenne (CPE) n'a été considérée comme un candidat potentiel pour ce projet par la Commission ou invitée à assister à des réunions. Alors que la position officielle consistait à reconnaître la représentativité de la CPE en lui offrant des sièges au sein des comités consultatifs, elle n'était pas considérée comme une alternative crédible.[16]

Afin de contourner le problème de l'appel d'offre, fondement de chaque contrat PHARE, la Commission a créé le « Business Support Programme » le 19 novembre 1998. Ce programme de soutien avait pour objectif de renforcer les organisations représentatives économiques dans les PECO. Trois secteurs étaient spécifiquement concernés : le secteur du textile, le secteur agricole et le secteur de la propriété intellectuelle de l'industrie. 20 millions d'euros ont été attribués à ce programme dont 2,5 millions au secteur agricole.

Cependant, lors de la phase d'élaboration des termes de référence, les responsables du COPA/COGECA se sont rendus compte qu'ils ne possédaient pas de telles compétences. Un consortium a été créé, composé de COPA/COGECA, du CEJA et de deux cabinets de consultants, un suédois (SwedeAgri) et un

---

[15] Entretien, DG IA, 22 juin 1999

[16] Voir chapitre 3

irlandais (IAFD), très étroitement liés aux coopératives irlandaises et aux organisations professionnelles suédoises. « On savait donc que l'on pouvait leur faire confiance », soulignait l'un de nos interlocuteurs.[17] Ce fut ce consortium, qui, sur la base d'un rapport élaboré par un des membres du cabinet de consultants irlandais, rédigea les Termes de référence de ce projet.[18]

L'objectif du projet était de transformer les organisations professionnelles agricoles des PECO en un « partenaire indispensable dans l'élaboration et dans la mise en œuvre de la politique agricole des PECO »[19]. Trois formes de soutien pour atteindre cet objectif ont finalement été retenues. Premièrement l'envoi d'experts occidentaux pour le long terme, membres des organisations professionnelles agricoles des Etats membres. Une deuxième méthode était celle du placement de stagiaires. Enfin, l'organisation d'un séminaire à haut niveau était prévue pour les présidents des organisations professionnelles des pays membres et des pays candidats à Bruxelles afin d'échanger leurs points de vues et leurs informations.

Le transfert de modèle et la socialisation des syndicats est-européens

Cependant, la mise en œuvre du projet a eu de nouveau lieu à travers les syndicats agriçoles nationaux. Au sein du COPA/COGECA, la décision a été prise d'attribuer la gestion du programme dans un PECO à une organisation professionnelle nationale d'un pays membre de l'Union. Alors que certains des pays membres n'ont pas manifesté le désir de participer à ce programme, notamment la Grande Bretagne, le Danemark et l'Italie, d'autres pays ont fait connaître leur choix très tôt, comme la France et l'Allemagne. La FNSEA et le DBV souhaitaient tous les deux

[17] Entretien, COGECA 19 septembre 2000

[18] En parallèle, la FNSEA, le DBV et le LRF suédois, le syndicat majoritaire suédois, avaient également songé à un programme pour « conforter le mouvement professionnel dans les PECO ». Toutefois, des contraintes géographiques les avaient empêché, de trouver un compromis, comme le soulignait l'un des nos interlocuteurs. Entretien, COGECA, 19 septembre 2000

[19] Entretien, FNSEA, 3 mai 2001

envoyer leur expert en Pologne. Leur choix était influencé par l'importance du secteur agricole dans ce pays, choix auquel s'ajoutait également la proximité et les contacts que la FNSEA et le DBV avaient tissés avec les syndicats agricoles polonais.[20] Il n'était pas prévu que deux, voir trois pays – les Pays-Bas souhaitaient également envoyer un expert en Pologne – soient chargés de la gestion du programme d'un pays donné. Après de longs marchandages au sein du COPA/COGECA, la décision prise fut de partager la gestion entre les trois pays, la FNSEA envoyant un expert à plein temps pendant les 12 mois de la durée du programme, le DBV et le syndicat néerlandais se partageant un poste à mi-temps.[21]. L'un de nos interlocuteurs français a souligné que la similarité entre les structures polonaises et françaises rendait nécessaire qu'un syndicat français s'occupe de ce pays. Le partage entre différents pays aurait été « extrêmement complexe à mettre en œuvre » et « très peu souhaitable ».

Pourquoi cette insistance pour travailler avec la Pologne ? Il est important de comprendre que l'organisation agricole occidentale pouvait influencer le PECO dont elle était responsable. Ainsi les responsables polonais ont prioritairement rencontré les responsables agricoles français. Les structures françaises ont donc été le fondement pour le transfert du modèle.

Finalement, la gestion du programme en Pologne a en effet été 'attribuée' à la France pour des raisons de disponibilité individuelle. L'expert allemand prévu pour ce programme ne pouvait pas être détaché en Pologne et pour des raisons internes au DBV, il était impossible d'attribuer cette position à un autre représentant du DBV.[22] Le rôle central du syndicat d'origine gestionnaire du programme dans un pays particulier a été souligné à plusieurs reprises par nos interlocuteurs. « L'engagement des organisations professionnelles des pays membres est très important. Sinon, on pourrait demander à un cabinet de consultant de s'en occuper.

---

[20] La FNSEA avait présenté un deuxième choix, celui de la Roumanie, choix dû aux mêmes raisons que celui de la Pologne. Toutefois, la gestion du programme en Roumanie a été accordée à un expert grec.

[21] Entretien, COGECA, 19 septembre 2000 ; FNSEA, 3 mai 2001

[22] Entretien, FNSEA, Paris, 3 mai 2001. Le retrait du DBV du projet semble d'autant plus facile qu'il a pu continuer à poursuivre des programmes de formation en Pologne à travers le programme national Transform.

Cette plus grande implication peut même ressembler à du 'néocolonialisme'. Mais il faut dire que les Polonais se défendaient très très bien ».[23]

Le projet prévoyait de réunir les organisations agricoles nationales à vocation générale dans chaque PECO, à savoir les principaux syndicats et coopératives agricoles ainsi que les chambres d'agriculture pour qu'ils puissent coordonner différents projets de formation. Enfin, comme le projet américain initié au début des années 1990 dans les PECO, la FNSEA a commencé à produire un journal agricole dans les PECO. Ce projet ne s'est pas seulement concrétisé en Pologne, mais aussi en Bulgarie, en Roumanie et depuis le début de l'année 2001 en Slovénie. Deux formes de journaux sont apparues : un mensuel qui regroupe des articles tirés de la presse agricole française et qui s'adresse essentiellement aux responsables syndicaux. Les informations, envoyées en français et traduites sur place sont très souvent reprises par les journaux agricoles des pays et permettent à la FNSEA de mieux faire connaître sa structure organisationnelle ainsi que ses positions politiques aux syndicats agricoles des PECO. Un deuxième type de publication est le bulletin d'informations européennes. Les organisations agricoles est-européennes ne possèdent pas suffisamment de ressources financières pour avoir accès à des publications communautaires comme « Agence européenne » ou « Agri-Europe ». Les bulletins européens de la FNSEA les préparent ainsi à se tenir informées des événements européens et communautaires et offrent, en même temps une analyse française des situations agricoles, ce qui permet également une socialisation avec un certain nombre d'approches françaises vis-à-vis de la Politique agricole commune.

Les méthodes de travail adoptées par la FNSEA se sont ainsi résumées à des efforts de coordination et de coopération. Bien que nos interlocuteurs aient souligné qu'ils ne venaient pas en tant que donneurs de leçons[24], nous avons pu observer que l'idée de transférer un modèle, beaucoup moins européen que national restait l'objectif sous-jacent, un objectif lié à un renforcement des organisations professionnelles des PECO.

---

[23] Entretien, FNSEA, Paris, 3 mai 2001

[24] Entretien, FNSEA, 3 mai 2001

Conclusion

L'analyse de l'apparition de la notion de « modèle européen d'agriculture » et de la mise en œuvre de son transfert aux syndicats agricoles des PECO a montré un recours aux répertoires d'action des organisations professionnelles agricoles sur deux niveaux. Dans un premier temps, nous avons pu observer la construction d'une notion de 'modèle' dans une arène transnationale – au sein du CEA et la socialisation de ses membres avec ce modèle. L'idée du transfert de modèle ainsi établie a été transmise à l'organisation professionnelle agricole possédant les ressources nécessaires pour sa réalisation – le COPA/COGECA.

Toutefois, lors de la réalisation du transfert de modèle rendu possible par le financement de la Commission européenne, nous observons une forme de « renationalisation » du modèle européen d'agriculture. L'attribution des PECO aux syndicats agricoles correspond à des choix très spécifiques de proximité géographique et d'affinité, qui peuvent dans certains cas mener à des conflits internes au sein du COPA/COGECA. L'étude des activités françaises en Pologne a montré non pas le transfert d'un « modèle européen d'agriculture » homogénéisé dans tous les PECO, mais celui des particularités bien nationales.

9.2. Une approche résolument internationale entraîne-t-elle des répertoires d'action internationaux ?

Comme dans le domaine agricole, les financements communautaires et internationaux ont été très rapidement mis à la disposition des PECO après la chute du mur de Berlin en ce qui concerne l'électricité en général et la sûreté nucléaire. Toutefois, contrairement aux syndicats agricoles, les acteurs économiques actifs dans ce domaine se sont rapidement regroupés afin de bénéficier de ces programmes. Comme dans la première partie du chapitre, nous nous interrogeons pour savoir dans quelle mesure ces programmes ont incité les acteurs à adopter des répertoires d'action plus homogènes. Peut-on constater que dans un secteur non-communautarisé, les incitations par les programmes d'aide ont une moindre influence sur les stratégies d'acteurs, qui resteraient alors très dépendants des structures nationales ? Il semble que nous pouvons observer un paradoxe : bien que les structures nationales influencent les modes de représentation des intérêts, elles n'ont pas empêché la coopération *ad hoc* entre les acteurs, contrairement à ce que nous avons observé dans le domaine agricole.

Le projet de l'interconnexion des réseaux

Le projet de l'interconnexion des réseaux se fonde sur deux logiques – technique et économique.[25] Le premier argument est le plus souvent utilisé par les acteurs économiques en question. Les dysfonctionnements d'un réseau auraient alors des conséquences dramatiques puisque l'économie de tout un pays pouvait se trouver paralysée pendant quelques heures ou quelques jours. L'électricité étant un bien non stockable, il est donc nécessaire de lier différentes centrales produisant de l'électricité entre elles afin de remédier à une situation dans laquelle l'approvisionnement ne suit pas la demande. L'interconnexion des réseaux est un tel remède.[26]

La logique économique, bien qu'inhérente à la première, est celle d'un plus grand marché. Par l'interconnexion des réseaux électriques, les producteurs d'électricité accèdent à un marché et permettent ainsi le stockage indirect de l'énergie électrique, sous forme potentielle. Une sur- ou sous-production peut ainsi être équilibrée en ayant accès au marché du pays voisin, voir n'importe quel pays membre du réseau. Les pays de l'Union, produisant un surplus de l'énergie, espéraient alors le vendre aux pays de l'Europe centrale pendant les heures creuses. En contrepartie, les pays de l'Europe centrale et orientale souhaitaient réaliser un projet similaire afin de faire rentrer des devises fortes.

---

[25] Un grand nombre d'articles, le plus souvent techniques, existe dans la presse spécialisée sur l'interconnexion des réseaux parmi lesquels : Henri Persoz, « L'interconnexion des réseaux électriques : de l'Europe de l'Ouest à l'Europe élargie », *Annales des Minses,* avril 1991, p. 43-48 ; Jean-Marie Chevalier, « Les réseaux de gaz et d'électricité : multiplications des marchés contestables et nouvelle dynamique concurrentielle », *Revue d'économie industrielle*, 1995, n°72, p.7-29

[26] Une fréquence commune (de 50 Hz en Europe) est en effet la condition sine qua non d'une interconnexion en courant alternatif.

Lorsque le projet de l'interconnexion synchrone est né en 1990, les intérêts économiques des deux côtés étaient forts. Cependant, au début des années 1990 le marché électrique est entré en crise. La croissance de la consommation a suivi le ralentissement de la croissance économique. Le caractère symbolique de l'interconnexion revient donc au premier plan. Comme l'a souligné un de nos interlocuteurs, « Pour ces quatre pays, c'était une façon de se détacher de l'ancien 'grand frère' soviétique ».[27] Au sein des associations compétentes –UCPTE et UNIPEDE, des craintes ont néanmoins existé. La plupart des membres de l'UCPTE ont redouté la complexité qui pouvait résulter de l'extension de la zone synchrone. Un certain nombre d'entreprises, dont EDF, ont néanmoins cru à la faisabilité et à l'intérêt du projet – d'autant plus que l'interconnexion devait permettre l'accès à des pays où d'importantes privatisations étaient attendues.

Avant que l'interconnexion ne soit réalisée, trois stations de conversion permettaient d'échanger ponctuellement de l'énergie entre les pays de l'Europe occidentale et orientale. Une station vieille de dix ans reliait l'Autriche et la Tchécoslovaquie, une autre ouverte en 1992 l'Allemagne et la République tchèque et une dernière en 1994 la Hongrie et l'Autriche. Ces stations transformaient le courant des pays d'Europe centrale, dont la fréquence était fluctuante, en courant continu, ensuite retransformé en courant alternatif destiné au réseau de l'UCPTE. Certaines compagnies électriques, notamment autrichiennes et l'entreprise allemande RWE ont préconisé dans un premier temps la construction de plusieurs stations de ce type. D'autres compagnies électriques, et en particulier EDF, étaient au contraire très favorables à une interconnexion : « On voyait que c'était tout à fait faisable. On voyait qu'on pouvait faire beaucoup de choses, surtout d'un point de vue commercial, ouvrir les marchés et réaliser des collaborations ».[28] Les investissements pour la construction de telles stations ont été présentés comme très coûteux par les acteurs favorables à l'interconnexion, d'autant qu'elles permettaient à leurs propriétaires de maîtriser le transit et le prix de l'électricité

[27] Entretien, EDF, Paris, 10 juin 1998

[28] Entretiens, EDF, Paris, 10 juin 1998 ; 26 juin 1998

échangée, attitude tout à fait contraire aux principes préconisés par la Communauté européenne dans le marché intérieur.

Ce fut d'ailleurs l'argument convaincant grâce auquel EDF et Preusselektra ont obtenu un soutien politique et financier de la part de la Commission, et en particulier du Commissaire pour l'énergie, Christos Papoutsis, et du Commissaire des affaires extérieures, Sir Leon Brittan. Les moyens financiers ont été mis à disposition, comme nous l'avons déjà observé dans les secteurs agricole et électro-nucléaire, à des associations existantes ou *ad hoc*. En ce qui concerne l'interconnexion des réseaux, les moyens financiers ont été attribués à l'UCPTE et au Comité responsable pour les grands réseaux et l'interconnexion au sein de l'UNIPEDE. Contrairement à la gestion générale du programme PHARE, entre les mains des fonctionnaires de la DG I/IA, les compétences techniques ont permis à la DG XVII de gérer les contacts avec les associations en question. « La Commission a voulu faire des connexions dans tous les sens, et ce n'était pas exactement notre position. Mais il faut dire que ceci nous a aidé à débloquer les obstacles au sein de l'association. Cela a aidé à se mettre d'accord et de mettre au point une stratégie à suivre. ».[29]

L'attitude opposée des entreprises allemandes RWE et Preussenelektra reflète la concurrence interne qui régnait et règne encore en Allemagne. Alors que RWE ne voyait pas l'importance économique de l'interconnexion, les responsables de Preussenelektra ont souhaité élargir leur réseau, qui est plus restreint que celui de RWE. L'interconnexion s'est ainsi révélée être un moyen possible pour remédier à une situation d'infériorité.

Le programme PHARE a ainsi donné une place importante aux questions de l'interconnexion des réseaux d'électricité entre l'Europe occidentale et l'Europe orientale. Une série d'études a été financée par la branche « multi-pays » du programme PHARE. Trois de ces études ont particulièrement conduit à la réalisation de l'interconnexion. La première a été confiée à un consortium présidé par EDF qui incluait également les acteurs grecs, italiens et néerlandais. Son objectif était d'évaluer l'intérêt d'une interconnexion entre l'UCPTE, le réseau des systèmes électriques de la Roumanie, de la Bulgarie et de l'Albanie. L'étude a conclu que l'interconnexion était possible et même très souhaitable.

[29] Entretien, EDF, 10 juin 1998

Un deuxième projet, porté par un consortium franco-germano-autrichien dont EDF, Bayernwerk et Preussenelektra, a présenté une étude sur la faisabilité de l'interconnexion de CENTREL et UCPTE. Cette étude a permis la réalisation de l'interconnexion en 1995 comme nous l'avons décrit plus haut. Le troisième projet avait pour objectif d'analyser la possibilité, à long terme, de l'interconnexion avec le réseau ukraino-russe, mais également les pays baltes. L'entreprise allemande Preussenelektra a montré un intérêt particulier pour le projet de l'« anneau baltique » (*Baltic Ring*) et peut même être considérée comme l'une des entreprises phares, entretenant des contacts étroits à la fois avec la DG XVII et le Ministère de l'Economie allemand.[30] Les études ont d'ailleurs été co-financées par le fond européen d'investissement, propre à l'Union européenne et ses membres, mis en place en 1994 en vue de faciliter ces investissements, et élargi par une décision du Conseil de l'Union en décembre 1996 aux projets d'interconnexion électrique.[31] L'étendue de cette décision devient claire lorsque nous nous rappelons l'état déplorable de la centrale nucléaire lituanienne Ignalina, que la Commission souhaite fermer à tout prix.

Les projets de l'interconnexion des réseaux électriques montre le rôle d'initiateur des programmes financiers communautaires dans l'établissement d'une collaboration *ad hoc* ou pour convaincre les membres d'une association européenne de collaborer. Cette incitation de la part de la Commission et des institutions internationales est perçue comme d'autant plus efficace qu'un consensus existe entre les différentes Directions générales, raisonnement qui ne permet pas de distinguer le secteur électrique de celui de l'agriculture. Toutefois, les situations des deux secteurs sont différentes lorsque l'on s'intéresse au secteur de l'énergie et de la sûreté nucléaire.

---

[30] Voir chapitre 8

[31] Georges Vandersanden, *Le droit de la CEE, 08. Culture, santé, consommateurs, réseaux trans-européens, recherche et développement technologique, environnement, énergie*, Bruxelles, Editions de l'Université de Bruxelles, 1996. Voir également http://www.europa.eu.int/comm/dgs/energy_transport/tn_fr.htm

La mise à niveau de la sûreté nucléaire

Les programmes financiers mis à disposition par la Commission européenne et d'autres institutions internationales se sont donc révélés des incitations puissantes pour les acteurs économiques en question à créer des associations *ad hoc* ou à collaborer dans les associations déjà existantes. Cependant, une analyse détaillée des activités des groupes d'intérêt dans le domaine de la sûreté nucléaire révèle que l'hypothèse du rôle unificateur des programmes ou des institutions financières n'est pas tout à fait satisfaisante. D'autres variables influent sur les répertoires d'actions et les stratégies des acteurs. Nous avons sélectionné deux cas particuliers dans le domaine de la sûreté nucléaire afin de mettre en exergue les variables indépendantes qui empêchent dans un premier temps l'émergence d'un mode de représentation proprement communautaire : les modernisations entreprises par des consortia occidentaux en Bulgarie et en Slovaquie. Le choix de Mochovce et Kozloduy s'est imposé par la nature des acteurs – les entreprises françaises et allemandes et par l'accessibilité de l'information, à la fois à travers des entretiens et des documents officieux et officiels.

Kozloduy[32]

En 1991, les autorités bulgares ont approché l'AIEA (Agence Internationale de l'Energie atomique) en demandant une expertise pour la centrale de Kozloduy qui montrait des signes de défaillance importants. A la suite de la mission du groupe des experts de l'AIEA, le directeur de l'IAEA a demandé la fermeture immédiate de la centrale. La Bulgarie refusa cette demande étant donné que la centrale nucléaire de Kozloduy fournissait 46% de l'énergie du pays. L'association internationale WANO (*World Association of Nuclear Operators*), ayant participé à la mission de l'AIEA, a convaincu la Commission européenne d'attribuer un financement PHARE à un consortium franco-allemand formé par les entreprises

[32] La centrale nucléaire bulgare consiste en 6 réacteurs, dont quatre (1-4) sont en service. Selon les autorités de sûreté nucléaire occidentaux, et en particulier un rapport du consortium franco-allemand Riskaudit, les deux réacteurs en construction (5 et 6) peuvent être mis à un niveau occidental de sûreté. Les quatre réacteurs de la centrale produisent 46% de la production totale d'électricité en Bulgarie.

Framatome, EDF et Siemens en vue d'effectuer des travaux de stabilisation et de modernisation limitée des réacteurs 1 à 4, nécessaires à un fonctionnement continu mais réduit de la centrale. Le rôle central au sein de WANO revenant à EDF, qui exerçait la présidence de l'association à ce moment, explique l'activisme de cette entreprise. Une grande partie de l'assistance PHARE en faveur de la centrale a initialement été consacrée à la sûreté opérationnelle. Un nombre important d'études sur la sûreté de conception a été mis en oeuvre principalement au début du programme afin d'améliorer les connaissances sur la centrale. Ces études furent réalisées par le consortium franco-allemand Siemens –Framatome-EDF, mais aussi par l'entreprise RISKAUDIT.

Nous constatons dans ce contexte l'absence des opérateurs allemands. La situation politique allemande concernant le nucléaire n'incitait pas les opérateurs allemands à investir ou à être actif dans le marché du nucléaire en Europe de l'Est. Ce constat est extrêmement révélateur pour l'étude de la représentation des intérêts des acteurs au niveau communautaire. Leurs pratiques y sont influencées par une absence de compétence technique - d'ingénierie - d'une part, mais aussi par leur rapport avec le gouvernement qui prônait, contrairement au gouvernement français, un soutien 'tiède' au nucléaire. Cette représentation du secteur s'est imposée comme une image de référence et a très fortement influencé les acteurs sectoriels dans leurs choix économiques. Une mission ultérieure effectuée par l'AIEA à la centrale de Kozloduy en 1993 a fait état d'améliorations substantielles de l'exploitation, de la maintenance, de la gestion ainsi que de la radioprotection.

La Commission européenne a négocié avec les autorités bulgares, comme nous l'avons évoqué au chapitre 5, afin de proposer un plan de fermeture de la centrale. Ces négociations ont été menées dans le cadre des institutions des Accords d'association avec la Bulgarie et ont pris un aspect primordial lors du lancement de la stratégie de pré-adhésion avec la Bulgarie en mars 1998. Il était prévu que les réacteurs 1 à 4 soient fermés lorsque les réacteurs 5 et 6 de la centrale seraient modernisés.[33]

---

[33] Deux ans plus tôt, le gouvernement bulgare avait signé un engagement avec la BERD (NSA Grant Agreement), dans lequel les donneurs s'étaient engagés à financer un programme de 24 millions ECU notamment pour apporter les modifications nécessaires à la sûreté des

Cependant, en 1995, l'état de la cuve du réacteur n°1 suscita de vives craintes. Les experts du consortium ainsi qu'un rapport de RISKAUDIT ont estimé qu'il était nécessaire de prélever des échantillons de l'intérieur de la cuve afin d'évaluer son état réel. Après avoir surmonté la résistance initiale des autorités bulgares, le programme PHARE a organisé et financé tous les tests nécessaires.

Cependant, à plusieurs reprises, le gouvernement bulgare s'est opposé à cet accord comme en 1995. En réponse, EDF rappelle ses experts à Paris au début d'octobre 1995. Le gouvernement français, et en particulier le ministre de l'environnement félicite EDF pour ses efforts dans le domaine de la sûreté nucléaire à Kozloduy. En revanche, le gouvernement allemand et le Parlement européen montent au créneau pour demander à Sofia d'arrêter le réacteur dangereux.[34] Contrairement aux décisions du Parlement allemand, le chancelier Helmut Kohl a soutenu le fonctionnement de la centrale lors d'une visite en Bulgarie.[35] Cette attitude était influencée par le fait que la seule entreprise de construction de centrales nucléaires, Siemens KWU, était le chef de file du consortium créé pour moderniser la centrale.[36] Ce soutien du niveau le plus élevé de la hiérarchie politique montre que la nature fragmentée du système politique allemand peut bénéficier aux acteurs économiques en question, à condition qu'ils possèdent suffisamment de ressources financières et sociales pour avoir accès aux niveaux élevés du système politique. Il est important de noter que les réseaux existent surtout entre les entreprises et les fonctionnaires dans les ministères, mais peu entre les entreprises et les députés du *Bundestag*. Alors que le Parlement allemand exigeait la fermeture immédiate des réacteurs, les contacts étroits avec les acteurs politiques en charge des affaires de commerce extérieur – l'exécutif – a été bénéfique pour l'industrie. Ainsi, des conflits existants entre les services gouvernementaux rendent le problème plus politique et sujet à un débat. Parallèlement, les agences et acteurs politiques peuvent souhaiter attirer les acteurs économiques

---

tranches 5 et 6. En échange, la Bulgarie devait s'engager à fermer définitivement les tranches 1 à 4 aussitôt que certaines conditions étaient remplies.

[34] *Les Echos*, 16 octobre 1995

[35] *Courrier international*, n°397, du 11 au 17 juin 1998

[36] Le consortium consiste de Siemens, Framatome et l'entreprise russe Atomenergoexport.

afin de renforcer leur pouvoir relatif vis-à-vis d'autres acteurs et d'augmenter leur légitimité.[37]

Le départ en 1995 de l'opérateur français EDF n'empêche cependant pas la continuité du consortium, qui se lie avec le concepteur russe Atomergoexport. Sur la base des rapports élaborés conjointement par EDF, Siemens et Framatome, le groupe d'experts PHARE et TACIS de la Commission s'est favorablement exprimé en faveur de la réalisation de ce projet. Toutefois, pour des raisons politiques étudiées au chapitre 5 et liées à la remise en cause régulière par la Bulgarie[38] de son engagement en matière de fermeture des centrales, la Commission et le Parlement européen ont reporté la décision.

En avril 1998, le Consortium européen Kozloduy (ECK), comprenant Siemens KWU en tant que leader du consortium, Framatome et Atomenergoexport, a finalement signé un contrat de 25 millions d'ECUS pour la modernisation complète des tranches 5 et 6 de la centrale nucléaire avec la société d'électricité nationale de Bulgarie, NEK. Dans une première phase, le consortium a élaboré des solutions techniques, émis les documents d'autorisation de fonctionnement et préparé des spécifications des commandes de matériel pour la majorité des modernisations dans le cadre d'un projet d'ingénierie de base. Toutefois, le financement tardait à être fourni. Ce n'est qu'en février 1999 que le consortium s'est vu attribué le prêt Euratom pour l'ensemble de la modernisation des deux tranches de la centrale, modernisation visant à atteindre un niveau de sûreté acceptable par les acteurs occidentaux tout en améliorant la disponibilité.

Mochovce

La construction des quatre unités de la centrale nucléaire slovaque de Mochovce avait débuté en 1981, mais en 1989, les

[37] Martin J. Smith, *Pressure, Power and Policy. State autonomy and policy networks in Britain and the US*, Pittsburgh, Pittsburgh University Press, 1993, p.63

[38] autant que par la Slovaquie et la Lituanie en ce qui concerne la fermeture exigée de leurs centrales nucléaires

travaux avaient été arrêtés faute de moyens financiers.[39] En 1991, les autorités tchécoslovaques ont décidé l'achèvement de la centrale, décision qui fut motivée par la demande prévue d'électricité. Plusieurs audits de sûreté ont été réalisés par l'AIEA et la société franco-allemande RISKAUDIT, émettant des avis favorables au projet de mise à niveau de sûreté. Les rapports ont évalué à 4,5 milliards de francs le montant des travaux nécessaires avant la mise en service de la centrale. Sur la base des différents audits, l'opérateur slovaque Slovenske elektrarne (SE a.s.) a bâti un programme d'amélioration de la sûreté qui, après avoir été approuvé par les autorités de sûreté slovaque et internationales, est devenu le fondement du projet d'amélioration. Après des négociations avec les industries ouest-européennes, à savoir les opérateurs Bayernwerk et EDF ainsi que les constructeurs de centrales Siemens et Framatome, il a été décidé que la moitié de cette somme était avancée par la BERD et par EURATOM, qui apportaient respectivement 28,4% et 25,2% du coût total. Le reste se répartissait entre les entreprises participant à la construction. Le financement de la construction de la centrale nucléaire Mochovce était toutefois lié à la fermeture de la deuxième centrale slovaque, à Bohunice, comme dans le cas bulgare, considérée par l'AIEA et RISKAUDIT comme incompatible avec les exigences en termes de sûreté nucléaire occidentale. La BERD ne devait accepter de fournir une partie de financement nécessaire pour la construction de Mochovce que si la Slovaquie se déclarait prête à fermer Bohunice. Contrairement aux autorités bulgares, le gouvernement slovaque n'a pas pris d'engagement international concernant la fermeture de deux réacteurs concernés de Bohunice, mais a adopté une résolution en 1994 qui prévoyait l'arrêt des deux réacteurs au plus tard en 2000, à condition que les deux nouvelles unités en construction à Mochovce soient, dans l'intervalle, devenues opérationnelles sur le plan commercial.

Ce plan se présentait de manière suivante. Avec comme projet de vendre l'électricité de Mochovce vers l'Ouest, un consortium composé d'EDF et de Bayernwerk a soumis le projet à la Banque européenne d'investissement (BEI) et la BERD en septembre 1993 afin d'obtenir un prêt pour achever la construction des deux premières tranches, complétée par un programme de

---

[39] Les quatre tranches étaient alors construites respectivement à 90%, 75%, 40% et 30%

modernisation. En janvier 1994, le consortium a signé un « joint venture » avec Slovensky Energeticky Podnik (SEP) afin de construire et de gérer deux des réacteurs de Mochovce. La maîtrise d'ouvrage du chantier de Mochovce était conduite par une holding, la société EMO (Elektrarna Mochovce), constituée en 1994 par EDF et Bayernwerk (51%) et SE S.A., la compagnie slovaque d'électricité (49%) qui deviendra par la suite propriétaire des installations. Le montant total de l'opération devait s'élever à 5 milliards de francs. Il devait être apporté par les partenaires industriels du projet (820 millions de francs pour EDF, 280 millions pour Bayernwerk et 210 millions pour Slovenske Elektrarne) et par des organismes financiers internationaux, au premier rang desquels la BERD (1,4 milliards de francs) et EURATOM (1,25 milliards de francs). Les travaux, dont le consortium EUCOM (*European Consortium Mochovce* comprenant l'entreprise française Framatome et l'allemand Siemens) devaient mener à bien la partie nucléaire, étaient supposés commencer en mai ou en juin 1995 ce qui aurait permis d'achever la première unité à la fin de 1997 et la seconde en 1998.

Cependant, le lien avec le niveau communautaire a ralenti le projet. Le 16 février 1995, le Parlement européen a voté, malgré le soutien français et allemand au projet, pour une suspension des fonds financiers nécessaires à l'achèvement de Mochovce tant que les questions de sûreté n'étaient pas résolues. Le gouvernement d'un des nouveaux pays membres de l'Union, l'Autriche, suivait ce projet de très près et exigeait un audit public sur le projet de Mochovce, auquel EDF refusait de participer. Cette situation est très significative dans la mesure où les autorités communautaires et des gouvernements ouest-européens n'ont plus aucune influence directe sur les acteurs privés, qui représentent leurs intérêts directement auprès des autorités des pays candidats. La légitimité de la Commission européenne et du Parlement européen est mise en cause dans ce contexte. Etant donné que ni le Parlement ni la Commission n'ont de compétences dans le domaine du nucléaire, il est extrêmement difficile de réagir face à un acteur privé qui n'accepte pas de coopérer selon les règles communes.[40]

---

[40] Le gouvernement autrichien a choisi une autre approche : il a bloqué l'ouverture des négociations du chapitre de l'énergie par son veto en mettant en avant qu'il ne le lèverait que lorsque la question des centrales

L'opérateur allemand Bayernwerk, contrairement à ses partenaires français, a défendu une position prudente. Il ne voulait s'engager dans le projet qu'à condition que les critères occidentaux de sûreté soient respectés et que la BERD se déclare prête à attribuer des financements au projet. [41] L'entreprise française EDF par contre a avancé l'hypothèse que si les occidentaux se retiraient, la centrale serait quand même achevée mais avec l'aide des industriels russes, dont la compétence dans le domaine de la sûreté laissait craindre que le niveau de sûreté nucléaire souhaité ne puisse être atteint.[42] Alors que Bayernwerk s'est retiré du projet suite à la décision du Parlement et de la BERD de suspendre le financement, EDF a continué à coopérer en Slovaquie. Etant donnée la sensibilité de ce sujet en Allemagne, le gouvernement allemand a exercé une pression indirecte sur les responsables de l'opérateur bavarois, malgré l'indépendance vis-à-vis de toute influence politique affichée par ce dernier. L'un de nos interlocuteurs a souligné : « Bien sûr, ça aurait été bien si Bayernwerk avait pu accepter de participer à la suite du projet. Mais nous ne pouvons pas nous permettre d'importer de l'électricité d'une centrale dont la sûreté ne correspond pas à 100% aux standards allemands. Et la presse était particulièrement critique à ce moment. Vous n'avez qu'à regarder les journaux de cette époque. Il y a avait une pression générale politique, aussi de Greenpeace, et nous nous sommes retirés ».[43] Certains acteurs politiques avaient mis en avant que les producteurs allemands, que l'on empêche de construire des centrales en Allemagne, pourraient délocaliser leur production vers l'Europe de l'Est.[44] Le standard de sûreté nucléaire pourrait alors être revu à la baisse.[45] L'entreprise Siemens KWU n'était pas confrontée aux mêmes pressions[46], puisque sa survie économique

---

nucléaires serait résolue du manière satisfaisante, à savoir qu'il soit décidé que les centrales nucléaires peu sûres soient fermées.

[41] Entretien, VIAG/Bayernwerk, 2 février 1999

[42] Entretien, EDF, 4 décembre 1998

[43] Entretien, VIAG/Bayernwerk, 2 février 1999

[44] Entretien, RWE, 27 janvier 1999. C'est d'ailleurs ce qu'a avancé le PDG du Bayernwerk, Otto Majewski, lors des négociation de la « sortie du nucléaire » avec le gouvernement allemand à partir de 1998.

[45] Interview, RWE, 27 January 1999

[46] Bien que la branche allemande de l'association « Médecins sans frontières » ait menacé Siemens de mettre un terme à leurs contrats de

est très clairement liée à la construction de centrales nucléaires. Cette différence de pratiques est extrêmement intéressante dans la mesure où nous devons fonder notre analyse sur les rapports entre les gouvernements et les opérateurs nucléaires. EDF n'a subi, au contraire aucune pression de la part du gouvernement, et continua à participer à l'achèvement de la centrale de Mochovce.[47]

Depuis le changement du gouvernement en Allemagne, l'approche allemande vis-à-vis des centrales nucléaires s'est encore modifiée. Ainsi, le Ministère de l'environnement a publié en 1999 les priorités et critères pour le développement futur de la coopération avec les pays d'Europe centrale et orientale. Il refuse son soutien à la construction de nouvelles centrales nucléaires et souhaite renforcer la recherche pour le remplacement des capacités nucléaires par d'autres sources énergétiques. Le soutien pour la modernisation des centrales n'est applicable que dans des cas exceptionnels et sous les conditions suivantes : Seulement a) si les centrales remplissent les exigences minimales de sûreté nucléaire, et que leur fonctionnement est lié à une nécessité économique, ou b) si les centrales ne remplissent pas les normes minimales de sûreté nucléaire, un soutien financier n'est seulement envisageable si le fonctionnement de la centrale est de très court terme et qu'un accord de fermeture avant l'adhésion du pays à l'Union européenne a pu être trouvé.[48]

---

fourniture des outils médicaux. Entretien, Siemens, 6 juillet 1999 ; Bayernwerk, 15 novembre 1999

[47] A la suite du refus de la Communauté européenne et de la BERD de financer le projet Mochovce, sans que le gouvernement slovaque s'engage officiellement à fermer la centrale nucléaire de Bohunice, ce dernier a décidé de monter son propre projet dans lequel l'entreprise slovaque Skoda est le fournisseur principal avec à ses côtés le consortium franco-allemand EUCOM, Energoprojekt, le concepteur et EDF qui apporte son expertise pour la fin de construction, la mise en service et l'exploitation des tranches 1 et 2. Les nouveaux contrats ont été signés en avril 1996, et après des travaux de deux an, le premier réacteur a divergé en juin 1998. Le deuxième réacteur a été couplé au réseau en été 1999, suivi des protestations du gouvernement autrichien. La centrale de Mochovce est situé à une soixante de kilomètres de la capitale autrichienne, Vienne.

[48] Bundesministerium für Umwelt, Naturschutz und Reaktorsicherheit, *Nukleare Sicherheit in Osteuropa. Programme und Massnahmen zur Verbesserung der Nuklearen Sicherheit sowie damit zusammenhängende Finanzierungsfragen,*

Conclusion

A travers l'analyse des activités des groupes d'intérêts dans le secteur électrique et électronucléaire nous nous sommes interrogés sur le rôle homogénéisateur des programmes d'aide communautaires et internationaux en ce qui concerne les répertoires d'action des groupes d'intérêts allemands et français en Europe centrale et orientale. Les incitations financières communautaires et internationales ont prioritairement mené à la création de coalitions *ad hoc*, à la fois dans un domaine dans lequel la densité associative est élevée – réseaux électriques et interconnexion- et dans un secteur où les associations européennes existent, mais sont plus proches de clubs de discussion et d'échange d'information que d'acteurs représentant leurs intérêts sur des sujets spécifiques – le nucléaire. S'il semble quelque peu banal de constater que les groupes d'intérêts, et en particulier les entreprises adoptent une panoplie de stratégies, parmi lesquelles figure la création des coalitions *ad hoc*[49], il est signifiant de poser la question des raisons qui poussent les acteurs à choisir ce répertoire. La raison centrale peut être attribuée à une division interne des associations européennes, division fondée à la fois sur des intérêts divergents, basée dans certains cas sur la proximité géographique avec l'Europe centrale et orientale, mais aussi sur des formes différentes de relations qu'ils entretiennent avec leurs pouvoirs publics respectifs, qui rendent la participation à des groupes ad hoc de petite taille plus facile. L'analyse montre également que contrairement aux acteurs agricoles, les groupes d'intérêts dans l'électronucléaire semblent être influencés dans une moindre mesure par des logiques purement nationales et les structures relationnelles qu'ils entretiennent avec les autorités politico-administratifs de leurs pays.

Bericht des BMU für den Ausschuss für Umwelt, Naturschutz und Reaktorsicherheit des Deutschen Bundestages, 24. Juni 1999, p. 99-100

[49] entre autre Bert Pijnenburg, « EU lobbying by ad hoc coalitions : an explanatory case study", *Journal of European Public Policy*, 5(2), 1998, p. 315

Conclusion

L'analyse dans ce chapitre s'est concentrée sur la question de savoir dans quelle mesure les programmes communautaires ont incité les acteurs à adopter des répertoires d'action plus homogènes. Pouvait-on constater que dans un secteur non-communautarisé, les incitations par les programmes d'aide possèdent une moindre influence sur les stratégies d'acteurs qui restent alors très dépendants des structures nationales ?

Les incitations par les programmes d'aide à coopérer et à formaliser des programmes de soutien cohérents ont été aussi fortes dans les deux secteurs – communautarisé et intergouvernemental. Les syndicats agricoles ont développé une notion de « modèle agricole européen » qu'ils souhaitent transférer aux secteurs agricoles de l'Europe centrale et orientale. De manière similaire, les acteurs électronucléaires ont créé des groupements *ad hoc* pour bénéficier des programmes financiers communautaires conçus pour mettre à niveau des centrales nucléaires en Europe centrale et orientale. Cependant, lors de la mise en oeuvre des programmes, nous avons pu observer, dans les deux domaines, un retour aux répertoires d'action forgés au niveau national. Alors que cette observation était évidente dans le secteur agricole, il n'a été observable qu'à certains moments dans le domaine électronucléaire. Il semble donc que la variable de la communautarisation d'un secteur n'influe point sur les activités des groupes d'intérêt à l'extérieur de l'Union. Peut-on ainsi concevoir d'autres variables qui permettent d'étudier les modes de représentation des intérêts à l'extérieur de l'espace communautaire ?

Une autre piste de recherche est celle de la politique économique internationale. Dans un article récent, les chercheurs américains Katja Weber et Mark Hallerberg[50] avancent l'hypothèse que ce n'est pas le volume d'échanges, l'intensité relative des activités transfrontalières ou encore les incitations communautaires qui créent la demande pour une plus grande institutionnalisation des groupes d'intérêt, mais l'intensité de la menace à laquelle le secteur est confronté et la hauteur des coûts de transaction. Ils opposent

[50] Katja Weber et Mark Hallerberg, „Explaining variation in institutional integration in the European Union: why firms may prefer European solutions", *Journal of European Public Policy*, 8(2), 2001, p. 171-191

cette hypothèse, analysée par les auteurs à travers trois études de cas (aéronautique, pharmaceutique et industrie automobile), à celle de Wayne Sandholtz et Alec Stone Sweet qui soulignent, quant à eux, que « les niveaux élevés de transactions transfrontalières et des communications des acteurs sociaux entraînent l'intégration au niveau communautaire »[51]. Contrairement à l'hypothèse que nous avons mise en avant dans l'introduction de cette recherche, le niveau d'intégration d'un secteur politique n'est donc pas une variable influençant la coopération étroite ou encore l'émergence d'un mode communautaire de représentation des intérêts.

L'approche de Katja Weber et Mark Hallerberg regroupe des hypothèses qui sont apparues en Relations internationales, notamment défendue par des néo-réalistes comme Kenneth Waltz ou Hans Morgenthau et celles ayant leur origine dans les analyses économiques. Ainsi, si le niveau de la menace économique externe est bas et les acteurs s'adaptent facilement à la concurrence qui règne dans le secteur, aucune nécessité de coopérer ne peut être détectée. Si les acteurs décident de coopérer dans cette situation, ils choisissaient un arrangement plutôt *ad hoc* et informel. Cependant, si la menace économique externe est élevée, les acteurs préfèrent des groupements fortement institutionnalisés, à savoir un arrangement qui est plus contraignant et réduit alors le risque de défection.

Cette problématique est très séduisante grâce à sa clarté. Cependant, notre analyse du terrain a montré plusieurs difficultés liées à cette approche. Dans les deux secteurs, la menace externe perçue est élevée, mais les groupements ne sont *ad hoc* que dans le domaine électro-nucléaire. La représentation dans le secteur agricole, bien que hautement institutionnalisée, a laissé entrevoir des difficultés de coopération et de coordination. Dans les deux domaines, nous avons pu constater l'influence de la variable des structures relationnelles et organisationnelles nationales ainsi qu'un recours au niveau national.

Il importe enfin de souligner un paradoxe concernant le degré d'intégration du secteur. Alors que le domaine d'électricité et du nucléaire n'est guère ou seulement depuis peu « communautarisé »

---

[51] Wayne Sandholtz et Alec Stone Sweet, « European Integration and supranational governance", dans Wayne Sandholtz et Alec Stone Sweet (dirs), *European Integration and Supranational Governance*, Oxford, Oxford University Press, 1998, p.17

et que les compétences décisionnelles se trouvent au niveau national, les coopérations *ad hoc* sont plus étroites, et leurs modes de représentation semblent influencés à un moindre degré par des variables nationales que celles des acteurs agricoles. Au contraire, dans le secteur agricole, les logiques d'action ainsi que les répertoires sont encore très ancrés au niveau national.

CONCLUSION :
LA CONTINUITE DES MODES DE REPRESENTATION NATIONAUX ?

Notre analyse avait pour objectif de déterminer les conditions d'émergence d'un mode communautaire de représentation des intérêts. Pouvait on observer que l'intégration européenne entraînait, notamment depuis l'Acte unique de 1986, un phénomène d'adaptation qui aplanirait les modalités et les différences de représentation des intérêts aux niveaux national et communautaire ?

Ainsi, partant du constat selon lequel l'Etat avait historiquement constitué le cadre à partir duquel s'était structurée la représentation des intérêts, nous nous sommes posés la question de savoir si la relation « Etat-groupe d'intérêt » était effectivement restée structurante pour les activités de ces derniers aux niveaux national, communautaire et international. Or, l'analyse détaillée a montré que le niveau national continuait à influencer les répertoires d'action des groupes d'intérêt d'une manière significative.

En sélectionnant l'Ostpolitik de l'Union de 1989 et 1999 comme terrain et période de recherche, l'objet de cette étude était donc le suivant : comprendre pourquoi la réalité communautaire donnait à voir non pas à un système de représentation constitué, mais plutôt une « mosaïque » de modes de représentation. L'hypothèse principale sous-jacente était que ces derniers restaient influencés par des modes d'échange politique spécifiques à chaque pays et à chaque secteur qui interagissaient avec des structures d'opportunité ou de « fermeture » au niveau communautaire.

Un premier constat qui s'impose est l'existence d'eurogroupes, ou fédérations européennes de groupes d'intérêts nationaux au niveau communautaire. Comme on a pu l'observer, ces groupes ont été, pour la plupart, établis depuis la création des Communautés européennes. Selon l'approche sociologique des institutions, cette ancienneté peut être considérée comme un facteur renforçant la coopération entre les groupes d'intérêt au niveau communautaire, puisque cette proximité faciliterait l'apprentissage de répertoires d'actions commun. Autrement dit, privilégiant une lecture

« organisationnelle isomorphique », cette perspective suggère que les organisations qui interagissent dans un environnement commun développent peu à peu des similarités structurelles. Les modalités d'allocation des ressources, les pratiques et leurs réformes en témoignent.

Toutefois, notre analyse a permis de dégager une limite importante à ce type d'approche. Bien que les « eurogroupes » possèdent a priori une légitimité plus grande pour déployer leurs répertoires d'action au niveau communautaire, car ils fédèrent les intérêts nationaux, ils éprouvent des difficultés structurelles à aboutir à une position commune. Alors que ces fédérations européennes peuvent ainsi prétendre offrir un point de vue agrégé des intérêts de leurs membres, ce qui va dans le sens des préférences 'historiques' des institutions européennes pour le dialogue collectif, elles sont également confrontées plus fortement aux problèmes de l'action collective. Les divergences liées aux intérêts sectoriels et aux trajectoires historiques nationales influent leurs perceptions des problèmes, ce qui, dans ces conditions, rend souvent difficile la définition d'une position commune.

Plusieurs raisons peuvent être avancées dans ce contexte. Le premier obstacle est celui de la structure du système politique européen. Alors que le système institutionnel de représentation des intérêts au niveau communautaire a été initialement conçu pour permettre le développement des structures corporatistes, telles que les comités consultatifs institutionnalisés, et que des décisions politiques ont été prises afin de ne pas collaborer avec des représentations d'intérêts autres que celles agrégées au sein d'associations communautaires, l'architecture de l'Union européenne a coupé court à ces intentions. Le système communautaire possède de nombreux points d'accès pour lesquels différents répertoires d'actions sont nécessaires. Les groupes d'intérêt qui possèdent la capacité d'utiliser ces différents répertoires ont ainsi un grand avantage par rapport aux groupes qui ne possèdent pas de ressources suffisantes pour s'adapter rapidement. Grâce à leur taille, les entreprises multinationales sont particulièrement capables d'exploiter l'architecture à partir de points d'accès multiples de l'Union sans avoir besoin de compter sur l'action collective. Autrement dit, les entreprises et les groupes d'intérêt nationaux ne sont pas obligés de passer par les associations européennes pour représenter leurs intérêts, mais peuvent directement contacter les services des institutions communautaires en question. Cette spécificité renvoie clairement au paradigme de l'action collective fondée sur une approche rationnelle. Mancur Olson a en effet avancé l'hypothèse selon laquelle l'action rationnelle mène les entreprises à établir des petites associations ou des associations sectorielles, au sein desquelles les bénéfices de la représentation des intérêts peuvent être distribués plus efficacement entre les membres, et non pas des grandes associations telles que les eurogroupes.[1]

Un deuxième argument convaincant est avancé par David Coen, qui souligne que les institutions européennes dialoguent avec les entreprises pour renforcer une autre forme de légitimité. Celle-ci est en fait fondée sur l'instrumentalisation des entreprises concernées pour établir une communication préférentielle avec les gouvernements nationaux.[2]

Ceci étant, il importe de relativiser l'hypothèse des acteurs économiquement rationnels. La « rationalité » des associations n'est en effet pas seulement fondée sur les profits que les membres tirent de leurs actions, mais dépend d'autres facteurs comme la conception des intérêts, elle-même influencée par les structures au sein desquelles ces acteurs sont intégrés, par les paradigmes et par les idées existants.

Généralement, l'analyse des répertoires d'action de groupes d'intérêt présentée dans cet ouvrage a montré que, bien que mobilisées au niveau communautaire, les pratiques et les stratégies des groupes d'intérêt déployées au niveau national restaient pérennes. Autrement dit, les représentations des intérêts se

---

[1] Mancur Olson, *The Logic of Collective Action*, Cambridge, Harvard University Press 1965. Claus Offe souligne que l'organisation des intérêts des entreprises est plus facile que celle des autres intérêts : Claus Offe, *Disorganized Capitalism*, Cambridge, Polity Press, 1985

[2] David Coen, "The European Business Interest and the Nation State: Large-firm Lobbying in the European Union and the Member States", *Journal of Public Policy*, 1998, 18(1), p. 75-100; voir aussi David Coen, "The Evolution of the Large Firm as a Political Actor in the European Union", *Journal of European Public Policy*, 1997, 4(1), p. 91-108; Pieter Bowen, "Corporate Lobbying in the European Union: the logic of access", *Journal of European Public Policy*, 2002, 9(3), p.365-390

redéfinissent progressivement à travers une confrontation entre les interprétations du passé, plutôt liées aux pratiques nationales, et celles des nouvelles situations auxquelles doivent faire face les groupes d'intérêt.[3]

Cependant, ce constat ne permet pas d'abstraire de l'influence centrale qu'exerce le contexte institutionnel communautaire sur les répertoires des groupes d'intérêt. Cette influence peut être appréhendée à partir de trois éléments : la recherche de légitimité, la place et le rôle de l'expertise, la fragmentation du système institutionnel.

En ce qui concerne le premier facteur, les institutions incitent à la formation de groupes d'intérêt européens, et lient ensuite ceux-ci étroitement à leurs activités avant tout pour légitimer leur propre action. Autrement dit, plus les institutions sont à la recherche de légitimation, plus elles se montrent « ouvertes » aux groupes d'intérêt. En retour, ces derniers trouvent une raison supplémentaire de représenter leurs intérêts au niveau communautaire afin d'établir des relations privilégiées avec les institutions européennes.

Quant à la place et au rôle de l'expertise, ils ont considérablement augmenté dans la gestion des politiques publiques et dans le policy-making. Son importance semble encore gagner du terrain dans les analyses politistes depuis la publication du livre blanc de la Commission sur la gouvernance[4]. Le constat s'applique autant au niveau national qu'au niveau communautaire. On a pu constater que faire de la politique semble devenir de plus en plus complexe, à la fois au niveau national, mais aussi, et particulièrement, au niveau communautaire. Défini comme « régulateur » par Giandomenico Majone, le système communautaire recherche en effet l'efficience de ses politiques.[5] Or, dans la mesure où le savoir, plutôt que le budget, est la ressource centrale dans le policy-making régulateur,

---

[3] Comme le souligne en particulier Ellen Immergut, "Institutions, Veto points, and Policy Results: A Comparative Analysis of Health Care", *Journal of Public Policy*, 1990, 10(4), p. 391-416

[4] COM(2001) 428 final, *Gouvernance européenne. Un livre blanc*, juin 2001

[5] Contrairement aux systèmes nationaux qui regroupent des caractéristiques régulatrice, distributrice et re-distributrice. Giandomenico Majone, *Regulating Europe*, London, Routledge, 1996

l'expert joue un rôle prépondérant, et la Commission, organe central de régulation, mobilise très fortement cette ressource.[6]

Les institutions européennes en général, la Commission en particulier, sont ainsi constamment à la recherche d'expertise. Les groupes d'intérêt possédant de telles compétences sont donc dans une position favorable pour tisser des liens étroits avec les institutions en question et peuvent, de la sorte, faire valoir avec force leurs intérêts. Toutefois, malgré ce besoin exprimé au niveau communautaire, les modalités qui permettent à un groupe d'intérêt de fournir de l'expertise au niveau communautaire dépendent très fortement du rôle que l'expertise joue dans le secteur en question au niveau national. Autrement dit, les répertoires d'action privilégiés au niveau national sont pour partie reproduits aux niveaux communautaire ou international. Il relève aujourd'hui d'une certaine pensée orthodoxe au sein des institutions européennes que les représentants des associations économiques sont des 'fonctionnaires industriels' qui manquent d'expertise nécessaire pour le policy-making et que les positions de ces associations représentent le plus petit dénominateur commun. C'est seulement lorsqu'un eurogroupe organise en son sein des structures d'expertise qu'il est en mesure de peser sur les modalités des négociations communautaires. Il importe de noter que c'est le rôle de la Commission de décider du « political correctness » de l'information fournie par les groupes d'intérêts. Bien que la Commission soit dépendante de cette information pour la gestion des politiques publiques, ses services filtrent l'expertise produite. La structure fragmentée du système politique communautaire, au cœur de laquelle les entités bureaucratiques sont le plus souvent en conflit, conduit à une situation où l'expertise fournie est utilisée à des fins politiques internes, propres aux services de la Commission. Autrement dit, loin d'une technocratisation des politiques publiques, nous observons un jeu de pouvoir entre les entités bureaucratiques et les groupes d'intérêt.[7]

Au total, les modes de représentation des intérêts, au regard du recours à « la science », dépendent de trois éléments : du besoin

---

[6] Claudio M. Radaelli, *Technocracy in the European Union,* London et New York, Longman, 1999

[7] Voir aussi Christian Lequesne, *L'Europe bleue. A quoi sert une politique communautaire de la pêche ?,* Paris, Presses de Sciences Po, 2001, p. 117

d'expertise pour la légitimation des activités des institutions européennes en général et de la Commission en particulier, des compétences des institutions européennes qui déterminent le niveau d'expertise intra-institutionnelle et, enfin, de l'organisation de l'expertise au niveau national.

Le troisième élément qu'il convient de mettre en exergue est l'extrême fragmentation et sectorisation des relations inter- et intra-institutionnelles. Cette réalité empêche l'émergence d'un mode communautaire de représentation des intérêts. En outre, les modalités d'adaptation à ce genre particulier de configuration mouvante et incertaine restent fortement influencées par les capacités d'action acquises au niveau national.

Ainsi, si l'émergence d'un mode homogène de représentation des intérêts est déjà difficile à constater au niveau communautaire, quel est le résultat de l'analyse des activités dans l'espace extra-communautaire ?

Tout comme l'analyse des modes de représentation des intérêts au niveau communautaire, une étude des activités des groupes d'intérêts en Europe centrale et orientale ne permet pas de constater l'émergence d'un mode communautaire spécifique de représentation des intérêts. Dans ce contexte, toutefois, les différences constatées entre les groupes d'intérêt allemands et français relèvent moins des structures des secteurs que de la politique étrangère du pays. Ainsi, nous avons vu que l'élaboration d'un programme spécifique allemand avait permis aux groupes d'intérêts allemands de s'engager activement en Europe centrale et orientale, contrairement aux acteurs français, qui avaient, eux, d'abord cherché à participer à des programmes communautaires ou internationaux. Il semble ainsi que l'analyse des acteurs européens nécessite toujours de faire appel aux approches de relations internationales, et en particulier aux études sur la politique étrangère. L'étude politiste du système communautaire est donc contrainte de d'être transdisciplinaire et de lier les approches de politique publique, de politique comparée, de sociologie politique et des relations internationales afin de rendre compréhensible la complexité de l'Union.[8]

Nous avons vu qu'après presque cinquante ans de construction européenne, les répertoires d'action des groupes d'intérêt sont encore très fortement influencés par les structures relationnelles établies avec les acteurs politico-administratifs nationaux. Les modèles définis en termes de « styles politiques nationaux » ne sont cependant pas applicables à des structures politiques nationales globales. Nous avons pu en effet constater que les modes sectoriels ou sous-sectoriels des relations entre groupes d'intérêt et acteurs politico-administratifs influent très fortement sur les répertoires d'actions choisis par les groupes d'intérêt au niveau communautaire et extra-communautaire. L'étude empirique a montré que nous sommes ainsi confrontés à une multiplicité de formes relationnelles entre les groupes d'intérêt et les acteurs politico-administratifs. Ce sont surtout les études sur la gouvernance européenne qui ont mis en avant que nous nous trouvons face à un 'patchwork' de différents styles politiques et que le processus politique correspondant est moins un processus d'harmonisation intentionnelle que celui d'une 'compétition régulatrice'.[9] Alors que les acteurs politiques insérés dans un système de 'gouvernance en réseaux' considèrent que la solution des problèmes est la caractéristique centrale du système politique dans lequel ils agissent[10], les chercheurs travaillant dans cette optique soulignent

[8] Voir la discussion qui a eu lieu dans le milieu anglo-saxon : Simon Hix, « The Study of the European Community : the challenge to Comparative Polictics », *West European Politics*, 1994, 14(1) ; Andrew Hurrell et Anand Menon, « Politics Like Any Other ? Comparative Politics, International Relations and the Study of the EU », *West European Politics*, 1996, 17(1) ; Thomas Risse-Kappen, « Exploring the Nature of the Beast. International Relations Theory and Comparative Policy Analysis Meet the European Union", *Journal of Common Market Studies*, 1996, 34(1)

[9] Adrienne Héritier et al, *Differential Europe. The European Union Impact on National Policymaking*, Lanham, Rowman & Littlefield, 2001; Adrienne Héritier, "The Accommodation of Diversity in European Policy-Making and its Outcomes: Regulatory Policy-Making as a Patchwork", *Journal of European Public Policy*, 1996, 3(2), p. 149-167

[10] Beate Kohler-Koch, "The Evolution and Transformation of European Governance" dans Beate Kohler-Koch et Rainer Eising (dirs),

néanmoins que les secteurs politiques communautaires varient fortement en termes de capacité à générer des solutions et d'efficacité.[11]

L'analyse des modes de représentation des groupes d'intérêt a montré l'importance de la recherche d'une solution lors des négociations politiques communautaires. Les groupes d'intérêt les mieux placés pour représenter leurs intérêts étaient d'ailleurs ceux qui étaient habitués à l'élaboration de l'expertise nécessaire pour la solution des problèmes au niveau national. Peut-on donc constater, comme le font les adeptes de l'approche de gouvernance, que cette forme de gestion du politique prime sur des questions de structures hiérarchiques, de luttes de pouvoir ou encore d'enjeux distributifs, éléments clés de la politique (*politics*) ?[12]

Il semble qu'une certaine prudence s'impose. Le terrain étudié a au contraire montré que la politique continue à jouer un rôle primordial dans l'étude des modes de représentation des intérêts des groupes à la fois au niveau national, communautaire et extra-communautaire. Au niveau communautaire, les institutions européennes en général, et la Commission en particulier sont certes dépendantes de l'expertise fournie par les groupes d'intérêt dans certains secteurs pour gérer des politiques et trouver des solutions aux divers problèmes qui se posent dans ces contextes. En revanche, ce sont les institutions européennes qui dictent les règles selon lesquelles les relations avec les groupes d'intérêt se construisent. S'il est exact que les services de la Commission cherchent le contact avec les groupes d'intérêt pour accroître entre autres leur pouvoir et leur légitimité et que les groupes d'intérêt reçoivent en contrepartie la possibilité d'influencer les processus politiques, il n'en est pas moins vrai que le pouvoir de proposer des politiques et de décider leur mise en oeuvre reste l'apanage de la Commission.

Il est donc nécessaire que les approches de gouvernance prennent en compte les *politics* de l'intégration européennes et non seulement

---

The Transformation of Governance in the European Union, London, Routledge, 1999, p. 14-35

[11] Fritz Scharpf, « The problem-solving capacity of multi-level governance », *Journal of European Public Policy*, 1997, 4(4), p.520-538

[12] Voir également pour une discussion de cet élément Markus Jachtenfuchs, « The Governance Approach to European Integration », *Journal of Common Market Studies*, 2001, 39(2), p. 245-264

le *policy-making* aboutissant aux *policies*. Le jeu politique entre les acteurs reste central : les hiérarchisations des acteurs liées par un réseau particulier et leur rapport de force sont des variables centrales qui permettent d'offrir un modèle expliquant comment et pourquoi les intérêts se sont construits et comment ils sont représentés. Cette observation s'applique également à la discussion actuelle sur la construction d'une société civile au niveau communautaire et surtout son association à des processus décisionnels en Europe. Le livre blanc sur la gouvernance de la Commission européenne a clairement mis en avant la nécessité d'être plus à l'écoute de la société civile, définie dans un sens très large allant des fédérations européennes des employeurs aux organisations non-gouvernementales, religieuses ou régionales.[13] Ce sont les institutions européennes qui, de nouveau, décident sur la forme de consultation des groupes d'intérêt. Allons-nous vers une forme de régulation de la participation des groupes d'intérêt imposée par les acteurs politiques démocratiquement légitimés comme nous fait croire l'Avant-projet de Traité constitutionnel ?[14]

La présente étude a montré que bien que le système communautaire reste caractérisé par la recherche permanente d'une solution des problèmes, à laquelle Fritz Scharpf attribue la légitimité par *l'output* ou le résultat, il est problématique d'analyser les activités des groupes d'intérêt sous cet seul aspect. Leurs modes de représentation des intérêts restent clairement influencés par le rapport de force qui existe entre eux et les acteurs politico-administratifs au niveau national et communautaire et il est nécessaire de lier ces deux niveaux pour obtenir une analyse complète de leurs activités.

---

[13] En décembre 2002, la Commission publie un document de suivie sur une culture renforcée de consulation et de dialogue: COM (2002) 704 final, *Communication from the Commission : Towards a reinforced culture of consultation and dialogue- General principles and minimum standards for consultation of interested parties by the Commission*, 11 December 2002

[14] La Convention européenne, *Avant projet de Traité constitutionnel, Titre VI*, Article 34 (Principe d'une démocratie participative), CONV 369/02. Pour une collection de contributions sur le sujet de la représentation politique au niveau communautaire voir Sabine Saurugger (dir), *Les modes de représentation dans l'Union européenne*, Paris, L'Harmattan (Collection Logiques Politiques), 2003

ANNEXE
SIGLES ET ABREVIATIONS

AbL	Arbeitsgemeinschaft bäuerliche Landwirtschaft
AEN	Agence de l'énergie nucléaire
AGBP	Association générale des producteurs de blé
AGROPOL	Association pour le Développement international agronomique et industriel des protéagineux et des oléagineux
AIEA	Agence internationale d'énergie atomique
ANDRA	Agence nationale des déchets radioactifs
ANIFELT	Association nationale des industries des fruits et de légumes transformés
APCA	Assemblée permanente des Chambres d'agriculture
ASSET	Analysis of Safety Significant Events Team
BBV	Bayrischer Bauernverband
BDI	Bundesverband der deutschen Industrie
BDL	Bund deutscher Landwirte
BEI	Banque européenne de l'investissement
BERD	Banque européenne de reconstruction et de développement
BLF	Bundesverband der Landwirtschaftlichen Fachschulabsolventen
BMBF	Bundesministerium für Bildung und Forschung
BMU	Bundesministerium für Umwelt
BWR	Boiling Water Reactor
CAF	Conseil de l'agriculture française
CANDU	Canadian Deuterium Uranium Reactor
CCR	Centre commun de recherche (JRC)
CEA	Commissariat de l'énergie atomique
CEA	Confédération européenne d'agriculture
CECA	Communauté européenne de charbon et de l'acier
CEEA	Communauté européenne de l'énergie atomique
CEI	Communauté des Etats indépendants
CEJA	Centre européen des jeunes agriculteurs
CFCE	Centre français du commerce extérieur
CGA	Confédération générale d'agriculture
CIA	Confédération internationale d'agriculture

CIG	Conférence intergouvernementale
CIIA	Confédération des industries agricoles et alimentaires
CNJA	Centre national des jeunes agriculteurs
CNMCCA	Confédération nationale de la mutualité, de la coopération et du crédit agricoles
CNSTP	Confédération nationale des syndicats de travailleurs-paysans
COGECA	Comité général de la coopération agricole de l'UE
COGEMA	Compagnie générale des matières atomiques
Commission PEON	Commission pour la production d'électricité d'origine nucléaire
COPA	Comité des organisations professionnelles agricoles de l'UE
COPA	Comité des producteurs agricoles de l'UE
COREPER	Comité des représentants permanents
CPE	Confédération paysanne européenne
CSA	Comité spécial pour l'agriculture
DBV	Deutscher Bauernverband
DG I	Direction générale des relations extérieures
DG IA	Direction générale des relations politiques extérieures
DG II	Direction générale des finances
DG VI	Direction générale de l'agriculture
DG XI	Direction générale de l'environnement, de sûreté nucléaire et de protection civile
DG XVII	Direction générale de l'énergie
DGEMP	Direction générale de l'énergie et des matières premières
DIHT	Deutscher Industrie- und Handelstag
DRV	Deutscher Raiffeisenverband
DSIN	Direction de la sûreté des installations nucléaires
DVG	Deutsche Verbundgesellschaft
EDF	Electricité de France
EFCC	European Fuel Cycle Consortium
EnBW	Energie Baden-Würtemberg
EPIC	Etablissement public de caractère industriel et commercial
EPR	European Pressurized Water Reactor
FDSEA	Fédération départementale des syndicats d'exploitants agricoles
FBR	Fast Breeder Reactor
FFA	Fédération française d'agriculture

FFA	Fédération française de l'agriculture
FNB	Fédération nationale bovine
FNO	Fédération nationale ovine
FNP	Fédération nationale porcine
FNPF	Fédération nationale des producteurs de fruit
FNPL	Fédération nationale des producteurs de lait
FNSEA	Fédération nationale des syndicats des exploitants agricoles
FNSP	Fédération nationale des syndicats paysans
FORATOM	Forum atomique de l'UE
FRAMATOME	Société franco-américaine de construction atomique
GFA	Gesellschaft für Agrarprodukte
GRS	Gesellschaft für Reaktorsicherheit
INRA	Institut national de la recherche agronomique
INTERFEL	Interprofession de fruits et de légumes
IPSN	Institut de protection et de sûreté nucléaire
JAC	Jeunesse agricole catholique
JRC	Joint Research Centre
MODEF	Mouvement de défense des exploitations familiales
NEI	Nouveaux Etats indépendants
NUSAC	Nuclear Safety Account
NUSAC	Nuclear Safety Co-ordination
OCDE	Organisation de coopération et de développement économique
OCM	Organisation commune du marché
OFIVAL	Office interprofessionnel viande
OMC	Organisation mondiale de commerce
ONIFLHOR	Office national interprofessionnel des fruits des légumes et de l'horticulture
OPA	Organisation professionnelle agricole
OSART	Operational Safety Review Team
OTAN	Organisation du Traité de l'Atlantique nord
OTICE	Organisation du Traité d'interdiction complète des essais nucléaires
PAC	Politique agricole commune
PAC	Politique agricole commune
PECO	Pays d'Europe centrale et orientale
PHARE	Pologne-Hongrie assistance pour la reconstruction économique
PIB	Produit intérieur brut
RAMG	Regulatory Assistance Management Group
RBMK	Reaktor Bolchoï Mochnosti Kanalnyi (réacteur de grande puissance à tubes de force)

RDA	République démocratique allemande
REP	Réacteur à eau pressurisé
RFA	République fédérale allemande
RSK	Reaktorsicherheitskommission
RWE	Rheinisch-Westfälische Elektrizitätswerke
SAAS	Staatliches Amt für Atomenergie und Strahlenschutz
SAU	Surface agricole utile
SCR	Service commun des relations extérieures
SEA	Syndicat d'exploitants agricoles locaux
SFEN	Société française d'énergie nucléaire
Siemens KWU	Siemens Kraftwerksunion
SNE	Société nucléaire européenne
SOPEXA	Société pour l'expansion des ventes des produits agricoles et alimentaires
SSK	Strahlenschutzkommission
TACIS	Technical Assistance for the Commonwealth of Independent States
TFAN	Task Force for Accession Negotiations
TNP	Traité de non-prolifération
TPEG	Twinning Programme Engineering Group
TSOG	Technical Safety Organisation Group
TÜV	Technischer Überwachungsverein
UCPTE	Union pour la coordination de la production et du transport de l'électricité
UE	Union européenne
UEO	Union de l'Europe occidentale
UGP	Unité de gestion de programmes
UNIPEDE	Union internationale des producteurs et distributeurs de l'énergie électrique
VDEW	Vereinigung deutscher Elektrizitätswerke
VDGB	Vereinigung der gegenseitigen Bauernhilfe
VEBA	Vereinigte Elektrizitäts- und Bergwerksgesellschaft
WANO	World Association of Nuclear Operators
WENRA	West European Nuclear Regulators Association

BIBLIOGRAPHIE

Allison Graham et Philip Selikow, *Essence of Decision,* New York, Addison-Wesley Longman, 1999

Allison Graham, *The Essence of Decision : explaining the Cuban Missile Crisis,* Boston, Little and Brown, 1971

Andersen Svein S. et Kjell A. Eliassen (dirs), *The EU: How Democratic is it?,* London, Sage, 1996

Anderson Charles W., "Political Design and the Representation of Interests", dans Philippe Schmitter et Lehmbruch Gerhard (dir), *Trends Towards Corporatist Intermediation,* Sage, London, 1979, p.271-298

Aspinwall Mark, « Collective Attraction – The New Political Game in Brussels", dans Justin et Mark Aspinwall (dirs), *Collective Action in the European Union. Interests and the New Politics of Associability,* Londres, Routledge, 1998

Atkinson Michael et William Coleman, « Strong States and Weak States: Sectoral Policy Networks in Advanced Capitalist Economies », *British Journal of Political Science* 19, 1986

Badie Bertrand et Guy Hermet, *Politique comparée,* Paris, PUF, 1990

Bafoil François (dir), *Les stratégies allemandes en Europe centrale et orientale. Une géopolitique des investissements directs,* Paris, L'Harmattan, 1997

Bafoil François, « La question agricole en Pologne : le défi de l'intégration européenne », *Les Cahiers du CERI,* n°74, 2001

Bafoil François, « Le changement rural est-allemand et l'équilibre politique local », *Annales des Mines,* n°32, 1993, p. 31-40

Balme et Richard Didier Chabanet, *L'action collective et représentation des intérêts dans l'Union européenne,* texte présenté dans le cadre du Forum européen, Centre Robert Schuman, IUE, Florence, 19 mai 2000

Balme Richard et Didier Chabanet, « Action collective et représentation des intérêts dans l'Union européenne », dans Richard Balme, Didier Chabanet et Vincent Wright (dirs), *L'action collective en Europe,* Paris, Presses de Sciences Po, 2002

Barthélémy Martine, *Associations : le nouvel âge de la participation,* Paris, Presses de Sciences Po, 2000.

Basso Jacques, « Les groupes d'intérêt, les groupes de pression et le fonctionnement de la démocratie en société civile européenne », *Europe en formation,* 1996/1997, n°303, p.39-51

Basso Jacques, *Les groupes de pression,* Paris, PUF, Que sais-je, 1983

Batail Jacques, « Le marché intérieur de l'électricité : la négociation de la directive et l'organisation du futur système français », *Economies et sociétés* 1997, 31(5-6), p. 117-135

Baumgartner Frank R. et Bryan D. Jones, « Agenda Dynamics and Policy Subsystems », *The Journal of Politics,* 53(4), 1991, p. 1044-1074

Bell Daniel, *The comings of Postindustrial Society*, New York, Basic Books, 1973

Bellier Irène, « Une culture de la Commission européenne ? de la rencontre des culture européennes et du multilinguisme des fonctionnaires », dans Yves Mény, Pierre Muller et Jean-Louis Quermonne (dirs), *Politiques publiques en Europe*, Paris, L'Harmattan 1995

Bentley Arthur F., *The Process of Government: A Study of Social Pressures*, Chicago, Chicago University Press 1908

Blanchet Jacques et Alain Revel (dir), *Elargissement de l'Europe à l'Est : danger ou chance pour les agriculteurs?* , Paris, France agricole 1996

Bluhm Katharina, *Exporting or Abandoning the "German Model"? Labour Politics of German Manufactoring Firms in Central Europe*, Paper presented at the workshop "Non-State Actors and Transnational Relations: The German Example, 1-2 December 2000, Centre Marc Bloch, Berlin

Boiteux Marcel, « Concurrence, régulation, service public : variations autour du cas de l'électricité », *Futuribles* 1996, n°205, p. 39-58

Boittin, Jean-François « Quelle politique commerciale pour l'Union européenne ? », *Le Banquet*, 1997, 11

Bojnec Stefan, « Integration of Central Europe in the Common Agricultural Policy of the European Union », *World Economy* 1996, 19(4), p.447-463

Boltanski Luc, *Les cadres. La formation d'un groupe social*, Paris, Minuit 1982

Bomberg Elisabeth, « Issue networks and the environment: explaining European Union environmental policy », dans David Marsh (dir). *Comparing Policy Networks*, Buckingham, Open University Press 1998

Börzel Tanja A. et Thomas Risse, *When Europe Hits Home: Europeanization and Domestic Change*, EUI Working Papers, Robert Schuman Centre n° 2000/56

Bourdieu Pierre, « La représentation politique. Eléments pour une théorie du champ politique », *Actes de la recherche en sciences sociales*, n°36/37, 1981, p.3-17

Bowen Pieter, "Corporate Lobbying in the European Union: the logic of access", *Journal of European Public Policy*, 2002, 9(3), p.365-390

Braud Philippe, *Sociologie politique*, Paris, L.G.D.J., 2000

Bretherton Charlotte et John Vogler, *The European Union as Global Actor*, London, Routledge, 1999

Briquet Jean-Luc et Frédéric Sawicki (dirs), *Le clientélisme politique dans les sociétés contemporaines*, Paris, PUF, 1998

Bulmer Simon and Paterson William, *The RFG and the European Communities*, London, HarperCollins 1987

Bulmer Simon et Christian Lequesne, « New Perspectives on EU-Member State Relationships », *Paper presented to the Seventh ECSA Biennial Conference*, May 31-June 2, 2001, Madison

Bulmer Simon et Kenneth Armstrong, *The governance of the Single European Market*, Manchester, Manchester University Press 1998

Bulmer Simon et Martin Burch, « The 'Europeanisation' of central government : the UK and Germany in historical institutionalist perspective », dans Mark Aspinwall et Gerald Schneider (dirs), *The Rules of Integration. Institutionalist Approaches to the Study of Europe*, Manchester, Manchester University Press, 2001, p. 73-96

Bulmer Simon, "Four Faces of European Union Governance: A New Institutionalist Research Agenda", *EPRU Working Paper*, University of Manchester, février 1995

Bulmer Simon, "New Institutionalism and the Governance of the Single European Market", *Journal of European Public Policy*, 1998, 5(3), p.365-386

Bulmer Simon, « The Governance of the European Union : A new institutionalist approach », *Journal of Public Policy*, 1994, 13(4), p.351-380

Burch Martin et Ian Holliday, *The British Cabinet System*, Hemel Hempstead, Harvester Wheatsheaf, 1995

Butt Philip Alan, *Pressure Groups in the European Community*, London, University Association for Contemporary European Studies, 1985

Cawson Alan (dir), *Organised Interest and the State*, London, Sage 1985

Cawson Alan, "Corporatism and local politics in Britain", dans Wyn Grant (dir), *The Political Economy of Corporatism*, London, MacMillan, 1986

Chabanet Didier (dir), « Mobilisations et clivages socio-politiques en Europe », *Politique européenne*, n°5, printemps 2001

Chapelle-Blancard Gunther et Stéphanie Monjon, « Le nucléaire face aux défis économiques et environnementaux du XXIe siècle », dans Hélène Labbé, *Le nucléaire à la croisée des chemins*, Paris, La documentation française, 1999, p. 55-86

Charles-Le Bihan Danielle, « L'intégration agricole des PECO dans l'Union européenne: de la défense de la politique agricole commune à son inévitable mutation », *Revue des Affaires européennes*, 1997, 7(3), p. 302- 323

Checkel Jeffrey, "Social Construction and Integration", *Journal of European Public Policy*, 6(4), 1999, p. 545-560

Chevalier Jean-Marie, « Les réseaux de gaz et d'électricité : multiplications des marchés contestables et nouvelle dynamique concurrentielle », *Revue d'économie industrielle*, 1995, n°72, p.7-29

Christiansen Thomas, « Tensions of European Governance : politicizised bureaucracy and multiple accountablity in the European Commission », *Journal of European Public Policy*, 1997, 4(1), p. 73-90

Cini Michelle, « La Commission européenne lieu d'émergence de cultures administratives. L'exemple de la DG IV et de la DG XI », *Revue française de science politique*, 46(3), p. 457-472

Claeys Paul-Henri et al (dirs). *Lobbyisme, Pluralisme et Intégration européenne,* Editions de l'Université libre de Bruxelles, Bruxelles 1998

Cobb Roger W. et Charles D. Elder, *Participation in American Politics : The Dynamics of Agenda Building,* Johns Hopkins University, Baltimore, 1972

Coen David, "The European Business Interest and the Nation State: Large-firm Lobbying in the European Union and the Member States", *Journal of Public Policy,* 1998, 18(1), p. 75-100

Coen David, "The Evolution of the Large Firm as a Political Actor in the European Union", *Journal of European Public Policy,* 1997, 4(1), p. 91-108

Coen David, *The Role of Large Firms in the European Public Policy System. A Case Study of European Multinational Political Activity,* Paper Presented to the 5th ECSA Biennial Conference, 29 May to 1st June 1997

Cohen Elie et Michel Bauer, *Les grandes manœuvres industrielles,* Paris, Belfond, 1985

Cohen Elie, « France : National Champions in Search of a Mission », dans Jack Hayward (dir), *Industrial Enterprise and European Integration. From National to International Champions in Western Europe,* Oxford, OUP, 1995, p. 23-47

Cohen Elie, *Le colbertisme High-tech,* Paris, 1992

Colletis Gabriel, "Les grandes infrastructures de recherché en France et en Allemagne: quelle inspiration territoriale?", dans Edith Brenac, Dominique Finon et Pierre Muller, *La grande technologie entre l'Etat et le marché. Politiques publiques comparées,* Grenoble, CERAT, 1991, p.417-441

COM (2002) 704 final, *Communication from the Commission : Towards a reinforced culture of consultation and dialogue- General principles and minimum standards for consultation of interested parties by the Commission,* 11 December 2002

COM (74) 550 final, *Vers une nouvelle stratégie de politique énergétique pour la Communauté*

COM(2001) 428 final, *Gouvernance européenne. Un livre blanc* , juin 2001

COM(2001) 428 final, *Gouvernance européenne. Un livre blanc* , juin 2001

COM(97) 2000, Vol. I, *L'Agenda 2000, pour une Union plus forte et plus large*

Commission européenne, *PHARE funding 1990-1994,* Bruxelles, 1995

CONV 369/02, La Convention européenne, *Avant projet de Traité constitutionnel,*

Convention européenne, *Avant projet de Traité constitutionnel, Titre VI,* Article 34 (Principe d'une démocratie participative), CONV 369/02

Coombes David, *Politics and Bureaucracy in the European Community,* Londres, Allan et Unwin, 1970

Costa Olivier, "L'Europe par les régions au Parlement de Strasbourg", *Critique internationale,* 1998, n°5, p.11-21

Coujard Jean-Louis, "L'économie rurale : quelle(s) spécificité(s) ? », *Economie rurale*, 1984, 1960, p.3-8

Coulomb Pierre, « La cogestion - une nouvelle tentative corporatiste » dans Pierre Coulomb et al. (dirs). *Les agriculteurs et la politique*, Paris, Presses de la FNSP, 1990

Cour des comptes de la Communauté européenne, *Rapport relatif à l'exercice 1991*, JO, C 330, 15.12.1992

Cox Andrew et Jack Hayward, "The Inapplicability of the Corporatist Model in Britain and France – The Case of Labour", *International Political Science Review*, 1983, 4(2), p. 217-240

Cram Laura, "Calling the Tune without Paying the Piper? Social policy regulation: the role of the Commission in European Community social policy", *Policy and Politics*, 1993, 21(2), p. 135-146

Cram Laura, "EU Institutions and Collective Action. Constructing a European Interest", dans Justin Greenwood et Mark Aspinwall (dirs.), *Collective Action in the European Union. Interests and the New Politics of Associability*, Routledge, London 1998, p. 63-80

Cram Laura, « The European Commission as a multi-organization : social policy and IT policy in the EU », *Journal of European Public Policy*, 1994, 1(2), p. 195-217

Cram Laura, *Policy-making in the EU. Conceptual lenses and the integration process*, Londres, Routledge, 1997

Crouch Colin et Ronald P. Dore, « Whatever Happened to Corporatism? », dans Colin Crouch et Robert Dore (dirs.), *Corporatism and Accountability: Organised Interests in British Life*, Oxford, Clarendon Press 1990

Crousse Bernard, Jean-Louis Quermonne et Luc Rouban, *Science politique et politique de la science*, Paris, Economica, 1986

Crozier Michel et Erhard Friedberg, *L'acteur et le système*, Paris, Seuil, 1977

Crozier Michel, *Le phénomène bureaucratique : essai sur les tendances bureaucratiques des systèmes d'organisation modernes et sur leurs relations en France avec le système social et culturel.* Paris, Seuil, 1963

CSE (95) 607, *Etude sur les différentes stratégies pouvant être suivies pour développer les relations entre l'Union européenne et les pays associés dans le domaine de l'agriculture, dans la perspective de l'adhésion future de ces pays*, Document de stratégie agricole, 16 novembre 1995

Czada Roland, « Konjunkturen des Korporatismus: Zur Geschichte eines Paradigmenwechsels in der Verbändeforschung ». PVS, 1994, 35(25) : 37-64;

Daalder Hans, « The Development of the Study of Comparative Politics », in Hans Keman (dir), *Comparative Politics. New Directions in Theory and Method*, Amsterdam, VU University Press, 1993

Dahl Robert A., *Who Governs ?*, New Haven, Yale University Press, 1961

Dakowska Dorota, « Usages et mésusages du concept de gouvernance appliqué à l'élargissement de l'Union européenne », *Politique européenne*, n°10 printemps 2003, p. 99-120

Daugbjerg Carsten et David Marsh, « Explaining policy outcomes: integrating the policy network approach with macro-level and micro-level analysis », dans David Marsh (dir), *Comparing Policy Networks*, Buckingham, Open University Press 1998

de Tocqueville Alexis, *De la démocratie en Amérique*, Paris, Gallimard, 1961, tome II

Deloche-Gaudez Florence et Christian Lequesne, « Le programme PHARE : mérites et limites de la politique d'assistance de la Communauté européenne aux pays d'Europe centrale et orientale », *Politiques et management public*, 1996, 14(1), p. 143-155

Deloche-Gaudez Florence, *La politique de la Communauté européenne à l'égard des pays d'Europe centrale et orientale de juin 1988 à juin 1993. Une réflexion sur le caractère pluraliste de la construction européenne*, Thèse de doctorat, IEP de Paris, 1998

Delorme Hélène, « Les années Chirac », dans Pierre Coulomb et al. (dirs). *Les agriculteurs et la politique*, Paris: Presses de la FNSP 1990

Desmond Ben, *Managing Finances of the European Union. The Role of the European Court of Auditors*, Dublin, Institute of European Affairs 1996

Deubner Christian, "The expansion of West German Capital and the Founding of Euratom", *International Organization*, 33(2), 1979, p. 203-228

Deubner Christian, *Die Atompolitik der Westdeutschen Industrie und die Gründung von Euratom*, Frankfurt, Campus, 1977

DiMaggio Paul J. et Walter W. Powell, *The New Institutionalism in Organizational Analysis*, Chicago/London, University of Chicago Press 1991

Douglas Mary, *How Institutions Think*, London, Syracuse Press 1986

Downs Anthony, *Inside Bureaucracy*, Boston, Little Brown 1967

Drake Helen, *Jacques Delors : Perpectives on a European Leader*, London, Routledge 2000

Dreyfus Françoise, « La professionnalisation de l'administration : recherches sur la fonction idéologique de l'expertise », *Annuaire international de la fonction publique, 1975-1976*, p. 295-309

Druet Pierre-Philippe, Peter Kemp et Georges Thill, "Le rôle social de l'expert et de l'expertise", *Esprit*, n°100, 1989

Duthil Gérard, *Le métamorphoses de. l'agriculture française*, Paris, L'Harmattan 1998

Dyson Kenneth, "The Cultural, Idelogical and Structural Context", dans Kenneth Dyson et Stephen Wilks (dirs), *Industrial Crisis: A Comparative Study of State and Industry*, Oxford, Martin Robertson, 1983

Dyson Kenneth, "West Germany: The Search for a Rationalist Consensus", dans Jeremy J. Richardson (dir), *Policy Styles in Western Europe,* London, Allan & Unwin, 1982, p. 19-21

Evans Peter B, Harold K. Jacobson et Robert Putnam (dirs), *Double-Edged Diplomacy. International Bargaining and Domestic Politics,* Berkeley, University of California Press, 1993

Falkner Gerda, *Interest Groups in a Multi-level Polity: The Impact of European Integration on National Systems,*, RSC 1999/34, EUI Working Papers, 1999

Featherstone Kenneth, "Jean Monnet and the Democratic Deficit in the EU", *Journal of Common Market Studies,* 32(2), 1994, p. 149-170

Finnemore Martha et Kathryn Sikkink, "International norm dynamics and political change", *International Organization,* 52(4), 1998, p. 887-917

Finon Dominique, « L'énergie nucléaire : perspectives », *ENA Mensuel,* 1999, n°297, p.3-19

Finon Dominique, « Vers un nucléaire new-look », *Societal,* 1999, n°24, p. 87-92

Finon Dominque, « Les Etats et le nucléaire civil depuis 1955 : l'empreinte des structures étatiques et des styles politiques », dans Edith Brenac, Dominique Finon et Pierre Muller, *La grande technologie entre l'Etat et le marché. Politiques publiques comparées,* Grenoble, CERAT, 1991

Finon Dominque, *L'échec des surgénérateurs, Autopsie d'un grand programme,* Grenoble, Presses universitaires de Grenoble 1989

Fischer Frank, *Technocracy and the Politics of Expertise,* London, Sage, 1990

Fligstein Neil et Alec Stone Sweet, "The Institutionalisation of the Treaty of Rome", *Paper presented to the Colloque CERI-CEVIPOF, L'intégration européenne entre émergence institutionnelle et recomposition de l'Etat, Sciences Po, Paris, 26 et 27 mai 2000,*

Fouilleux Eve, « Entre production et institutionnalisation des idées. La réforme de la Politique agricole commune ", *Revue française de science politique* 50(2), 2000, p. 277-305

Fouilleux Eve, « Le polycentrisme : contrainte et ressource stratégique. Le cas de la Politique agricole commune », dans Jacques Commaille et Bruno Jobert (dirs), *Les métamorphoses de la régulation politique,* Parsi, LDJD, 1999, p. 177-202

Fouilleux Eve, *Idées, institutions et dynamiques du changement de politique publique. La transformation de la Politique agricole commune,* Thèse de doctorat, Université Pierre Mendès France, 1998

Fouilleux Eve, *La cogestion à la française à l'épreuve de l'Europe. L'exemple de la réforme de la Politique agricole commune,* St. Martin d'Hères, CERAT, 1996

Freeman Lawrence, *The Political Process: Executive Bureau-Legislative Committee Relations,* New York, Random House, 1965

Friedberg Erhard, « En lisant Hall et Taylor : néo-institutionnalisme et ordres locaux », *Revue française de science politique,* 1998, 48(3-4), p. 507-514

Friedberg Erhard, *Le pouvoir et la règle. Dynamiques de l'action organisée*, Paris, Seuil, 1997

Gallon Stéphane, « La fin du monopole d'EDF en France et la concurrence sur le marché européen de l'électricité » *Regards sur l'actualité*, 2000, n°263, p.3-25

Gerbet Pierre, *La construction de l'Europe*, Paris, L'Imprimerie nationale, 1999

Gilb Corrine L., *Hidden Hierarchies*, New York, Harper and Row, 1966

Ginsberg Robert H., « Conceptualizing the European Union as an International Actor: Narrowing the Theoretical Capability-Expectations Gap », *Journal of Common Market Studies*, 1999, 37(3), p. 429-454

Goldschmidt Bertrand, *L'aventure atomique*, Paris, Fayard, 1966

Goldwin Robert A. (dir), *Bureaucrats, Policy Analysts, Statesmen: Who leads?*, Washington, American Enterprise Institute, 1980

Grande Edgar, "The state and interest groups in a framework of multi-level decision-making: the case of the European Union", *Journal of European Public Policy*, 3(3), 1996, p. 318-338

Grant Wyn, "Models of interest intermediation and policy formation applied to an internationally comparative study of the diary industry", *European Journal of Political Research*, 1992, 21 (1-2), p. 53-68

Grant Wyn, "Pressure Groups in the European Community. An Overview", dans Sonia Mazey et Jeremy J. Richardson (dirs), *Public Lobbying in the European Community*, Oxford, Oxford University Press 1993

Grant Wyn, *The Common Agricultural Policy*, Londres, Macmillan, 1997

Graziano Luigi, « Le pluralisme. Une analyse conceptuelle et comparative », *Revue française de science politique* 1996, 46(2) : 195-224

Green Cowles Maria, "Organising Industrial Coalitions", dans Helen Wallace et Alisdair R. Young, (dirs), *Participation and Policy-Making in the European Union*, Oxford, Oxford University Press, 1997, p. 116-140

Green Cowles Maria, "The EU Commitéé of AmCham: the powerful voice of American Firms in Brussels", *Journal of European Public Policy*, 1996, 3(3), p.339-358

Green-Cowles Maria, "The changing architecture of big business", in Mark Aspinwall et Justin Greenwood (dirs), *Collective Action in the European Union*, London, Routledge, 1998, p.108-125

Greenwood Justin et Henry Jacek (dirs), *Organized Business and The New Global Order*, Basingstoke, Macmillan 2000

Greenwood Justin et Karsten Ronit, "Established and Emergent Sectors : Organized Interests at the European Level in the Pharmaceutical Industry and the New Biotechnologies", dans Justin Greenwood, Karsten Ronit et Jürgen Grote, "*Organized Interests and the European Community*, London, Sage, 1992, p. 69-98

Greenwood Justin et Mark Aspinwall (dirs), *Collective Action in the European Union. Interests and the New Politics of Associability*, Londres, Routledge, 1998

Greenwood Justin et Ruth Webster, « Are EU Business Associations Governable ?, *EIOP*, 2000 4(3)

Greenwood Justin, Jürgen Grote et Karsten Ronit (dirs.), *Organised Interests in the European Community*, London, Sage 1992

Greenwood Justin, *Representing Interests in the European Union*, London, Macmillan 1997

Grossman Emiliano et Sabine Saurugger (dirs), « Les groupes d'intérêt et l'Union européenne », *Politique européenne*, n°7, printemps 2002, p.5-17

Gueslin André et Bertrand Hervieu, « Un syndicalisme agricole européen est-il possible? », dans Bertrand Hervieu et Rose-Marie Lagrave, *Les syndicats agricoles en Europe*, Paris, l'Harmattan, 1992

Guillen Pierre, « La France et la négociation du traité d'Euratom », dans Michel Dumoulin, Pierre Guillen et Maurice Vaïsse, *L'énergie nucléaire en Europe*, Berne, Peter Lang 1994, p. 111-129

Haaland Matlàry Janne, *Energy Policy in the European Union*, Basingstoke, Macmillan, 1997

Haas Ernst B., *The Uniting of Europe: Political, Social and Economic Forces 1950-1957*, London, Steven and Sons 1958

Habermas Jürgen, *La technique et la science comme « idéologie,*. Paris, Gallimard, 1973

Habermas Jürgen, *Toward a Rational Society*, Boston, Beacon, 1970

Halamska Marie et Marie-Claude Maurel, « L'agriculture polonaise et la question de l'intégration européenne : regards croisés », *La revue d'Etudes comparatives Est-Ouest*, 1996, 27(4), p. 45-78

Hall Peter A. et Rosemary C.R. Taylor, « La science politique et les trois néo-institutionnalismes », *Revue française de science politique*, 1997, 47(3-4), p. 469-496

Hall Peter, (dir), *The Political Power of Economic Ideas: Keynesianism across Nations*, Princeton University Press, Princeton, 1989

Hall Peter, « Policy Paradigm, Social Learning and the State » *Comparative Politics*, 25(3) 1993, p. 275-296

Hall Peter, *Governing the Economy. The Politics of State Intervention in Britain and France*, New York, Oxford University Press, 1986

Hassenteufel Patrick et Yves Surel dans « Des politiques comme les autres? Construction de l'objet et outils d'analyse des politiques européennes », *Politique européenne*, n°1, avril 2000, p. 8-24

Hassenteufel Patrick, « Les groupes d'intérêt dans l'action publique : l'Etat en interaction », *Pouvoirs* 1995, n°74

Hatch Michael T., « Corporatism, Pluralism and Post-industrial Politics: Nuclear Energy in West Germany », *West European Politics*, 1991, 14(1), p. 73-97

Hatch Michael T., *Politics and Nuclear Power: Energy Policy in Western Europe*, Lexington, University Press of Kentucky, 1986

Hay Colin et David Richards, « The tangled webs of Westminster and Whitehall : The discourse, strategy and practice of networking within the British core executive », *Public Administration*, 78(1), 2000, p.1-28

Hayward Jack, « Groupes d'intérêt, pluralisme et démocratie », *Pouvoirs*, 1996, n°79

Hayward Jack, "Mobilising Private Interests in the Service of Public Ambitions: The Salient Element in the Dual French Policy Style?", dans Jeremy J. Richardson (dir), *Policy Styles in Western Europe*, London, Allan & Unwin, 1982, p. 11-140

Hayward Jack, « Groupes d'intérêt, pluralisme et démocratie », *Pouvoirs*, 1996, n°79, p. 5-19

Heinze Rolf G. et Helmut Voelzkow, " Organizational Problems for the German Farmer ' Association and Alternative Policy Options ", *Sociologica Ruralis*, 1993 33(1), p. 25-41

Heinze Rolf G., *Verbandspolitik zwischen Partikularinteressen und Gemeinwohl – Der Deutsche Bauernverband*, Gütersloh, Verlag Bertelsmann Stiftung, 1991

Hendriks Gisela, *Germany and European Integration. The Common Agricultural Policy : An Area of Conflict*, New York, Oxford, Berg, 1991

Héritier Adrienne et al, *Differential Europe. The European Union Impact on National Policymaking*, Lanham, Rowman & Littlefield, 2001

Héritier Adrienne, "The Accommodation of Diversity in European Policy-Making and its Outcomes: Regulatory Policy-Making as a Patchwork", *Journal of European Public Policy*, 1996, 3(2), p. 149-167

Héritier Adrienne, « Elements of democratic legitimation in Europe : an alternative perspective", *Journal of European Public Policy*, 6(2), 1999, p. 269-282

Hervieu Bertrand et Rose-Marie Lagrave, *Les syndicats agricoles en Europe*, Paris, l'Harmattan, 1992

Hirschman Alfred, *Défection, prise de parole et loyauté*, Paris, Fayard, 1995

Hix Simon et Klaus H. Goetz, « Introduction : European Integration and National Political Systems », *West European Politics*, 23(4), 2000, p. 1-26

Hix Simon, « The Study of the European Community : the challenge to Comparative Polictics », *West European Politics*, 1994, 14(1)

Hix Simon, *The Political System of the European Union*, London, Macmillan 1999

Hooghe Liesbet (dir), *Cohesion Policy and European Integration. Building Multi-level Governance*, Oxford, Oxford University Press, 1996

Hooghe Liesbet, « Top Commission officials on capitalism : an institutionalist understanding of preferences », dans Mark Aspinwall et Gerald Schneider (dirs), *The Rules of Integration. Institutionalist Approaches to the Study of Europe*, Manchester, Manchester University Press, 2001, p. 152-173

Hubscher Ronald et Rose-Marie Lagrave, « Unité et pluralisme dans le syndicalisme agricole français », *Annales ESC*, 1993, 1

Hurrell Andrew et Anand Menon, « Politics Like Any Other ? Comparative Politics, International Relations and the Study of the EU », *West European Politics*, 1996, 17(1)

Immergut Ellen, "Institutions, Veto points, and Policy Results: A Comparative Analysis of Health Care", *Journal of Public Policy*, 1990, 10(4), p. 391-416

Immergut Ellen, « The rules of the game : the logic of health policy-making in France, Switzerland and Sweden », dans Kathleen Thelen, Sven Steinmo et Frank Longstreth (dirs), *Structuring Politics : Historical Institutionnalism in Comparative Analysis*, Cambridge, Cambridge University Press, 1992, p.57-89

Immergut Ellen, *The Political Construction of Interests*, Cambridge, Cambridge University Press, 1992

Jachtenfuchs Markus, « The Governance Approach to European Integration », *Journal of Common Market Studies*, 2001, 39(2), p. 245-264

Jobert Bruno (dir), *Le tournant néo-libéral en Europe*, Paris, L'Harmattan, 1994

Jobert Bruno et Pierre Muller, *L'Etat en action : politiques publiques et corporatismes*, Paris, PUF 1987

Jobert Bruno, "Actualité des corporatismes", *Pouvoirs*, 1996, n°79, p. 21-34

Jobert Bruno, « De la nécessaire incohérence de l'action étatique » dans Bruno Théret (dir), *L'Etat, la Finance et le Social*, Paris, La Découverte 1995

Jobert Bruno, « Représentations sociales. Controverses et débats dans la conduite des politiques publiques », *Revue française de science politique*, 1992, 42(2), p. 219-234

Jordan Andrew et John Greenaway, « Shifting Agendas, Changing Regulatory Structures and the' New' Politics of Environmental Pollution: British Coastal Water Policy, 1955-1995 », *Public Administration*, 1998, 76(4), p. 672-673

Jordan Andrew G. et Jeremy J.Richardson, *Government and Pressure Groups in Britain*, Oxford, Clarendon Press 1987

Jordan Grant et Andrew McLaughlin, « The rationality of Lobbying in Europe. Why are Euro-Groups so Numerous and so Weak ? Some Evidence from the Car Industry », dans Sonia Mazey et Jeremy J. Richardson (dirs), *Lobbying in the European Community*, Oxford, Oxford University Press, 1993

Jordan Grant, "What drives associability at the European level? The limits of the utilitarian explanation", dans Justin Greenwood et Mark Aspinwall, *Collective Action in the European Union. Interests and the New Politics of Associability*, London, Routledge, 1998, p. 31-62

Jordan Grant, « Sub-government; policy communities and networks: refilling the old bottles » *Journal of Theoretical Politics*. 1990, 2(2), p.319-338

Kassim Hussein, « Policy Networks, Networks and European Policy Making: A sceptical view », *West European Politics*. 17(4), 1994, p. 15-27

Katz James Everett, *Presidential Politics and Science Policy*, New York, Praeger, 1978

Katzenstein Peter (dir), *Between Power and Plenty: Foreign Economic Policies in Advanced Industrial States,* Madison, University of Winconsin Press 1978

Keck Otto, *Policy Making in a Nuclear Program : The case of the West German Fast Breeder Reactor,* Lexington, Lexington Books, 1985

Keeler John T.S., "Agricultural Power in the European Community: Explaining the Fate of CAP and GATT Negotiations", *Comparative Politics,* 1996, 28, p.127-149

Keeler John T.S., "Corporatism and Official Union Hegemony: the case of French agricultural unionism", dans Suzanne Berger (dir), *Organizing Interests in Western Europe,* Cambridge, Cambridge University Press, 198

Kerremans Bart, "Do Institutions Make a Difference? Non-Institutionalism, and the Logic of Common Decision-Making in the European Union", *Governance*, 9(2), 1996, p.217-240

Kessler Marie-Christine, *Les grands corps de l'Etat,* Paris, Presses de la FNSP, 1986

King Gary, Robert Keohane et Sidney Verba, *Designing Social Inquiry. Scientific Interference in Qualitative Research,* Princeton, Princeton University Press, 1994

Kitschelt Herbert, *Kernergiepolitik: Arena eines gesellschaftlichen Konfliktes,* Frankfurt, Campus 1980

Klijn Erik, « Policy Networks: an overview », dans Walter J.M. Kickert et al., *Managing Complex Networks: strategies for the public sector,* London, Sage 1997

Kocik Lucjan, « La petite paysannerie de la Pologne populaire », *Etudes rurales,* avril-décembre 1995, n°138-140, 1995, p. 133-142

Kohler-Koch Beate (en coopération avec R. Brümmer, B.Myrzik et H.W. Platzer). *Wirtschaftsverbände als transnationale Akteure. Der Beitrag deutscher Verbände zum Management von internationalen Dependenzen,* DFG-Abschlussbericht, Darmstadt 1988

Kohler-Koch Beate et Rainer Eising, « Inflation und Zerfaserung: Trends der Interessenvermittlung in der Europäischen Gemeinschaft », *Politiscche Vierteljahresschrift* 1994, 35(25), p.175-206

Kohler-Koch Beate, " Germany: Fragmented but Strong Lobbying", dans M.C.M. van Schendelen (dir), *National Public and Private EC Lobbying,* Dartmouth, Aldershot, 1993, p.23-48

Kohler-Koch Beate, "Catching up with change: the transformation of governance in the European Union", *Journal of European Public Policy* 1996, 3(3), 359-380

Kohler-Koch Beate, "The evolution and Transformation of European Governance" dans Beate Kohler-Koch et Rainer Eising (dirs), *The Transformation of Governance in the European Union*, London, Routledge, 1999, p. 14-35

Kohler-Koch Beate, « Changing Patterns of Interest Intermediation in the European Union », *Government and Opposition* 29(2), 1994

Kohler-Koch Beate, « Interessen und Integration. Die Rolle organisierter Interessen im Westeuropäischen Integrationsprozess », *PVS Sonderheft* 23, 1992, p. 81-119

Kooiman Jan (dir), *Modern Governance. New Government-Society Interactions*, London, Sage, 1993

Kox C., 'The Court of Auditors of the European Communities: The other European Court in Luxembourg", *Common Market Law Review*, 1989, vol. 26, p. 345-367

Kramer Heinz, *Nuklearpolitik in Westeuropa und die Forschungspolitik der Euratom*, Cologne-Berlin, 1976

Krasner Stephen, « Approaches to the State : Alternative Conceptions and Historical Dynamics », *Comparative Politics*, 1984, n°16, 223-246

Kuhn Thomas S., *Structure des révolutions scientifiques*, Paris, Flammarion, 1983

Lacquement Guillaume, « Les agriculteurs des nouveaux Länder face au changement du modèle agricole : nouveaux acteurs, nouveaux exclus, nouvelles élites », *Allemagne d'aujourd'hui*, 1998, n°144, p. 32-47

Ladrech Robert, « Europeanization of Domestic Politics and Institutions: the Case of France", *Journal of Common Market Studies*, 1994, 32(1), p. 17

Laffan Brigid, « Becoming a 'Living Institution' : The Evolution of the European Court of Auditors », *Journal of Common Market Studies*, 1999, 37(2), p. 251-268

Lagrave Rose-Marie, « Bruxelles, la représentation de la représentation », dans Bertrand Hervieu et Rose-Marie Lagrave, *Les syndicats agricoles en Europe*, Paris, l'Harmattan 1992

Lagroye Jacques, « La légitimation », dans Jean Leca et Madeleine Grawitz, *Traité de Science politique*, Paris, PUF, 1984, tome 1

Lagroye Jacques, « On ne subit pas son rôle », *Politix*, n°38, 1997

Lascoumes Pierre, *L'éco-pouvoir. Environnements et Politiques*, Paris, Editions de la Découverte, 1994, p. 148

Launay Michel, *Le syndicalisme en Europe*, Paris, 1990

Le Cacheux Jacques (dir), *L'Europe, la nouvelle vague : perspectives économiques de l'élargissement*, Paris, Presses de Sciences Po, 1996

Le Galès Patrick et Mark Thatcher (dirs), *Les réseaux de politique publique. Débat autour des policy networks*, Paris, L'Harmattan

Le Galès, « Régulation, gouvernance et territoire » dans Jacques Commaille et Bruno Jobert (dir), *La régulation politique*, Paris, L.G.D.J, 1998

Le Theule François-Gilles, David Litvan et Véronique Ninnin, « La réforme de la PAC : analyse d'une négociation communautaire », *Revue française de science politique*, 43(5), 1993, p. 755-787

Lehmbruch Gerhard, "The Organization of Society, Administrative Strategies and Policy Networks: Elements of a Developmental Theory of Interest Systems", dans Roland Czada et Adrienne Héritier (dirs.), *Political Choice: Institutions, Rules and the Limits of Rationality*, Frankfurt, Campus 1991

Léon Yves, « The developments of the economics of agricultural production in Europe", *Rivista Di Economica Agraria*, 3-4, 1995, p. 487-567

Lequesne Christian et Florence Deloche-Gaudez, « Le programme PHARE : mérites et limites de la politique d'assistance de la Communauté européenne aux pays d'Europe centrale et orientale », *Politiques et management public*, 1996, 14(1), p. 143-154

Lequesne Christian, "La Commission européenne entre autonomie et dépendance », *Revue française de science politique*, 1996, 46(3), p. 398-408

Lequesne Christian, « Comment penser l'Union européenne ? » dans Marie-Claude Smouts (dir), *Les nouvelles relations internationales, pratiques et théories*, Paris, Presses de Sciences Po, 1998, p. 103-134

Lequesne Christian, « Commerce et aide économique : les instruments d'une politique », dans Françoise de la Serre, Jacques Rupnik, et Christian Lequesne, *L'Union européenne : ouverture à l'Est*, Paris, PUF, 1994, p. 43-79

Lequesne Christian, « Coordonner la politique européenne de la France », *Projet*, 1987, n°206, p. 41-54

Lequesne Christian, *L'Europe bleue. A quoi sert une politique communautaire de la pêche ?*, Paris, Presses de Sciences Po, 2001

Lequesne Christian, *Paris-Bruxelles. Comment se fait la politique européenne de la France*, Paris, Presses de la FNSP, 1993

Lhomel Edith, « L'agriculture des pays d'Europe centrale et orientale face à l'entrée dans l'Union européenne », *Le courrier des pays de l'Est*, n°441, 1999, p. 3-25

Lhomel Edith, « Structures agricoles en Europe centrale et orientale: une transformation inachevée », *Le courrier des pays de l'Est*, n°416, 1997, p. 40-50

Lieber Robert, *British Politics and European Unity. Parties, Elites and Pressure Groups*, Berkeley, University of California Press 1970

Lindberg Leon N. et Stuart A. Scheingold, *Europe's Would-Be Polity: Patterns of Change in the European Community*, Harvard, Harvard University Press 1970

Lindberg Leon N. et Stuart Scheingold (dirs), *Regional Integration: Theory and Research*, Harvard, Harvard University Press 1971
Lindberg Leon N., *The Political Dynamics of European Integration*, Oxford, Oxford University Press 1963
Lipset Seymour M., *Political Man*, London, Heinemann 1959
Liquière Patrice, "La politique de l'énergie", dans *L'Europe des Communautés*, La documentation française, 1992
Loevseth Toini, « Informal Network - What matters? On policy networks and the new insitutionalism in organization theory ». ECPR Joint Sessions, 9-14 April 2000, Copenhagen
Lowi Theodore J., *Private Life and Public Order : the contest of modern public policy*, New York, Norton, 1968
Lowi Theodore J., *The End of Liberalism*, New York, Norton 1969
Loyat Jacques et Yves Petit, *La Politique agricole commune*, Paris, La Documentation française, 1999
Lucas Nigel, *West European Energy Policy. A Comparative Study*, Oxford, Clarendon Press, 1985
Mahé Louis-Pascal, Jean Cordier, Hervé Guyomard et Terry Roe, « L'agriculture et l'élargissement », *Economie internationale*, n°62, 1995, p. 244
Majone Giandomenico, *Regulating Europe*, London, Routledge, 1996
March James G. et Johan P. Olsen, « The New Institutionalism: organizational factors in political life ». *American Political Science Review* 78, 1984, p. 734-749
March James G. et Johan P. Olsen, *Rediscovering Institutions*, New York, Free Press, 1989
Marie Jean-Louis, *Agriculteurs et politique*, Paris, Clefs, Montchrestien, 1994
Marin Bernd et Renate Mayntz (dirs), *Policy Networks: empirical evidence and theoretical considerations*, Boulder, Westview Press 1991
Mark Thatcher, « The development of Policy Network Analysis. From Modest Origins to overarching frameworks » *Journal of Theoretical Politics*, 10(4), 1994
Marks Gary, « Social Movements and the Changing Structure of Political Opportunity in Europe", dans Gary Marks, Fritz Scharpf, Philippe Schmitter et Wolfgang Streeck (dirs), *Governance in the European Union*, London, Sage, 1996
Marks Gary, Fritz Scharpf, Wolfgang Streeck et Philippe Schmitter (dirs), *Governance in the European Union*, London, Sage 1996
Marsh David (dir). *Comparing Policy Networks*, Buckingham, Open University Press 1998
Marsh David et Rod A.W Rhodes (dirs.), *Policy Networks in British Government*, Oxford, Oxford University Press 1992
Mayhew Alan, *Recreating Europe. The EU's Policy towards Central and Eastern Europe*, Cambridge, Cambridge University Press, 1998

Mayntz Renate et Fritz W. Scharpf, *Policy-Making in the German Federal Bureaucracy*, Amsterdam, Elsevier, 1975

Mayntz Renate, *New Challenges to Governance Theory*, EUI, Robert Schuman Center, Florence 1998, n°50

Mazey Sonia et Jeremy J. Richardson (dirs), *Public Lobbying in the European Community*, Oxford, Oxford University Press 1993

Mazey Sonia et Jeremy Richardson, "The logic of organization", dans Jeremy Richardson (dir), *European Union, Power and Policy Making*, London, Routledge, 1996, p. 200

Mazey Sonia et Jeremy Richardson, « The Commission and the lobby », dans Geoffrey Edwards et David Spence (dirs.), *The European Commission*, London, Cartermill 1997

McLaughlin Andrew, Grant Jordan et William Maloney, « Corporate Lobbying in the European Community », *Journal of Common Market Studies*, 1993, 31(2), p. 191-212

Médard Jean-François, « Le rapport de clientèle. Du phénomène social à l'analyse politique », *Revue française de science politique*, 1976, n°1

Mény Yves, « La légitimation des groupes d'intérêt par l'administration française », *Revue française de l'administration publique*, 1986, n°39, p.99-110

Mény Yves, *Politique comparée*, Paris, PUF, 1996

Meynaud Jean et Dusan Sidjanski, *Les groupes de pression dans la Communauté européenne*, Université de Montréal, 1969

Meynaud Jean, *Les groupes de pression en France*, Paris, Presses de la FNSP, 1958 ; Jean Meynaud, *Nouvelles études sur les groupes de pression*, Paris, Presses de la FNSP, 1962

Mohr Lawrence B., « The Concept of Organizational Goal », *American Political Science Review*, 1973,vol. 67, p.470-81 .

Moravcsik Andrew, « Negotiating the Single European Act: National Interests and Conventional Statecraft in the European Community », *International Organization* 1993 45(3), p.660-696

Moravcsik Andrew, *The Choice for Europe. Social Purpose and State Power from Messina to Maastricht*, Ithaca, Cornell University Press, 1998

Mouriaux René, *Les syndicats dans la société française*, Paris, Presses de la FNSP, 1983

Muller Pierre et Bruno Jobert, *L'Etat en action*, Paris, PUF, 1987

Muller Pierre et Yves Surel, *L'analyse des politiques publiques*, Paris, Montchrestien, 1998

Muller Pierre, Jean-Louis Quermonne, Yves Mény (dirs), *Politiques publiques en Europe*, Paris, L'Harmattan, 1995

Muller Pierre, *Le technocrate et le paysan. Essai sur la politique française de la modernisation : de 1945 à nos jours*, Paris, Editions ouvrières 1984

Muller Pierre, *Les politiques publiques*, Paris, PUF, 1994, p.47. Voir Pierre Muller et Bruno Jobert, *L'Etat en action*, Paris, PUF, 1987

Müller Wolfgang D., *Geschichte der Kernenergie in der Bundesrepublik Deutschland : Anfänge und Weichenstellung*, Stuttgart, Schäffer, 1990
Murswieck Axel, "Policy Advice and Decision-making in the German Federal Bureaucracy", dans B. Guy Peters et Anthony Barker (dirs), *Advising West European Governments. Inquiries, Expertise and Public Policy*, Pittsburgh, University of Pittsburgh Press, 1993
Négrier Emmanuel, « Intégration européenne et échanges politiques territorialisés », *Pôle sud* n°3, automne 1995
Neveu Eric, *Sociologie des mouvements sociaux*, Paris, La Découverte, 1996
Noël G., *Du pool vert à la politique agricole commune. Les tentatives de la Communauté agricole européenne entre 1945 et 1955*. Paris, Economica, 1988
North Douglass, « Institutions », *Journal of Economic Perspectives*, 1991, 5(1)
North Douglass, *Institutions, Institutional Change and Economic Performance*, Cambridge, Cambridge University Press, 1990
Nugent Neill et Sabine Saurugger, « Organisational Structuring : the Case of the European Commission and Its External Policy Responsabilities", *Journal of European Public Policy*, 2002, 9(3), p. 345-364
Nugent Neill, *The European Commission*, London, Palgrave, 2000
Offe Claus, « The attribution of public status to interest groupes : observations on the West German case », dans Suzanne Berger (dir), *Organizing Interests in Western Europe*, Cambridge, Cambridge University Press, 1981
Offe Claus, *Disorganized Capitalism*, Cambridge, Polity Press, 1985
Offerlé Michel, *Sociologie des groupes d'intérêt*, Paris, Montchrestien 1998
Olson Mancur, *The Logic of Collective Action*, Cambridge, Harvard University Press 1965
Olson Mancur, *The Logic of Collective Action. Public Goods and the Theory of Groups*, Cambridge, Harvard University Press, 1965
Padgett Stephen, "The Single European Energy Market: The Politics of Realization", *Journal of Common Market Studies*, 30(1), p. 53-75
Padgett, Stephen *Organizing Democracy in Eastern Germany. Interest Groups in Post-Communist Society*, Cambridge, Cambridge University Press, 2000
Page Edward C., *People Who Run Europe*, Oxford, Clarendon Press, 1997
Papon Pierre, « Centres of Decision in French Science Policy : the Contrasting Influence of Scientific Experts and Administrators », *Research Policy*, 8, 1979, p. 384-398
Papon Pierre, *Les logiques du futur. Science, technologie et pouvoir*, Paris, Aubier, 1989
Parsons Talcott, *Sociological Theory and Modern Society*, New York, Free Press, 1967
Patterson Lee Ann, « Agricultural policy Reform in the European Community : a three level game analysis », *International Organization*, 51(1), 1996.

Perez-Solorzano Borragan Nieves, « Organized Interests in Central and Eastern Europe. Towards Gradual Europeanisation", *Politique européenne*, n°3, 2001, p. 61-85

Perrineau Pascal (dir), *L'engagement politique. Déclin ou mutation ?*, Paris Presses de la FNSP, 1994

Persoz Henri, « L'interconnexion des réseaux électriques : de l'Europe de l'Ouest à l'Europe élargie », *Annales des Minses*, avril 1991, p. 43-48

Peters B. Guy, « Bureaucratic Politics and the Institutions of the European Community », in Alberta Sbragia, *Europolitics. Institutions and Policy-Making in the 'new' European Communiyty*, Washington, Brookings, 1992, p. 75-122

Peters B. Guy, « Bureaucratic Politics and the Institutions of the European Community », in Alberta Sbragia, *Europolitics. Institutions and Policy-Making in the 'new' European Community*, Washington, Brookings, 1992, p. 75-122.

Peters B. Guy, *Comparative Politics, Theory and Methods*, London, Macmillan, 1998

Peters B. Guy, *Comparing Public Bureaucracies : problems of theory and methods*, Tuscaloosa, University of Alabama Press, 1988

Peters B. Guy, *Institutional Theory in Political Science : the new institutionalism*, London, Pinter, 1999

Peters B. Guy, *The Politics of Bureaucracy*, New York, Longman, 1984

Peterson John, "Prise de décision dans l'Union européenne : le marché unique », *Politiques et mamagment public*, 1997, 15 (1), p.58

Peterson John, « Policy-Making in the European Union: Towards a Framework of Analysis", *Journal of European Public Policy*, 1995, 2(1), p.78

Phillips P.W., *Wheat, Europe and the GATT*, London, Pinter, 1990

Pierson Paul, « The Path to European Integration: A Historical Institutionalist Analysis », *Comparative Political Studies*, 1996 29(2), 123-163

Pierson Paul, *Dismantling the Welfare States ? Reagan, Thatcher and the Politics of Retrenchment*, Cambridge, Cambridge University Press, 1994

Pijnenburg Bert, « EU lobbying by ad hoc coalitions : an explanatory case study", *Journal of European Public Policy*, 5(2), 1998, p. 315

Pirotte Olivier, Pascal Girerd, Pierre Marsal et Sylviane Morson, *Trente ans d'expérience Euratom. La Naissance d'une Europe nucléaire*, Bruxelles, Bruylant, 1988

Polach Jaroslav G., *Euratom, its background, issues and economic implications*, New York, 1964

Poliquen Alain, « L'agriculture post-communiste en Europe centrale : du choc excédentaire à la récession », in Déméter (dir), *Economie et stratégies agricoles*, Paris

Pollack Mark A., "Creeping Competence: The Expanding Agenda of the European Community", *Journal of Public Policy*, 1994, 14(2), p. 95-145

Pollack Mark A., "The New Institutionalism and EC Governance: The Promise and Limits of Institutional Analysis", *Governance,* 9(4), 1996
Pollack Mark A., "The New Institutionnalism and EC Governance: The Promise and Limits of Institutional Analysis", *Governance,* 9(4), 1996, p.429-458
Pollack Mark A., « Delegation, Agency and Agenda Setting in the European Community », *International Organization,* 1997, 51, p. 99-134
Pongy Mireille, « Entre modèles nationaux et eurogroupes d'intérêt professionnels : l'action de l'Union dans la culture », *Cultures et Conflits,* n°28, hiver 1997
Poujade Bernard, « Les organisations syndicales d'exploitants agricoles : de la querelle de la représentativité à celle de la représentation », *Les petites affiches,* 25 octobre 1996, n°129, p.4-8
Pouliquen Alain, "La privatisation des industries agroalimentaires en Pologne », *Courrier des pays de l'Est,* 385, 1993, p. 20-39
Pouliquen Alain, « L'élargissement agricole de l'Union européenne à l'Est : les surplus de main d'œuvre contre les surplus de produits, *Revue d'études comparatives est-ouest,* 1999, 30(1), p.233-259
Powell Walter W. et Paul J. Dimaggio (dirs), *The New Institutionalism in Organizational Analysis,* Chicago, University of Chicago Press, 1991
Przeworski Adam et Henry Teune, *The Logic of Comparative Social Inquiry,* New York, Wiley-Interscience, 1970
Putnam Robert, "Diplomacy and domestic politics: the logic of two-level games", *International Organization,* 42, 1988, p. 427-460
Radaelli Claudio M., "The Public Policy of the European Union: Whither Politics of Expertise?, *Journal of Public Policy,* 6(5), 1999, p.757-774
Radaelli Claudio M., « The domestic impact of European public policy: notes on concepts, methods and the challenge of empirical research", *Politique européenne,* n°5, automne 2001, p.107-142
Radaelli Claudio M., *Technocracy in the European Union,* London et New York, Longman, 1999
Radkau Joachim, *Aufstieg und Krise der deutschen Atomwirtschaft, 1945-75,* Reinbek, Rowohlt, 1983
Ramel Frédéric et Taoufik Bourgou, « La transparence dans le nucléaire français », dans Jean-Paul Picaper et Joachim Grawe (dirs), *Nucléaire, l'Europe partagée,* Paris, Ramsay 2001
Restier-Melleray Christiane, „Experts et expertise scientifique, le cas de la France", *Revue française de science politique,* 1990, 40(4), p. 546-585
Rhodes Rod A.W., Ian Bache et Stephen George, « Policy Networks and Policy-Making In the European Union: A critical appraisal", dans Lisbeth Hooghe, *Cohesion Policy and European Integration, Building Multi-level governance,* Oxford, Clarendon Press, 1996 p. 367-387
Rhodes Rod W.A., *Understanding governance: policy networks, governance, reflexivity and accountability,* Buckingham, Open University Press 1997

Richardson Jeremy J. (dir), *Policy Styles in Western Europe,* London, Allan & Unwin, 1982

Richardson Jeremy J., "The Market for Political Activism: Interest Groups as a Challenge to Political Parties", *West European Politics,* 18(1), 1995, p.116-139

Richardson Jeremy J., « Approches de la décision politique nationale et européenne fondées sur l'acteur : communautés de politique publique, réseaux par questions et communautés épistemiques ». in Patrick Le Galès et Mark Thatcher (dirs), *Les réseaux en politique publique,* Paris, L'Harmattan 1995

Risse Thomas, Maria Green Cowles et James Caporaso (dirs), *Transforming Europe. Europeanization and Domestic Change,* Ithaca, Cornell University Press, 2001

Risse-Kappen Thomas (dir), *Bringing transnational relations back in. Non-state actors, domestic structures and international institutions,* Cambridge, Cambridge University Press 1995

Risse-Kappen Thomas, « Exploring the Nature of the Beast. International Relations Theory and Comparative Policy Analysis Meet the European Union", *Journal of Common Market Studies,* 1996, 34(1)

Robbe François, « L'ouverture du marché de l'électricité et son impact sur le service public : la transposition de la directive 96/92 CE du 19 décembre 1996 » *Cahiers juridiques de l'électricité et du gaz,* 51(566), 2000, p.211-234

Robert Cécile, « La Commission européenne face à l'élargissement de l'Union à l'Est : la construction d'un leadership », *Politique européenne,* n°3, janvier 2001, p. 39-40

Robert Cécile, « Ressources juridiques et stratégies politiques. Analyse d'une controverse sur la dimension sociale de l'élargissement de l'Union », *Sociologie du travail,* 2000, p. 203-224

Ronit Karsten, "Wirtschaftsverbände in den Bioindustrien. Stabilität und Dynamik deutscher und europäischer Interessenvermittlung", dans Renate Martinsen (dir), *Politik und Biotechnologie,* Baden-Baden, Nomos, 1997, p. 81-98

Rosamond Ben, *Theories of European Integration,* Basingstoke, Macmillan 2000

Rosenau James, *Along the Domestic-Foreign Frontier. Exploring Governance in a Turbulent World,* Cambridge, Cambridge University Press, 1997

Ross George, "Organizing European Space", dans *Jacques Delors and European Integration,* Oxford, Oxford University Press, 1995, p.107-213

Rouban Luc, *L'Etat et la science. La politique publique de la science et de la technologie,* Paris, Editions du CNRS, 1987

Rüdig Wolfgang, « Outcomes of Nuclear Technology Policy: Do Varying Political Styles Make a Difference? », *Journal of Public Policy,* 1987, 7(4), p.389-430

Sabbat-Swidlicka Anna, « Poland Investigates Radical Farmers' Union", *RFE/RL Research Report*, 1(38), 25 septembre 1992, p. 19-25

Sandholtz Wayne et Alec Stone Sweet (dirs), *European Integration and Supranational Governance*, Oxford, Oxford University Press, 1998

Sandholtz Wayne et Alec Stone Sweet, « European Integration and supranational governance", dans Sandholtz Wayne et Alec Stone Sweet (dirs), *European Integration and Supranational Governance*, Oxford, Oxford University Press, 1998

Sandholtz Wayne et John Zysman, « 1992: Recasting the European Bargain », *World Politics* 42, 1989, p.95-128

Sandholtz Wayne, "Membership Matters: Limits of the Functional Approach to European Institutions", *Journal of Common Market Studies*, 34(3), 1996, p.403-429

Saurugger Sabine (dir), *Les modes de représentation dans l'Union européenne*, Paris, L'Harmattan (Collection Logiques Politiques), 2003

Saurugger Sabine, "German Nuclear Industry and Eastern Europe : The Consequences of a Paradigm Change", dans Anne-Marie Le Gloannec (ed), *German Transnational Actors*, (à paraître)

Saurugger Sabine, « A Fragmented Environment? Interest Groups and the European Commission's Sectorisation", *Politique européenne*, n°5 automne 2001, p. 45-69

Saurugger Sabine, « L'expertise : un mode de participation des groupes d'intérêt au processus décisionnel communautaire », *Revue française de science politique*, 2002, 52(4), p.375-401

Saurugger Sabine, « Union européenne : Vers une politique étrangère autonome? », dans « Les politiques étrangères. Ruptures et continuités », *notes et études documentaires*, n°5128-5129, La Documentation française, 2001, p. 285-311.

Saurugger Sabine, *Vers un mode communautaire de représentation des intérêts ? Les groupes d'intérêt français et allemand dans l'Ostpolitik de l'Union européenne*, Thèse de doctorat, IEP de Paris, 2001

Scharpf Fritz W., « The problem-solving capacity of multi-level governance », *Journal of European Public Policy*, 1997, 4(4), p.520-538

Scharpf Fritz W., *Games Real Actors Play, Actor-Centered Institutionalism in Policy Research*, Boulder, Westview Press, 1997

Scheinman Lawrence, « Euratom, Nuclear Integration in Europe, *International Conciliation*, n°536, 1967

Schlotter Hans-Georg (dir), *Die Willensbildung in der Agrarpolitik*", Munich, 1971

Schmidt Vivien A, "Discourse and (dis)integration in Europe : the cases of France, Germany and Great Britain", *Daedalus* 1997, 126(3), p. 167-195

Schmidt Vivien A, "La France entre l'Europe et le monde. Le cas des politiques économiques nationales", *Revue française de science politique*, 1999, 49(1), p.51-78

Schmidt Vivien A, "Loosening the Ties that Bind : the Impact of European Integration on French Government and its Relationship to Business", *Journal of Common Market Studies*, 1996 34(2), p.223-254

Schmidt Vivien A, "The politics of economic adjustment in France and Britain: when does discourse matter?", *Journal of European Public Policy*, 8(2), 2001, p.247-264

Schmidt Vivien A, « Europeanization and the Dynamics and Mechanisms of Economic Policy Adjustment" Paper presented at the Forum of the Robert Schuman Center, European University Institute, Florence, April 26, 2001

Schmidt Vivien A, *From State to market? The transformation of French business and government,* Cambridge, Cambridge University Press 1996

Schmitt Günter, "Etat actuel et évolution de la recherché en économie rurale dans la République fédérale allemande », *Economie rurale,* 200, 1990, p.40-43

Schmitter Philippe C., « Still the Century of Corporatism? » *Review of Politics*, 1974, n°36, p.85-131

Schneider Gerald et Mark Aspinwall (dirs), *The rules of Integration. Institutionnalist Approaches to the Study of Europe,* Manchester, Manchester University Press, 2001

Schneider Volker, "The structure of policy networks: A comparison of the 'chemicals control' and 'telecommunications' policy domains in Germany", *European Journal of Political Research,* 1992, 21 (1-2), p. 109-130

Schonfeld W.R., *Obedience and Revolt: French Behaviour toward Authority,* Beverly Hills, Sage, 1976

Schwaiger Karl et Emil Kirchner, *The Role of Interest groups in the European Community*, Aldershot, Gower 1981

Scott W. R. et John W. Mayer, *Institutional Environments and Organizations,* Thousand Oaks, Sage, 1994

SEC (92) 2272 final. *An open Structured Dialogue between the Commission and Interest Groups.* European Commission

Sedelmeier Ulrich et Helen Wallace, « Eastern Enlargement : Strategy or Second Thoughts ? », in Helen Wallace et William Wallace (dirs), *Policy-Making in the European Union,* Oxford, Oxford University Press, 2000

Servolin Claude, « Les politiques agricoles », dans Madleine Grawitz et Jean Leca (dirs.), *Traité de science politique*, Paris, PUF, 1985, vol 4

Shinn Terry, « Des corps de l'Etat au secteur industriel : genèse de la profession d'ingénieur, 1750-1920 », *Revue française de sociologie,* 1978, 19(1), p.39-71

Sidjanski Dusan et Jean Meynaud, *Les groupes de pression dans la Communauté européenne 1958-1968. Structure et actions des organisations professionnelles,* Montréal, Université de Montréal, 1969

Sidjanski Dusan et Ural Ayrbeck, 'Bilan des groupes et du processus de décision dans la communauté des six », *Res publica* vol 16(1) 1974 p.33-61
Sidjanski Dusan, « Nouvelles tendances des groupes de pression dans l'Union européenne », dans Yves Mény, Pierre Muller et Jean-Louis Quermonne, *Politiques publiques en Europe,* Paris, L'Harmattan 1995
Skocpol Theda, *States and Social Revolutions. A comparative Analysis of France, Russia and China,* Cambridge, Cambridge University Press, 1979
Smith Andy, « Au- delà d'une « Europe du lobbying » - l'exemple des rapports entre régions et Commission », dans Paul-Henri Claeys et al (dirs), *Lobbyisme, Pluralisme et Intégration européenne.* Bruxelles 1998
Smith Martin J., *Pressure, Power and Policy,* Pittsburgh, University of Pittsburgh Press, 1993
Smith Martin J., *Pressure, Power and Policy. State autonomy and policy networks in Britain and the US,* Pittsburgh, Pittsburgh University Press, 1993
Smouts Marie-Claude (dir), *Les nouvelles relations internationales,* Paris, Presses de Sciences Po, 1998
Steinmo Sven, Kathleen Thelen et Frank Longstreth (dirs), *Structuring Politics: Historical Institutionnalism in Comparative Analysis,* Cambridge, Cambridge University Press 1992
Stevens Anne with Handley Stevens, *Brussels Bureaucracy? The Administration of the European Union,* Basingstoke, Palgrave, 2001
Stone Alec, « Le néo-institutionnalisme. Défis conceptuels et méthodologiques », *Politix,* n°20, 1992, p.156-168
Stone Sweet Alec, "European Integration and Supranational Governance", *Journal of European Public Policy,* 1997, 4(3), p.297-317
Streeck Wolfgang et Philippe Schmitter, « From National Corporatism to Transnational Pluralism: Organized Interests and the Single European Market » *Politics and Sociey* 19(2), 1991, p.133-164
Suleiman Ezra N., *Les notaires,* Paris, Seuil, 1987
Thelen Kathleen et Sven Steimo, "Historical institutionalism in comparative politics", dans Kathleen Thelen, Sven Steinmo et Frank Longstreth (dirs), *Structuring Politics : Historical Institutionnalism in Comparative Analysis,* Cambridge, Cambridge University Press, 1992
Thoenig Jean-Claude, *L'ère des technocrates,* Paris, L'Harmattan, 1987, p.20
Thuot Jean-François, *La fin de la représentation et les formes contemporaines de la démocratie,* Montréal, Editions Nota bene, 1998
Tilly Charles, « Les origines du répertoire d'action collective contemporaine en France et en Grande Bretagne », *XXe siècle,* 1994, n°4, p.89-108
Tilly Charles, *The Time of States,* Center for the Study of Social Change, Working Paper, 172, New School for Social Research, 1993
Touraine Alain et al, *La prophétie anti-nucléaire,* Paris, Seuil, 1980
Touraine Alain, *Le mouvement ouvrier,* Paris, Fayard, 1984

Tracy M., *L'Etat et l'agriculture en Europe occidentale. Crises et réponses au cours d'un siècle*. Paris, Economica, 1986

Tracy Michael, "Les économistes et la politique agricole », *Economie rurale*, 223, 1990, p. 7-12

Traxler Franz et Philippe Schmitter, « The Emerging Euro-Polity and Organized Interest », *European Journal of International Relations* 1(2) 1995 p.200-201

Traxler Franz, "The Logic of Employers' Collective Action" dans Dieter Sadowski et Otto Jacobi (dirs), *Employers' Association in Europe: Policy and Orgnisation*, 1991, p.28-50

Truman David B., *The Governmental Process*, New York, Alfred A. Knopf, 1951

Truman David, *The Governmental Process : Political Interests and Public Opinion*, New York, Knopf 1951

Tsebelis George, *Nested Games: Rational Choice in Comparative Politics*, Berkeley, University of California Press, 1990

Tung-Laï Margue, "Les enjeux et les perspectives agricoles du futur élargissement de l'Union européenne aux pays d'Europe centrale et orientale", *Revue du Marché unique européen*, n°1, 1995, p. 159-170

van Schendelen M.P.C.M. et Robin H. Pedler (dirs), *Lobbying the European Union: companies, trade associations and issue groups*, Aldershot, Dartmouth, 1994

van Schendelen Marcus P.C.M., (dir). *National Public and Private EC Lobbying*, Aldershot, Dartmouth 1992

van Waarden Frans, « Dimensions and types of policy networks », *European Journal of Political Research*, 1992, 21 (1-2), p. 29-52

Vandersanden Georges, *Le droit de la CEE, 08. Culture, santé, consommateurs, réseaux trans-européens, recherche et développement technologique, environnement, énergie*, Bruxelles, Editions de l'Université de Bruxelles, 1996

Verdier Jean-Maurice, « Sur la relation entre représentation et représentativité syndicale », *Droit social*, janvier 1991

Visser Jelle et Bernhard Ebbinghaus, « Making the most of diversity? European Intergration and Transnational Organization of Labour", dans Justin Greenwood, Jürgen Grote et Karsten Ronit (dirs.), *Organised Interests in the European Community*, London, Sage 1992, p. 206-237

Wallace Helen et Alisdair Young (dirs), *Participation and Policymaking in the European Union*, Oxford, Clarendon Press, 1998

Wallace Helen et Fiona Hayes-Renshaw, *The Council of Ministers*, Londres, Macmillan, 1997

Weber Katja et Mark Hallerberg, „Explaining variation in institutional integration in the European Union: why firms may prefer European solutions", *Journal of European Public Policy*, 8(2), 2001, p. 171-191

Weileman Peter, *Die Anfänge der Europäischen Atomgemeinschaft zur Gründungsgeschichte von Euratom, 1955-1957,* Baden-Baden, Nomos, 1983

Weinschenck Günther, « Interdependenz der landwirtschaftlichen Entwicklung in Ost-und Westdeutschland », *Agrarwirtschaft* , 1992, 41 (8-9), p.230- 237

Wessels Wolfgang et Dietmar Rometsch (dirs), *The European Union and Member States,* Manchester, Manchester University Press, 1996

Wilson Franck L., *Interest Group Politics in France,* Cambridge, Cambridge University Press, 1987

Wilson Frank L., "Les groupes d'intérêt sous la cinquième République: test de trios modèles théoriques de l'interaction entre groupes et gouvernement", *Revue française de science politique,* n°33, 1983, p. 220-254

Wilson Frank L., « Alternative Models of Interest Intermediation : the case of France », *British Journal of Political Science,* avril 1982, p. 173-200

Wilson Frank L., *Interest Group Politics in France,* Cambridge, Cambridge University Press, 1987

Wilson Graham K, *Interest groups in the United States,* Oxford, Clarendon 1981

Wilson Graham K., *Interest Groups,* Oxford, Basil Blackwell 1990

Wright Vincent, "La coordination nationale de la politique européenne. Le bourbier de la négociation ». *Revue française d 'administration publique,* n°93, janvier-mars 2000, p. 103-127

Wright Vincent, Hussein Kassim et B. Guy Peters, *National Co-ordination of EU Policy-making : the domestic level,* Oxford, Oxford University Press, 2000, p. 7.

Wright Vincent, *The Government and Politics of France,* London, Hutchinson, 1978

Yoho James, « The evolution of a better definition of interest group and its synonyms », *The Social Science Journal,* 35(2), 1998